Kaggle 우승작으로 배우는

머신러닝 탐구생활

파이썬을 활용한 머신러닝 실전 예제 분석

책 집필 과정에서 저를 믿고 응원해준 제 아내와 부모님께,
그리고 그저 캐글을 좋아하는 학생이었던 저를 믿고 패스트캠퍼스 캐글 강의를 기획해주신
윤형진 매니저님께 감사의 말씀을 전합니다.

Kaggle
우승작으로 배우는

파이썬을 활용한
머신러닝 실전 예제 분석

머신러닝 탐구생활

정권우 지음

BJPUBLIC

[저자 소개]

정권우

카네기멜론 대학교 응용수학과 학부를 졸업했다. 5살부터 유초중고 시절을 일본 도쿄에서 보내고, 대학교를 미국으로 진학한 덕분에 한국어, 일본어, 영어가 능통하다.

대학에서는 금융수학을 전공한 후 UBS Seoul, JP Morgan Tokyo 지사에서 사회생활을 시작했다. 대학교 2학년 때 처음으로 접한 프로그래밍에 관심을 갖게 되어, 휴학 후 한국에서의 병역특례 군복무 시절 머신러닝을 독학으로 공부했다. 캐글 경진대회를 통해 머신러닝을 배웠으며, 글로벌 캐글 랭킹이 그 사람의 머신러닝 능력을 대변한다고 믿는다. 캐글 본사의 허락 하에, 공식 블로그를 한글로 번역하고 있으며, 2016년 12월에는 패스트캠퍼스에서 "파이썬을 활용한 머신러닝 프로젝트 CAMP" 강사로 캐글 경진대회를 활용하여 실무 머신러닝 기술을 가르쳤다.

모바일 콘텐츠 플랫폼 카카오페이지를 운영하는 다음카카오의 자회사 포도트리를 거쳐, P2P 투자 기업 8퍼센트의 챗봇을 개발한 데이터나다에서 머신러닝 엔지니어로 근무한 경력이 있다. 지금은 네이버 파파고 팀에서 딥러닝을 통해 더 나은 번역기를 개발하는 일을 하고 있다.

[저자의 말]

이 책은 캐글 경진대회를 통해서 머신러닝을 공부하고자 하는 독자를 위한 캐글 입문서이다. 파이썬과 머신러닝에 대한 기초적인 지식을 가진 독자들이 직접 캐글 경진대회에 참여하여 머신러닝에 대해서 배울 수 있도록 돕는 것을 목표로 한다. 머신러닝을 시작하기 위하여 두껍고 어려운 선형대수, 미적분, 통계 책을 읽기 시작하여 고통받고 있는 독자를 위하여, 이 책은 더 재미있고 피부에 와닿는 실제 경진대회를 통해 머신러닝을 배울 수 있도록 돕고자 한다.

필자는 머신러닝을 독학으로 공부하였다. 컴퓨터 공학 전공도 아니고, 석사/박사 과정을 수료하지도 않은, 그저 수학을 좋아하는 대학생이었다. 머신러닝을 처음 접하게 된 곳은 Coursera에서 제공되는 Andrew Ng의 머신러닝 강의를 통해서였다. 강의를 통해 머신러닝에 큰 관심을 갖게 되어 실력을 쌓을 수 있는 방법들을 찾기 시작했다. 대학생 때 처음으로 접한 파이썬 언어를 붙잡고 열심히 프로그래밍에 대한 기초를 쌓아갔다. 아직 학부생 이었던 필자에게 논문을 읽는 다는 것은 너무 버겁고 어려운 일이었다. 공개된 Github 코드를 실행하여도, 누군가의 코드는 실행은 할 수 있지만, 정작 필자가 원하는 머신러닝 코드를 만들기에는 역부족이었다. 초창기에 가장 큰 도움이 되었던 것은 머신러닝의 기초적인 개념, 알고리즘들을 풀어 설명해주는 온라인 블로그들이었다. 하지만 블로그를 읽는 것만으로는 머신러닝 모델을 직접 구현해보고 싶은 욕구를 다 해소할 수는 없었다.

너무 기초적인 Iris 데이터셋이 아닌, 실제 기업들이 다루는 데이터에 머신러닝 모델을 학습시켜 보고 싶어서 웹을 찾아 헤매다가 도달한 곳이 캐글이었다. 구글에 인수

되기 2년 정도 전이었던 당시 캐글은 머신러닝 문제를 풀기 좋아하는 특이한 개개인들이 모여 서로의 실력을 겨루며, 대회 이후에는 서로의 기법과 노하우를 적극 공유하는 신기한 장소였다. 캐글을 즐기는 사람들은 필자와 비슷한 학생, 데이터 분석 혹은 머신러닝 업무를 하는 스타트업 직원들, 취미로 경진대회에 참여하기를 좋아하는 유별난 개개인들이 대부분이었다. 학계의 저명한 학자나 교수, 논문에 이름을 많이 올리는 연구자들의 이름은 없고, 머신러닝을 좋아하는 개개인들이 모여있는 분위기에 필자는 좋은 공감대를 형성했다.

캐글에서는 당시 필자와 같은 머신러닝 입문자들이 경진대회에 참여하여 게시판에 기초적인 질문들을 올리면, 대회 실력자들이 매우 친절하게 대답을 해주는 문화가 뿌리 깊게 자리잡고 있었다. 대회 실력자들이 입문자들을 위하여 탐색적 데이터 분석 코드를 공유하거나, 데이터 전처리-피처 엔지니어링-모델 학습-결과 생성까지의 머신러닝 파이프라인을 통째로 공유하는 것도 서슴지 않았다. 직접 따라 해 볼 수 있는 코드가 있고, 질문에 언제든지 답변을 달아주는 캐글은 필자가 머신러닝을 배우기 가장 적합한 장소였다.

수학 문제를 풀려는 학생에게 문제에 대해 충분히 고민할 시간을 주지않고 바로 답안지를 보여주면, 학생은 그 문제의 답을 알 수 있지만, 학습 효과는 전혀 없을 것이다. "어떻게 이 문제를 풀지?" 라는 충분한 고민과 함께, 본인이 알고 있는 모든 방법을 동원하여 문제를 풀고자 노력했다면, 비록 학생이 백지를 제출하게 되더라도, 답안지를 보았을 때에 "아, 이렇게 푸는 방법이 있었구나." 라는 학습 효과가 생기고, 다음에 유사한 문제를 풀 때 학습한 내용을 응용할 수 있게 된다.

머신러닝 역량을 키우는 것도 똑같다. "영화 리뷰를 통해 감성 분석을 할 것입니다" 라고 문제 제기를 한 후에, 제대로 고민할 시간을 주지 않고, "Bag of words 라는 자연어 처리 기법을 사용하여 n-gram 변수를 만들어서 SVM 모델에 학습을 시키면 정확도가 95%가 나옵니다" 라고 정답을 알려준들, 독자가 배우는 것은 아무것도 없다.

필자는 이 책을 통하여 독자들이 직접 머신러닝 문제들을 풀기 위해 고민하기를 바란다. 독자가 페이지 한장을 넘길 때마다, "다음 단계에서는 무엇을 해야하지?", "내 머신러닝 모델의 성능을 올리기 위해서 내가 무엇을 해야할까?" "지금 내 머신러닝 파이프라인 중 어디에 문제가 있는 것일까?" 등의 질문을 자기자신에게 던지며, 고민을 해보기를 권장한다. 충분한 고민과 함께 이 책을 읽으며 경진대회에 참여한다면, 독자는 정말 많은 것을 얻어 갈 수 있을 것이다. 필자가 그렇게 실력을 쌓아갔듯이 말이다.

실제로 2016년 12월부터 2017년 1월에 진행된 패스트캠퍼스 "파이썬을 활용한 머신러닝 프로젝트 CAMP"에서 위와 같은 철학으로 강의를 진행했는데 많은 수강생들이 좋은 후기를 남겨 주셨으며, 캠프를 통해 가장 많은 것을 얻어간 분들은 끊임없이 자기자신에게 질문을 던지며 강의에 참여해 주셨던 분들이었다.

필자가 지금 머신러닝 엔지니어를 커리어로 삼을 수 있었던 가장 큰 요인은 2년 전에 접한 캐글이었고 그에 영감을 얻어 이 책을 썼다. 물론, 필자도 아직 머신러닝 업계에서는 명함조차 내밀기 부끄러운 입문자이다. 그러나 2년 전에 필자가 캐글을 통해 많은 것을 배웠듯이, 독자 여러분도 캐글을 통해 머신러닝에 흠뻑 빠져들기를 바란다.

[추천사]

머신러닝을 배우고 싶어 하는 독자들에게 주저 없이 권유하는 건, 진짜 배우고 싶으면 휴학을 해서라도 캐글을 해보라는 것이다.

개인적으로 캐글에 50경기 이상 참여했다. 재밌기도 했고, 미쳐있기도 했다. 정말 이런 방법을 써도 되나 걱정하면서까지 해봤고, 남들이 하는 걸 보고 "난 아직 멀었구나" 라는 생각도 수없이 해왔다. 열심히 했는데 에센스를 놓친 적도 있고, 간단하게 했는데 얻어 걸린 적도 있다. 하지만, 전체적으로 불변하는 것은 캐글을 할 때 인생에서 가장 행복했다는 것이다. 저자는 이 책을 통해서 많은 독자들에게 그 행복을 전달해주고 싶은 것 같다.

이 책을 가장 효율있게 활용하는 방법은 한 번 정독하고, 캐글을 한 번 뛰고 온 다음에 다시 한 번 읽는 것이다.

_ 前 (주) 데이터나다 대표, 캐글 최고 랭킹 24등 존 박

본인이 많은 것을 아는 것과 남들에게 설명을 잘 하는 것은 분명히 다른 능력이라고 생각한다. 저자는 온라인에서 머신러닝 분야의 강의 경험이 있고, 파파고 팀에서 연구 결과를 발표하는 것을 지켜본 결과 청중들에게 설명하는 것에도 상당한 재능이 있다고 확신한다.

저자의 군더더기 없이 깔끔하고 친절한 설명은 머신 러닝 초보자들에게도 큰 도움이 될 것 같다. 캐글 실전 문제 풀이를 통해서 머신러닝의 다양한 개념들을 배우고, 파이썬 코드를 통해 실전 감각을 익히고 싶은 모든 분들께 이 책을 추천하고 싶다.

_ 네이버 파파고 리더 김준석

이 책은 머신러닝을 처음 학습하고자 하는 독자에게 실용적인 길잡이가 될 수 있는 책이다. 저자는 머신러닝의 전공자가 아님에도 독학을 통해 머신러닝의 전문가로 성장했고, 네이버의 파파고 기계 번역 엔진 연구/개발의 핵심 역할을 담당하는 데 이르렀다. 특히 저자의 성장에 가장 큰 도움을 준 방법인 캐글의 실전 문제를 해결하는 머신러닝의 학습 방법은 자칫 지루하고 어려운 이론보다 더 많은 경험과 이해를 줄 수 있다고 생각한다. 독자들도 이 책을 통해 저자의 성장 노하우와 학습 철학을 얻어 머신러닝의 전문가로 성장하는 계기가 되길 바란다.

_ 네이버 파파고 기술 리더 신중휘

데이터 과학자라면 누구나 반복하는 사이클이 있다. 데이터를 구해서 정제하고, 기본 모델을 만들고, 상상할 수 있는 모든 방법을 동원해서 내 모델의 "성능"을 올리는 일. 그 프로세스 전체를 경험하며 실력을 쌓을 수 있는 곳이 있다면 어떨까? 심지어 다른 사람들과 경쟁하며 데이터 과학을 게임처럼 즐길 수 있다면? 혹은 조금 막히는 구석이 있을 때 고수한테 비법을 전수받거나 토론할 수 있는 장이 있다면? 데이터 과학에서는 그 모든 것을 이룰 수 있는 곳이 있다. 바로 "캐글"이다.

데이터 과학 입문자가 어디부터 시작해야 할지 묻는다면 캐글에서 시작하기를 권하곤 한다. 데이터 과학은 입으로 하는 것이 아니라 머리로 생각하고 손으로 직접 실행해야 하는 아주 실질적인 분야이기 때문이다. 그동안 캐글에 입문하고 싶었는데 어디부터 시작해야 할지 몰랐다면, 이 책을 펴보길 추천한다. 거인의 어깨 위에 선다는 말이 있듯이, 이미 캐글에서 좋은 성적을 거둔 거인들의 경험을 엿보고 따라하다 보면 나도 곧 실력자가 될 수 있지 않을까?

_ 네이버 파파고 박은정

머신러닝을 공부하면서 항상 '머신러닝을 아는 것'과 '머신러닝을 할 수 있는 것'은 다르다는 것을 느낀다. 문제를 해결하기 위한 수많은 전처리와 알고리즘을 선택하는 방법은 머신러닝에 대한 이해 만으로는 습득하기 어렵다. 이 책은 다양한 데이터 형태와 현실의 문제를 머신러닝을 통해 극복하는 방법을 친절하게, 또 효율적으로 설명해준다. 머신러닝을 통한 문제 해결에 어려움을 겪고 있는 많은 이들에게 강력 추천한다.

_ 네이버 파파고 조현창

간단한 장난감 데이터셋으로 기계 학습 기본기를 접한 사람들에게 다음 단계로 많이 추천하는 것이 캐글 경진대회에 참여해보라는 것이다. 실제 방대하고 복잡한 데이터셋을 만져봄으로써 실무 경험을 맛볼 수 있기 때문이다. 이 책은 현업 실무자인 저자가 캐글을 통해 현장에서 익힌 소중한 실무 노하우들을 하나하나 전달한다. 책 속에서도 드러나는 저자의 평소 꼼꼼한 면모가 독자들에게도 큰 도움이 될 것이라 믿는다.

_ 네이버 파파고 김재명

MNIST, Titanic과 같이 인풋과 레이블이 잘 정렬되어 쉽게 불러올 수 있는 형식의 데이터로 '공부' 해 오다가, 막상 숫자와 문자열이 섞여 있고 길이도 제멋대로에다 레이블링도 엉망인 '진짜' 데이터를 보면 참 당황스럽다. 하지만, 적절한 데이터 엔지니어링의 힘은 상상을 초월한다. 실제로 기존 데이터를 최신 머신러닝 모델에 그대로 넣어줄 때보다, 데이터를 적절히 가공하면 간단한 모델로도 몇 배 이상 좋은 성능을 낼 때가 많다.

데이터를 보는 눈을 기르는 가장 좋은 방법은 바로 '데이터 도사님' 들이 어떻게 데이터를 다루는지를 살펴보는 것이다. 그리고 그 '데이터 도사님' 들이 아낌없이 자신의 코드와 노하우를 공개하는 곳이 바로 캐글이다. 이 책은 바로 그 '도사님들의 노하우'들을 분석해서, 데이터를 어떻게 요약하고 시각화할 수 있는지, 어떤 데이터에 어떤 철학을 가진 모델을 사용해야 할지에 대한 Best Practice를 제시한다.

_ PyTorchKR 운영자, 네이버 클로버 조재민

2016년 11월, 캐글 경진대회를 다루는 머신러닝 강의를 준비하면서 저자를 만나게 되었다. 미팅을 진행하고 이메일로 기획을 다듬어가면서 저자의 경험을 통해 축적된 데이터 전처리, 탐색적 데이터 분석, feature engineering 등의 지식과 노하우, 깔끔한 강의 자료와 세심한 피드백을 통해 수강생들에게 '알고리즘 이해'로서의 머신러닝을 넘어선, '실무 프로젝트 적용'의 머신러닝 기법을 전달할 수 있었다.

이제 서적의 형태로 더 많은 분들께 저자의 지식과 경험을 공유할 수 있게 되어 기쁘게 생각한다. 오랜 시간의 노력으로 세상에 나오게 된 이 책이 실무 머신러닝 적용의 시행 착오를 줄일 수 있는 좋은 가이드가 되기를 바란다.

_ 패스트캠퍼스 데이터사이언스 사업부 Senior Product Manager 윤형진

시중에 나와 있는 책들은 주로 파이썬이나 머신러닝에 대해 집중했다면, 이 책은 캐글 경진대회에 집중하고 있다. 경진대회를 접하는 관점을 알 수 있으며, 천천히 읽다 보면 마치 강의를 듣는 기분이다. 파이썬, 머신러닝/딥러닝을 공부한 후, 이 책을 기본서 삼아 공부하길 추천한다.

_ 前 ㈜레트리카 개발자 변성윤

[대상 독자]

- 머신러닝, 딥러닝 모델을 직접 돌려보고 싶은 사람
- 실전 머신러닝 문제를 풀어보며 머신러닝 실력을 키우고 싶은 사람
- 캐글 경진대회에서 좋은 성적을 거두어 머신러닝 스펙을 쌓고 싶은 사람
- 머신러닝, 딥러닝을 커리어로 삼고 싶은 사람
- 다른 분야에서 머신러닝, 딥러닝이 어떻게 적용되는지 궁금한 사람
- 혼자 캐글을 공부하는 사람
- 아직 머신러닝의 수학적 배경과 이론이 부족하다고 생각하는 사람 (캐글부터 시작해보세요)

이 책은 파이썬 프로그래밍 언어와 머신러닝과 관련된 기본적인 내용을 알고 있는 사람을 대상으로 한다.

머신러닝에 대한 지식이 부족하다고 느끼시는 분들은 이 책을 읽기 전에 Coursera 에서 제공되는 "Machine Learning by Andrew Ng" 무료 온라인 수업, Udacity에 서 무료로 제공되는 "Intro to Machine Learning" 온라인 수업, fast.ai에서 제공되 는 "Practical Deep Learning For Coders" 등에 2달 정도의 시간을 투자하면 머신 러닝의 기본기를 충분히 갖출 수 있다. 영어로 수업을 진행하기가 어려운 분들은 김 성훈 교수님이 제공하는 "모두를 위한 머신러닝/딥러닝 강의 시즌1 – 딥러닝의 기 본" 동영상 강의를 들어 보기를 추천한다.

파이썬을 통해 데이터를 다루거나, 시각화 코드를 구현하는 것이 어렵게 느껴지는 분들은 파이썬의 대표적인 머신러닝 라이브러리인 scikit-learn의 Documentation 들을 읽어보길 바란다. 캐글이 아예 처음인 분들은 캐글 타이타닉 생존 예측 경진 대회에서 제공하는 "데이터 탐색적 분석[1]", "타이타닉 생존 예측 머신러닝 파이프라 인[2]", "타이타닉 데이터 과학 솔루션[3]" 등의 실전 코드들을 먼저 읽어보길 추천한다.

---

1 https://www.kaggle.com/ash316/eda-to-prediction-dietanic
2 https://www.kaggle.com/poonaml/titanic-survival-prediction-end-to-end-ml-pipeline
3 https://www.kaggle.com/startupsci/titanic-data-science-solutions

[이렇게 읽으세요]

이 책은 머신러닝의 이론과 개념을 비중 있게 다루지 않는다. 과거 캐글 경진대회 중 하나를 선별하여, 머신러닝 모델의 정확도를 높이는 실질적인 방법을 비중 있게 다룬다.

이 책은 Iris 데이터셋과 같은 장난감 데이터를 다루지 않는다. 실제로 머신러닝을 현업에 적용하고자 하는 기업이 제공하는 실제 데이터를 다룬다.

장(Chapter)마다 전개되는 경진대회는 모두 소개 페이지로 시작한다. 경진대회를 개최한 주최자의 의도가 무엇인지, 어떤 문제를 풀어야 하는지 구체적으로 설명한다. 필요할 경우, 경진대회에서 사용하는 평가 척도를 자세히 설명한다.

다음으로, 머신러닝 파이프라인을 갖춘 Baseline 모델을 구축한다. 데이터 전처리, 피처 엔지니어링, 교차 검증, 머신러닝 모델 학습, 결과물 생성까지의 일련의 머신러닝 파이프라인을 구현하고 이해하는데 초점을 둔다.

마지막으로, 이 책은 과거 캐글 경진대회에서 실제로 사용된 상위 입상자의 파이썬 코드를 소개한다. 책에 있는 코드를 직접 컴퓨터에서 실행하면서, 머신러닝의 흐름을 직접 체험하며 익힐 수 있도록 구성하였다. 독자는 코드를 실행하므로, 탐색적 데이터 분석을 진행하고, 머신러닝 모델을 학습하고, 최종적으로는 캐글에 결과물을 업로드하여 성능이 향상되는 것을 체험할 수 있다.

과거 캐글 경진대회에서 상위에 입상한 코드의 결과물을 재현하기 위해서는 좋은 사양의 하드웨어가 필요할 수 있다. 예를 들어, Google Brain팀이 주최한 텐서플로 음성 인식 경진대회의 3등 입상자 코드는 결과물을 재현하는데 GPU GTX 1080ti 1개로 4주의 시간이 걸린다. 다수의 딥러닝 모델을 학습해야 하는 최근의 캐글 경진대회의 추세를 본다면, 단일 GPU 기준 4주의 시간이 소요되는 것은 그렇게 무거운 코드가 아니다. 그만큼, 현실 세계에서 사용되는 데이터의 양이 방대하고, 치열한 경쟁을 뚫고 상위에 입상하기 위해서는 많은 노력과 시간이 필요하다는 것이다.

【 이 책을 통해 얻을 수 있는 것과 없는 것 】

얻을 수 있는 것

- 실제 업계에서 사용하는 Tabular 데이터, 이미지 데이터, 음성 데이터를 직접 다룬다.
- 파이썬에서 데이터를 다루는 방법과, 데이터를 시각화하는 다양한 방법을 배운다.
- 피처 엔지니어링의 중요성을 배우고, 좋은 피처 엔지니어링의 예시를 배운다.
- 머신러닝에서 교차 검증의 중요성을 이해한다.
- 최신 머신러닝 모델을 사용해 본다.
- 머신러닝 모델의 성능을 극대화하는 방법들은 익힌다.
- 유사한 캐글 경진대회에 바로 적용할 수 있는 머신러닝 파이프라인을 구축한다.

얻을 수 없는 것

- 머신러닝 문제를 정의하는 방법을 다루지 않는다.
- 머신러닝 문제의 평가 척도를 정하는 방법을 다루지 않는다.
- 머신러닝 모델을 실제 서비스에 배포하는 과정을 다루지 않는다. 머신러닝 서버 구축, 모델의 메모리 효율성, 모델 크기, 모델 속도 등의 현실적인 제약 사항을 고려하지 않고, 오로지 모델 성능만을 극대화하는 과정을 익힌다.
- 머신러닝 이론, 개념, 수식 등을 거의 다루지 않는다.

[개발 환경 준비]

이 책에 소개되는 모든 코드는 파이썬 2.7.10/3.6.4을 기준으로 한다. 경진대회 승자의 코드마다, 사용하는 라이브러리 버전이 조금씩 다르기 때문에, 경진대회 챕터별로 재현에 필요한 라이브러리 버전을 명시한다.

소스코드는 모두 https://github.com/bjpublic/kaggleml에 공개되어 있다.

데이터 탐색적 분석 코드는 Jupyter Notebook으로 작성되어 있으며, 책의 내용을 동일하게 재현할 수 있다.

Baseline 모델 코드는 파이썬 파일 형식으로 제공된다.

승자의 코드는 기본적으로 온라인에 공개되어 있는 '승자의 코드'를 기반으로 한다. 필자는 한글이 편한 독자를 위해 한글로 자세한 설명글을 추가하였다.

라이브러리 버전 관리를 위해서 필자는 virtualenv를 사용한다. virtualenv 라이브러리에 대한 기본적인 사용방법은 다음과 같다.

```
# 1. https://www.python.org/ 에서 python 2.7.10/3.6.4를 다운로드하여 설치한다.

# 2. pip를 설치한다.
# Linux, MacOS
python3 -m pip install --user --upgrade pip
# Windows
py -m pip install --upgrade pip

# 3. virtualenv를 설치한다.
```

```
# Linux, MacOS
python3 -m pip install --user virtualenv
# Windows
py -m pip install --user virtualenv

# 4. 프로젝트를 위한 "kaggle_venv"라는 이름의 가상환경을 생성한다.
# Linux, MacOS
python3 -m virtualenv kaggle_env
# Windows
py -m virtualenv kaggle_venv

# 5. 가상환경 활성화하기
# Linux, MacOS
source kaggle_venv/bin/activate
# Windows
.\kaggle_venv\Scripts\activate

# 6. 가상환경이 활성화되면, terminal 좌측에 (kaggle_venv)라는 괄호가 추가된다. 가상환
경을 활성화 한 후에, 다음과 같이 라이브러리를 설치하면, kaggle_venv 내에서만 해당 버전의
라이브러리가 설치되어, 시스템 기존 라이브러리 및 다른 가상환경의 라이브러리 버전과 충돌이 나지
않는다.
pip install numpy
# 라이브러리 버전을 명시하고 싶을 때에는 다음과 같이 설치한다.
pip install numpy==0.14.1
```

[목차]

1

파이썬과 머신러닝
그리고 캐글

내가 만들어 낼 수 없다면, 난 그것을 이해하지 못한 것이다.

What I cannot build, I do not understand.

_ 리처드 파인만(Richard Feynman)

1.1 왜 파이썬인가? ▄▄▄▄▄▄▄▄

"머신러닝/기계학습을 시작하려고 하는데 어떤 프로그래밍 언어가 좋은가요?"

머신러닝에 관심이 있는 사람이라면 누구든지 던지게 되는 질문이다. 필자는 이 질문을 던지는 독자들에게 다음과 같이 대답하고 싶다.

"손에 익숙한 프로그래밍 언어가 이미 있다면, 그 언어로 머신러닝을 시작하기를 추천한다. 하지만 프로그래밍이 처음이라면 파이썬을, 딥러닝부터 시작하고 싶다면 무조건 파이썬을 강력 추천한다!"

2018년 기준으로 파이썬은 머신러닝에 가장 많이 사용되고 있는 프로그래밍 언어로 자리잡았다. 파이썬은 빠른 프로토타이핑이 가능한 언어이며, 데이터 분석, 머신러닝에 최적화된 수준 높은 라이브러리를 다수 지원한다. 데이터 처리에는 numpy, pandas, scipy, 시각화에는 matplotlib, 머신러닝 학습에는 사이킷-런(scikit-learn), 텐서플로(tensorflow), 케라스(keras), 파이토치(pytorch), mxnet, xgboost, lightgbm 등 최신 머신러닝 오픈소스는 대부분 파이썬 인터페이스를 지원하고, 전 세계에서 가장 규모가 큰 머신러닝 경진대회인 캐글에서도 가장 인기가 많은 언어는 단연 파이썬으로 꼽을 수 있다. 머신러닝, 데이터 과학, 데이터 분석 엔지니어의 커리어를 꿈꾸고 있다면, 기업들이 가장 선호하는 언어가 무엇인지 먼저 알아보자.

채용 관점에서 2014년 이후 '머신러닝'과 '데이터 과학'이라는 키워드가 포함된 채용 관련 포스팅의 추이를 확인해보면, 2015년부터 급격히 증가하는 머신러닝 관련 채용 포스팅에서는 항상 파이썬이 1등으로 나타나고 있다. 그 다음으로 인기가 많은 언어는 R 그리고 자바 순이다.

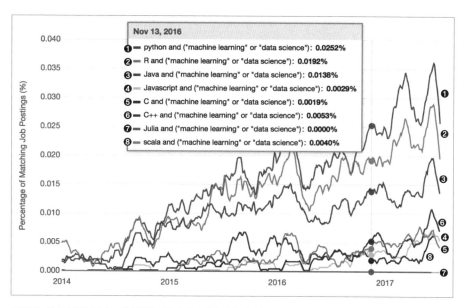

[그림 1-1] 2014년부터 2017년 동안 미국의 대표적인 채용 및 취업정보 검색엔진인 indeed.com에서 '머신러닝'과 '데이터 과학' 키워드와 함께 검색된 프로그래밍 언어의 검색 빈도의 추이를 보여주고 있다.[1]

특히, 딥러닝을 시작하는 분들에게 파이썬을 강력하게 추천한다. [표 1-1]은 현재 머신러닝 업계에서 사용되는 대표적인 딥러닝 라이브러리를 소개하고 있다.

10년 전만 해도, 머신러닝 관계자들이 사용하는 대표적인 딥러닝 라이브러리는 토치(Torch), 카페(Caffe), 테아노(Theano) 등의 1세대 라이브러리들이었다. 카페(Caffe)는 버클리대학교 연구실에서, 테아노(Theano)는 캐나다 몬트리올 대학교 연구실에서 개발되었다. 토치는 스위스에 위치하는 연구시설인 IDIAP Research Institute에서 개발되었는데, 당시 딥러닝 기술은 대학교 연구실에서 많이 연구되는 주제였기 때문이다.

2012년 인공지능 붐이 다시 일어나기 시작하면서, 딥러닝 기술이 상업적인 가치를 갖기 시작하자, 대표적인 IT 기업들이 딥러닝 라이브러리를 자체적으로 개발하고 오

---

1   출처 : https://medium.com/inside-machine-learning/the-most-popular-language-for-machine-learning-is-46e2084e851b)

푼소스하기 시작했다. 페이스북(Facebook)은 카페2(Caffe2)와 파이토치(Pytorch)를, 구글(Google)은 텐서플로를 개발하고, 케라스(Keras)를 만든 Francois Chollet을 영입하였다. 마이크로소프트(Microsoft)에서는 CNTK를, 중국 바이두에서는 패들패들(PaddlePaddle)을 개발했다.

모든 2세대 딥러닝 라이브러리는 인터페이스로 파이썬을 제공한다. 소스코드는 효율성을 최우선하여 C++ 혹은 파이썬으로 개발되었으나, 실제 라이브러리를 사용하는 대상으로는 파이썬 사용자가 1순위임을 알 수 있다.

[표 1-1] 대표적인 1세대, 2세대 딥러닝 라이브러리 목록 : 다음의 라이브러리 외에도 다양한 딥러닝 라이브러리가 존재한다.[2]

라이브러리	제작자	소스코드	인터페이스
토치	Ronan Collobert, Koray Kavukcuoglu, Clement Farabet	C, 루아	루아, 루아JIT, C, C++
카페	Berkeley Vision and Learning Center	C++	파이썬, 매트랩
테아노	University of Montreal	파이썬	파이썬
카페2	Facebook	C++, 파이썬	파이썬, 매트랩
케라스	Francois Chollet (구글 소속)	파이썬	파이썬, R
CNTK	Microsoft Research	C++	파이썬, C++
MXNet	Apache Software Foundation	C++	C++, 파이썬, 줄리아, 매트랩, 자바스크립트, Go, R, 스칼라, 펄
파이토치	Facebook Artificial Intelligence Research	파이썬, C, CUDA	파이썬
텐서플로	Google Brain	C++, 파이썬	파이썬, C/C++, Java, Go, R
패들패들	바이두	C++, Go	C/C++, 파이썬

---

2   출처: https://en.wikipedia.org/wiki/Comparison_of_deep_learning_software

구글 딥마인드는 머신러닝과 인공지능 기술을 기반으로 현대 사회에 존재하는 다양한 문제들을 해결하기 위한 범용 학습 알고리즘을 개발하는 것을 목표로 세워진 회사이다. 전세계의 가장 똑똑한 석학들이 모여 나날이 머신러닝 알고리즘을 개선하는 일에 힘쓰고 있다. 구글 딥마인드의 Research Engineer (Embedded) 채용 공고[3]에 올라온 내용의 일부를 발췌하여 소개한다.

구글 딥마인드 리서치팀은 강력한 범용 학습 알고리즘을 개발하기 위하여 머신러닝, 인공지능 그리고 뇌과학의 지식을 활용하는 팀이다.

.. 임베디드 리서치 엔지니어로서 당신은 **대규모 머신러닝 모델의 분석, 학습, 디버그 및 런칭을 담당**하게 된다. ..

업무 내용
- 알고리즘 및 모델 구현 및 평가
- 소프트웨어 라이브러리 설계 및 구현
- 소프트웨어 개발 현황과 결과 보고
- 연구 프로젝트에 소프트웨어 디자인 및 개발 지원

최소 역량
- 컴퓨터 공학, 수학, 물리(그 외 수리 과학 전공), 전기 공학, 머신러닝 학부 전공
- 파이썬에 대한 풍부한 경험과 지식
- 머신러닝 및 통계에 대한 지식
- 알고리즘 설계에 대한 풍부한 지식
- 대규모, 노이즈가 섞인 데이터를 다뤄본 경험
- 데이터 시각화를 구현한 경험

우대 사항
- 텐서플로 외 유사 프레임워크 경험
- numpy, pandas 라이브러리 경험
- 오픈소스 프로젝트 공헌 경험
- 인공지능에 대한 열정

---

3   출처 : https://deepmind.com/careers/727210/

세계 최고 수준의 머신러닝 알고리즘을 구현하는 기업, 구글 딥마인드에서도 파이썬에 대한 풍부한 경험과 지식을 1순위로 삼고 있는 걸 볼 수 있으며 지금 바로 구글, 유튜브에서 "best programming language for machine learning"으로 검색한 결과를 직접 보시면 비슷한 답변을 얻을 수 있다. 2018년 8월 기준, 캐글에서 사용되는 데이터 과학 도구의 통계를 여기(https://www.kaggle.com/shivamb/data-science-trends-on-kaggle)에서 확인할 수 있다.

채용 공고에서 밑줄로 강조된 역량들은 모두 파이썬을 활용한 캐글 경진대회에서 우수한 성적을 거두면 자연스럽게 쌓아갈 수 있는 역량들이다. 이 책은 전세계에서 인정받을 수 있는 머신러닝 엔지니어 업무를 커리어로 삼고 싶은 독자들을 위한 책이다.

1.2 왜 캐글인가?

캐글이란

캐글은 2010년에 설립된 머신러닝 경진대회 플랫폼이다. 기업과 연계하여 주최되는 경진대회를 통해 머신러닝 문제와 데이터가 제공되면, 캐글에 가입한 데이터 분석가, 통계학자, 머신러닝 엔지니어 등의 개개인이 모여 가장 높은 점수를 내기 위해 경쟁하는 구조이다. 기업은 우승자의 코드와 분석 기법을 토대로 기업이 보유한 내부 머신러닝 알고리즘을 고도화 할 수 있는 기회를 얻게 되고, 개인들은 평소에 접할 수 없는 데이터를 직접 다루는 기회를 얻으며, 상위 입상시 고액의 상금을 얻는다.

머신러닝 경진대회 역사상 가장 유명한 경진대회는 2006년의 Netflix Prize 경진대회이다. Netflix Prize 경진대회에서 출제된 문제는 **사용자의 과거 영화 평점 데이터를 기반으로 새로운 영화에 대한 사용자의 평점을 예측**하는 것이다. 이 경진대회는 48만 명의 17,700개의 영화에 대한 총 1억개의 평점 데이터를 훈련 데이터로 제공했다. 경진대회는 1등 팀에게 상금 USD 1,000,000 (한화 10억원)을 내걸었으며 경진대회가 개최된 2006년 10월부터 최종 승자가 가려진 2009년 9월까지 Netflix Prize 경진대회는 전세계의 통계학자와 데이터 분석가들의 주목을 끌었다. IBM, AT&T 랩 등 유명한 대기업 소속 연구소, 제프리 힌튼(Geoffrey Hinton) 교수가 이끄는 토론토 대학 소속 연구실 팀 등의 치열한 순위 경쟁은 업계와 미디어의 주목을 끌기에 충분했다.

캐글은 Netflix Prize 경진대회와 같이 기업이 자사의 데이터를 활용한 머신러닝 문제에 상금을 내걸어 전세계의 인재들 사이에 경쟁을 유도하여, 좋은 성능을 내는 알고리즘 혹은 모델링 지식을 얻을 수 있는 머신러닝 경진대회를 주최하는 플랫폼이다.

아마존, 페이스북, 구글 등 모두가 아는 IT 기업들도 캐글에 경진대회를 개최한 경험이 있다. 2016년 5월에 페이스북이 주최한 "페이스북 V 체크인 예측 경진대회"를 통해 캐글 경진대회의 구조에 대해서 간단히 살펴본다.

"페이스북 V 체크인 예측 경진대회"로 맛보는 캐글 경진대회

이 경진대회에서는 **페이스북 사용자가 체크인하는 장소를 예측**하는 문제가 출제되었다. 상위 입상자에게 상금 대신 페이스북 채용될 수 있는 기회를 제공한다. 전세계 개발자들이 가장 일하고 싶은 회사인 페이스북의 데이터 과학팀에 좋은 조건으로 채용 면접을 진행할 수 있게 되는 것이다. 구체적인 내용을 알아보자.

경진대회 첫페이지인 [Overview]는 경진대회를 주최하게 된 배경과 경진대회에 출제되는 문제에 대하여 자세하게 설명하고 있다.

[그림 1-2] 경진대회 주최 배경과 문제를 자세하게 설명하는 Overview 〉 Description페이지

좌측에 위치한 [Evaluation] 탭에서는 경진대회에 사용되는 평가 척도를 소개한다. 이번 경진대회에서는 Mean Average Precision @3 평가 척도가 사용되었는데, 수식과 함께 MAP@3 평가 척도를 자세하게 설명하는 링크를 확인할 수 있다. Submission File 영역에서는 경진대회에 제출해야 하는 최종 예측 파일의 예시를 보여준다. 테스트 데이터에 존재하는 각 row_id 별로 총 3개의 place_id를 공백으로 띄어 제출하도록 안내하고 있다.

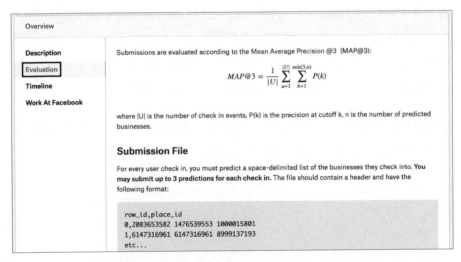

[그림 1-3] 경진대회 평가 척도를 설명하는 Overview 〉 Evaluation페이지

[Timeline] 탭에서는 경진대회 스케줄을 볼 수 있다. 5월 12일에 개최된 이번 경진대회에는 최소 6월 29일까지 결과물을 제출한 사람만이 경진대회에 참여 자격을 얻으며, 경진대회 마감일은 7월 6일이다. 미국 서부 시간을 기준으로 경진대회가 진행되기에, 한국에서 캐글 경진대회를 준비하는 분들은 시차를 꼭 확인하고 진행하는 것을 유념해야 한다.

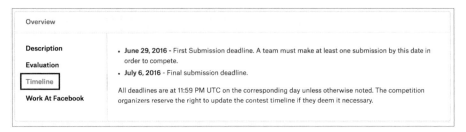

[그림 1-4] 경진대회 스케줄을 소개하는 Overview 〉 Timeline페이지

[Work At Facebook] 탭에서는 경진대회 승자들에게 제공되는 페이스북 채용 기회와 관련한 자세한 설명을 확인할 수 있다.

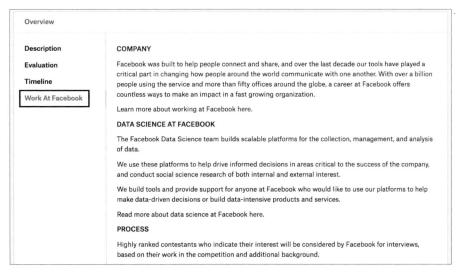

[그림 1-5] 경진대회 보상인 페이스북 채용연계 내용을 소개하는 Overview 〉 Work At Facebook페이지

대부분의 경진대회는 상위 입상자에게 상금을 제공한다. [그림 1-6]은 총 상금 1억 원의 Data Science Bowl 2018 경진대회의 상금 소개 페이지이다. 1등부터 5등까지 상금이 배당되며, 1등 팀은 현금 5천만원과 최신 GPU를 받을 수 있다.

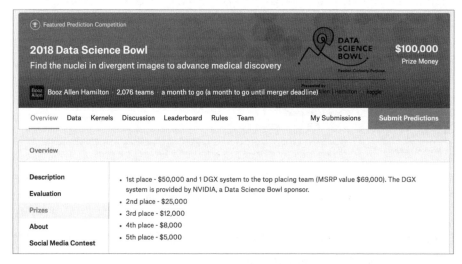

[그림 1-6] 경진대회 보상인 상금 내용을 소개하는 Overview 〉 Prizes 페이지

캐글에서는 상금을 제공하는 경쟁형 경진대회뿐만 아니라, 다음과 같이 다양한 형태의 머신러닝 문제를 제공한다.

[표 1-2] 총5가지의 경진대회 유형이 존재하는 캐글

분류	내용
피처드 (Featured)	외부 기업과 캐글이 연계해서 진행되는 상금과 캐글 포인트가 할당되는 일반적인 경진대회
입문자용 (Getting Started)	머신러닝 입문자를 위한 예제 기반 학습용 경진대회. 상금과 캐글 포인트는 할당되지 않는다.
연구 (Research)	연구 목적으로 진행되는 경진대회. 피처드 대비 적은 양의 상금이 할당된다.
놀이터 (Playground)	캐글이 직접 주최하는 경진대회. 상금이 할당되는 경우도 있다.
채용 (Recruitment)	채용을 목적으로 진행되는 경진대회. 상금 대시 채용 면접권을 얻을 수 있으며, 캐글 포인트도 할당된다.

[Data] 탭에서는 경진대회에 사용되는 훈련 데이터, 테스트 데이터 그리고 최종 제출물 샘플을 다운로드할 수 있다. 데이터에 대한 자세한 설명을 이 탭에서 확인할 수 있다. 최근에는 Kaggle API[4]를 통해 커맨드라인 바로 경진대회의 데이터를 받을 수 있다.

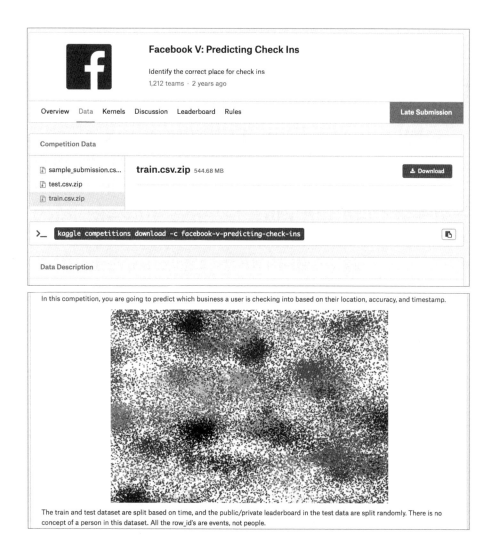

Note: Some of the columns, such as time and accuracy, are intentionally left vague in their definitions. Please consider them as part of the challenge.

File descriptions

- **train.csv, test.csv**
  - row_id: id of the check-in event
  - x y: coordinates
  - accuracy: location accuracy
  - time: timestamp
  - place_id: id of the business, **this is the target you are predicting**
- **sample_submission.csv** - a sample submission file in the correct format with random predictions

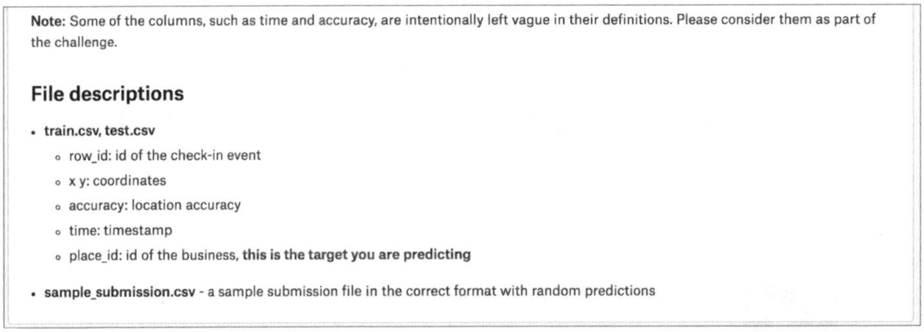

[그림 1-7] 경진대회 데이터를 소개하는 페이지 : 다운로드 링크와 캐글 API를 통해 다운로드 가능한 명령어와 데이터에 대한 설명글을 확인할 수 있다.

'Kernels'라는 표현이 생소할 수 있지만, 캐글 경진대회에서는 Kernels은 코드를 의미한다. 경진대회와 관련된 소스코드들이 공유되는 장소이다. 파이썬, R, 줄리아, SQLite, Jupiter Notebook 등 다양한 형태의 코드를 올릴 수 있는 [Kernels]탭에서는 경진대회 참가자들의 탐색적 데이터 분석 코드와 베이스라인 코드들이 올라온다. 캐글 경진대회에 처음 참가하는 분들은 Kernels에 올라온 코드들만 따라해도 많은 것을 배울 수 있다. 캐글 참가자들에게 많은 '좋아요'를 받는 Kernels에는 별도 상금이 제공되기도 한다.

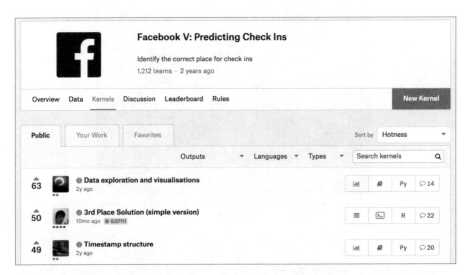

[그림 1-8] 경진대회 [kernels] 탭에는 참가자들의 코드가 실시간으로 업로드 된다.

[Discussion]탭은 게시판과 같은 곳이다. 경진대회에 대한 질의응답, 데이터에 대한 궁금한 사항, 모델에 대한 질문 등 다양한 내용이 올라온다. 활발한 공유 정신을 가진 캐글러들이 모이는 [Discussion]탭에서는 항상 열띤 토론이 오가는데, 경진대회가 끝나고 나면 상위 입상자들이 자신의 우승 코드를 공유하거나, 우승 코드를 설명하는 글을 [Discussion]탭에 올려주기 때문에, 경진대회 마지막까지 눈여겨보아야 할 곳이다.

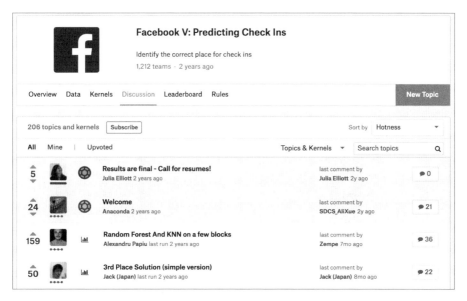

[그림 1-9] [Discussion] 탭에서는 경진대회 진행 중, 참가자들의 토론의 장소로서 다양한 아이디어와 심도 있는 토론들이 오고간다.

[Leaderboard]는 경진대회 참가자의 순위를 보여준다. 리더보드에서는 다양한 정보를 확인할 수 있는데, 가령 팀의 랭킹, 팀 이름, 팀 멤버, 팀 점수, 결과물을 몇번 제출했는지 그리고 마지막으로 제출한 시간이 언제인지 등 실시간으로 업데이트되어 여기는 하루에도 몇번이고 새로고침을 하며 보게 된다.

[Public Leaderboard]는 테스트 데이터의 일부로 매겨지는 랭킹으로, 경진대회 진행 중에 사용된다. 상금을 받을 수 있는 최종 랭킹은 Public 리더보드 랭킹에 사용되

지 않은 테스트 데이터를 기반으로 매겨지며, 이를 Private 리더보드라고 한다. 다음 예시를 보시면 3등에 입상한 Jack (Japan) 참가자는 단 3번의 제출만으로 1,212팀 중 3등이라는 높은 순위를 기록한다.

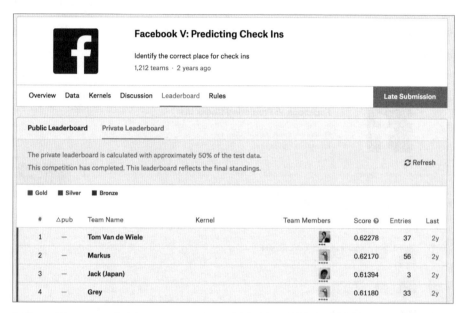

[그림 1-10] [Leaderboard] 탭에서는 경진대회의 최종 순위를 보여준다. Private 리더보드에서 좋은 성적을 거두는 것이 최종 목표이다.

캐글은 수많은 온라인 머신러닝 경진대회 플랫폼 중 하나이다. 2017년 3월 구글에 인수되며, 지금은 가장 영향력 있는 경진대회 플랫폼으로 거듭났지만, DrivenData[5], CrowdAnalytics[6], CodaLab[7], KDD[8] 등 다양한 경진대회 플랫폼이 존재한다.

---

5   DrivenData : https://www.drivendata.org/

6   CrowdAnalytics: https://www.crowdanalytix.com/

7   CodaLab : https://competitions.codalab.org/

8   KDD : http://www.kdd.org/kdd2018/

한국의 머신러닝 경진대회

국내에서는 한국정보화진흥원과 한국빅데이터협회가 매년 주최하는 빅콘테스트[9]에서는 고등학생, 대학생을 대상으로한 퓨처스리그와 대학생 이상이 참가할 수 있는 챌린지리그를 통해 데이터 과학, 머신러닝 경진대회 문화를 만들어나가고 있다. 그 외에도 대학, 기업 등이 자체적으로 익명화된 사내 데이터와 머신러닝 문제를 구성하여 이벤트성으로 경진대회를 진행하는 사례도 있다. 하지만 아직 캐글과 같은 국내 경진대회 플랫폼은 없는 실정이다.

캐글이 값진 이유

캐글은 머신러닝을 배우기 가장 적합한 환경이다. 머신러닝을 갓 시작한 입문자부터, 특정 도메인에서 전문 지식을 보유한 머신러닝 경험자까지 모두가 새로운 것을 얻어갈 수 있는 장소이다. 이 세상에 같은 머신러닝 경진대회는 존재하지 않기 때문에, 경진대회별로 데이터에 알맞은 피처 엔지니어링과 문제에 알맞는 최신 알고리즘을 구축하는 것이 머신러닝의 최신 트렌드를 따라가며, 감을 잃지 않을 수 있는 가장 좋은 방법이다.

캐글에서의 성공은, 곧 성공적인 취업으로 이어진다. 글로벌 캐글 랭킹 상위에 위치한 개인들은 하루에도 수십 통의 채용 메일을 받는다고 한다. 수십 개의 머신러닝 경진대회를 풀어본 경험이 있으며, 꾸준히 좋은 성적을 유지한 상위 캐글러들은 머신러닝 팀을 꾸리는 기업이 영입하고 싶은 인재 1순위이다. 실제로, 캐글 글로벌 랭킹 상위 인재들은 캐글을 시작할 당시에는 중소기업, 스타트업 등에서 근무하던 개인이었지만, 지금은 에어비엔비(Airbnb), 구글 딥마인드, 리프트(Lyft), H2O ai, 페이스북 등 미국의 최고 IT 기업에서 좋은 대우를 받으며 근무하고 있다. 최근에는 국내에서도 캐글 경진대회에 대한 인지도가 높아지고 있으며, 캐글에서의 좋은 성적은 머신러닝 업계에서 좋은 스펙이 될 수 있다.

---

[9] 빅콘테스트 : http://contest.kbig.kr/

캐글을 통해 머신러닝 커뮤니티의 인맥을 쌓아갈 수 있다. 캐글에서 한 번 본 이름들은, 자주 볼 수 있는데, 국내외 통틀어서 캐글을 하는 인구는 매우 적은 편이기 때문이다. 회원가입을 해서 한 번이라도 경진대회에 참가한 경험이 있는 사용자는 전세계 기준으로 77,000명 정도이다. 국내에서 활발하게 캐글에 참가하는 인구는 100명도 되지 않으리라 보는데, 필자도 캐글을 통해서 맺어진 인연으로 좋은 기회를 얻을수 있었다.

캐글을 통해 상금을 받을 수 있다. 이건 상위 1%의 참가자들에게만 주어지는 혜택이지만, "나도 언젠가는 캐글에서 상금을 받아야지"라는 긍정적인 마인드로 끊임없이 도전할 수 있는 동기가 생기는 것도 사실이다. 지금은 필자도 상금이 아닌, 배움과 경험을 목표로 캐글 경진대회에 참여하고 있지만, 언젠가는 상금을 꼭 받아보고 싶다.

1.3 캐글을 시작하는 방법

캐글을 통해 머신러닝을 배우겠다는 다짐을 하게 되어도, **막상 어떻게 캐글을 시작해야 할지** 망설여지는 것은 사실이다. 이 책은 그런 분들을 위한 안내서이다.

참여할 경진대회 선정하기

캐글을 시작하기 앞서, 경진대회를 선정하는 방법을 먼저 소개하려고 한다. 경진대회를 선정하기 위해서는, 경진대회에 참여하는 목표를 구체적으로 정의해야 한다. 캐글을 처음 시작하는 대부분의 독자분들이 가지는 목표는 "머신러닝 알고리즘을 직접 학습해보고 싶다" 이다.

그런 여러분에게는 **이미 종료된 과거 경진대회**에 참여하여 머신러닝의 경험을 쌓는 것을 추천한다. 캐글에서는 이미 종료된 과거 경진대회의 데이터를 다운로드할 수 있으며, 예측 결과물을 제출하면 리더보드 점수도 공개해준다.

과거 경진대회에서는 시간에 쫓기지 않으며, 경쟁의식에도 쫓기지 않는 상태에서 온전히 데이터와 머신러닝 학습에만 집중할 수 있다. 현재 진행중인 경진대회에서는 하루에 제출할 수 있는 횟수가 제한되지만, 과거 경진대회에서는 횟수 제한이 없는 것도 매우 중요하다. 과거 경진대회에 참여하여 머신러닝의 기초와 실제 경험을 충분히 쌓은 후에, 진행 중인 경진대회에 참여하는 것을 추천한다.

과거의 경진대회를 선정할 때에는 다음 두 가지를 참고하는 게 좋다.

첫째, 해당 경진대회에서 데이터 누출(Data Leakage)이 있었는지를 Kernels과 Discussion을 통해서 확인해야 한다. 데이터 누출이 있는 경진대회에서는, 유의미한 피처 엔지니어링과 최적화된 알고리즘을 사용해도 상위 입상을 하지 못할 때가 있다. 과거 경진대회를 통하여 머신러닝을 배우는 것이 목적일 때는, 가급적 데이터 누출이 있는 경진대회는 피해야 한다.

둘째, 리더보드에서 상위 입상자들의 Submission 개수가 200개 이하인 경진대회에 참여하기를 권한다. 경진대회 기간에 따라 Submission 수가 다르기도 하지만, 상위 입상자의 Submission 수가 높은 경진대회는 대부분이 신뢰할 수 있는 교차 검증 기법을 구축하기가 어려워, 다수의 Submission을 통해 Public 리더보드의 추이를 역추적하는 경우이다. 교차 검증 기법이 구축하기 어려운 경진대회는 첫 경진대회로는 추천하지 않는다.

[표 1-3] 캐글을 시작하는 순서

순서	내용
캐글 회원가입	가장 먼저 www.kaggle.com에 회원가입한다.
경진대회 선정	캐글 경진대회를 참여하는 목적을 정의한다. **목적** 1. 새로운 분야의 문제를 푸는 경험을 해보고 싶다. 　　(예 : 딥러닝 기반의 이미지 분류 문제를 처음으로 시도해보고 싶다.) 2. 익숙한 분야의 문제에 새로운 알고리즘을 적용해보고 싶다. 　　(예 : 최신 알고리즘인 LightGBM을 Tabular 데이터에 적용해보고 싶다.) 3. 익숙한 분야에서, 익숙한 알고리즘으로 경진대회 상위 입상을 하고 싶다.

경진대회를 선정했다면, 다음과 같은 순서로 경진대회 문제를 풀어간다.

[표 1-4] 캐글 경진대회 문제를 푸는 과정 : 이 과정을 흔히 '머신러닝 파이프라인'이라고 한다.

순서	내용
데이터 이해 (탐색적 데이터 분석)	• 데이터를 다운로드 받고, 직접 데이터를 탐색해본다. • 데이터를 직접 눈으로 훑어보고, 기초 통계를 뽑아보고, 막대 그래프와 같은 단일 변수 시각화도 시도해보고, 산점도와 같은 변수 간 관계를 시각화한다.
평가 척도 이해	• 경진대회의 평가 척도를 이해한다. 이것은 경진대회의 문제 의도를 이해하는 것과 같다. • 어떤 예측값이 페널티를 크게 받고, 어떤 예측값이 페널티를 덜 받는지를 이해한다.
교차 검증 기법 선정	경진대회에서 안정적인 성적을 거두기 위해서는 신뢰할 수 있는 교차 검증 기법을 구축하는 것이 가장 중요하다. 주어진 데이터와 문제에 알맞는 교차 검증 기법이 무엇인지 고민한다. **일반적인 교차 검증 방법** 1. 제공된 데이터를 5:5 ~ 9:1 비율로 훈련/검증 데이터로 분리한다. 2. 훈련 데이터에 머신러닝 모델을 학습하고, 검증 데이터에서 평가 척도 점수를 구한다. 3. 1~2번을 10번 반복하여 검증 데이터에 대한 평균 점수를 구한다. **알아두면 좋은 내용** • 훈련/검증 데이터를 분리하는 비율은 데이터의 크기에 따라 다르다. 데이터가 매우 클 경우에는 5:5도 좋고, 데이터가 적을 경우에는 9:1이 좋다. 데이터를 분리할 때 재현성을 위하여 random_seed 값을 고정한다. • 데이터를 분리할 때에는 임의 분리(random split) 혹은 정답 레이블의 비율을 유지하며 임의로 분리하는 계층별 분리(stratified split)를 수행한다. 시계열 데이터일 경우에는 항상 훈련 데이터를 검증 데이터보다 과거로 설정한다. • 1~2번을 반복하는 횟수 또한 데이터의 크기와 한 번의 모델 학습에 소요되는 시간에 따라 결정한다. 데이터가 크고, 모델 학습에 시간이 많이 소요된다면 1~2번을 1번만 수행해도 된다.
피처 엔지니어링	• 변수값 스케일링, 이상값 제거, 결측값 대체, 범주형 데이터 변환, 변수 선정, 파생 변수 생성 등 주어진 데이터를 머신러닝 모델이 학습하기 쉽게 만들어준다. * 피처 엔지니어링은 Tabular 데이터 기반 경진대회의 랭킹을 가르는 가장 중요한 요인이다. 딥러닝 기반 경진대회에서는 모델 엔지니어링이 핵심이다.

순서	내용
모델 튜닝	• 머신러닝 모델의 최적 파라미터를 찾는다. 신뢰할 수 있는 교차 검증 기법이 구축되었다면, 교차 검증 점수가 좋은 파라미터가 최적의 파라미터이다. • 중간 결과를 항상 저장해야 한다.
앙상블	• 하나의 모델보다 다수의 모델을 앙상블 한 것이 좋은 성능을 보인다. 서로 다른 유형의 모델을 앙상블 하는 것이 가장 좋은 앙상블 효과를 보인다. • 다수 계층의 모델을 학습하는 스태킹(Stacking) 기법도 캐글 경진대회에서 자주 사용되는 앙상블 기법이다.

1.4 경진대회에 통하는 실질적인 팁

경진대회를 통해서 가장 많은 것을 얻어가려면 **왜 내 아이디어가 모델 성능 개선에 기여했는가/기여하지 못했는가를 이해**해야 한다. 캐글 경진대회에서 가장 중요한 목표는 **최고의 Private 리더보드 점수를 기록하는 것**인데, 이 목표를 이루기 위해서는 데이터 전처리, 교차 검증 기법 선정, 피처 엔지니어링, 모델 튜닝 그리고 앙상블까지의 모든 과정이 튜닝의 요소가 된다. 하나의 아이디어를 구현하고 실험하는 과정에서, 왜 이 아이디어가 모델 성능에 기여했는지 혹은 기여하지 못했는지를 이해하면, 문제 고유의 특성을 이해하여 더 좋은 아이디어를 낼 수 있게 될 뿐만 아니라, 독자 여러분에게 머신러닝 알고리즘과 모델링에 대한 직감과 경험이 쌓이게 된다.

다음은 캐글 경진대회에 처음 참여하는 독자들에게 필요한 실질적인 팁을 소개한다.

하드웨어 권장 사양

아무리 창의적이고 좋은 아이디어가 많아도, 내 하드웨어가 데이터 및 모델 학습을 감당하지 못하면 경진대회에 제대로 참여할 수가 없다. Tabular 데이터를 다루고, 전통적인 머신러닝 모델을 사용하는 경진대회에서는 다음과 같은 사양을 추천한다.

- 최소 사양 : 램 16+GB, CPU 4+
- 권장 사양 : 램 32+GB, CPU 8+

경진대회의 데이터가 램에 로딩이 안 될 정도로 클 경우에는, 데이터의 일부만을 사용하여 학습을 진행하는 온라인 학습(online learning) 기법을 사용할 수 있다. 마이크로소프트에서 개발한 Vowpal Wabbit[10]은 선형 모델을 온라인 학습 기법으로 학습하는 라이브러리이며, 100GB가 넘는 빅데이터도 8GB 램을 사용하여 학습할 수 있다.

이미지 데이터, 음성 데이터를 다루고, 딥러닝 모델을 사용하는 경진대회에서는 GPU가 필수 사양이다.

- 최소 사양 : GPU 램 4GB (GTX 970)
- 권장 사양 : GPU 램 8GB (GTX 1080)

딥러닝 모델을 사용하는 경진대회에서는 GPU 램의 크기가 한 번의 학습 과정에서 모델이 활용할 수 있는 데이터의 개수(batch)를 정한다. multiGPU를 통하여 학습 속도를 줄여, 제한된 시간에 더욱 많은 실험을 수행할 수 있다. GPU 다수를 구매하기가 부담스러울 때는 아마존 웹 서비스에서 GPU 서버를 단기간 구매하여 사용하는 것도 하나의 방법이다.

소프트웨어 라이브러리

데이터 전처리에는 numpy, pandas 라이브러리가 주로 사용되고, 데이터 시각화에는 matplotlib, seaborn 등의 라이브러리가 주로 사용된다.

캐글 경진대회에서 가장 많이 사용되는 모델은 트리 기반 모델인데, Tabular 형

---

10   https://github.com/JohnLangford/vowpal_wabbit/wiki

태의 데이터가 제공되는 경진대회의 상위 입상자들은 대부분 Gradient Boosting Decision Trees 라이브러리인 XGBoost, LightGBM, CatBoost를 사용한다. 모델에 다양성을 추가하기 위하여 Bagging 기반의 RandomForest, ExtraTrees 모델을 제공하는 사이킷-런(Scikit-learm)도 많이 사용된다.

신경망 네트워크 모델을 개발하기 위해서는 파이토치, 텐서플로, 케라스, 라자냐(Lasagne), 카페2, H2O등 다양한 오픈소스 딥러닝 라이브러리가 있다. 캐글 경진대회에서는 빠른 프로토타이핑이 가능한 파이토치와 케라스(Tensorflow backend)가 자주 사용된다.

경진대회 데이터의 변수 특징에 따라, 때로는 선형 모델이 트리 모델과 비슷한 수준의 성능을 보일 때도 있다. SVM, Logistic Regression 등 유용한 선형 모델은 사이킷-런에서 제공된다. 램에 담을 수 없는 대규모 데이터를 처리해야 할 때에는 Vowpal Wabbit을 사용한다.

하이퍼 파라미터 최적화 작업에는 hyperopt, scikit-optimize, spearmint 등의 AutoML 라이브러리를 사용한다.

Baseline 모델

Baseline 모델은 **최소한의 성능을 보이는 기본 머신러닝 파이프라인**을 의미한다.

Baseline 모델을 구축하는 데에는 크게 두 가지 중요한 이유가 있다.

첫째, 머신러닝 파이프라인이 올바르게 동작하는지 확인할 수 있다.
머신러닝은 raw 데이터에서 시작하여, 데이터 정제를 통해 데이터를 가다듬고, 피처 엔지니어링을 통해 유의미한 변수를 추출하고, 학습 과정을 통해 데이터 안에 숨겨진 패턴을 찾아내고, 테스트 데이터에 대한 결과물을 생성한다.

몇 단계에 걸쳐 진행되는 머신러닝 파이프라인은 단 한 군데에서 작은 오류가 발생해도 최종 결과물에 심각한 영향을 끼치는데, 그런 의미에서, 올바르게 동작하는 Baseline 모델을 구축하는 것은, 올바른 머신러닝 파이프라인을 구축하는 것을 의미하고, 이는 더 좋은 성능의 모델을 만들기 위한 중요한 초석이 된다.

둘째, 새로운 아이디어를 구현한 모델의 성능을 비교할 수 있는 기준점이 된다. 캐글 경진대회에서 좋은 성적을 거두기 위해서는 끊임없이 다양한 아이디어를 실험해봐야 한다. 구현하기 쉽고, 빠르게 실행할 수 있는 아이디어를 시작으로, 점점 복잡한 아이디어를 구현하는 과정에서 Baseline 모델은 성능 개선 여부를 검증할 수 있는 중요한 기준점이자 시작점이 된다.

재현성

경진대회에서 사용하는 코드는 언제든지 재현할 수 있도록 해야 한다. random_seed를 고정하여, 모델의 학습을 재현할 수 있도록 한다. Git과 같은 버전 관리 시스템을 사용하여 손쉽게 과거 코드를 불러올 수 있어야 한다. 새로운 아이디어를 구현할 때마다 생성된 코드 전체를 Jupyter Notebook에 별도로 저장하는 것도 좋은 방법이다.

포기하지 않는 정신

첫 캐글 경진대회에서 좋은 성적을 거두지 못해도 너무 낙심하지 말아야 한다. 캐글은 세계 최고의 고수들이 치루는 머신러닝 경진대회임을 잊지 말아야 하는데, 이제 갓 머신러닝을 배우기 시작한 여러분이, 국가 대표 선수를 하루아침에 이기는 것은 당연히 어려운 일이다. 그렇기에, 경진대회에 참여하는 구체적인 목표를 설정하고, 나만의 목표를 달성하는데 집중하는 것을 권장한다. 필자의 경우, 처음에는 4개

정도의 경진대회에 머신러닝을 배우기 위한 목적으로 참여했고, 필자가 시도했던 것들, 배운 내용을 문서 형태로 저장하는 것이 개인적으로 매우 큰 도움이 되었다.

팀으로 참여하기

캐글 경진대회는 팀으로 참여할 수 있다. 캐글에 관심있는 동료와 함께 경진대회에 참석하는 것도 가능하고, 경진대회 참여 도중에 Discussion 탭의 게시판을 통해 동료를 모집할 수도 있다.

캐글 경진대회를 시작하기도 전에 팀을 꾸리는 것은 추천하지 않는다. 대신, 각자 개인으로 경진대회에 참여하여, 다양한 아이디어를 직접 구현하고, 결과물을 제출하여 개인의 랭킹을 높이는 것에만 집중한다. 성능을 개선할 만한 아이디어가 고갈되고, 경진대회 종료일이 다가올 즈음에 팀을 꾸려 서로의 결과물을 앙상블을 통하여 통합하여 팀의 결과물이 개개인의 결과물보다 좋은 성능을 낼 수 있도록 한다.

실제로, 캐글 경진대회에서는 종료일이 다가올 즈음에, Public 리더보드에서 서로 자신과 비슷한 랭킹에 있는 사용자와 팀을 맺는 모습을 많이 볼 수 있다.

1.5 경진대회 선별 기준

캐글을 처음 시작하는 독자들에게 가장 효과적인 학습 방법은 과거 캐글 경진대회에 참여하는 것이다. 과거 경진대회에서 리더보드 최상위권을 기록한 승자들의 코드를 독자와 함께 분석하며, 독자들이 머신러닝을 배워가는 것이 목표이다. 그러므로, 함께 분석할 과거 경진대회 선별 기준은 매우 중요하다. 필자는 다음과 같은 기준으로 경진대회 4개를 선별했다.

흥미로운 문제와 높은 접근성

캐글의 모든 경진대회가 흥미로운 문제 형태로 진행되지만, 그 중에서도 많은 참가자가 선호한 경진대회를 선별한다.

1,000팀 이상이 참가한 경진대회는 앞서 소개한 '하드웨어 사양' 최소 사양에서도 학습을 돌릴 수 있는 경진대회이며, 실제로 수많은 머신러닝 입문자들이 참가하여 많은 것을 얻어 간 경진대회이다.

파이썬 최상위 코드

Private 리더보드 기준 상위 10등에 입상한 캐글러의 파이썬 기반 코드가 공개된 경진대회를 선별한다. 상위 입상자의 실제 코드를 분석하며 배울 수 있는 것이 많기 때문이다.

저작권

책을 집필하는 과정에서 배제할 수 없는 것이 저작권 문제이다. 경진대회 주최측의 허락하에 저작권이 허용하는 범위에서 경진대회를 선별했다.

그리하여, 4개의 캐글 경진대회를 선별했다.

[표 1-5] 입문자 학습용으로 선별된 과거 캐글 경진대회

경진대회	데이터 분류	참가 팀 수
산탄데르 제품 추천 경진대회	테이블 데이터	1,787팀
텐서플로 음성 인식 경진대회	음성 데이터	1,315팀
포르토 세구로 안전 운전자 예측 경진대회	테이블 데이터	5,169팀
스테이트 팜 산만한 운전자 감지 경진대회	이미지 데이터	1,440팀

독자들이 다양한 데이터와 모델링 경험을 할 수 있도록, 테이블 데이터를 다루는 경진대회 2개와, 음성 데이터/이미지 데이터를 다루는 경진대회를 1개씩 선별했다.

테이블 데이터를 다루는 경진대회에서는 데이터 전처리, 피처 엔지니어링 내용을 중점적으로 다루며, 학습 모델은 XGBoost, LightGBM과 같은 트리 기반 모델이 사용된다.

음성 데이터와 이미지 데이터를 다루는 경진대회에서는 딥러닝 모델 학습을 중점적으로 다루며, CNN(Convolutional Neural Network) 기반의 딥러닝 모델이 사용된다.

앞으로 이어질 네 개 장에서 각각의 경진대회별로 대회 소개를 시작으로 하여, 주최 측의 동기, 평가 척도, 주요 접근법, 데이터 준비법, 데이터 분석, 승자의 지혜에 이르기까지 구체적으로 알아본다.

책에 소개되는 모든 소스코드는 github.com/bjpublic/kaggleml에 공개되어 있다.

---

* 비고 : 스테이트 팜 산만한 운전자 감지 경진대회에서는 공개된 파이썬 최상위 코드가 존재하지 않아, 상위 12% 수준의 코드를 다룬다.

CHAPTER

2.

산탄데르 제품 추천
경진대회

이제 그만 고민하고, 그냥 캐글에 도전해보세요

Don't think too much, Just try Kaggle.

_ 캐글 그랜드마스터(Kaggle Grandmasters)

2.1 경진대회 소개

여러분과 함께 풀어볼 과제는 산탄데르 제품 추천 경진대회(Santander Product Recommendation Competition)의 문제이다. 대회의 주요 사항은 다음 표로 정리했다.

[그림 2-1] 경진대회 대표 이미지

주최자	산탄데르 은행
총 상금	$ 60,000 (6천만원)
문제 유형	Multi-class Classification (다중 클래스 분류)
평가 척도	Mean Average Precision @ 7
대회 기간	2016년 10월 27일 ~ 2016년 12월 22일 (총 66일)
대회 참여자	1,787 팀

어떤 문제를 준비한 경진대회[1]인지 소개하는 내용을 발췌했다.

> 생애 첫 부동산을 계약금으로 지불할 준비가 되었는가? 아니면 현재 보유하고 있는 부동산 자산을 활용할 계획이 있는가? 고객의 다양한 재정적 의사결

---

1 https://www.kaggle.com/c/santander-product-recommendation

정을 돕기 위하여, 산탄데르 은행은 고객 맞춤형 제품 추천을 제공한다.

Ready to make a downpayment on your first house? Or looking to leverage the equity in the home you have? To support needs for a range of financial decisions, Santander Bank offers a lending hand to their customers through personalized product recommendations.

현재 산탄데르 은행 시스템은 소수의 고객에게만 다양한 제품 추천을 제공되고, 나머지 고객에게는 제품을 추천할 기회가 적어 불균등한 고객 경험으로 이어지고 있다. 두 번째 경진대회를 개최한 산탄데르는, 캐글러들에게 고객의 과거 이력과 유사한 고객군들의 데이터를 기반으로 다음달에 해당 고객이 무슨 제품을 사용할지를 예측하는 문제를 준비하였다.

Under their current system, a small number of Santander's customers receive many recommendations while many others rarely see any resulting in an uneven customer experience. In their second competition, Santander is challenging Kagglers to predict which products their existing customers will use in the next month based on their past behavior and that of similar customers.

더욱 더 효과적인 추천 시스템을 갖추게 된다면, 산탄데르는 고객이 인생의 어느 단계에 있든, 모든 고객의 개인적인 필요에 알맞는 제품을 추천하여 그들을 만족시킬 수 있을 것이다.

With a more effective recommendation system in place, Santander can better meet the individual needs of all customers and ensure their satisfaction no matter where they are in life.

2.2 경진대회 주최자의 동기

산탄데르 은행은 스페인의 산탄데르 그룹이 소유하고 있는 은행이다. 미국 보스턴에 본사를 둔 산탄데르 은행은 미국 동부를 주요 시장으로 삼고 있다. 650개 이상의 은행 지점과 2,000개 이상의 ATM 기기를 보유하고 있으며, 직원 수는 2017년 기준 9,800명 규모이다. 2016년 기준 신한은행 직원 수가 13,400명인 것과 비교해보면, 대충 산탄데르 은행의 규모를 짐작할 수 있으리라 생각된다.

산탄데르 은행은 국내 유수 은행과 같이 고객을 대상으로 예금, 적금, 대출, 신용카드, 자금 관리 및 보험 등 다양한 금융 제품을 판매하며 매출을 올린다. 산탄데르 은행은 자사의 금융 제품을 사용 중인 고객을 대상으로, 아직 고객이 사용하고 있지 않은 다른 금융 제품을 소개하여 고객의 만족도를 높임과 동시에 은행 매출을 올리고 싶어 한다.

고객을 만족시킬 수 있는 가장 좋은 제품 추천 방법은 은행의 숙련된 영업 사원이 고객의 나이, 연봉, 자산, 결혼 유무, 거주 지역, 성격 등의 정보를 토대로 이상적인 자산 계획을 세워주고, 그에 알맞은 적절한 금융 제품을 추천해주는 것이다. 그러나, 매일 은행을 방문하는 고객 모두에게 적절한 추천을 할 수 있는 충분한 숫자의 영업 사원을 고용하는 것은 현실적으로 불가능에 가깝다.

산탄데르 은행은 매일 은행을 방문하는 몇만 명의 고객들 모두에게 1대1 맞춤 수준의 금융 제품 추천을 하기 위하여 머신러닝 알고리즘을 사용하기로 했다. 산탄데르 내부에도 이러한 문제를 해결하는 데이터 사이언스 팀이 존재하겠지만, 캐글 플랫폼의 힘을 빌려 단기간에 유의미한 알고리즘을 개발하기 위해 이번 경진대회를 개최했다.

2.3 평가 척도

산탄데르 제품 추천 경진대회는 **고객이 신규로 구매할 제품이 무엇인지**를 예측하는 경진대회이다. '신규 구매 제품'이란 지난달 기준으로 고객이 보유하고 있지 않은 금융 제품 중, 이번 달에 신규로 구매하게 되는 제품을 의미하는데, 가령, 6월까지 신용카드를 전혀 사용하지 않던 고객 A가 7월에 신용카드를 사용하게 되었다면, '고객A는 7월에 신용카드를 새로 구매한' 것이다.

지난 달에 이미 보유하고 있는 제품을 지속해서 사용하는 것은 신규 구매로 취급하지 않으며, 지난 달에 보유하고 있는 제품을 이번 달에 해지하는 것 또한 신규 구매로 취급하지 않는다.

여러분이 캐글에 제출해야 하는 값은 '고객이 2016-05-28(지난 달) 시점에 보유하고 있지 않은 금융 제품 중, 2016-06-28(이번 달)에 구매할 것으로 예측되는 제품 상위 7개' 이다.

고객 고유 식별 번호인 ncodpers와 함께 'ind'로 시작하는 24개의 금융 제품 중 고객이 구매할 것으로 예상되는 제품 상위 7개를 공백으로 띄워서 저장하면 된다. [그림 2-2]는 캐글에 제출해야 하는 파일의 예시를 보여주고 있다.

	added_products	ncodpers
0	ind_recibo_ult1 ind_reca_fin_ult1 ind_nom_pens...	15889
1	ind_recibo_ult1 ind_reca_fin_ult1 ind_nom_pens...	1170544
2	ind_recibo_ult1 ind_nom_pens_ult1 ind_nomina_u...	1170545
3	ind_recibo_ult1 ind_reca_fin_ult1 ind_nom_pens...	1170547
4	ind_recibo_ult1 ind_reca_fin_ult1 ind_nom_pens...	1170548

[그림 2-2] 캐글에 제출해야 하는 파일 예시 : 고객 식별 번호를 나타내는 ncodpers변수와 7개의 금융 제품을 순서대로 나열한 added_products 변수를 제출한다.

이번 경진대회에서 사용되는 평가 척도는 MAP@7(Mean Average Precision @ 7)이다. Mean Average Precision라는 평가 척도를 처음 들어보신다면, 먼저 Average Precision에 대한 이해가 필요하다.

Average Precision이란 **예측 정확도의 평균**을 의미한다. 예를 들어, 7개의 금융 제품을 예측하는 이번 경진대회에서 다음과 같은 예측을 했다고 가정해보자. 1은 정답을,, 0은 오답을 의미한다. 즉 여러분이 예측한 첫 번째, 네 번째, 다섯 번째, 그리고 여섯 번째 금융 제품이 정답인 것이다.

```
# Prediction (예측 결과)
1 0 0 1 1 1 0
```

여러분의 예측 결과물에 대한 정확도를 측정하면 다음과 같다. 첫 번째에는 1개를 예측했을 때의 정확도가 1/1 = 100%, 두 번째와 세 번째는 오답이므로 0%, 네 번째 예측 결과물이 정답인 경우에는 정확도가 2/4 = 50%인 것이다.

```
# Precision (예측의 정확도)
1/1 0 0 2/4 3/5 4/6 0
```

여러분의 예측 결과물의 Average Precision은 정확도의 합을 정답의 개수만큼 나눈 숫자이다. 여기서 중요한 것은 예측 개수인 7로 나누는 것이 아니라, 정답의 개수인 4로 정확도의 합을 나눈다는 것인데, 그러므로 이번 예측 결과물의 Average Precision은 0.69 이다.

```
# Average Precision (예측 정확도의 평균)
(1/1 + 2/4 + 3/5 + 4/6) / 4 = 0.69
```

Mean Average Precision은 모든 예측 결과물의 Average Precision의 평균값을 의미한다. @7이 붙는 이유는 여러분은 최대 7개의 금융 제품을 예측할 수 있다는 것을 의미한다.

MAP@7의 예측의 순서에 매우 예민한 평가 척도이다. 정답을 앞쪽에 예측하는 것이 더 좋은 점수를 받을 수 있다는 뜻이다. 가령, 앞에서와 같이 7개 예측 결과물 중 4개의 정답이 모두 첫 4개라고 가정한다면, Average Precision은 최고 점수인 1 이다.

```
# Prediction (예측 결과)
1 1 1 1 0 0 0

# Precision (예측의 정확도)
1/1 2/2 3/3 4/4 0 0 0

# Average Precision (예측 정확도의 평균)
(1/1 + 2/2 + 3/3 + 4/4) / 4 = 1.00
```

반대로, 4개의 정답이 모두 마지막 4개일 경우에는, Average Precision은 0.43이다.

```
# Prediction (예측 결과)
0 0 0 1 1 1 1

# Precision (예측의 정확도)
0 0 0 1/4 2/5 3/6 4/7

# Average Precision (예측 정확도의 평균)
(1/4 + 2/5 + 3/6 + 4/7) / 4 = 0.43
```

경진대회에서 MAP@7 평가 척도를 구하기 위해서는 다음 코드를 사용한다. mapk()의 입력 값으로 들어가는 actual, predicted는 (고객 수×7)의 dimension

을 갖는 list of list이다. 7개의 금융 제품명이 숫자 목록 형태로 저장되고, 이러한 목록이 고객 수만큼 있는 list of list이다.

[코드 2-1] MAP@7 평가 척도를 구하는 코드(File : kaggle_santander_product_recommendation/02_Baseline/code/mapk.py)

```python
import numpy as np

def apk(actual, predicted, k=7, default=0.0):
    # MAP@7 이므로, 최대 7개만 사용한다
    if len(predicted) > k:
        predicted = predicted[:k]

    score = 0.0
    num_hits = 0.0

    for i, p in enumerate(predicted):
        # 점수를 부여하는 조건은 다음과 같다 :
        # 예측 값이 정답에 있고 ('p in actual')
        # 예측 값이 중복이 아니면 ('p not in predicted[:i]')
        if p in actual and p not in predicted[:i]:
            num_hits += 1.0
            score += num_hits / (i+1.0)

    # 정답 값이 공백일 경우, 무조건 0.0점을 반환한다
    if not actual:
        return default

    # 정답의 개수(len(actual))로 average precision을 구한다
    return score / min(len(actual), k)

def mapk(actual, predicted, k=7, default=0.0):
    # list of list인 정답 값(actual)과 예측 값(predicted)에서 고객별 Average
    Precision을 구하고, np.mean()을 통해 평균을 계산한다
    return np.mean([apk(a, p, k, default) for a, p in zip(actual,
    predicted)])
```

2.4 주요 접근

산탄데르 제품 추천 경진대회에서는 Tabular 형태의 시계열(Time-series) 데이터가 제공된다. 시계열 데이터란, 기본적으로 'A라는 시간에 B라는 고객이 C라는 제품을 구매했다'라는 정보가 담긴 데이터를 의미하는데, 데이터에는 고객 B에 대한 다양한 정보가 포함될 수 있다. 예를 들어, 고객의 나이, 직업 유무, 결혼 유무, 고객 등급, 거주지역, 국적 등 고객에 대한 다양한 정보가 함께 담길 수 있다. 뿐만 아니라, C라는 제품에 대하여도 다양한 정보가 포함될 수 있는데, 제품의 가격, 인기도, 제품의 분류, 제품의 특징 등의 정보가 함께 담기면 데이터는 더욱 풍부해진다. 정보가 많다고 무조건 좋은 데이터는 아니다. 모델이 예측해야 하는 정답값(target value)을 식별하는데 도움이 되는 정보가 많은 데이터가 양질의 데이터이다.

데이터 전처리 작업이 필수

캐글 경진대회에서 제공되는 데이터는 전처리 작업이 필요하다. 데이터 수집 과정에서 생길 수 있는 데이터 노이즈(Data noise)가 그대로 반영되어 있기 때문인데, 입력된 값이 없음을 의미하는 결측값(NA 혹은 Not A Number를 의미하는 nan), 변수 분포를 따르지 않는 이상치(outlier), 사람의 실수로 인해 잘못 입력된 값(예를 들어, 나이를 나타내는 변수에 446 값이 입력된 경우), 개인정보 보호를 위해 익명화된 변수 등 현실 세계에서는 다양한 노이즈가 데이터에 섞여 있을 수 있다. 데이터 탐색적 분석 과정을 통해 이번 경진대회에 필요한 데이터 전처리 작업이 무엇인지 탐색할 것이다.

피처 엔지니어링 필수

머신러닝 모델이 좋은 성능을 얻기 위해서는 좋은 피처 엔지니어링이 반드시 필요하다. 시계열 데이터를 다루는 경진대회에서는 유의미한 파생 변수를 생성하기 위한 몇 가지 기술들이 있다. 날짜/시간의 정보가 포함된 데이터의 경우, 주중/주말 여부, 공휴일 여부, 아침/낮/밤, 봄/여름/가을/겨울, 학기/시험기간/방학 등 다양한 파생 변수를 생성할 수 있다. 시계열 데이터에서는 과거 데이터를 활용하는 lag데이터를 파생 변수로 생성할 수 있다. 한 달 전, 두 달 전, 세 달 전에 고객 B가 구매한 제품에 대한 데이터를 이번 달에 구매할 제품을 예측하는데 활용한다. 앞서 이야기한 바와 같이, 모든 파생 변수가 모델에 유의미한 것은 아니다. 식별력이 있는 변수는 모델마다, 문제마다 다르기 때문에 모든 가능성을 시도해보는 게 좋다. 실제로, 이번 경진대회에서 lag-5 파생 변수는 유의미한 성능 개선을 이끌어 냈기 때문이다.

Tabular 형태의 시계열 데이터를 다루는 경진대회에서는 딥러닝 모델보다 트리 기반의 앙상블 모델이 더 좋은 성능을 낸다. scikit-learn 라이브러리에서 DecisionTree, RandomForest, ExtraTrees, AdaBoost, GradientBoosting 등 다양한 트리 모델을 지원하지만 필자는 캐글 경진대회에서 가장 많이 사용되는 모델인 XGBoost와 LightGBM를 사용한다.

다양한 Boosting Tree 모델 중에서도, 가장 좋은 성능과 빠른 속도를 자랑하는 XGBoost는 캐글 경진대회에서 가장 많이 사용되는 트리 모델이다. LightGBM은 마이크로소프트에서 오픈소스한 Boosting Tree 알고리즘이며, XGBoost 보다 빠른 학습 속도를 자랑하며, 캐글 경진대회에서 활발히 사용 중이다.

[Tip 2-1] XGBoost, LightGBM 모델이란?

XGBoost는 2016년 3월에 워싱턴대학교에 재학 중인 박사 과정 학생인 Tianqi Chen이 개발 및 발표한 Boosting Tree 모델이다.

- XGBoost 홈페이지 : http://xgboost.readthedocs.io/en/latest/
- XGBoost github : https://github.com/dmlc/xgboost/tree/master/demo
- 참조 논문 : https://arxiv.org/pdf/1603.02754.pdf (XGBoost: A Scalable Tree Boosting System by Tianqi Chen)

LightGBM은 2016년 12월에 Microsoft에서 개발 및 발표한 Boosting Tree 모델이다.

- LightGBM github : https://papers.nips.cc/paper/6907-lightgbm-a-highly-efficient-gradient-boosting-decision-tree
- 참조 논문 : https://papers.nips.cc/paper/6907-lightgbm-a-highly-efficient-gradient-boosting-decision-tree

Boosting Tree 모델이란, 데이터에 하나의 트리 모델을 학습 시킨 후, 해당 트리 모델의 성능이 낮은 부분을 보완하는 다른 트리 모델을 학습 시키는 방식으로 수많은 트리 모델을 순차적으로 학습 시키며 성능을 개선하는 모델이다. 하나의 Boosting Tree 모델에 수십 개, 수백 개 혹은 수천 개의 트리 모델이 사용된다.

2.5 데이터 준비하기

데이터 다운로드하기

1. **캐글 홈페이지 회원가입하기** : 경진대회 데이터를 다운로드하려면, 캐글 홈페이지에서 회원가입을 하고, 산탄데르 제품 추천 경진대회 페이지에서 'Rules'의 약관에 동의해야 한다.

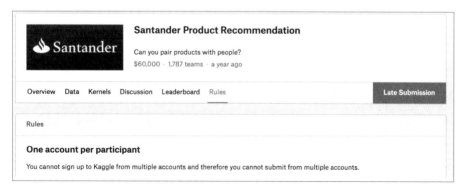

[그림 2-3] 산탄데르 경진대회 약관 동의 탭

2. **약관 동의하기** : 약관 동의 탭 가장 하단에 'Rules acceptance' 상자에 있는 버튼 <I Understand and Accept>을 누르면, 다음과 같이 약관 동의가 완료된다.

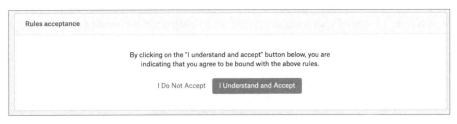

[그림 2-4] 경진대회 약관 동의 버튼

약관 동의가 완료되면 'Rules acceptance' 상자가 다음과 같이 바뀐다.

[그림 2-5] 경진대회 약관 동의 완료

3. **kaggle API 설치하기** : 경진대회에 필요한 데이터는 kaggle API로 터미널에서 직접 다운로드한다.

기본적인 파이썬 설치가 완료된 터미널에서 다음 명령어를 통해 kaggle API(필자는 v1.0.5를 설치하였다)를 설치한다.

```
pip install kaggle
```

4. **kaggle API에 API 키 등록하기** : kaggle API를 사용하기 위해서는 먼저 API 키를 등록해야 한다. 회원 가입한 계정으로 로그인하여 우측 상단의 프로필 사진을 클릭하여 'My Profile' 프로필 페이지에 접속한다.

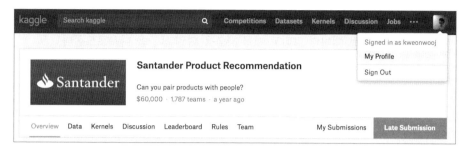

[그림 2-6] 캐글 홈페이지에서 프로필 보는 방법

프로필 페이지에서 'Account'를 클릭한 후, Account 페이지 중간에 보이는 <Create API Token> 버튼을 누르면, 자동으로 'kaggle.json' 파일 다운로드로 진행된다. 다운로드한 'kaggle.json' 파일을 ~/.kaggle/kaggle.json 경로로 옮긴다. 윈도우에서는 C:\Users\<Windows-username>\.kaggle\kaggle.json 경로에 해당한다.

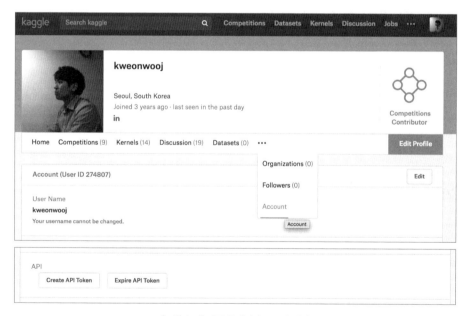

[그림 2-7] 캐글 홈페이지 프로필 영역

5. **필요한 데이터 다운로드하기** : 다음 명령어를 통해 산탄데르 경진대회에 필요한 훈련 데이터, 테스트 데이터 그리고 캐글 제출용 파일 샘플을 다운로드한다.

```
kaggle competitions download -c santander-product-recommendation
```

경진대회 데이터는'kaggle.json' 파일이 위치한 경로에 새롭게 생성되는 competitions 파일 아래 자동으로 다운로드된다.

이번 경진대회 코드를 실행하기 위해서는 파이썬 2.7.x 혹은 3.6.x를 설치한 후, pip install -r kaggle_santander_product_recommendation/requirements.txt 명령어를 통해 필요한 라이브러리를 먼저 설치한다.

2.6 탐색적 데이터 분석

이번 경진대회에서 제공하는 데이터를 함께 살펴보자.

탐색적 데이터 분석 소스코드는 kaggle_santander_product_recommendation/ 01_EDA/EDA.ipynb 를 참조하자.

기초 통계로 데이터 살펴보기

훈련 데이터를 다음과 같이 읽어 온다.

```python
import pandas as pd
import numpy as np

trn = pd.read_csv('../input/train_ver2.csv')
```

먼저, .shape 함수를 통해 훈련 데이터의 크기를 확인한다. 훈련 데이터에는 총 1,300만 개의 고객 데이터가 존재하며, 고객마다 48개의 변수가 존재한다.

[코드 2-2] 데이터의 크기를 확인하는 .shape 함수

```
trn.shape
> (13647309, 48)
```

다음은, .head 함수를 통해 데이터의 첫 5줄을 직접 확인한다.

[코드 2-3] 훈련 데이터 첫 5줄 눈으로 확인하기

```
trn.head()

> fecha_dato     ncodpers    ind_empleado    pais_residencia
0 2015-01-28     1375586     N               ES
1 2015-01-28     1050611     N               ES
2 2015-01-28     1050612     N               ES
3 2015-01-28     1050613     N               ES
4 2015-01-28     1050614     N               ES
```

훈련 데이터에는 다양한 유형의 변수가 존재하는 것을 볼 수 있다. "2015-01-28"와 같은 날짜 변수, "1375586"과 같은 고객 고유 식별 번호를 의미하는 수치형 변수, "N", "ES", "H"와 같은 범주형 문자열 변수, "NaN"으로 출력되는 결측값, 후반부에는 "ind_..."로 시작하는 변수 다수가 0 값을 가지고 있는 것을 확인할 수 있다.

미리보기 .head 함수는 결과 일부분을 생략하여 출력한다. 모든 변수에 대하여 미리보기를 확인하고 싶을 경우에는 아래와 같이 for loop를 사용한다.

[코드 2-4] for loop로 모든 변수의 첫 5줄 미리보기

```
for col in trn.columns:
    print('{}\n'.format(trn[col].head()))
```

```
>
0    2015-01-28
1    2015-01-28
2    2015-01-28
3    2015-01-28
4    2015-01-28
Name: fecha_dato, dtype: object

..

0    35
1    23
2    23
3    22
4    23
Name: age, dtype: object

..

0     87218.10
1     35548.74
2    122179.11
3    119775.54
4         NaN
Name: renta, dtype: float64
```

for loop로 각 변수에 대하여 미리보기를 할 경우, 변수의 데이터 타입도 동시에 확인할 수 있다.

- fecha_dato : 날짜를 기록하는 fecha_dato 변수는 날짜 전용 data type: datetime이 아닌 object이다.
- age : 고객의 나이를 기록하는 age 변수는 정수값을 가지는 것 같지만, data type이 object이다. 전처리 과정에서 정수값으로의 변환이 필요하다.
- renta : 가구 총수입을 나타내는 renta 변수는 소수값을 가지며, 5번째 열에서는 결측값을 의미하는 NaN(Not a Number) 값을 가진다. 현실에서 사용

되는 데이터에서는 이와 같이 다수의 결측값이 존재하며, 결측값에 대한 변환도 전처리 과정에서 수행한다.

다음은, 읽어온 훈련 데이터를 더 자세히 파악하기 위해 pandas에서 자동으로 정보를 요약해 주는 .info()를 사용한다.

[코드 2-5] 훈련 데이터를 .info()로 더 자세하게 분석 가능하다

```
trn.info()
> <class 'pandas.core.frame.DataFrame'>
RangeIndex: 13647309 entries, 0 to 13647308
Data columns (total 48 columns):
fecha_dato           object
ncodpers             int64
ind_empleado         object
pais_residencia      object
sexo                 object
age                  object
fecha_alta           object
ind_nuevo            float64
```

antiguedad	object
indrel	float64
ult_fec_cli_1t	object
indrel_1mes	object
tiprel_1mes	object
indresi	object
indext	object
conyuemp	object
canal_entrada	object
indfall	object
tipodom	float64
cod_prov	float64
nomprov	object
ind_actividad_cliente	float64
renta	float64
segmento	object
ind_ahor_fin_ult1	int64
ind_aval_fin_ult1	int64
ind_cco_fin_ult1	int64
ind_cder_fin_ult1	int64
ind_cno_fin_ult1	int64
ind_ctju_fin_ult1	int64
ind_ctma_fin_ult1	int64
ind_ctop_fin_ult1	int64
ind_ctpp_fin_ult1	int64
ind_deco_fin_ult1	int64
ind_deme_fin_ult1	int64
ind_dela_fin_ult1	int64
ind_ecue_fin_ult1	int64
ind_fond_fin_ult1	int64
ind_hip_fin_ult1	int64
ind_plan_fin_ult1	int64
ind_pres_fin_ult1	int64
ind_reca_fin_ult1	int64
ind_tjcr_fin_ult1	int64
ind_valo_fin_ult1	int64
ind_viv_fin_ult1	int64
ind_nomina_ult1	float64
ind_nom_pens_ult1	float64
ind_recibo_ult1	int64

```
dtypes: float64(8), int64(23), object(17)
memory usage: 4.9+ GB
```

데이터 크기

(RangeIndex, Data columns) 값은 행렬 데이터의 열과 행의 크기를 나타낸다.

훈련 데이터에는 총 13,647,309개의 고객 데이터가 있으며, 고객마다 48개의 변수가 존재한다. 이미 .shape 함수를 통해 확인한 정보이다.

변수

다음 48줄은 변수명과 해당 변수의 데이터 타입을 보여준다.

총 48개의 변수명은 발음하기 난해한 스페인어로 구성되어 있는 것을 확인할 수 있으며, 총 24개의 고객 관련 변수(#1~#24)와 24개의 금융 제품 변수(#25 ~ #48)로 구성되어 있다.

데이터 타입

변수명 우측에 보이는 object, int64, float64 등은 해당 변수의 데이터 타입을 의미한다. int64는 64비트 정수, float64는 64비트 소수, object는 주로 string값이 포함된 변수를 의미한다.

머신러닝 모델 학습을 위해서는 훈련 데이터의 데이터 타입이 모두 int 혹은 float이어야 한다. 그 외 데이터 타입은 입력으로 받을 수 없다. 그러므로, 전처리 과정에서 훈련 데이터에 있는 변수를 머신러닝 모델 학습 전에 적절하게 변환해야 한다.

메모리

.info()를 통해 훈련 데이터의 메모리량도 확인 가능하다. 압축 해제 후, csv 파일 용량은 2.2GB 가량이지만, pandas를 통해 읽어오면 총 4.9GB의 메모리를 사용하게 된다. 불필요한 변수명을 제거하거나, 데이터 타입을 적절하게 변경해주어 메모리를 더 효율적으로 사용할 수 있다.

데이터에 포함된 변수에 대한 자세한 설명은 [표 2-1]을 참조 바란다.

[표 2-1] 데이터 변수명 및 설명

#	변수명	설명
1	fecha_dato	날짜
2	ncodpers	고객 고유식별번호
3	ind_empleado	고용 지표 (A: active, B: ex employed, F: filial, N: not employee, P: passive)
4	pais_residencia	고객 거주 국가
5	sexo	성별
6	age	나이
7	fecha_alta	고객이 은행과 첫 계약을 체결한 날짜
8	ind_nuevo	신규 고객 지표 (6개월 이내 신규 고객일 경우 값 = 1)
9	antiguedad	은행 거래 누적 기간 (월)
10	indrel	고객 등급 (1 : 1등급 고객, 99 : 해당 달에 고객 1등급이 해제되는 1등급 고객)
11	ult_fec_cli_1t	1등급 고객으로서 마지막 날짜
12	indrel_1mes	월초 기준 고객 등급 (1: 1등급 고객, 2: co-owner, P: potential, 3: former primary, 4: former co-owner)
13	tiprel_1mes	월초 기준 고객 관계 유형 (A : active, I: inactive, P: former customer, R: potential)
14	indresi	거주 지표 (고객의 거주 국가와 은행이 위치한 국가 동일 여부 : S (Yes) or N (No))

#	변수명	설명
15	indext	외국인 지표 (고객의 태어난 국가과 은행이 위치한 국가 동일 여부 : S (Yes) or N (No))
16	conyuemp	배우자 지표 (1 : 은행 직원을 배우자로 둔 고객)
17	canal_entrada	고객 유입 채널
18	indfall	고객 사망 여부 (S (Yes) or N (No))
19	tipodom	주소 유형 (1: primary address)
20	cod_prov	지방 코드 (주소 기반)
21	nomprov	지방 이름
22	ind_actividad_cliente	활발성 지표 (1: active customer, 2: inactive customer)
23	renta	가구 총수입
24	segmento	분류 (01: VIP, 02: 개인, 03: 대졸)
25	ind_ahor_fin_ult1	예금
26	ind_aval_fin_ult1	보증
27	ind_cco_fin_ult1	당좌 예금
28	ind_cder_fin_ult1	파생 상품 계좌
29	ind_cno_fin_ult1	급여 계정
30	ind_ctju_fin_ult1	청소년 계정
31	ind_ctma_fin_ult1	마스 특별 계정
32	ind_ctop_fin_ult1	특정 계정
33	ind_ctpp_fin_ult1	특정 플러스 계정
34	ind_deco_fin_ult1	단기 예금
35	ind_deme_fin_ult1	중기 예금
36	ind_dela_fin_ult1	장기 예금
37	ind_ecue_fin_ult1	e-계정
38	ind_fond_fin_ult1	펀드
39	ind_hip_fin_ult1	부동산 대출

#	변수명	설명
40	ind_plan_fin_ult1	연금
41	ind_pres_fin_ult1	대출
42	ind_reca_fin_ult1	세금
43	ind_tjcr_fin_ult1	신용카드
44	ind_valo_fin_ult1	증권
45	ind_viv_fin_ult1	홈 계정
46	ind_nomina_ult1	급여
47	ind_nom_pens_ult1	연금
48	ind_recibo_ult1	직불 카드

수치형 / 범주형 변수

24개의 고객 관련 변수에 대해서 더 자세히 살펴보자.

첫 24개의 고객 변수 중, ["int64", "float64"]의 데이터 타입을 갖는 수치형 변수를 num_cols로 추출하고, .describe()를 통해 간단한 요약 통계를 확인한다.

[코드 2-6]. .describe()를 통해 수치형 변수를 살펴보기

```
num_cols = [col for col in trn.columns[:24] if trn[col].dtype in
['int64', 'float64']]
trn[num_cols].describe()

>       ncodpers      ind_nuevo      indrel tipodom cod_prov
count 1.364731e+07  1.361958e+07   1.361958e+07      13619574.0
mean  8.349042e+05  5.956184e-02   1.178399e+00      1.0
std   4.315650e+05  2.366733e-01   4.177469e+00      0.0
min   1.588900e+04  0.000000e+00   1.000000e+00      1.0
25%   4.528130e+05  0.000000e+00   1.000000e+00      1.0
50%   9.318930e+05  0.000000e+00   1.000000e+00      1.0
```

75%	1.199286e+06	0.000000e+00	1.000000e+00	1.0
max	1.553689e+06	1.000000e+00	9.900000e+01	1.0

24개의 고객 변수 중, 7개의 변수가 수치형 변수이다. (['ncodpers','ind_nuevo','indrel','tipodom','cod_prov','ind_actividad_cliente','renta'])

.describe()는 pandas의 데이터 프레임의 수치형 변수에 대한 기초 통계를 보여준다. 'min' 값부터 'max' 값 사이의 percentile 값을 확인하는 것만으로도 해당 변수에 대한 이해를 높일 수 있다. 수치형 변수를 살펴보면 다음과 같이 정리할 수 있다.

- ncodpers : 최솟값 15889 ~ 최댓값 1553689 을 갖는 고객 고유 식별 번호이다.
- ind_nuevo : 최소 75%의 값이 0이며, 나머지가 값 1을 갖는 신규 고객 지표이다.
- indrel : 최소 75%의 값이 1이며, 나머지가 값 99를 가지는 고객 등급 변수이다.
- tipodom : 모든 값이 1인 주소 유형 변수. 이러한 변수는 학습에 도움이 되지 않는 변수이다. 모든 값이 상수일 경우에는 변수로서 식별력을 가질 수 없기 때문이다.
- cod_prov : 최소 1~ 최대 52 의 값을 가지며, 수치형이지만 범주형 변수로서 의미를 가지는 지방 코드 변수이다.
- ind_actividad_cliente : 최소 50%의 값이 0이며, 나머지가 값 1을 가지는 활발성 지표이다.
- renta : 최소 1202.73~최대 28894400의 값을 가지는 전형적인 수치형 변수, 가구 총 수입을 나타낸다.

이번에는 첫 24개의 고객 변수 중, ["object"]의 데이터 타입을 갖는 범주형 변수를 cat_cols로 추출하고, .describe()를 통해 간단한 요약 통계를 확인한다.

```
cat_cols = [col for col in trn.columns[:24] if trn[col].dtype in ['O']]
trn[cat_cols].describe()

>        fecha_dato  ind_empleado pais_residencia  sexo
count    13647309    13619575     13619575         13619505
unique   17          5            118              2
top      2016-05-28  N            ES               V
freq     931453      13610977     13553710         7424252
```

24개의 고객 변수 중, 나머지 17개의 변수가 범주형 변수이다.(['fecha_dato','ind_empleado','pais_residencia','sexo','age','fecha_alta','antiguedad','ult_fec_cli_1t','indrel_1mes','tiprel_1mes','indresi','indext','conyuemp','canal_entrada','indfall','nomprov','segmento'])

범주형 변수에 대한 결과값의 각 행은 다음과 같은 의미가 있다.

- count : 해당 변수의 유효한 데이터 개수를 의미한다. 13,647,309보다 작을 때, 그만큼의 결측값이 존재한다는 뜻이다. 특히 'ult_fec_cli_1t'는 count가 24,793 밖에 확인되지 않으며, 결측값이 대부분임을 확인할 수 있다.

- unique : 해당 범주형 변수의 고유값 개수를 의미한다. 성별 변수 'sexo'에는 고유값이 2개이다.

- top : 가장 빈도가 높은 데이터가 표시된다. 나이 변수 'age'에서 최빈 데이터는 23세이다.

- freq : top 에서 표시된 최빈 데이터의 빈도수를 의미한다. 총 데이터 수를 의미하는 count 대비 최빈값이 어느 정도인지에 따라 범주형 데이터의 분포를 가늠할 수 있다. 예를 들어 고용 지표 변수인 'ind_empleado'는 5개의 고유값 중, 가장 빈도가 높은 'N' 데이터가 전체의 99.9% 가량(13610977 / 13619575) 을 차지하며, 데이터가 매우 편중되어 있음을 확인할 수 있다.

여기서 주의해야 할 것이 하나 있다. 나이를 의미하는 'age' 변수가 수치형이 아니라 범주형으로 분류되어 있다는 것이다. 그 외, 은행 누적 거래 기간을 나타내는 'antiguedad'도 수치형으로 분류되어야 한다. 원본 데이터에는 이와 같이 수치형 데이터가 범주형/object로 분류되어 있기 때문에, 전처리 과정에서 수치형으로 변환해야 한다.

범주형 변수의 고유값을 직접 눈으로 확인해보자. 다음의 코드를 통해 17개의 cat_cols에 포함된 고유값을 직접 출력한다.

[코드 2-8] 범주형 변수의 고유값을 직접 출력해보기

```
for col in cat_cols:
    uniq = np.unique(trn[col].astype(str))
    print('-' * 50)
    print('# col {}, n_uniq {}, uniq {}'.format(col, len(uniq), uniq))

> --------------------------------------------------
# col fecha_dato, n_uniq 17, uniq ['2015-01-28' '2015-02-28' '2015-
03-28' '2015-04-28' '2015-05-28' '2015-06-28' '2015-07-28' '2015-08-
28' '2015-09-28' '2015-10-28' '2015-11-28' '2015-12-28' '2016-01-28'
'2016-02-28' '2016-03-28' '2016-04-28' '2016-05-28']
--------------------------------------------------
# col ind_empleado, n_uniq 6, uniq ['A' 'B' 'F' 'N' 'S' 'nan']
--------------------------------------------------
# col pais_residencia, n_uniq 119, uniq ['AD' 'AE' 'AL' 'AO' 'AR' 'AT'
'AU' 'BA' 'BE' 'BG' 'BM' 'BO' 'BR' 'BY' 'BZ' 'CA' 'CD' 'CF' 'CG' 'CH'
'CI' 'CL' 'CM' 'CN' 'CO' 'CR' 'CU' 'CZ' 'DE' 'DJ' 'DK' 'DO' 'DZ' 'EC'
'EE' 'EG' 'ES' 'ET' 'FI' 'FR' 'GA' 'GB' 'GE' 'GH' 'GI' 'GM' 'GN' 'GQ'
'GR' 'GT' 'GW' 'HK' 'HN' 'HR' 'HU' 'IE' 'IL' 'IN' 'IS' 'IT' 'JM' 'JP'
'KE' 'KH' 'KR' 'KW' 'KZ' 'LB' 'LT' 'LU' 'LV' 'LY' 'MA' 'MD' 'MK' 'ML'
'MM' 'MR' 'MT' 'MX' 'MZ' 'NG' 'NI' 'NL' 'NO' 'NZ' 'OM' 'PA' 'PE' 'PH'
'PK' 'PL' 'PR' 'PT' 'PY' 'QA' 'RO' 'RS' 'RU' 'SA' 'SE' 'SG' 'SK' 'SL'
'SN' 'SV' 'TG' 'TH' 'TN' 'TR' 'TW' 'UA' 'US' 'UY' 'VE' 'VN' 'ZA' 'ZW'
'nan']
```

여러분에게는 어떤 특징이 보이는가?

첫 3개 변수에 대해서 함께 확인해보자.

1. fecha_dato : 날짜를 기록하는 fecha_dato는 "년-월-일" 형태이다. 2015-01-28 ~ 2016-05-28까지 매달 28일에 기록된 월별 데이터임을 확인할 수 있다.

2. ind_empleado : 고용 지표인 ind_empleado는 표1에 나온 5가지 값과 결측값인 'nan'을 포함하고 있다.

3. pais_residencia : 고객 거주 국가를 나타내는 pais_residencia는 대문자 알파벳 두 글자 형태를 취하고 있다.

그 외 14개의 범주형 변수에 대하여도 여러분이 직접 특징을 찾아보기 바란다.

[Tip 2-3] 직접 분석해보기

필자는 데이터를 살펴보는 과정에서 눈에 띄는 이러한 특징들을 별도로 기록하려고 노력한다. 그냥 스쳐 지나가듯 다음 단계로 넘어가기 바쁘다면, 시간낭비를 하고 있을 뿐이다. 우리 두뇌의 단기 기억에 모든 정보를 다 담아 둘 수는 없으니, 머리에 스쳐 지나가는 작은 정보조차도 별도 파일 혹은 종이에 꼼꼼히 기록하는 것을 권장한다.

다음에 나오는 [표2-2]는 필자가 직접 작성한 분석 노트이다. '변수 아이디어'란이 보이는데 이는 해당 변수를 더 유의미하게 활용할 수 있는 피처 엔지니어링 아이디어를 기록한 것이다. 필자가 데이터를 분석하며 발견한 특징 및 변수 아이디어는 필자 개인의 의견일 뿐이다.

독자 여러분도 직접 데이터를 살펴보며 어떠한 특징이 보이는지 고민해보고, 다양한 변수 아이디어를 도출해내는 과정을 꼭 가졌으면 한다. 자기만의 아이디어를 코드로 구현하고, 실험을 통해 검증하는 과정이 머신러닝을 배울 수 있는 지름길이다.

[표 2-2] 데이터 분석 노트 - 저자 샘플

변수명	내용	데이터 타입	특징	변수 아이디어
fecha_dato	월별 날짜 데이터	object		년도, 월 데이터를 별도로 추출하자.
ncodpers	고객 고유 번호	int64	숫자로 되어 있지만, 엄밀히는 식별 번호이다.	고객 고유 식별 번호는 학습에 사용하지 못한다.
ind_empleado	고용 지표	object	5개 고유값 중 'N'이 99.9% 빈도 편중이 높아, 변수 중요도 낮을 것 같다.	
pais_residencia	고객 거주 국가	object	알파벳 두글자로 생성된 국가 변수이지만, 암호화 되어 있어 국가 역추적은 어렵다.	
sexo	성별	object	성별 변수이다.	
age	나이	object → int64		나이 데이터가 정수형이 아니다. 정제가 필요해보인다.
fecha_alta	고객이 은행과 첫 계약을 체결한 날짜	object	1995년~2016년 까지 폭넓은 값을 가진다. 장기 고객도 존재하는 것 같다.	
ind_nuevo	신규 고객 지표 (6 개월 이내 신규 고객일 경우 값 = 1)	float64 → int64	대부분이 0, 소수가 1인 변수이다.	정수로 변환하자.
antiguedad	은행 거래 누적 기간 (월)	object → int64		
indrel	고객 등급 (1 : 1 등급 고객, 99 : 해당 달에 고객 1 등급이 해제되는 1등급 고객)	float64 → int64	대부분이 1, 소수가 99인 변수이다.	정수로 변환하자.

변수명	내용	데이터 타입	특징	변수 아이디어
ult_fec_cli_lt	1등급 고객으로서 마지막 날짜	object	2015년 7월 ~2016년5월까지 데이터이다.	
indrel_1mes	월초 기준 고객 등급 (1: 1등급 고객, 2: co-owner, P: potential, 3: former primary, 4: former co-owner)	object → int64	'1' 과 '1.0'이 다른 값으로 존재한다.	'P'를 정수로 변환하고, '1', '1.0'이 동일한 1 값을 갖도록 하자. 정수로 변환하자.
tiprel_1mes	월초 기준 고객 관계 유형 (A : active, I: inactive, P : former customer, R : potential)	object		
indresi	거주 지표 (고객의 거주 국가와 은행이 위치한 국가 동일 여부 : S (Yes) or N (No))	object		
indext	외국인 지표 (고객의 태어난 국가과 은행이 위치한 국가 동일 여부 : S (Yes) or N (No))	object		
conyuemp	배우자 지표 (1 : 은행 직원을 배우자로 둔 고객)	object		
canal_entrada	고객 유입 채널	object	알파벳 세글자로 암호화된 유입 경로 변수이다.	
indfall	고객 사망 여부 (S (Yes) or N (No))	object		
tipodom	주소 유형 (1: primary address)	float64	모든 값이 1. 변수로서 무의미하다.	변수를 제거하자.

변수명	내용	데이터 타입	특징	변수 아이디어
cod_prov	지방 코드 (주소 기반)	float64 → int64	1~52 사이 값을 고르게 가지는 값이다.	굳이 소수일 필요가 없으니, 정수로 변환하자.
nomprov	지방 이름	object	스페인 지역 이름을 나타낸다.	
ind_actividad_cliente	활발성 지표 (1: active customer, 2: inactive customer)	float64 → int64	0과 1의 값을 가지는 변수이다.	정수로 변환하자.
renta	가구 총 수입	float64 → int64	10^3 ~ 2*10^7 의 값을 가지며, 정확한 단위를 알 수 없다. (달러, 혹은 유로)	정수로 변환하자.
segmento	분류 (01: VIP, 02: 개인, 03: 대졸)	object		

시각화로 데이터 살펴보기

이번에는 시각화를 통하여 데이터를 더 자세히 살펴보려고 한다. 데이터 시각화를 위하여 파이썬 라이브러리 matplotlib와 seaborn을 사용한다.

Jupyter Notebook에서 시각화하려면 그래프를 Notebook 내부에 출력하도록 다음과 같이 설정해야 한다.

```
import matplotlib
import matplotlib.pyplot as plt
# Jupyter Notebook 내부에 그래프를 출력하도록 설정
%matplotlib inline
import seaborn as sns
```

다음 코드를 사용하여 각 변수에 대하여 막대 그래프(Histogram)를 그려본다.

제품 변수 24개와 고객 변수 24개, 총 48개의 변수를 시각화하고자 한다.

고객 고유 식별 번호인 'ncodpers'와 총 수입을 나타내는 'renta' 두 변수는 고유값이 너무 많아 시각화에 시간이 너무 많이 소요되므로, 이번 시각화에서는 건너뛰도록 설정한다.

[코드 2-9] 변수를 막대 그래프로 시각화하기

```
skip_cols = ['ncodpers', 'renta']
for col in trn.columns:
    # 출력에 너무 시간이 많이 걸리는 두 변수는 skip한다.
    if col in skip_cols:
        continue

    # 보기 편하게 영역 구분과 변수명을 출력한다.
    print('-' * 50)
    print('col : ', col)

    # 그래프 크기를(figsize) 설정한다.
    f, ax = plt.subplots(figsize=(20, 15))
    # seaborn을 사용한 막대 그래프를 생성한다.
    sns.countplot(x=col, data=trn, alpha=0.5)
    # show() 함수를 통해 시각화한다.
    plt.show()
```

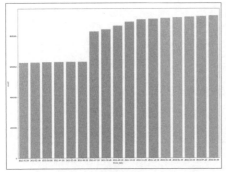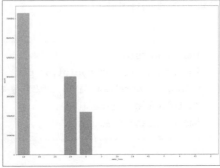

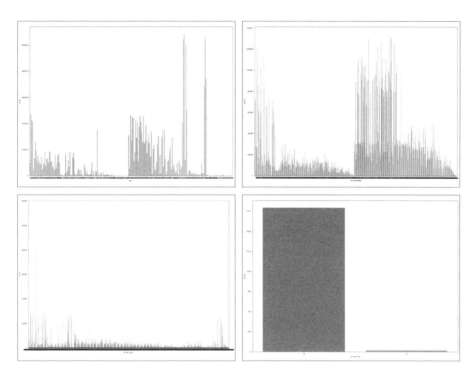

[그림 2-8] 단일 변수 막대 그래프

[fecha_dato, indrel_1mes, age, antiguedad, fecha_alta, conyuemp] 변수에 대한 막대 그래프이다.

막대 그래프 시각화를 통해 얻은 결과를 다음과 같이 정리할 수 있다.

- fecha_dato : 2015-01-28 ~ 2015-06-28 첫 6개월은 고객 데이터 개수가 같으며, 2015-07-28부터 매달 고객 데이터가 증가한다.([그림 2-8] 좌측 상단)
- indrel_1mes : 월초 기준 고객 등급을 의미하는 해당 변수는 변수 설명서에 따르면, 수치형 (1,2,3,4)와 범주형 (P) 값이 섞여 있는 변수이다. 그러나, 막대 그래프를 보니 "1.0, 1.0, 1", 세 개의 동일한 값이 별도의 값인 것처럼 막대 그래프에 표시가 된다. 이는 데이터 타입이 object (혹은 string)

값인 데이터에서 흔히 발견되는 현상이다. 전처리 과정에서 숫자 1을 의미하는 "1.0, 1.0, 1"을 모두 통일하고, 데이터를 정제해야 한다.([그림 2-8] 우측 상단)

- age, antiguedad : 수치형 변수인 나이 분포가 예상과는 다르게 중간에 뚝하고 끊긴 것 같은 양상을 보인다. object 형태로 저장되어 있기에 indrel_1mes와 같은 문제가 있는 것으로 보인다.([그림 2-8] 중단)
- fecha_alta : 1995년 부터 2016년 까지 폭 넓은 값을 가지는 날짜 데이터이다. 1995년 부근과 최근 2016년 부근이 높은 빈도를 보이는 것으로 보아, 장기 고객과 신규 고객의 비율이 높아 보인다.([그림 2-8] 좌측 하단)
- conyuemp : 이번 경진대회 데이터에는 conyuemp와 같은 이진 변수(변수의 고유 값이 두 개인 변수)가 많이 존재한다.([그림 2-8] 우측 하단)

24개의 변수에 대한 시각화를 통해 얻은 정보를 데이터 분석 노트에 정리하기를 권장한다. 아주 작은 정보도 좋으니, 눈에 띄는 것이 있다면 꼼꼼히 기록하기를 바란다. 아래는 필자가 막대 그래프 시각화를 통해 얻은 정보를 추가한 데이터 분석 노트이다.

[표 2-3] 데이터 분석 노트 - 저자 샘플

변수명	내용	데이터 타입	특징	변수 아이디어
fecha_dato	월별 날짜 데이터	object	**2015년 1~6월까지는 데이터가 상대적으로 적다**	년도, 월 데이터를 별도로 추출하자.
ncodpers	고객 고유 번호	int64	숫자로 되어 있지만, 언밀히는 식별 번호이다.	고객 고유 식별 번호는 학습에 사용하지 못한다.
ind_empleado	고용 지표	object	5개 고유값 중 'N'이 99.9% 빈도 편중이 높아. 변수 중요도 낮을 것 같다.	

변수명	내용	데이터 타입	특징	변수 아이디어
pais_residencia	고객 거주 국가	object	알파벳 두글자로 생성된 국가 변수 이지만, 암호화 되어 있어 국가 역추적은 어렵다. **ES 빈도가 매우 높다.** (ES = 스페인)	
sexo	성별	object	성별 변수이다. **V(여성)이 상대적으로 많다.**	
age	나이	object → int64	**분포 그래프가 중간에 끊긴다.** **아래 숫자가 0~100 크기로 정렬되어 있지 않다.**	나이 데이터가 정수형이 아니다. 정제가 필요 해보인다.
fecha_alta	고객이 은행과 첫 계약을 체결한 날짜	object	1995년~2016년까지 폭넓은 값을 가진다. 장기 고객도 존재하는 것 같다. **과거 5년과 최근 1년에 빈도가 높다.**	
ind_nuevo	신규 고객 지표 (6개월 이내 신규 고객일 경우 값 = 1)	float64 → int64	대부분이 0, 소수가 1인 변수이다.	정수로 변환하자.
antiguedad	은행 거래 누적 기간 (월)	object → int64		**age 변수와 비슷한 정제가 필요하다.**
indrel	고객 등급 (1 : 1등급 고객, 99 : 해당 달에 고객 1등급이 해제되는 1등급 고객)	float64 → int64	대부분이 1, 소수가 99인 변수이다.	정수로 변환하자.
ult_fec_cli_lt	1등급 고객으로서 마지막 날짜	object	2015년 7월~2016년 5월까지 데이터이다.	

변수명	내용	데이터 타입	특징	변수 아이디어
indrel_1mes	월초 기준 고객 등급 (1: 1등급 고객, 2: co-owner, P: potential, 3: former primary, 4: former co-owner)	object → int64	'1' 과 '1.0'이 다른 값으로 존재한다.	
tiprel_1mes	월초 기준 고객 관계 유형 (A : active, I: inactive, P: former customer, R: potential)	object	**A, I의 빈도가 높다.**	
indresi	거주 지표 (고객의 거주 국가와 은행이 위치한 국가 동일 여부 : S (Yes) or N (No))	object	**S의 빈도가 높다.**	
indext	외국인 지표 (고객의 태어난 국가과 은행이 위치한 국가 동일 여부 : S (Yes) or N (No))	object	**N의 빈도가 높다.**	
conyuemp	배우자 지표 (1 : 은행 직원을 배우자로 둔 고객)	object	**N의 빈도가 높다.**	
canal_entrada	고객 유입 채널	object	알파벳 세글자로 암호화된 유입 경로 변수이다. **상위 5개가 대부분을 차지한다.**	
indfall	고객 사망 여부 (S (Yes) or N (No))	object	고객이 사망할 경우, 신규 구매는 상식적으로 불가능할 것이다.	
tipodom	주소 유형 (1: primary address)	float64	모든 값이 1. 변수로서 무의미하다.	변수를 제거하자.
float64 → int64	지방 코드 (주소 기반)	float64 → int64	1~52 사이 값을 고르게 가지는 값이다. **상위 5개 값이 대부분을 차지한다.**	굳이 소수일 필요가 없으니, 정수로 변환하자.

변수명	내용	데이터 타입	특징	변수 아이디어
nomprov	지방 이름	object	스페인 지역 이름을 나타낸다. **cod_prov와 동일한 변수인 것으로 추측된다.**	
ind_actividad_cliente	활발성 지표 (1: active customer, 2: inactive customer)	float64 → int64	0과 1의 값을 가지는 변수이다.	정수로 변환하자.
renta	가구 총 수입	float64 → int64	$10^3 \sim 2{*}10^7$의 값을 가지며, 정확한 단위를 알 수 없다. (달러, 혹은 유로)	정수로 변환하자.
segmento	분류 (01: VIP, 02: 개인, 03: 대졸)	object	**개인이 가장 빈도가 높으나, 대학생 비율이 생각보다 높다. (대학가 주변인 것으로 추정)**	

시계열 데이터 시각화

이번 경진대회에서 제공된 데이터는 실세계에서도 자주 접할 수 있는 시계열 데이터이다. 이 데이터는 월별 고객의 금융 제품 구매 이력을 기록하고 있다. 앞선 막대 그래프 시각화는 시계열성을 고려하지 않고, 1년 6개월치 데이터를 하나로 뭉쳐 시각화를 시도한 것이다. 그러나, 시계열 데이터를 올바르게 분석하려면 시각화 및 데이터 살펴보기 과정에서도 시간에 따른 변화 척도를 눈에 볼 수 있도록 분석해야 한다. 예를 들어, 고객 유입 채널을 의미하는 canal_entrada 변수도 사실은 계절에 따라, 방학/입학 시즌에 따라 데이터의 분포가 변할 수 있으나, 앞선 기초 통계 및 시각화에서는 그러한 시계열성 변화를 전혀 포착하지 못한다.

특히, 이진 변수인 24개의 제품 변수에 대해서는 앞선 막대 그래프 시각화로는 큰 의미를 도출해 내기가 어려운 것이 사실이다. 각 제품 변수에 대하여 0과 1의 분포를 볼 수 있을 뿐, 데이터 전처리 혹은 피처 엔지니어링에 큰 도움이 될만한 아이디어를 도출하기가 어려웠다. 이번 경진대회의 목표는 금융 제품 추천이다. 여러분이 예측해야 하는 정답값, 즉 24개의 제품 변수에 대한 이해를 높이는 것은 매우 중요하다.

다음 코드에서는 시계열성을 포함한 시각화 기법을 통하여 24개의 제품 변수를 자세히 살펴보고자 한다.

0과 1의 이진 변수로 구성된 24개의 제품 변수는 고객이 해당 제품을 보유하고 있을 때는 값이 1이고, 보유하고 있지 않을 때에는 값이 0이다. 그러므로, 각 제품 변수를 다 더한 값은 제품 보유 수준을 의미한다.

가장 쉽게 접근할 수 있는 방법으로, 월별 제품 변수의 합을 누적 막대 그래프 형태로 시각화해보는 것이다. 누적 막대 그래프를 사용하는 이유는 서로 다른 제품 간의의 차이를 함께 시각화하기 위함이다. 다음 코드는 월별 금융 제품 보유 여부를 누적 막대 그래프로 시각화하는 코드이다.

[코드 2-10] 월별 금융 제품 보유 데이터를 누적 막대 그래프로 시각화하기

```
# 날짜 데이터를 기준으로 분석하기 위하여, 날짜 데이터 별도로 추출한다.
months = trn['fecha_dato'].unique().tolist()
# 제품 변수 24개를 추출한다.
label_cols = trn.columns[24:].tolist()

label_over_time = []
for i in range(len(label_cols)):
    # 매월, 각 제품의 총합을 groupby(..).agg('sum')으로 계산하여, label_sum에 저
    장한다.
    label_sum = trn.groupby(['fecha_dato'])[label_cols[i]].agg('sum')
    label_over_time.append(label_sum.tolist())

label_sum_over_time = []
for i in range(len(label_cols)):
```

```
# 누적 막대 그래프를 시각화하기 위하여, n번째 제품의 총합을 1 ~ n번째 제품의 총합으로
만든다.
label_sum_over_time.append(np.asarray(label_over_time[i:]).
sum(axis=0))

# 시각화를 위하여 색깔을 지정한다.
color_list = ['#F5B7B1','#D2B4DE','#AED6F1','#A2D9CE','#ABEBC6','#F9E7
9F','#F5CBA7','#CCD1D1']

# 그림 크기를 사전에 정의한다.
f, ax = plt.subplots(figsize=(30, 15))
for i in range(len(label_cols)):
    # 24개 제품에 대하여 Histogram을 그린다.
    # x축에는 월 데이터, y축에는 누적 총합, 색깔은 8개를 번갈아 가며 사용하며, 그림의
    alpha값은 0.7로 지정한다.
    sns.barplot(x=months, y=label_sum_over_time[i], color=color_
    list[i%8], alpha=0.7)

# 우측 상단에 Legend를 추가한다. (이 부분은 자세히 알 필요 없다.)
plt.legend([plt.Rectangle((0,0),1,1,fc=color_list[i%8], edgecolor =
'none') for i in range(len(label_cols))], label_cols, loc=1, ncol = 2,
prop={'size':16})
```

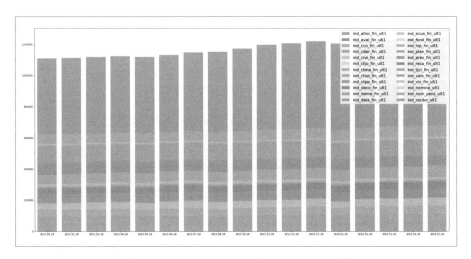

[**그림 2-9**] 월별 금융 제품 보유 데이터를 누적 막대 그래프로 시각화한 그림이다.

시각화 결과물을 보면, 총 제품 보유 수량이 매달마다 조금씩 상승하고 있는 것을 확인할 수 있다. 고객의 숫자가 꾸준히 늘어나고 있기 때문으로 보인다.

매달 달라지는 금융 제품 보유 값에 무관하게 시각화를 하기 위하여, 절댓값이 아닌 상대값으로 시각화를 시도해보자.

[코드 2-11] 월별 금융 제품 보유 데이터를 누적 막대 그래프로 시각화하기 : 절댓값이 아닌 월별 상대값으로 시각화하여 시각적으로 보기 쉽게 표현한다.

```
# label_sum_over_time의 값을 퍼센트 단위로 변환한다. 월마다 최댓값으로 나누고 100을 곱
해준다.
label_sum_percent = (label_sum_over_time / (1.*np.asarray(label_sum_
over_time).max(axis=0))) * 100

# 앞선 코드와 동일한, 시각화 실행 코드이다.
f, ax = plt.subplots(figsize=(30, 15))
for i in range(len(label_cols)):
    sns.barplot(x=months, y=label_sum_percent[i], color = color_
    list[i%8], alpha=0.7)

plt.legend([plt.Rectangle((0,0),1,1,fc=color_list[i%8], edgecolor =
'none') for i in range(len(label_cols))], label_cols, loc=1, ncol = 2,
prop={'size':16})
```

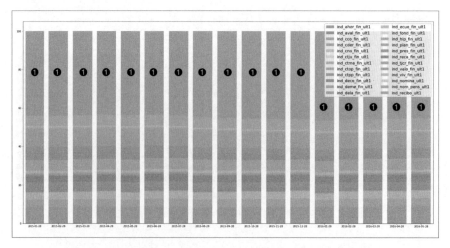

[그림 2-10] 월별 금융 제품 보유 데이터를 상대적 누적 막대 그래프로 시각화한 그림이다.

상대값 기반의 시각화가 훨씬 분석하기 편하다. 여러분도 다음과 같은 분석을 할 수 있을 것이다 : 시각화 결과물을 통해서 당좌 예금, 즉 그래프에서 (❶)로 표시한 부분은 ("ind_cco_fin_ult1")의 보유량은 계절에 상관없이 꾸준히 높은 것을 확인할 수 있고, 다른 제품의 비율도 1년 6개월 간 큰 변화 없이 꾸준해 보인다.

시계열성을 포함한 시각화를 시도하면, 데이터에 숨어있는 패턴을 찾을 수 있으리라 기대했지만, 24개의 금융 제품 보유 누적 막대 그래프를 통해서는 1년 6개월 기간 중, 눈에 띄는 변화 혹은 패턴을 찾기가 어렵다.

[Tip 2-4] 데이터 분석의 목적을 잊지 않기

탐색적 데이터 분석은 데이터 속에 흩어져 있는 수많은 점들을 직접 눈으로 확인하고, 나름대로 의미를 찾아내고자 분석하는 작업이다. 흩어져 있는 데이터 속의 수많은 점과 점을 이어나가면서, 숨겨진 패턴을 찾는 노동집약적인 작업인 것이다.

컴퓨터 스크린에 뿌려진 수많은 숫자들을 분석하다 보면, 필자도 어느새 분석의 진짜 목적과 분석의 방향성을 잃어버릴 때가 있다. 아무 생각 없이 무의미한 분석 방법을 실행하고자, 어렵고 복잡한 코딩에 시간을 낭비하는 경우가 허다하다는 것이다.

필자는 여러 경진대회에 참여하면서 데이터는 내 손에 있지만, 무엇을 시각화해야 하고, 어떤 기법으로 분석을 해야하는지를 몰라, 헤매는 경우가 많았다. 아직 머신러닝 알고리즘을 학습하지도 않은 상태에서, '무엇을 시각화 해야할지, 무엇을 분석해야 할지'에 대한 정답을 알기는 어렵다. 그러나, 필자의 경험상, 예측을 위해 제공되는 변수 (이번 경진대회에서는 24개의 고객 변수에 해당한다) 보다는, 실제로 예측해야하는 변수 (24개의 금융 제품 변수)를 올바르게 분석하여, 이해도를 높이는 것이 좋은 머신러닝 모델을 구축하는데 도움이 된다.

필자가 이번 탐색적 데이터 분석을 통해 얻고자 하는 것은 3가지이다.

1. 데이터 기초 통계와 시각화를 통해 데이터를 직접 눈으로 보기
2. 변수 아이디어를 찾아내기
3. 예측 변수 24개에 대한 특징 찾아내기

앞선 [Tip 2-4]에서 설명한 탐색적 분석의 목표 중 1, 2번은 어느 정도 달성한 것으로 보인다. 3번을 달성하기 위해서, 다시 한 번 신중하게 생각해보자.

여러분이 이번 경진대회에서 예측해야하는 값은 **고객이 신규로 구매할 제품**이다. 보유 여부가 0에서 1로 변하는 그 순간에 관심이 있는 것이지, 구매 후 지속적으로 해당 제품을 보유하고 있는지에 대해서는 큰 관심이 없다. 그런 의미에서는 **앞선 누적 막대 그래프는 제품의 총 보유량을 나타내고 있을 뿐, 여러분이 원하는 '신규 구매'에 대한 월별 추이를 나타내고 있지 않다.**

여러분에게 필요한 시각화는 '신규 구매'이지만, 주어진 데이터는 '월별 보유'이다. 의도하는 바를 시각화하기 위해서는 주어진 데이터에서 여러분이 원하는 정보, 즉 '신규 구매' 정보를 추출하는 별도 과정이 필요하다.

다음 코드는 제품의 '신규 구매' 여부를 추출하기 위한 코드이다.

더 효율적이고 빠른 방법론이 있을 수 있지만, 일단은 필자가 경진대회 중에 사용한 코드를 공유한다.

다음 코드를 실행하면 'data' 폴더에 'labels.csv'라는 파일이 생성된다. 이 파일은 훈련 데이터와 같은 row 크기를 가지며, 24개의 column 은 각 24개의 금융 제품의 신규 구매 여부를 의미하는 이진 변수이다.

[코드 2-12] 24개 금융 제품에 대한 '신규 구매' 데이터를 생성하기

```
import pandas as pd
import numpy as np

# 훈련 데이터를 읽어온다
trn = pd.read_csv('../input/train_ver2.csv')

# 제품 변수를 prods에 list형태로 저장한다
prods = trn.columns[24:].tolist()

# 날짜를 숫자로 변환하는 함수이다. 2015-01-28은 1, 2016-06-28은 18로 변환된다
def date_to_int():
    Y, M, D = [int(a) for a in str_date.strip().split("-")]
    int_date = (int(Y) - 2015) * 12 + int(M)
```

```
    return int_date
```

날짜를 숫자로 변환하여 int_date에 저장한다
```
trn['int_date'] = trn['fecha_dato'].map(date_to_int).astype(np.int8)
```

데이터를 복사하고, int_date 날짜에 1을 더하여 lag를 생성한다. 변수명에 _prev를 추가한다.
```
trn_lag = trn.copy()
trn_lag['int_date'] += 1
trn_lag.columns = [col + '_prev' if col not in ['ncodpers', 'int_date']
else col for col in trn.columns]
```

원본 데이터와 lag 데이터를 ncodper와 int_date 기준으로 합친다. lag 데이터의 int_date는 1 밀려 있기 때문에, 저번 달의 제품 정보가 삽입된다.
```
df_trn = trn.merge(trn_lag, on=['ncodpers','int_date'], how='left')
```

메모리 효율을 위해 불필요한 변수를 메모리에서 제거한다
```
del trn, trn_lag
```

저번 달의 제품 정보가 존재하지 않을 경우를 대비하여 0으로 대체한다.
```
for prod in prods:
    prev = prod + '_prev'
    df_trn[prev].fillna(0, inplace=True)
```

원본 데이터에서의 제품 보유 여부 – lag데이터에서의 제품 보유 여부를 비교하여 신규 구매 변수 padd를 구한다
```
for prod in prods:
    padd = prod + '_add'
    prev = prod + '_prev'
    df_trn[padd] = ((df_trn[prod] == 1) & (df_trn[prev] == 0)).
astype(np.int8)
```

신규 구매 변수만을 추출하여 labels에 저장한다.
```
add_cols = [prod + '_add' for prod in prods]
labels = df_trn[add_cols].copy()
labels.columns = prods
labels.to_csv('../input/labels.csv', index=False)
```

생성된 labels.csv 파일을 기반으로 시계열성 시각화를 다시 시도해보자.

앞선 [코드 2-9] 와 비슷한 코드이지만, 이번에는 합을 계산하는 기준이 '신규 구매 데이터'이다.

[코드 2-13] 월별 신규 구매 데이터를 누적 막대 그래프로 시각화하기

```
labels = pd.read_csv('../input/labels.csv').astype(int)
fecha_dato = pd.read_csv('../input/train_ver2.csv', usecols=['fecha_
dato'])

labels['date'] = fecha_dato.fecha_dato
months = np.unique(fecha_dato.fecha_dato).tolist()
label_cols = labels.columns.tolist()[:24]

label_over_time = []
for i in range(len(label_cols)):
    label_over_time.append(labels.groupby(['date'])[label_cols[i]].
    agg('sum').tolist())

label_sum_over_time = []
for i in range(len(label_cols)):
    label_sum_over_time.append(np.asarray(label_over_time[i:]).
    sum(axis=0))

color_list = ['#F5B7B1','#D2B4DE','#AED6F1','#A2D9CE','#ABEBC6','#F9E7
9F','#F5CBA7','#CCD1D1']

f, ax = plt.subplots(figsize=(30, 15))
for i in range(len(label_cols)):
    sns.barplot(x=months, y=label_sum_over_time[i], color = color_
    list[i%8], alpha=0.7)

plt.legend([plt.Rectangle((0,0),1,1,fc=color_list[i%8], edgecolor =
'none') for i in range(len(label_cols))], label_cols, loc=1, ncol = 2,
prop={'size':16})
```

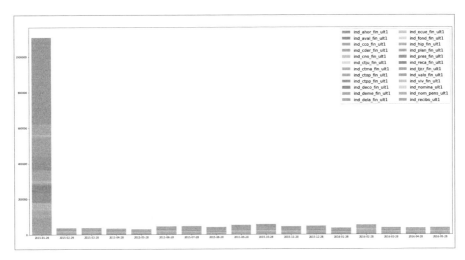

[그림 2-11] 월별 신규 구매 데이터를 누적 막대 그래프로 시각화한 그림이다.

첫 달인 2015-05-28의 신규 구매 숫자가 압도적으로 많은 이유는, 데이터의 첫 달에는 모든 보유 제품이 신규 구매로 인식되기 때문이다. 다른 달의 신규 구매 횟수를 더 자세히 보기 위하여, 상대값 기준으로 다시 시각화해 본다.

[코드 2-14] 월별 신규 구매 데이터를 누적 막대 그래프로 시각화하기 : 절댓값이 아닌 월별 상대값으로 시각화하여 시각적으로 보기 쉽게 표현한다.

```
# [코드 2-11]과 동일한 코드이다.
label_sum_percent = (label_sum_over_time / (1.*np.asarray(label_sum_
over_time).max(axis=0))) * 100

f, ax = plt.subplots(figsize=(30, 15))
for i in range(len(label_cols)):
    sns.barplot(x=months, y=label_sum_percent[i], color = color_
    list[i%8], alpha=0.7)

plt.legend([plt.Rectangle((0,0),1,1,fc=color_list[i%8], edgecolor =
'none') for i in range(len(label_cols))], \
        label_cols, loc=1, ncol = 2, prop={'size':16})
```

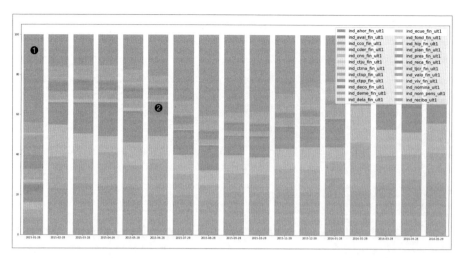

[그림 2-12] 월별 신규 구매 데이터를 상대적 누적 막대 그래프로 시각화한 그림이다.

흥미로운 패턴을 몇 가지 발견할 수 있다.

- 당좌 예금(ind_cco_fin_ult1, 위에서 첫 번째 영역: ❶)은 8월 여름에 가장 높은 값을 가지며, 겨울에는 축소되는 계절 추이를 보인다.

- 단기 예금(ind_deco_fin_ult1, 위에서 다섯 번째 그래프에서 ❷영역) 은 2015-06-28에 특이하게 높은 값을 가지며, 다른 시기에는 값이 매우 낮다.

- 급여, 연금 (ind_nomina_ult1, ind_nom_pens_ult1)은 당좌 예금과 반대로 8월 여름에 가장 낮은 값을 가지며 2016-02-28 겨울에 가장 높은 값을 가지는 추세이다.

- 신규 구매 빈도가 가장 높은 상위 5개 금융 제품은 당좌 예금, 신용 카드, 급여, 연금 그리고 직불 카드(ind_cco_fin_ult1, ind_tjcr_fin_ult1, ind_nomina_ult1, ind_nom_pens_ult1, ind_recibo_fin_ult1)이다.

단순히 고객의 금융 제품 보유 총합을 나타낸 앞선 [그림 2-9] 금융 제품 누적 그래프에서 보이지 않았던 계절 추이들이, [그림 2-12]에서는 더욱 뚜렷하게 관찰할 수 있다.

데이터가 계절성을 띤다는 것은, 훈련 데이터를 몇 월로 지정하는가에 따라, 머신러닝 모델의 결과물이 많이 달라질 수 있다는 것을 의미한다. 계절의 변동성을 모델링하는 하나의 일반적인 모델을 구축할 것인지, 계절에 따라 다수의 모델을 구축하여 혼합해서 사용할지를 결정해야한다.

이러한 의사결정은 경진대회뿐만 아니라, 머신러닝 실무에서도 흔히 겪는 실질적인 문제이다. 필자는 성능이 가장 좋은 방법을 선택하는 것이 최선이라고 생각한다. 실무에서는, 다수의 모델을 계절별로 구축하여 얻는 성능의 개선폭과, 다수의 모델을 실시간으로 운영하는 비용 및 리스크를 비교해보며 결정하게 될 것이다.

탐색적 데이터 분석 요약

탐색적 데이터 분석은 크게 두 가지 작업으로 분류할 수 있다. 1) 기초 통계를 통하여 Raw Data를 분석하는 방법과 2) 시각화를 통해 Raw Data를 분석하는 방법이다.

기초 통계를 통하여 Raw Data를 분석하기 위한 pandas 라이브러리의 주요 함수들은 다음과 같다.

[표 2-4] pandas가 지원하는 기초 통계 함수

함수	기능
pandas.read_csv('파일명')	csv 파일을 메모리에 불러온다.
DataFrame.head()	데이터의 첫 5줄을 미리보기한다.
DataFrame.tail()	데이터의 마지막 5줄을 미리보기한다.
DataFrame.info()	데이터 프레임에 대한 정보를 소개한다.
DataFrame.shape	데이터 프레임의 크기를 확인한다.
DataFrame.mean()	변수별 평균값을 구한다.
DataFrame.std()	변수별 표준편차값을 구한다.
DataFrame.isnull()	결측값 여부를 확인한다.

함수	기능
DataFrame.describe()	변수별 기초 통계 (빈도, 평균, 최소/최댓값, 백분위수) 등을 확인한다.
Series.unique()	변수의 고유값을 확인한다.
Series.value_counts()	변수내 고유값들의 빈도 순위를 확인한다.
Series.dtype	변수의 data type을 확인한다.

시각화를 통하여 Raw Data를 분석하기 위한 pandas/matplotlib 라이브러리의 주요 함수들은 다음과 같다.

[표 2-5] 시각화를 위한 기초 함수

함수	기능
plt.plot(x)	1-D, 2-D 데이터 선 그래프를 시각화한다.
plt.hist(x)	막대 그래프를 시각화한다.
plt.scatter(x, y)	산점도를 시각화한다.
plt.matshow(array)	2-D 데이터를 heatmap 그래프로 시각화한다.
DataFrame.plot()	변수를 선 그래프로 시각화한다.
DataFrame.plot.hist()	막대 그래프를 시각화한다.
DataFrame.plot.box()	Box 그래프를 시각화한다.
DataFrame.plot.kde()	밀도 그래프를 시각화한다.

훈련 / 테스트 데이터 설명

이번 경진대회에서는 총 1년 6개월치(2015-01-28 ~ 2016-06-28) 월별 고객 데이터가 제공된다.

첫 1년 5개월치(2015-01-28 ~ 2016-05-28) 데이터는 훈련 데이터이며, 훈련 데이터에는 익명화된 24개의 고객 변수와 24개의 금융 제품 보유 현황에 대한 정보가 포함되어 있다.

이번 경진대회 데이터를 일차적으로 살펴본 결과를 다음과 같이 요약할 수 있다.

- 'age', 'antiguedad', 'indrel_1mes'등의 수치 변수가 object로 표현되어 있어 올바르게 인식되지 않는다. 데이터 정제 작업이 필요하다.
- 대부분의 고객 변수에 결측값이 존재한다. 수치형/범주형 변수의 결측값은 기존 변수에 없는 값 (흔히 0, −1 등을 사용)으로 흔히 대체한다. 날짜 변수는 어느 날짜로 대체 해야할지 고민이 필요하다.
- 두 개의 고유 값을 가지는 이진변수들이 많이 존재한다. 메모리의 효율을 극대화하기 위하여 int64의 0, 1 값으로 변환하자.
- 고객 등급, 고객 관계 유형 등 변수의 각 값이 무엇을 의미하는지 구체적인 설명이 부족하다. 예를 들어 월초 기준 고객 등급을 의미하는 'indrel_1mes'의 '3 : former primary' 값이 정확히 무엇을 의미하는지 자세한 설명이 생략되어 있다.
- 여러분이 예측하고자 하는 값은 금융 제품 보유 여부가 아닌, 신규 구매이다. 그러므로 제공된 데이터에서 '신규 구매' 여부를 별도로 추출해야 하며, 평가 기준도 '신규 구매' 기준으로 진행되어야 한다(labels.csv).
- 신규 구매 데이터가 계절성을 띄고 있다. 단일 모델로 모든 데이터를 학습시킬지, 특정 월만 추출해서 학습을 진행할지 선택이 필요하다. 다수의 모델을 서로 다른 계절을 기반으로 학습하는 것도 또 하나의 방법이다.

마지막 한 달치(2016-06-28) 데이터는 테스트 데이터로 사용되며, 24개의 고객 변수는 동일하게 제공되나, 금융 제품 보유 현황에 관련한 값이 존재하지 않는다.

데이터 용량

이번 경진대회에서 사용되는 데이터의 용량 및 Dimension은 다음 표와 같다.

[표 2-6] 데이터 용량 및 Dimension

데이터	압축 용량	압축 해제 용량	Dimension
train_ver2.csv	214.26 MB	2.2 GB	(13,647,309 x 48)
test_ver2.csv	12.39 MB	106 MB	(929,615 x 24)
sample_submission.csv	2.37 MB	23 MB	(929,615 x 2)

2.7 Baseline 모델

산탄데르 제품 추천 경진대회에 사용할 Baseline 모델을 구축한다. Baseline 모델은 일반적인 머신러닝 파이프라인의 모든 과정을 포함하는 가장 기초적인 모델이다.

캐글 경진대회 [Kernels] 탭에는 경진대회 상위 참가자들이 Baseline 모델을 공개하는 것을 볼 수 있다. 처음 캐글 경진대회에 참여하는 분들에게는 이러한 Baseline 모델을 직접 분석하여 문제의 접근방법을 배우는 것이 매우 효과적이다. 그러나 가장 좋은 배움의 방법은 공개된 Baseline 모델을 보기 전에, 직접 나만의 Baseline 모델을 구축하는 것이다.

함께 Baseline 모델을 구축해보자.

Tabular 데이터를 다루는 캐글 경진대회에서의 머신러닝 파이프라인의 일반적인 순서는 다음과 같다:
① 데이터 전처리 → ② 피처 엔지니어링 → ③ 머신러닝 모델 학습 → ④ 테스트 데이터 예측 및 캐글 업로드

① 데이터 전처리

Baseline 모델 구축을 위하여 데이터 전처리 과정에서는 다음 작업을 수행한다.

- 제품 변수의 결측값을 0 으로 대체한다. 제품 보유 여부에 대한 정보가 없으면, 해당 제품을 보유하고 있지 않다고 가정한다.
- 훈련 데이터와 테스트 데이터를 통합한다. 훈련 데이터와 테스트 데이터는 날짜 변수(fecha_dato)로 쉽게 구분이 가능하다. 동일한 24개의 고객 변수를 공유하고 있으며, 테스트 데이터에 없는 24개의 제품 변수는 0으로 채운다.
- 범주형, 수치형 데이터를 전처리한다. 범주형 데이터는 .factorize()를 통해 Label Encoding을 수행한다. 데이터 타입이 object 로 표현되는 수치형 데이터에서는 .unique()를 통해 특이값들을 대체하거나 제거하고, 정수형 데이터로 변환한다.
- 추후, 모델 학습에 사용할 변수 이름을 features 리스트에 미리 담는다.

코드를 보면서 함께 살펴보자.

[코드 2-15] Baseline 모델의 데이터 전처리 코드(file : kaggle_santander_product_recommendation /02_Baseline/code/baseline.py)

```python
import pandas as pd
import numpy as np
import xgboost as xgb

np.random.seed(2018)

# 데이터를 불러온다.
trn = pd.read_csv('../input/train_ver2.csv')
tst = pd.read_csv('../input/test_ver2.csv')

## 데이터 전처리 ##

# 제품 변수를 별도로 저장해 놓는다.
prods = trn.columns[24:].tolist()

# 제품 변수 결측값을 미리 0으로 대체한다.
trn[prods] = trn[prods].fillna(0.0).astype(np.int8)
```

```python
# 24개 제품 중 하나도 보유하지 않는 고객 데이터를 제거한다.
no_product = trn[prods].sum(axis=1) == 0
trn = trn[~no_product]

# 훈련 데이터와 테스트 데이터를 통합한다. 테스트 데이터에 없는 제품 변수는 0으로 채운다.
for col in trn.columns[24:]:
    tst[col] = 0
df = pd.concat([trn, tst], axis=0)

# 학습에 사용할 변수를 담는 list이다.
features = []

# 범주형 변수를 .factorize() 함수를 통해 label encoding한다.
categorical_cols = ['ind_empleado', 'pais_residencia', 'sexo',
'tiprel_1mes', 'indresi', 'indext', 'conyuemp', 'canal_entrada',
'indfall', 'tipodom', 'nomprov', 'segmento']
for col in categorical_cols:
    df[col], _ = df[col].factorize(na_sentinel=-99)
features += categorical_cols

# 수치형 변수의 특이값과 결측값을 -99로 대체하고, 정수형으로 변환한다.
df['age'].replace(' NA', -99, inplace=True)
df['age'] = df['age'].astype(np.int8)

df['antiguedad'].replace('     NA', -99, inplace=True)
df['antiguedad'] = df['antiguedad'].astype(np.int8)

df['renta'].replace('         NA', -99, inplace=True)
df['renta'].fillna(-99, inplace=True)
df['renta'] = df['renta'].astype(float).astype(np.int8)

df['indrel_1mes'].replace('P', 5, inplace=True)
df['indrel_1mes'].fillna(-99, inplace=True)
df['indrel_1mes'] = df['indrel_1mes'].astype(float).astype(np.int8)

# 학습에 사용할 수치형 변수를 features에 추구한다.
features += ['age','antiguedad','renta','ind_nuevo','indrel','indrel_1
mes','ind_actividad_cliente']
```

② 피처 엔지니어링

피처 엔지니어링 단계에서는 머신러닝 모델 학습에 사용할 파생 변수를 생성한다. Baseline 모델에서는 전체 24개의 고객 변수와, 4개의 날짜 변수 기반 파생 변수 그리고 24개의 lag-1 변수를 사용한다.

고객이 첫 계약을 맺은 날짜를 의미하는 fecha_alta와 고객이 마지막으로 1등급이었던 날짜를 의미하는 ult_fec_cli_1t 변수에서 각각 연도와 월 정보를 추출한다. 그 외에도 날짜 변수를 활용한 파생 변수는 다양하다. 예를 들어, 두 개의 날짜 변수 간의 차이값을 파생 변수로 생성한다거나, 졸업식이나 방학 등의 특별한 날짜까지의 거리를 수치형 변수로 생성할 수 있다. 독자 여러분도 직접 다양한 파생 변수를 가지고 실험해보길 바란다.

결측값은 임시로 -99로 대체한다. 사이킷-런에서 제공하는 머신러닝 모델은 결측값을 입력값으로 받지 않고 실행 에러가 발생하지만, 필자가 사용한 xgboost 모델에서는 결측값도 정상적인 입력값으로 받는다. 데이터가 결측되었다는 것도 하나의 정보로 인식하고 모델 학습에 활용되지만, 이번 장에서는 결측값을 -99로 설정한다.

시계열 데이터에서는 고객의 과거 데이터를 기반으로 다양한 파생 변수를 생성할 수 있다. 예를 들어, 고객의 나이가 최근 3개월 동안 변동이 있었는지(즉, 3개월 안에 생일을 맞이했는지)를 이진 변수로 생성하거나, 한 달 전에 구매한 제품에 대한 정보를 변수로 사용할 수 있고, 최근 6개월 평균 월급을 계산할 수도 있다.

이번 경진대회에서는 N개월 전에 금융 제품을 보유하고 있었는지 여부를 나타내는 lag 변수가 좋은 파생 변수로 작용했다. 24개의 금융 제품 변수에 대하여 1개월 전, 2개월 전, 3개월 전 보유 여부를 현재 고객의 데이터로 활용하는 것이다. Baseline 모델에서는 1개월 전 정보만을 가져다 사용하는 lag-1 변수를 사용한다. lag-5 변수까지 독자가 구현하여, 성능 개선을 직접 확인해 보는 것을 권장한다.

```python
# (피처 엔지니어링) 두 날짜 변수에서 연도와 월 정보를 추출한다.
df['fecha_alta_month'] = df['fecha_alta'].map(lambda x: 0.0 if x.__
class__ is float else float(x.split('-')[1])).astype(np.int8)
df['fecha_alta_year'] = df['fecha_alta'].map(lambda x: 0.0 if x.__
class__ is float else float(x.split('-')[0])).astype(np.int16)
features += ['fecha_alta_month', 'fecha_alta_year']

df['ult_fec_cli_1t_month'] = df['ult_fec_cli_1t'].map(lambda x: 0.0 if
x.__class__ is float else float(x.split('-')[1])).astype(np.int8)
df['ult_fec_cli_1t_year'] = df['ult_fec_cli_1t'].map(lambda x: 0.0 if
x.__class__ is float else float(x.split('-')[0])).astype(np.int16)
features += ['ult_fec_cli_1t_month', 'ult_fec_cli_1t_year']

# 그 외 변수의 결측값은 모두 -99로 대체한다.
df.fillna(-99, inplace=True)

# (피처 엔지니어링) lag-1 데이터를 생성한다.
# 코드 2-12와 유사한 코드 흐름이다.

# 날짜를 숫자로 변환하는 함수이다. 2015-01-28은 1, 2016-06-28은 18로 변환된다.
def date_to_int(str_date):
    Y, M, D = [int(a) for a in str_date.strip().split("-")]
    int_date = (int(Y) - 2015) * 12 + int(M)
    return int_date

# 날짜를 숫자로 변환하여 int_date에 저장한다.
df['int_date'] = df['fecha_dato'].map(date_to_int).astype(np.int8)

# 데이터를 복사하고, int_date 날짜에 1을 더하여 lag를 생성한다. 변수명에 _prev를 추가한다.
df_lag = df.copy()
df_lag.columns = [col + '_prev' if col not in ['ncodpers', 'int_date']
else col for col in df.columns ]
df_lag['int_date'] += 1

# 원본 데이터와 lag 데이터를 ncodper와 int_date 기준으로 합친다. lag 데이터의 int_
date는 1 밀려 있기 때문에, 저번 달의 제품 정보가 삽입된다.
df_trn = df.merge(df_lag, on=['ncodpers','int_date'], how='left')
```

```
# 메모리 효율을 위해 불필요한 변수를 메모리에서 제거한다.
del df, df_lag

# 저번 달의 제품 정보가 존재하지 않을 경우를 대비하여 0으로 대체한다.
for prod in prods:
    prev = prod + '_prev'
    df_trn[prev].fillna(0, inplace=True)
df_trn.fillna(-99, inplace=True)

# lag-1 변수를 추가한다.
features += [feature + '_prev' for feature in features]
features += [prod + '_prev' for prod in prods]

###
### Baseline 모델 이후, 다양한 피처 엔지니어링을 여기에 추가한다.
###
```

③ 머신러닝 모델 학습

[교차 검증]

경진대회에서 좋은 성적을 거두기 위해서 가장 중요한 것은 교차 검증이라고 해도 과언이 아니다. 경진대회 진행 중, 참가자는 하루에 최대 5개의 예측 결과물을 캐글에 제출할 수 있다. 캐글은 제출된 예측 결과물에 대한 Public 리더보드 점수를 공개해준다. 내가 학습하는 모델이 성능이 개선되고 있는지 여부를 하루에 5번 밖에 확인할 수 없다면 다양한 실험을 진행할 수가 없다. 그러므로, 올바른 교차 검증 과정을 통해 제한 없이 다양한 아이디어를 실험하고, 성능 개선 여부를 확인하는 것이 매우 중요해진다.

이번 경진대회에서는 2015-01-28 ~ 2016-05-28, 총 1년 6개월치의 데이터가 훈련 데이터로 제공되고 예측해야 하는 테스트 데이터는 2016-06-28 미래의 데이터이다. 이러한 경우에는, 내부 교차 검증 과정에서도 최신 데이터 (2016-05-28)

를 검증 데이터로 분리하고 나머지 데이터를 훈련 데이터로 사용하는 것이 일반적이다. Baseline 모델에서는 모델을 간소화하기 위하여 2016-01-28 ~ 2016-04-28 총 4개월치 데이터를 훈련 데이터로 사용하고, 2016-05-28 데이터를 검증 데이터로 사용한다.

[코드 2-17] 교차 검증을 위해 데이터 분리하기 : 훈련 데이터 전체를 사용하지 않고 2016년도만 사용하도록 추출하는 부분은 피처 엔지니어링에 해당될 수 있다.

```
## 모델 학습
# 학습을 위하여 데이터를 훈련, 테스트용으로 분리한다.
# 학습에는 2016-01-28 ~ 2016-04-28 데이터만 사용하고, 검증에는 2016-05-28 데이터를
사용한다.
use_dates = ['2016-01-28', '2016-02-28', '2016-03-28', '2016-04-28',
'2016-05-28']
trn = df_trn[df_trn['fecha_dato'].isin(use_dates)]
tst = df_trn[df_trn['fecha_dato'] == '2016-06-28']
del df_trn

# 훈련 데이터에서 신규 구매 건수만 추출한다.
X = []
Y = []
for i, prod in enumerate(prods):
    prev = prod + '_prev'
    prX = trn[(trn[prod] == 1) & (trn[prev] == 0)]
    prY = np.zeros(prX.shape[0], dtype=np.int8) + i
    X.append(prX)
    Y.append(prY)
XY = pd.concat(X)
Y = np.hstack(Y)
XY['y'] = Y

# 훈련, 검증 데이터로 분리한다.
vld_date = '2016-05-28'
XY_trn = XY[XY['fecha_dato'] != vld_date]
XY_vld = XY[XY['fecha_dato'] == vld_date]
```

[모델]

필자는 이번 경진대회에서 XGBoost 모델을 사용한다. 대부분의 캐글 상위 입상자들도 이 모델을 사용한다.

XGBoost 모델의 파라미터에 대한 자세한 설명은 여기[2]에서 확인할 수 있다. 필자가 가장 많이 사용하는 파라미터는 다음과 같다.

- max_depth : 트리 모델의 최대 깊이를 의미한다. 값이 높을 수록 더 복잡한 트리 모델을 생성하며, 과적합의 원인이 될 수 있다.
- eta : 딥러닝에서의 learning rate와 같은 개념이다. 0과 1 사이의 값을 가지며, 값이 너무 높으면 학습이 잘 되지 않을 수 있으며, 반대로 값이 너무 낮으면 학습이 느릴 수 있다.
- colsample_bytree : 트리를 생성할 때 훈련 데이터에서 변수를 샘플링해주는 비율이다. 모든 트리는 전체 변수의 일부만을 학습하여 서로의 약점을 보완해주는 것이다. 보통 0.6~0.9 값을 사용한다.
- colsample_bylevel : 트리의 레벨 별로 훈련 데이터의 변수를 샘플링해주는 비율이다. 보통 0.6~0.9 값을 사용한다.

한 가지 주의해야 할 점이 있다. 머신러닝을 처음 시작하는 분들은 대부분 모델의 최적 파라미터(하이퍼 파라미터 – Hyperparameter)를 찾는데 너무 많은 시간을 투자하는 경향이 있다. 이 작업을 파라미터 튜닝 작업이라고 한다. 물론, 좋은 파라미터를 찾아서 유의미한 성능 개선을 얻을 수 있다. 그러나 시간 투자 대비 효율을 생각한다면 파라미터 튜닝보다는 피처 엔지니어링에 더 많은 시간을 쏟을 것을 권장한다.

적당한 수준의 피처 엔지니어링을 통해 얻은 변수와 엄청난 수준의 파라미터 튜닝을

---

2 https://xgboost.readthedocs.io/en/latest/parameter.html

통해 얻은 하나의 완벽한 모델보다, 적당한 수준의 파라미터 튜닝을 진행한 모델과 많은 시간을 피처 엔지니어링에 투자하여 얻어낸 양질의 변수를 학습한 모델이 보편적으로 더 좋은 성능을 보인다.

[코드 2-18] XGBoost 모델을 훈련 데이터에 학습하는 코드

```python
# XGBoost 모델 parameter를 설정한다.
param = {
    'booster': 'gbtree',
    'max_depth': 8,
    'nthread': 4,
    'num_class': len(prods),
    'objective': 'multi:softprob',
    'silent': 1,
    'eval_metric': 'mlogloss',
    'eta': 0.1,
    'min_child_weight': 10,
    'colsample_bytree': 0.8,
    'colsample_bylevel': 0.9,
    'seed': 2018,
    }

# 훈련, 검증 데이터를 XGBoost 형태로 변환한다.
X_trn = XY_trn.as_matrix(columns=features)
Y_trn = XY_trn.as_matrix(columns=['y'])
dtrn = xgb.DMatrix(X_trn, label=Y_trn, feature_names=features)

X_vld = XY_vld.as_matrix(columns=features)
Y_vld = XY_vld.as_matrix(columns=['y'])
dvld = xgb.DMatrix(X_vld, label=Y_vld, feature_names=features)

# XGBoost 모델을 훈련 데이터로 학습한다!
watch_list = [(dtrn, 'train'), (dvld, 'eval')]
model = xgb.train(param, dtrn, num_boost_round=1000, evals=watch_list,
early_stopping_rounds=20)

# 학습한 모델을 저장한다.
import pickle
```

```
pickle.dump(model, open("model/xgb.baseline.pkl", "wb"))
best_ntree_limit = model.best_ntree_limit
```

[교차 검증]

교차 검증에서는 이번 경진대회의 평가척도인 MAP@7을 사용하여 성능 수준을 확인한다. 교차 검증 과정에서 경진대회에서 실제로 사용되는 평가 척도를 사용하는 것은 매우 중요하다. 아무리 많은 시간과 노력을 들여 최적화를 한다고 해도, 경진대회에서 사용하는 평가 척도가 개선되지 않으면 결국 무의미하기 때문이다.

MAP@7 평가 척도는 최고 점수가 데이터에 따라 변동할 수 있다. Baseline 모델의 검증 데이터에서 얻을 수 있는 MAP@7 최고 점수는 0.042663점이다. [코드 2-19]에서 검증 데이터의 실제 정답값을 기반으로 mapk(add_vld_list, add_vld_list, 7, 0.0)를 계산하면 위 값이 나온다. 점수가 1점보다 낮은 이유는 검증 데이터의 모든 고객이 신규 구매를 하지 않았기 때문이다. 예를 들어, 100명의 고객 중 10명만이 신규 구매를 했다고 가정한다면, 우리는 그 10명을 정확히 예측해도 결국은 10%의 MAP@7점수를 받게 된다. 그러므로, 검증 데이터의 MAP@7 최고 점수를 감안하여 학습 모델의 성능을 평가하고자 한다.

[코드 2-19] 검증 데이터에 대한 MAP@7 값을 구하는 코드

```
# MAP@7 평가 척도를 위한 준비작업이다.
# 고객 식별 번호를 추출한다.
vld = trn[trn['fecha_dato'] == vld_date]
ncodpers_vld = vld.as_matrix(columns=['ncodpers'])
# 검증 데이터에서 신규 구매를 구한다.
for prod in prods:
    prev = prod + '_prev'
    padd = prod + '_add'
    vld[padd] = vld[prod] - vld[prev]
add_vld = vld.as_matrix(columns=[prod + '_add' for prod in prods])
```

```python
add_vld_list = [list() for i in range(len(ncodpers_vld))]

# 고객별 신규 구매 정답값을 add_vld_list에 저장하고, 총 count를 count_vld에 저장한다.
count_vld = 0
for ncodper in range(len(ncodpers_vld)):
    for prod in range(len(prods)):
        if add_vld[ncodper, prod] > 0:
            add_vld_list[ncodper].append(prod)
            count_vld += 1

# 검증 데이터에서 얻을 수 있는 MAP@7 최고점을 미리 구한다. (0.042663)
print(mapk(add_vld_list, add_vld_list, 7, 0.0))

# 검증 데이터에 대한 예측 값을 구한다.
X_vld = vld.as_matrix(columns=features)
Y_vld = vld.as_matrix(columns=['y'])
dvld = xgb.DMatrix(X_vld, label=Y_vld, feature_names=features)
preds_vld = model.predict(dvld, ntree_limit=best_ntree_limit)

# 저번 달에 보유한 제품은 신규 구매가 불가하기 때문에, 확률값에서 미리 1을 빼준다
preds_vld = preds_vld - vld.as_matrix(columns=[prod + '_prev' for prod
in prods])

# 검증 데이터 예측 상위 7개를 추출한다.
result_vld = []
for ncodper, pred in zip(ncodpers_vld, preds_vld):
    y_prods = [(y,p,ip) for y,p,ip in zip(pred, prods,
range(len(prods)))]
    y_prods = sorted(y_prods, key=lambda a: a[0], reverse=True)[:7]
    result_vld.append([ip for y,p,ip in y_prods])

# 검증 데이터에서의 MAP@7점수를 구한다. (0.036466)
print(mapk(add_vld_list, result_vld, 7, 0.0))
```

Baseline 모델은 검증 데이터에서 MAP@7 0.036466점을 기록한다. 검증 데이터 최고 점수가 0.042663 임을 감안한다면, Baseline 모델의 정확도는 (0.036466 / 0.042663) = 0.85 로, 약 85% 수준이다. 이 정확도 수준이 높은 것인지 낮은 것인지, 캐글에 직접 제출하여 점수와 순위를 확인해보자.

④ 테스트 데이터 예측 및 캐글 업로드

교차 검증에서 소중한 훈련 데이터의 일부를 도려내어 검증 데이터로 사용하였다. 조금 번거로울 수 있지만, 테스트 데이터에 대하여 조금이라도 좋은 성능을 내기 위하여, 훈련 데이터와 검증 데이터를 합친 전체 데이터에 대하여 XGBoost 모델을 다시 학습한다. XGBoost 모델의 파라미터는 교차 검증을 통해 찾아낸 최적의 파라미터를 사용하되, XGBoost 모델에 사용되는 트리의 개수를 늘어난 검증 데이터만큼 증가한다.

전체 훈련 데이터에 대하여 학습한 모델의 변수 중요도를 출력해본다. XGBoost 모델이 자체적으로 지원하는 get_fscore()를 통해 확인할 수 있다. 여러분이 생각하는 가장 식별력이 높은 변수는 무엇이라고 생각하는가?

캐글 제출을 위하여 제출 파일을 생성한다. 경진대회 규칙에 따라, 제출 파일에는 고객 식별 번호(ncodpers)와 7개의 제품 변수 이름을 공백 기준으로 띄워 직접 입력한다.

[코드 2-20] Baseline 모델 캐글 제출용 파일을 생성하는 코드

```
# XGBoost 모델을 전체 훈련 데이터로 재학습한다!
X_all = XY.as_matrix(columns=features)
Y_all = XY.as_matrix(columns=['y'])
dall = xgb.DMatrix(X_all, label=Y_all, feature_names=features)
watch_list = [(dall, 'train')]
# 트리 개수를 늘어난 데이터 양만큼 비례해서 증가한다.
best_ntree_limit = int(best_ntree_limit * (len(XY_trn) + len(XY_vld))
/ len(XY_trn))
# XGBoost 모델 재학습!
model = xgb.train(param, dall, num_boost_round=best_ntree_limit,
evals=watch_list)
```

```python
# 변수 중요도를 출력해본다. 예상하던 변수가 상위로 올라와 있는가?
print("Feature importance:")
for kv in sorted([(k,v) for k,v in model.get_fscore().items()],
key=lambda kv: kv[1], reverse=True):
    print(kv)

# 캐글 제출을 위하여 테스트 데이터에 대한 예측 값을 구한다.
X_tst = tst.as_matrix(columns=features)
dtst = xgb.DMatrix(X_tst, feature_names=features)
preds_tst = model.predict(dtst, ntree_limit=best_ntree_limit)
ncodpers_tst = tst.as_matrix(columns=['ncodpers'])
preds_tst = preds_tst - tst.as_matrix(columns=[prod + '_prev' for prod
in prods])

# 제출 파일을 생성한다.
submit_file = open('../model/xgb.baseline.2015-06-28', 'w')
submit_file.write('ncodpers,added_products\n')
for ncodper, pred in zip(ncodpers_tst, preds_tst):
    y_prods = [(y,p,ip) for y,p,ip in zip(pred, prods,
range(len(prods)))]
    y_prods = sorted(y_prods, key=lambda a: a[0], reverse=True)[:7]
    y_prods = [p for y,p,ip in y_prods]
    submit_file.write('{},{}\n'.format(int(ncodper), ' '.join(y_
prods)))
```

캐글에서 Public Score는 테스트 데이터의 70%에 대한 평가 점수를, Private Score 는 나머지 30%에 대한 평가 점수를 의미한다(비율은 경진대회마다 다르다). 경진대회가 현재 진행형인 경우, 참가자에게는 Public Score만 공개된다. Public Score를 기준으로 자신의 머신러닝 파이프라인의 성능을 확인할 수 있다. 경진대회가 끝나는 날에는 Private Score가 공개되며, 경진대회 최종 순위는 Private Score를 기준으로 정해진다.

경진대회 메인 웹페이지 가장 우측에 [Late Submission] 탭을 통하여 Baseline 모델의 예측 결과물을 업로드한다.

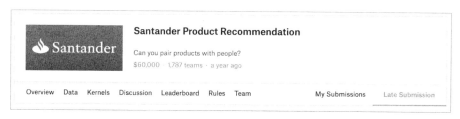

[그림 2-13] [Late Submission] 탭을 통해 종료한 경진대회에 예측 결과물을 업로드한다.

Baseline 모델은 캐글에서 Public Score 0.0242805, Private Score 0.0239252 를 기록한다. 전체 참가팀 1,787팀 중, Public Score 기준으로는 1,023 등, Private Score 기준으로는 1,077등이다.

Submission and Description	Private Score	Public Score	Use for Final Score
xgb.baseline.zip a few seconds ago by kweonwooj add submission details	0.0242805	0.0239252	☐

[그림 2-14] Baseline 모델 캐글 제출 결과 – Public 리더보드, Private 리더보드 점수를 확인할 수 있다.

Baseline 모델을 통해 데이터에 대한 이해도 깊어지고, 머신러닝 파이프라인이 정 상적으로 동작하는 것을 확인하였다. 앞으로는 성능을 개선할 일만 남았다.

다시 한 번 강조하고 싶다. 성능 개선을 위해서는 모델 튜닝보다는 피처 엔지니어링 에 더 많은 시간을 투자하길 바란다. 데이터에 대해서 심도 있게 고민하고, 다양한 아이디어를 구현하고 실험해보는 과정을 수행한다면, 경진대회가 끝나고 나서 얻어 갈 수 있는 것이 훨씬 많아질 것이다.

Baseline 모델 요약

Baseline 모델을 구축하면서 머신러닝 파이프라인 코드를 모두 완성하였다. 데이터 전처리, 피처 엔지니어링, 교차 검증, 모델 학습 및 캐글 제출 코드가 모두 정상 동작 하는 것을 확인하였다.

제공된 전체 훈련 데이터 중, 2016년도 데이터만을 학습에 사용하였고, 파생 변수로는 2개의 날짜 데이터의 연도와 월을 추출하고, 24개의 제품 변수에 대한 lag-1 변수만을 사용했다. 더욱 다양한 파생 변수를 생성하고, 모델을 학습해볼 수 있다.

XGBoost 모델 학습 과정에서 경진대회의 평가 척도인 MAP@7를 직접적으로 사용할 수 없었다. XGBoost는 mlogloss를 통해 학습하였지만, 모델 파라미터를 선정하는데 있어서는 자체 구현한 mapk()를 통하여 검증 데이터에서의 MAP@7점수를 사용하였다.

캐글에 제출한 결과, 상위 60% 수준의 점수를 얻었다. lag-5 변수까지 사용하고, 창의적인 나만의 피처 엔지니어링을 더한다면, 상위 10% 수준의 점수를 얻는 것도 가능하다.

Baseline 모델 전체 코드는 필자의 4CPU, 16GB 메모리의 MacBook Pro에서 실행하는데 30분 가량 소요된다.

다음은 이번 경진대회에서 8등을 기록한 팀의 코드를 함께 분석하고자 한다. 다음 챕터에서 보게 될 8등 코드 분석 내용은 산탄데르 제품 추천 경진대회라는 문제집의 답안지와 마찬가지이다. 모르는 수학 문제를 풀 때 답안지를 바로 본다고 학생이 정말 수학 개념을 배울 수 있을까? 답답하더라도 자기가 배운 수학 지식을 총동원하여 문제를 풀기 위해 애써 노력한 후에, 답안지를 본다면 그 학생은 많은 것을 배울 수 있을 것이다. 독자분들도, 바로 답안지를 보지 말고, 최소 10시간 가량 피처 엔지니어링과 모델 튜닝을 통해 Private 리더보드 순위를 상위 10%까지 끌어올리고자 온갖 노력을 다 해본 후에, 천천히 다음 챕터를 읽어보길 바란다.

2.8 승자의 지혜 - 8등 소스코드 분석 ▬▬▬

참고로 여기에서 소개하는 코드는 MIT 허가로 공개되는 코드이며 저작권은

yaxinus이 소유하고 있음을 먼저 알린다.

Alexander Ponomarchuk와 sh1ng이 팀을 이룬 'Alejo y Miro'팀은 산탄데르 제품 추천 경진대회에서 전체 1,787팀 중 상위 0.4%인 8등을 기록했다. 어느 경진대회이든, 상위 10등에 들기는 매우(*100) 어려운 일이다.

캐글 Discussion 게시판에, 팀원 Alexander Ponomarchuk은 다음 글을 남겼다.

[8등 코드][3]

아래 링크는 저희 머신러닝 파이프라인의 일부를 정리한 것으로, 단일 모델로 Public Score 0.0306377점을 기록한다.

https://github.com/yaxinus/santander-product-recommendation-8th-place

몇 가지 참고 사항:

- 데이터 전처리: 큰 효과를 본 것은 없었지만, 고객 데이터에서 날짜 관련 결측값을 채우려고 시도했으며, age 변수와 antiguedad 변수를 수정하였고, lag 5 이상의 데이터를 만들기 위해 2014년도 데이터를 생성하려고 했지만, 소용 없었다.
- 피처 엔지니어링 : 특별한 것 없고, 평범한 피처 엔지니어링이다. lag 5, lag데이터에 대한 기초 통계(최솟값, 최댓값, 표준편차 등)가 주된 피처 엔지니어링이었다. 5 이상의 lag데이터로 성능 개선을 보지 못했다.
- 기본 모델 및 모델 통합 : 다양한 변수, 가중치와 모델 설정값을 기준으로 mlogloss 기준으로 학습된 LightGBM과 XGBoost 기본 모델을 다수 만들었다. 초기 예측값을 기준으로 확률값을 계산하는 알고리즘을 사용하여, 초기 예측값 대비 피어슨 상관관계가 가장 낮은 모델 결과물을 통합했다. 단순히 다수의 모델 결과물을 통합하는 것보다, 이 방법이 조금 더 좋은 성능 개선을 보였다.

친절하게도, 팀원 Alexander Ponomarchuk는 경진대회에서 실제로 사용한 파이썬 코드의 일부를 github에 공개했다. 800줄이 넘는 파이썬 코드에는 자세한 설명

---

3   캐글 게시판에 올라온 8등 팀의 글을 필자가 번역하였다.

이 생략되어 있어, 경진대회 데이터와 평가 기준이 익숙하지 않은 사람들에게는 보기 어려운 코드일 수 있다.

"어떻게 하면 이들과 같이 상위 8등에 입상하는 모델을 만들 수 있을까?" 라는 궁금증을 해소하기 위하여, 필자는 그들이 공개한 코드를 한줄 한줄 읽어가며, 직접 컴퓨터에서 재현해보았다. 그 과정에서 경진대회 상위 입상자가 데이터 전처리를 하는 방법, 피처 엔지니어링을 하는 방법, 모델 하이퍼파라미터를 정의하는 방법, 머신러닝 파이프라인을 구축하는 방법 등을 배울 수 있었다.

그들의 코드를 함께 분석해보려고 한다. 독자 여러분들도 머신러닝 실력자의 어깨너머로 배우는 것이 많길 바란다.

① 데이터 준비

8등 팀의 코드는 두 개로 분리된 훈련 데이터와 테스트 데이터를 하나로 통합하는 코드로 시작한다. 훈련 데이터에는 총 48개의 변수(24개 고객 변수, 24개 금융 변수)가 존재하고, 테스트 데이터에는 24개의 고객 변수만 존재한다. clean_data()는 존재하지 않는 24개의 금융 변수는 공백으로 채우는 방식으로 데이터를 통합한다.

[코드 2-21] 데이터를 준비하는 코드 : 훈련 데이터와 테스트 데이터를 통합한다.(file: kaggle_santander_product_recommendation/03_Winners_code/code/clean.py)

```
# 훈련 데이터와 테스트 데이터를 하나의 데이터로 통합하는 코드이다.
def clean_data(fi, fo, header, suffix):

    # fi : 훈련/테스트 데이터를 읽어오는 file iterator
    # fo : 통합되는 데이터가 write되는 경로
    # header : 데이터에 header 줄을 추가할 것인지를 결정하는 boolean
    # suffix : 훈련 데이터에는 48개의 변수가 있고, 테스트 데이터에는 24개의 변수만 있다.
    suffix로 부족한 테스트 데이터 24개분을 공백으로 채운다.

    # csv의 첫줄, 즉 header를 읽어온다
```

```python
head = fi.readline().strip("\n").split(",")
head = [h.strip('"') for h in head]

# 'nomprov' 변수의 위치를 ip에 저장한다
for i, h in enumerate(head):
    if h == "nomprov":
        ip = i

# header가 True 일 경우에는, 저장할 파일의 header를 write한다
if header:
    fo.write("%s\n" % ",".join(head))

# n은 읽어온 변수의 개수를 의미한다 (훈련 데이터 : 48, 테스트 데이터 : 24)
n = len(head)
for line in fi:
    # 파일의 내용을 한줄 씩 읽어와서, 줄바꿈(\n)과 ','으로 분리한다
    fields = line.strip("\n").split(",")

    # 'nomprov'변수에 ','을 포함하는 데이터가 존재한다. ','으로 분리된 데이터를 다
    시 조합한다
    if len(fields) > n:
        prov = fields[ip] + fields[ip+1]
        del fields[ip]
        fields[ip] = prov

    # 데이터 개수가 n개와 동일한지 확인하고, 파일에 write한다. 테스트 데이터의 경우,
    suffix는 24개의 공백이다
    assert len(fields) == n
    fields = [field.strip() for field in fields]
    fo.write("%s%s\n" % (",".join(fields), suffix))

# 하나의 데이터로 통합하는 코드를 실행한다. 먼저 훈련 데이터를 write하고, 그 다음으로 테스트
데이터를 write한다. 이제부터 하나의 dataframe만을 다루며 데이터 전처리를 진행한다.
with open("../input/8th.clean.all.csv", "w") as f:
    clean_data(open("../input/train_ver2.csv"), f, True, "")
    comma24 = "".join([","for i in range(24)])
    clean_data(open("../input/test_ver2.csv"), f, False, comma24)
```

8등 팀의 코드는 main.py 파일에서 [① 데이터 전처리] → [② 피처 엔지니어링] → [③ 머신러닝 모델 학습] → [④ 테스트 데이터 예측 및 캐글 업로드] 일련의 머신러닝 파이프라인 과정을 모두 수행한다.

함께 main.py를 분석해보자. 먼저 데이터 전처리와 피처 엔지니어링에 필요한 라이브러리를 불러온다. 관련 라이브러리와 머신러닝 학습 함수가 포함된 engines.py, 자주 사용되는 함수가 포함된 utils.py로 함께 임포트한다.

[코드 2-22] main.py에서 필요한 라이브러리를 불러오는 코드(file: kaggle_santander_product_recommendation/03_Winners_code/code/main.py)

```python
import math
import io

# 파일 압축 용도
import gzip
import pickle
import zlib

# 데이터, 배열을 다루기 위한 기본 라이브러리
import pandas as pd
import numpy as np

# 범주형 데이터를 수치형으로 변환하기 위한 전처리 도구
from sklearn.preprocessing import LabelEncoder

import engines
from utils import *

np.random.seed(2016)
transformers = {}
```

main.py 함수에서 데이터 전처리와 피처 엔지니어링은 make_data()가 담당하고, 머신러닝 모델 학습 및 캐글 제출용 파일 생성은 train_predict()에서 담당한다.

① 데이터 전처리 – ② 피처 엔지니어링

make_data()에서는 데이터 전처리와 피처 엔지니어링을 굳이 별도의 파이프라인
으로 분리하지 않고, 동시에 수행하고 있다. 48개의 변수에 각각 맞춤화된 전처리와
피처 엔지니어링을 적용한다. 각 변수에 대한 깊은 이해와, 수많은 시행착오를 통해
구축되었다. 이번 경진대회에서 가장 핵심적인 역할을 한, 데이터 전처리와 피처 엔
지니어링을 수행하는 make_data()를 함께 살펴보자. make_data()는 먼저 load_
data()를 통해 데이터를 읽어온 후, 전처리/피처 엔지니어링을 수행한다.

[코드 2-23] 제품 변수에 대한 결측값을 대체하고, 데이터 전처리/피처 엔지니어링을 수행한다.

```
# main.py Line 152
# "데이터 준비"에서 통합한 데이터를 읽어온다
fname = "../input/8th.clean.all.csv"
train_df = pd.read_csv(fname, dtype=dtypes)

# products는 util.py에서 정의한 24개의 금융 제품이름이다
# 결측값을 0.0으로 대체하고, 정수형으로 변환한다
for prod in products:
    train_df[prod] = train_df[prod].fillna(0.0).astype(np.int8)

# 48개의 변수마다 전처리/피처 엔지니어링을 적용한다
train_df, features = apply_transforms(train_df)
```

통합 데이터에서 24개의 금융 변수에 대하여 결측값을 대체하고, 정수형으로 변환한
후에는, apply_transform()를 사용하여 24개의 고객 변수에 대하여 데이터 전처리
및 피처 엔지니어링을 1차적으로 수행한다. apply_transform()함수를 설명하기 전
에, 이 함수에 포함된 4개의 도구 함수들을 먼저 설명한다.

1. label_encode(df, features, name) 함수는 데이터 프레임 df 에서 범주형 변
   수 name을 LabelEncoder()를 사용하여 수치형으로 변환한다. 사전에 정
   의한 dict()인 transformers에 label encoding을 수행한 변수명을 기록하

여, 데이터 프레임 df 에 동일한 변수를 label encoding 할 때에는 기존의 LabelEncoder()를 재활용한다 (실제로, 코드에서는 transformers는 한 번도 재활용되지 않는다).

[코드 2-24] 범주형 변수를 수치형으로 변환하는 label_encode 함수

```python
# main.py Line 34
def label_encode(df, features, name):
    # 데이터 프레임 df의 변수 name의 값을 모두 string으로 변환한다
    df[name] = df[name].astype('str')
    # 이미, label_encode 했던 변수일 경우, transformer[name]에 있는
LabelEncoder()를 재활용한다
    if name in transformers:
        df[name] = transformers[name].transform(df[name])
    # 처음 보는 변수일 경우, transformer에 LabelEncoder()를 저장하고, .fit_
transform() 함수로 label encoding을 수행한다
    else:
        transformers[name] = LabelEncoder()
        df[name] = transformers[name].fit_transform(df[name])
    # label encoding한 변수는 features 리스트에 추가한다
    features.append(name)
```

2. encode_top(s, count=100, dtype=np.int8) 함수는 pd.Series에서 빈도가 가장 높은 100개의 고유값을 순위로 대체하고, 그 외 빈도가 낮은 값을 모두 0으로 변환한 새로운 pd.Series를 반환한다. 데이터 전체가 아닌, 고빈도 데이터에 대한 정보를 추출하는 함수이다.

[코드 2-25] 빈도 상위 100개의 데이터에 대한 순위 변수를 추출하는 함수

```python
# main.py Line 47
def encode_top(s, count=100, dtype=np.int8):
    # 모든 고유값에 대한 빈도를 계산한다
    uniqs, freqs = np.unique(s, return_counts=True)
    # 빈도 Top 100을 추출한다
    top = sorted(zip(uniqs, freqs), key=lambda vk: vk[1], reverse =
```

```
True)[:count]
# { 기존 데이터 : 순위 } 를 나타내는 dict()를 생성한다
top_map = {uf[0]: l+1 for uf, l in zip(top, range(len(top)))}
# 고빈도 100개의 데이터는 순위로 대체하고, 그 외는 0으로 대체한다
return s.map(lambda x: top_map.get(x, 0)).astype(dtype)
```

3. date_to_float(str_date) 함수는 입력으로 들어오는 날짜 데이터를 숫자로 변환하는 함수이다. 입력값이 결측값일 경우에는, np.nan 즉 결측값을 반환하지만, 입력값이 문자열 형태의 날짜 데이터일 경우 ("2015-06-28"), [년도 * 12 + 월] 이라는 계산으로 날짜 데이터를 소수로 환산하여 반환한다. 날짜 데이터를 단순 월 단위 수치형 데이터로 변환한 것이다. date_to_int(str_date)는 월 단위 수치형으로 변환된 데이터를 1 ~ 18 사이의 값으로 변환한다.

[코드 2-26] 날짜 데이터를 숫자로 변환하는 두 가지 함수(file: kaggle_santander_product_recommendation/03_Winners_code/code/utils.py)

```
# utils.py Line # 23
# 날짜 데이터를 월 단위 숫자로 변환하는 함수
def date_to_float(str_date):
    if str_date.__class__ is float and math.isnan(str_date) or str_date
    == "":
        return np.nan
    Y, M, D = [int(a) for a in str_date.strip().split("-")]
    float_date = float(Y) * 12 + float(M)
    return float_date

# 날짜 데이터를 월 단위 숫자로 변환하되 1~18 사이로 제한하는 함수
def date_to_int(str_date):
    Y, M, D = [int(a) for a in str_date.strip().split("-")]
    int_date = (int(Y) - 2015) * 12 + int(M)
    assert 1 <= int_date <= 12 + 6
    return int_date
```

4. custom_one_hot(df, features, name, names) 함수는 범주형 변수를 입력으로 받아, 변수 안에 존재하는 고유값을 새로운 이진 변수로 생성하는 one-hot-encoding을 수행한다. 범주형 데이터를 하나의 열에서 label encoding 하는 것보다 표현력이 높아지지만, 고유값의 숫자만큼 데이터의 열이 늘어나기 때문에, 고유값이 적은 데이터에서 선호되는 피처 엔지니어링 기법이다. sklearn.preprocessing.OneHotEncoding, pandas.get_dummies 함수는 one-hot-encoding 기능을 지원하지만, 8등 코드에서는 직접 one-hot-encoder를 구축했다.

[코드 2-27] 자체 구현한 one-hot-encoder

```python
# main.py Line 26
def custom_one_hot(df, features, name, names, dtype=np.int8,
check=False):
    for n, val in names.items():
        # 신규 변수명을 "변수명_숫자"로 지정한다
        new_name = "%s_%s" % (name, n)
        # 기존 변수에서 해당 고유값을 가지면 1, 그 외는 0인 이진 변수를 생성한다
        df[new_name] = df[name].map(lambda x: 1 if x == val else
        0).astype(dtype)
        features.append(new_name)
```

apply_transform()에서는 앞에서 설명한 4개의 도구 함수를 사용하여 총 48개의 변수에 대한 데이터 전처리와 피처 엔지니어링을 수행한다. 주된 데이터 전처리와 피처 엔지니어링 내용은 다음과 같다.

- 결측값 대체 : 데이터 내에 존재하는 결측값을 0.0 혹은 1.0 등으로 대체한다.
- 범주형 데이터 label encoding : 범주형으로 표현되는 데이터를 sklearn. preprocessing의 LabelEncoder 도구를 사용해 수치형으로 변환한다.
- 고빈도 Top 100개를 빈도 순위로 변환 : 특정 변수에서 빈도가 높은 값을

순위로 변환하여, 고빈도 데이터에 대한 선형 관계를 추출한다.

- 수치형 변수 log transformation : log transformation은 데이터 내의 대소관계를 유지하면서 포함된 값들의 차이를 줄여주는 역할을 한다.
- 날짜 데이터에서 년/월을 추출 : "2015-06-28"과 같은 문자열 데이터에서 연도와 월을 추출한다.
- 날짜 데이터 간의 차이값으로 파생 변수 생성 : 2개의 날짜 데이터의 차이값을 통하여 상대적인 거리 변수를 생성한다.
- one-hot-encoding 변수 생성 : 범주형 데이터의 표현력을 높이기 위하여, 모든 고유값을 새로운 이진 변수로 생성한다.

[코드 2-28] 데이터 전처리와 피처 엔지니어링 일부를 수행하는 apply_transform 함수

```python
# main.py Line 57
def apply_transforms(train_df):

    # 학습에 사용할 변수를 저장할 features 리스트를 생성한다
    features = []

    # 두 변수를 label_encode() 한다
    label_encode(train_df, features, "canal_entrada")
    label_encode(train_df, features, "pais_residencia")

    # age의 결측값을 0.0으로 대체하고, 모든 값을 정수로 변환한다.
    train_df["age"] = train_df["age"].fillna(0.0).astype(np.int16)
    features.append("age")

    # renta의 결측값을 1.0으로 대체하고, log를 씌워 분포를 변형한다
    train_df["renta"].fillna(1.0, inplace=True)
    train_df["renta"] = train_df["renta"].map(math.log)
    features.append("renta")

    # 고빈도 100개의 순위를 추출한다
    train_df["renta_top"] = encode_top(train_df["renta"])
    features.append("renta_top")
```

```
# 결측값 혹은 음수를 0으로 대체하고, 나머지 값은 +1.0 은 한 후에, 정수로 변환한다
train_df["antiguedad"] = train_df["antiguedad"].map(lambda x: 0.0
if x < 0 or math.isnan(x) else x+1.0).astype(np.int16)
features.append("antiguedad")


# 결측값을 0.0으로 대체하고, 정수로 변환한다
train_df["tipodom"] = train_df["tipodom"].fillna(0.0).astype(np.
int8)
features.append("tipodom")
train_df["cod_prov"] = train_df["cod_prov"].fillna(0.0).astype(np.
int8)
features.append("cod_prov")


# fecha_dato에서 월/년도를 추출하여 정수값으로 변환한다
train_df["fecha_dato_month"] = train_df["fecha_dato"].map(lambda x:
int(x.split("-")[1])).astype(np.int8)
features.append("fecha_dato_month")
train_df["fecha_dato_year"] = train_df["fecha_dato"].map(lambda x:
float(x.split("-")[0])).astype(np.int16)
features.append("fecha_dato_year")


# 결측값을 0.0으로 대체하고, fecha_alta에서 월/년도를 추출하여 정수값으로 변환한다
# x.__class__는 결측값일 경우 float를 반환하기 때문에, 결측값 탐지용으로 사용하고
있다
train_df["fecha_alta_month"] = train_df["fecha_alta"].map(lambda x:
0.0 if x.__class__ is float else float(x.split("-")[1])).astype(np.
int8)
features.append("fecha_alta_month")
train_df["fecha_alta_year"] = train_df["fecha_alta"].map(lambda x:
0.0 if x.__class__ is float else float(x.split("-")[0])).astype(np.
int16)
features.append("fecha_alta_year")


# 날짜 데이터를 월 기준 수치형 변수로 변환한다
train_df["fecha_dato_float"] = train_df["fecha_dato"].map(date_to_
float)
train_df["fecha_alta_float"] = train_df["fecha_alta"].map(date_to_
float)


# fecha_dato 와 fecha_alto의 월 기준 수치형 변수의 차이값을 파생 변수로 생성한다
```

```
train_df["dato_minus_alta"] = train_df["fecha_dato_float"] - train_
df["fecha_alta_float"]
features.append("dato_minus_alta")

# 날짜 데이터를 월 기준 수치형 변수로 변환한다 (1 ~ 18 사이 값으로 제한)
train_df["int_date"] = train_df["fecha_dato"].map(date_to_int).
astype(np.int8)

# 자체 개발한 one-hot-encoding을 수행한다
custom_one_hot(train_df, features, "indresi", {"n":"N"})
custom_one_hot(train_df, features, "indext", {"s":"S"})
custom_one_hot(train_df, features, "conyuemp", {"n":"N"})
custom_one_hot(train_df, features, "sexo", {"h":"H", "v":"V"})
custom_one_hot(train_df, features, "ind_empleado", {"a":"A",
"b":"B", "f":"F", "n":"N"})
custom_one_hot(train_df, features, "ind_nuevo", {"new":1})
custom_one_hot(train_df, features, "segmento", {"top":"01 -
TOP", "particulares":"02 - PARTICULARES", "universitario":"03 -
UNIVERSITARIO"})
custom_one_hot(train_df, features, "indfall", {"s":"S"})
custom_one_hot(train_df, features, "indrel", {"1":1, "99":99})
custom_one_hot(train_df, features, "tiprel_1mes", {"a":"A",
"i":"I", "p":"P", "r":"R"})

# 결측값을 0.0으로 대체하고, 그 외는 +1.0을 더하고, 정수로 변환한다
train_df["ind_actividad_cliente"] = train_df["ind_actividad_
cliente"].map(lambda x: 0.0 if math.isnan(x) else x+1.0).astype(np.
int8)
features.append("ind_actividad_cliente")

# 결측값을 0.0으로 대체하고, "P"를 5로 대체하고, 정수로 변환한다
train_df["indrel_1mes"] = train_df["indrel_1mes"].map(lambda x: 5.0
if x == "P" else x).astype(float).fillna(0.0).astype(np.int8)
features.append("indrel_1mes")

# 데이터 전처리/피처 엔지니어링이 1차적으로 완료된 데이터 프레임 train_df와 학습에 사용할
변수 리스트 features를 tuple 형태로 반환한다
return train_df, tuple(features)
```

데이터 전처리 및 피처 엔지니어링을 1차적으로 완료한 데이터를 train_df에 저장하고, 학습에 사용할 변수 목록을 features에 저장한다.

```
train_df, features = apply_transforms(train_df)
```

다음은 금융 변수의 lag 데이터를 생성한다. 시계열 문제에서 많이 사용되는 파생 변수의 하나로써, 해당 변수의 n 단위 이전의 값을 lag-n 데이터라고 한다. 예를 들어, 1달 전의 고객 등급을 현재 시점으로 끌고 와 "고객등급_lag_1"이라는 새로운 파생 변수로 활용할 수 있다. 시계열 경진대회에서는 lag-n 데이터가 유의미한 성능 개선을 보이는 경우가 종종 있다.

lag 변수를 생성하기 위한 2개의 도구 함수를 설명한다.

1. make_prev_df(train_df, step) 함수는 24개의 금융 변수에 대한 lag 데이터를 직접 생성하는 함수이다. apply_transform() 함수에서 "fecha_dato" 날짜 데이터를 1~18사이의 정수로 변환한 "int_date" 변수를 사용하여 각 24개의 금융 변수의 값을 step 개월 만큼 이동시켜, lag 변수를 생성한다.

[코드 2-29] Step 값 만큼의 lag 변수를 생성하는 make_prev_df 함수

```python
# main.py Line 136
def make_prev_df(train_df, step):
    # 새로운 데이터 프레임에 ncodpers를 추가하고, int_date를 step만큼 이동시킨 값을 넣
    는다
    prev_df = pd.DataFrame()
    prev_df["ncodpers"] = train_df["ncodpers"]
prev_df["int_date"] = train_df["int_date"].map(lambda x: x+step).
astype(np.int8)

    # "변수명_prev1" 형태의 lag 변수를 생성한다
    prod_features = ["%s_prev%s" % (prod, step) for prod in products]
    for prod, prev in zip(products, prod_features):
```

```
        prev_df[prev] = train_df[prod]

    return prev_df, tuple(prod_features)
```

2. join_with_prev(df, prev_df, how) 함수는 기존의 train_df에 lag데이터를 조인하는 함수이다.

[코드 2-30] Lag 변수를 훈련 데이터에 통합하는 join_with_prev 함수

```
# main.py Line 182
def join_with_prev(df, prev_df, how):
    # pandas merge 함수를 통해 join
    df = df.merge(prev_df, on=["ncodpers", "int_date"], how=how)
    # 24개 금융 변수를 소수형으로 변환한다
    for f in set(prev_df.columns.values.tolist()) - set(["ncodpers",
    "int_date"]):
        df[f] = df[f].astype(np.float16)
    return df
```

1차적으로 전처리 및 피처 엔지니어링이 완료된 train_df를 기준으로, 최대 lag-5 변수를 생성하고, train_df에 조인한다. 이번 경진대회에서 가장 중요한 역할을 한 변수는 다름아닌 lag-5 변수였으므로, 이 과정이 있고 없고는 최종 성능에 큰 영향을 준다.

[코드 2-31] lag-5 변수를 생성하는 코드

```
# main.py Line 163
prev_dfs = []
prod_features = None

use_features = frozenset([1,2])
# 1 ~ 5까지의 step에 대하여 make_prev_df()를 통해 lag-n 데이터를 생성한다
for step in range(1,6):
    prev1_train_df, prod1_features = make_prev_df(train_df, step)
    # 생성한 lag 데이터는 prev_dfs 리스트에 저장한다
```

```
prev_dfs.append(prev1_train_df)
# features에는 lag-1,2만 추가한다
if step in use_features:
    features += prod1_features
# prod_features에는 lag-1의 변수명만 저장한다
if step == 1:
    prod_features = prod1_features
```

위 함수에서는 특이하게, lag-5 변수를 생성하면서도, features에는 lag-1,2 내용만을 추가하고, prod_features에는 lag-1의 변수명만을 저장한다.

다음 코드에서는 생성한 lag-5 변수를 통합 데이터인 train_df에 추가한다. lag-1 변수는 'inner join'으로 추가하고, 그 외는 'left join'으로 데이터에 추가한다. join_with_prev()를 보면, 두 데이터 프레임을 키 값 : ['ncodpers', 'int_date'] 를 기준으로 통합한다. 'inner join'은 해당 키 값이 두 데이터 프레임에 모두 존재하는 데이터를 병합하고, 그 외 데이터는 제거한다. lag-1 변수가 통합된 이후에는, train_df 의 키 값만을 기준으로 통합하는 'left join'을 수행하여 lag데이터를 추가해간다. Merge에 대한 자세한 내용은 각주[4]를 참조 바란다.

[코드 2-32] lag-5 변수를 통합하는 함수

```
# main.py Line 193
for i, prev_df in enumerate(prev_dfs):
    how = "inner" if i == 0 else "left"
    train_df = join_with_prev(train_df, prev_df, how=how)
```

[코드 2-32]에서 lag-5변수가 정상적으로 통합되었다.

한 단계 더 나아가, lag 변수에서 파생 변수를 생성한다. 다음 코드에서는 lag 구간별로 표준편차, 최댓값, 최솟값을 구하여 데이터에 추가한다. lag 변수의 기초 통계

---

4   https://pandas.pydata.org/pandas-docs/stable/merging.html

를 명시적으로 변수화하여, 학습 모델이 lag 변수에 숨겨진 패턴을 더욱 찾기 쉽게
하도록 돕는다.

[코드 2-33] lag-5 변수에서 파생 변수를 한 단계 더 생산하기

```python
# main.py Line 198
# 24개의 금융 변수에 대해서 for loop를 돈다
for prod in products:
    # [1~3], [1~5], [2~5] 의 3개 구간에 대해서 표준편차를 구한다
    for begin, end in [(1,3),(1,5),(2,5)]:
        prods = ["%s_prev%s" % (prod, i) for i in range(begin,end+1)]
        mp_df = train_df.as_matrix(columns=prods)
        stdf = "%s_std_%s_%s" % (prod,begin,end)

        # np.nanstd로 표준편차를 구하고, features에 신규 파생 변수 이름을 추가한다
        train_df[stdf] = np.nanstd(mp_df, axis=1)
        features += (stdf,)

    # [2~3], [2~5] 의 2개 구간에 대해서 최솟값/최댓값을 구한다
    for begin, end in [(2,3),(2,5)]:
        prods = ["%s_prev%s" % (prod, i) for i in range(begin,end+1)]
        mp_df = train_df.as_matrix(columns=prods)

        minf = "%s_min_%s_%s"%(prod,begin,end)
        train_df[minf] = np.nanmin(mp_df, axis=1).astype(np.int8)

        maxf = "%s_max_%s_%s"%(prod,begin,end)
        train_df[maxf] = np.nanmax(mp_df, axis=1).astype(np.int8)

        features += (minf,maxf,)
```

lag 변수에 대한 파생 변수를 모두 생성했다. train_df에는 실제로 학습에 사용하는
변수와 파생 변수를 생성하기 위해 임시로 생성한 변수가 모두 포함되어 있다. 다음
코드에서는 학습에 사용하기 위한 중요한 변수만을 추출한다.

```
# main.py Line 223
# 고객 고유 식별 번호(ncodpers), 정수로 표현한 날짜(int_date), 실제 날짜(fecha_
dato), 24개의 금융 변수(products)와 학습에 사용하기 위해 전처리/피처 엔지니어링한 변수
(features)가 주요 변수이다.
leave_columns = ["ncodpers", "int_date", "fecha_dato"] + list(products)
+ list(features)
# 중복값이 없는지 확인한다
assert len(leave_columns) == len(set(leave_columns))
# train_df에서 주요 변수만을 추출한다
train_df = train_df[leave_columns]
```

데이터 전처리와 피처 엔지니어링을 담당하는 make_data()는 최종적으로 아래 3개의 변수를 만들어 낸다.

```
train_df, features, prod_features
```

train_df는 주요 변수를 포함하고 있는 훈련/테스트 데이터가 통합된 데이터 프레임이다.

features는 학습에 사용하기 위한 변수를 기록한 튜플이다. 결측값 대체, Log transform, label encoding, one-hot-encoding, lag 데이터 등 변수명이 포함되어 있다.

prod_features는 lag-1 데이터의 변수명을 저장한 튜플이다("{금융변수명}_prev1" 값들을 가진다).

머신러닝 모델 학습을 수행하기 전에, 데이터 전처리 및 피처 엔지니어링을 완료한 데이터를 파일로 저장한다. 압축 파일 형태로 저장하여, 다양한 머신러닝 모델에 대해서 자유롭게 실험해볼 수 있다.

```
# main.py Line 368
# 피처 엔지니어링이 완료된 데이터를 저장한다
train_df.to_pickle("../input/8th.feature_engineer.all.pkl")
pickle.dump((features, prod_features), open("../input/8th.feature_
engineer.cv_meta.pkl", "wb"))
```

③ 머신러닝 모델 학습

train_predict( )에서는 머신러닝 모델 학습을 위한 준비 과정을 거친 후에,
LightGBM과 XGBoost 모델을 학습한다.

8등 코드에서는 다음 코드와 같이 train_predict()를 총 2번 실행한다.

```
# main.py Line 372
train_predict(all_df, features, prod_features, "2016-05-28", cv=True)
train_predict(all_df, features, prod_features, "2016-06-28", cv=False)
```

train_predict()에서는 데이터를 훈련/검증/테스트의 3가지로 분리한다.

첫 번째 train_predict()에서는 훈련 데이터의 가장 최신 날짜인 "2016-05-28"
을 테스트 데이터와 같이 사용하고, 그 외 "2015-01-28" ~ "2016-04-28" 기간
의 데이터를 훈련 데이터와 검증 데이터 8:2 비율로 분리한다. 검증 데이터를 기반
으로 LightGBM, XGBoost의 최적 파라미터를 결정하고, 최종적으로는 모든 훈련
데이터를 머신러닝 모델에 다시 학습시킨 후에, 테스트 데이터에 대한 예측값을 만
들어낸다. 이때, 테스트 데이터에 대한 정답값을 기반으로, 경진대회 평가 척도인
MAP@7값을 확인하여, 캐글에 업로드 하기 전에 모델의 성능을 자체적으로 검증
한다. 훈련 데이터 안에서 훈련/검증/테스트로 분리하여 테스트 데이터의 평가 척도
를 계산하는 이유는, 최대한 객관적인(objective, unbiased) 모델 성능을 계산하기
위해서이다.

두 번째 train_predict()에서는 실제 훈련 데이터를 모두 사용하여, 캐글에 업로드해야 할 "2016-06-28" 날짜에 대한 예측 결과물이 만들어낸다.

train_predict()에서는 머신러닝 학습 직전에 준비 과정을 수행한다. 이 준비 과정에서 제품 보유 여부를 의미하는 금융 변수에서 신규 구매 정보를 추출한다. 탐색적 데이터 분석, Baseline 모델에서도 지적되었던 것처럼, '제품 보유'와 '신규 구매'의 차이를 인지하고, '신규 구매' 정보를 추출하는 작업을 수행한다. '신규 구매'가 존재하는 데이터를 유효한 데이터로 인식한다.

이 과정에서, 1명의 고객이 같은 날짜에 2개 이상의 금융 제품을 '신규 구매' 할 경우, 해당 고객의 데이터에서는 유효한 데이터 2개가 인식되어 2줄의 데이터를 차지하게 된다. 이럴 경우, '신규 구매' 건수가 많은 고객, 즉 구매 활동량이 높은 고객들의 데이터의 분포가 필요 이상으로 많아져, '신규 구매' 건수가 적거나 평범한 고객들의 대한 정확도가 낮아질 우려가 있다. XGBoost와 LightGBM은 이러한 데이터 분포를 고려하여 각 고객 데이터의 가중치를 부여하는 weight 변수를 지원한다. '신규 구매' 건수가 많은 고객의 weight를 낮게 배정하여, 올바른 데이터 분포를 유지한다.

다음 코드에서 준비 과정을 함께 살펴보자.

[코드 2-35] 교차 검증과 모델 학습을 수행하는 train_predict 함수의 일부

```
# main.py Line 252
def train_predict(all_df, features, prod_features, str_date, cv):

    # all_df : 통합 데이터
    # features : 학습에 사용할 변수
    # prod_features : 24개 금융 변수
    # str_date : 예측 결과물을 산출하는 날짜. 2016-05-28일 경우, 훈련 데이터의 일부이
    며 정답을 알고 있기에 교차 검증을 의미하고, 2016-06-28일 경우, 캐글에 업로드하기 위한
    테스트 데이터 예측 결과물을 생성한다
    # cv : 교차 검증 실행 여부

    # str_date로 예측 결과물을 산출하는 날짜를 지정한다
    test_date = date_to_int(str_date)
```

```python
# 훈련 데이터는 test_date 이전의 모든 데이터를 사용한다
train_df = all_df[all_df.int_date < test_date]
# 테스트 데이터를 통합 데이터에서 분리한다
test_df = pd.DataFrame(all_df[all_df.int_date == test_date])

# 신규 구매 고객만을 훈련 데이터로 추출한다
X = []
Y = []
for i, prod in enumerate(products):
    prev = prod + "_prev1"
    # 신규 구매 고객을 prX에 저장한다
    prX = train_df[(train_df[prod] == 1) & (train_df[prev] == 0)]
    # prY에는 신규 구매에 대한 label 값을 저장한다
    prY = np.zeros(prX.shape[0], dtype=np.int8) + i
    X.append(prX)
    Y.append(prY)

XY = pd.concat(X)
Y = np.hstack(Y)
# XY는 신규 구매 데이터만 포함한다
XY["y"] = Y

# 메모리에서 변수 삭제
del train_df
del all_df

# 데이터별 가중치를 계산하기 위해서 새로운 변수 (ncodpers + fecha_dato)를 생성한다
XY["ncodepers_fecha_dato"] = XY["ncodpers"].astype(str) +
XY["fecha_dato"]
uniqs, counts = np.unique(XY["ncodepers_fecha_dato"], return_
counts=True)
# 자연 상수(e)를 통해서, count가 높은 데이터에 낮은 가중치를 준다
weights = np.exp(1/counts - 1)

# 가중치를 XY 데이터에 추가한다
wdf = pd.DataFrame()
wdf["ncodepers_fecha_dato"] = uniqs
wdf["counts"] = counts
wdf["weight"] = weights
XY = XY.merge(wdf, on="ncodepers_fecha_dato")
```

준비 과정을 마친 데이터를 기반으로, LightGBM과 XGBoost 모델을 학습한다. LightGBM, XGBoost 은 각각 하나의 모델만을 학습하고, 각 모델의 결과물을 앙상블한 최종 결과물을 생성한다.

github에 공유된 8등 코드에는 LightGBM, XGBoost 각각 하나의 모델만을 학습하지만, 실제로는 수많은 모델을 학습하여 그 결과물을 캐글에 제출하였을 것이다. 시간이 된다면 여러분들도 직접 모델의 파라미터를 수정해보며 다양한 실험을 해보는 것을 추천한다. 어떤 파라미터를 건드리면, 성능이 개선되고, 어떤 파라미터를 건드리면 성능이 떨어지는지 직접 경험해보는 것은 매우 중요하다.

어쩌면 더 좋은 파라미터를 찾아, 등수를 조금이라도 올릴 수 있을 것이다.

다수의 모델 결과물을 생성하고 앙상블을 수행하는 것은 경진대회에서 일반적인 전략이다. 가장 일반적인 앙상블은 각 모델의 결과물의 산술 평균을 계산하는 방법이지만, 이번 8등 코드에서는 기하 평균으로 앙상블을 계산한다.

[코드 2-36] 교차 검증(8:2)을 위해 데이터를 분리하고 모델 학습/캐글 제출용 파일 생성 함수를 호출하기

```
..
# 교차 검증을 위하여 XY를 훈련:검증 (8:2)로 분리한다
mask = np.random.rand(len(XY)) < 0.8
XY_train = XY[mask]
XY_validate = XY[~mask]


# 테스트 데이터에서 가중치는 모두 1이다
test_df["weight"] = np.ones(len(test_df), dtype=np.int8)

# 테스트 데이터에서 "신규 구매" 정답값을 추출한다.
test_df["y"] = test_df["ncodpers"]
Y_prev = test_df.as_matrix(columns=prod_features)
for prod in products:
    prev = prod + "_prev1"
    padd = prod + "_add"
    # 신규 구매 여부를 구한다
```

```
        test_df[padd] = test_df[prod] - test_df[prev]

test_add_mat = test_df.as_matrix(columns=[prod + "_add" for prod in
products])
C = test_df.as_matrix(columns=["ncodpers"])
test_add_list = [list() for i in range(len(C))]
# 평가 척도 MAP@7 계산을 위하여, 고객별 신규 구매 정답값을 test_add_list에 기록한다
count = 0
for c in range(len(C)):
    for p in range(len(products)):
        if test_add_mat[c, p] > 0:
            test_add_list[c].append(p)
            count += 1


# 교차 검증에서, 테스트 데이터로 분리된 데이터가 얻을 수 있는 최대 MAP@7 값을 계산한다.
if cv:
    max_map7 = mapk(test_add_list, test_add_list, 7, 0.0)
    map7coef = float(len(test_add_list)) / float(sum([int(bool(a))
    for a in test_add_list]))
    print("Max MAP@7", str_date, max_map7, max_map7 * map7coef)



# LightGBM 모델 학습 후, 예측 결과물을 저장한다
Y_test_lgbm = engines.lightgbm(XY_train, XY_validate, test_df,
features, XY_all = XY, restore = (str_date == "2016-06-28"))
test_add_list_lightgbm = make_submission(io.BytesIO() if cv else
gzip.open("%s.lightgbm.csv.gz" % str_date, "wb"), Y_test_lgbm - Y_
prev, C)

# 교차 검증일 경우, LightGBM 모델의 테스트 데이터 MAP@7 평가 척도를 출력한다
if cv:
    # 정답값인 test_add_list와 lightGBM 모델의 예측값인 test_add_list_
    lightgbm을 mapk 함수에 넣어, 평가 척도 점수를 확인한다
    map7lightgbm = mapk(test_add_list, test_add_list_lightgbm, 7,
    0.0)
    print("LightGBMlib MAP@7", str_date, map7lightgbm, map7lightgbm
    * map7coef)

# XGBoost 모델 학습 후, 예측 결과물을 저장한다
Y_test_xgb = engines.xgboost(XY_train, XY_validate, test_df,
```

```
features, XY_all = XY, restore = (str_date == "2016-06-28"))
test_add_list_xgboost = make_submission(io.BytesIO() if cv else
gzip.open("%s.xgboost.csv.gz" % str_date, "wb"), Y_test_xgb - Y_
prev, C)

# 교차 검증일 경우, XGBoost 모델의 테스트 데이터 MAP@7 평가 척도를 출력한다
if cv:
    map7xgboost = mapk(test_add_list, test_add_list_xgboost, 7, 0.0)
    print("XGBoost MAP@7", str_date, map7xgboost, map7xgboost *
    map7coef)

# 곱셈 후, 제곱근을 구하는 방식으로 앙상블을 수행한다
Y_test = np.sqrt(np.multiply(Y_test_xgb, Y_test_lgbm))
# 앙상블 결과물을 저장하고, 테스트 데이터에 대한 MAP@7 를 출력한다
test_add_list_xl = make_submission(io.BytesIO() if cv else gzip.
open("%s.xgboost-lightgbm.csv.gz" % str_date, "wb"), Y_test - Y_
prev, C)

# 정답값인 test_add_list와 앙상블 모델의 예측값을 mapk 함수에 넣어, 평가 척도 점수
를 확인한다
if cv:
    map7xl = mapk(test_add_list, test_add_list_xl, 7, 0.0)
    print("XGBoost + LightGBM MAP@7", str_date, map7xl, map7xl *
    map7coef)
```

마지막으로 살펴볼 코드는 LightGBM, XGBoost 모델 학습을 수행하는 engines.
lightgbm(), engines.xgboost()와 테스트 데이터에 대한 결과물을 생성하고 저장
하는 make_submission()이다.

LightGBM, XGBoost 모델 학습은 engines.py파일이 담당한다. engines.py 파일
에는 lightgbm()과 xgboost() 두 함수가 정의된다. 두 함수의 입력값은 동일하며,
함수의 기본적인 흐름은 다음과 같다.

1. 교차 검증에 사용되는 훈련 데이터(XY_train)와 검증 데이터(XY_validate)
   를 기반으로 최적의 파라미터를 찾는다. 모델 학습 시에는 features 변수를

사용한다.

2. 전체 훈련 데이터(XY_all)에 최적의 파라미터를 기반으로 모델을 학습 한 후, 테스트 데이터(test_df)에 대한 예측 결과물을 출력한다.

각각 함수를 자세히 살펴보자.

[코드 2-37] XGBoost와 LightGBM 모델을 학습하는 코드(file: kaggle_santander_product_recommendation/03_Winners_code/code/engines.py)

```python
import os
import pickle

import pandas as pd
import numpy as np

# xgboost, lightgbm 라이브러리
import xgboost as xgb
import lightgbm as lgbm

from utils import *


# XGBoost 모델을 학습하는 함수이다
def xgboost(XY_train, XY_validate, test_df, features, XY_all=None,
restore=False):
    # 최적의 parameter를 지정한다
    param = {
        'objective': 'multi:softprob',
        'eta': 0.1,
        'min_child_weight': 10,
        'max_depth': 8,
        'silent': 1,
        'nthread': 4,
        'eval_metric': 'mlogloss',
        'colsample_bytree': 0.8,
        'colsample_bylevel': 0.9,
        'num_class': len(products),
    }
```

```
if not restore:
    # 훈련 데이터에서 X, Y, weight를 추출한다. as_matrix를 통해 메모리 효율적으로
    array만 저장한다
    X_train = XY_train.as_matrix(columns=features)
    Y_train = XY_train.as_matrix(columns=["y"])
    W_train = XY_train.as_matrix(columns=["weight"])
    # xgboost 전용 데이터형식으로 변환한다
    train = xgb.DMatrix(X_train, label=Y_train, feature_
    names=features, weight=W_train)

    # 검증 데이터에 대해서 동일한 작업을 진행한다
    X_validate = XY_validate.as_matrix(columns=features)
    Y_validate = XY_validate.as_matrix(columns=["y"])
    W_validate = XY_validate.as_matrix(columns=["weight"])
    validate = xgb.DMatrix(X_validate, label=Y_validate, feature_
    names=features, weight=W_validate)

    # XGBoost 모델을 학습한다. early_stop 조건은 20번이며, 최대 1000개의 트리를
    학습한다
    evallist  = [(train,'train'), (validate,'eval')]
    model = xgb.train(param, train, 1000, evals=evallist, early_
    stopping_rounds=20)
    # 학습된 모델을 저장한다
    pickle.dump(model, open("next_multi.pickle", "wb"))

else:
    # "2016-06-28" 테스트 데이터를 사용할 시에는, 사전에 학습된 모델을 불러온다
    model = pickle.load(open("next_multi.pickle", "rb"))
# 교차 검증으로 최적의 트리 개수를 정한다
best_ntree_limit = model.best_ntree_limit

if XY_all is not None:
    # 전체 훈련 데이터에 대해서 X, Y, weight 를 추출하고, XGBoost 전용 데이터 형
    태로 변환한다
    X_all = XY_all.as_matrix(columns=features)
    Y_all = XY_all.as_matrix(columns=["y"])
    W_all = XY_all.as_matrix(columns=["weight"])
    all_data = xgb.DMatrix(X_all, label=Y_all, feature_
    names=features, weight=W_all)
```

```python
    evallist  = [(all_data,'all_data')]
    # 학습할 트리 개수를 전체 훈련 데이터가 늘어난 만큼 조정한다
    best_ntree_limit = int(best_ntree_limit * (len(XY_train) +
    len(XY_validate)) / len(XY_train))
    # 모델 학습!
    model = xgb.train(param, all_data, best_ntree_limit,
    evals=evallist)

# 변수 중요도를 출력한다. 학습된 XGBoost 모델에서 .get_fscore()를 통해 변수 중요도
를 확인할 수 있다
print("Feature importance:")
for kv in sorted([(k,v) for k,v in model.get_fscore().items()],
key=lambda kv: kv[1], reverse=True):
    print(kv)

# 예측에 사용할 테스트 데이터를 XGBoost 전용 데이터로 변환한다. 이 때, weight는 모두
1이기에, 별도로 작업하지 않는다
X_test = test_df.as_matrix(columns=features)
test = xgb.DMatrix(X_test, feature_names=features)

# 학습된 모델을 기반으로, best_ntree_limit개의 트리를 기반으로 예측한다
return model.predict(test, ntree_limit=best_ntree_limit)


def lightgbm(XY_train, XY_validate, test_df, features, XY_all=None,
restore=False):
    # 훈련 데이터, 검증 데이터 X, Y, weight 추출 후, LightGBM 전용 데이터로 변환한다
    train = lgbm.Dataset(XY_train[list(features)], label=XY_train["y"],
    weight=XY_train["weight"], feature_name=features)
    validate = lgbm.Dataset(XY_validate[list(features)], label=XY_
    validate["y"], weight=XY_validate["weight"], feature_name=features,
    reference=train)

    # 다양한 실험을 통해 얻은 최적의 학습 파라미터
    params = {
        'task' : 'train',
        'boosting_type' : 'gbdt',
        'objective' : 'multiclass',
        'num_class': 24,
        'metric' : {'multi_logloss'},
```

```
    'is_training_metric': True,
    'max_bin': 255,
    'num_leaves' : 64,
    'learning_rate' : 0.1,
    'feature_fraction' : 0.8,
    'min_data_in_leaf': 10,
    'min_sum_hessian_in_leaf': 5,
    'num_threads': 4,
}

if not restore:
    # XGBoost와 동일하게 훈련/검증 데이터를 기반으로 최적의 트리 개수를 계산한다
    model = lgbm.train(params, train, num_boost_round=1000, valid_
    sets=validate, early_stopping_rounds=20)
    best_iteration = model.best_iteration
    # 학습된 모델과 최적의 트리 개수 정보를 저장한다
    model.save_model("tmp/lgbm.model.txt")
    pickle.dump(best_iteration, open("tmp/lgbm.model.meta", "wb"))
else:
    model = lgbm.Booster(model_file="tmp/lgbm.model.txt")
    best_iteration = pickle.load(open("tmp/lgbm.model.meta", "rb"))

if XY_all is not None:
    # 전체 훈련 데이터에는 늘어난 양만큼 트리 개수를 늘린다
    best_iteration = int(best_iteration * len(XY_all) / len(XY_
    train))
    # 전체 훈련 데이터에 대한 LightGBM 전용 데이터를 생성한다
    all_train = lgbm.Dataset(XY_all[list(features)], label=XY_
    all["y"], weight=XY_all["weight"], feature_name=features)
    # LightGBM 모델 학습!
    model = lgbm.train(params, all_train, num_boost_round=best_
    iteration)
    model.save_model("tmp/lgbm.all.model.txt")

# LightGBM 모델이 제공하는 변수 중요도 기능을 통해 변수 중요도를 출력한다
print("Feature importance by split:")
for kv in sorted([(k,v) for k,v in zip(features, model.feature_
importance("split"))], key=lambda kv: kv[1], reverse=True):
    print(kv)
```

```
print("Feature importance by gain:")
for kv in sorted([(k,v) for k,v in zip(features, model.feature_
importance("gain"))], key=lambda kv: kv[1], reverse=True):
    print(kv)

# 테스트 데이터에 대한 예측 결과물을 리턴한다.
return model.predict(test_df[list(features)], num_iteration=best_
iteration)
```

lightgbm(), xgboost()를 통해 얻은 예측 결과물은 make_submission()를 통해 캐글 제출용 파일로 저장된다. make_submission()는 다음과 같이 호출된다.

make_submission()는 3개의 입력값을 받는다.

1. 결과물을 저장할 file object
2. 고객별 24개 금융 변수에 대한 확률 값
3. 테스트 데이터의 고객 식별 번호

cv = True 일 경우, 첫 번째 입력값은 메모리 안에서 file object와 같이 동작하는 io.BytesIO()가 사용된다. 교차 검증 과정에서는 굳이 결과물을 저장할 필요가 없기 때문에, 메모리 안에서만 동작하는 io.BytesIO()를 사용한다.

```
test_add_list_lightgbm = make_submission(io.BytesIO() if cv else gzip.
open("tmp/%s.lightgbm.csv.gz" % str_date, "wb"), Y_test_lgbm - Y_prev, C)
```

make_submission()는 file object에 캐글 제출용 규칙에 알맞게 예측 결과를 저장하고, 교차 검증 점수 확인 용도로 고객별 상위 7개의 예측값(Y_ret)를 최종적으로 반환한다.

```python
# main.py Line 233
def make_submission(f, Y_test, C):
    Y_ret = []
    # 파일의 첫 줄에 header를 쓴다
    f.write("ncodpers,added_products\n".encode('utf-8'))
    # 고객 식별 번호(C)와, 예측 결과물(Y_test)의 for loop
    for c, y_test in zip(C, Y_test):
        # (확률값, 금융 변수명, 금융 변수 id)의 tuple을 구한다
        y_prods = [(y,p,ip) for y,p,ip in zip(y_test, products,
        range(len(products)))]
        # 확률값을 기준으로 상위 7개 결과만 추출한다
        y_prods = sorted(y_prods, key=lambda a: a[0], reverse=True)[:7]
        # 금융 변수 id를 Y_ret에 저장한다
        Y_ret.append([ip for y,p,ip in y_prods])
        y_prods = [p for y,p,ip in y_prods]
        # 파일에 "고객 식별 번호, 7개의 금융 변수"를 쓴다
        f.write(("%s,%s\n" % (int(c), " ".join(y_prods))).
        encode('utf-8'))
    # 상위 7개 예측값을 반환한다
    return Y_ret
```

④ 캐글 업로드

8등 코드를 재현하여 생성된 총 3개의 예측 결과물을 캐글에 제출하면 다음과 같은 점수를 얻는다. XGBoost 모델보다는 LightGBM 모델의 결과물이 미세하게 좋은 성능을 보인다. 단일 모델들 보다, 앙상블 모델이 조금 더 좋은 성능을 보인다. 소수점 이하 5자리 숫자의 차이이지만, 캐글 경진대회에서는 0.1%의 개선도 중요하다.

[그림 2-15] 8등 팀의 코드를 재현한 결과물의 Public/Private 리더보드 점수

2016년 12월에 종료한 해당 경진대회는 당시 상위 입상자들의 점수를 그대로 공개한다. 다음은 경진대회 당시 상위 15등에 입상한 팀의 점수이다. 최종 상금이 걸린 Private 리더보드 점수이다.

#	△pub	Team Name	Kernel	Team Members	Score	Entries	Last
1	—	idle_speculation			0.031409	85	1y
2	—	Tom Van de Wiele			0.031317	135	1y
3	—	Jack (Japan)			0.0313156	95	1y
4	—	yoniko			0.0313052	88	1y
5	▲1	Jared Turkewitz and Breakfast...			0.0312649	265	1y
6	▼1	In Public Leaderboard We Trust			0.0311988	194	1y
7	—	Evgeny Patekha			0.0311657	148	1y
8	—	Alejo y Miro			0.0311226	180	1y
9	▲2	raddar & Davut			0.0311166	136	1y
10	▲3	colun			0.0310649	123	1y
11	▼2	SRRRK			0.0310585	80	1y
12	▼2	Future_ML			0.0310226	70	1y
13	▲2	Sameh Faidi			0.0309704	168	1y
14	▲3	alijs			0.030932	233	1y
15	▲1	The DL guys return			0.0309101	90	1y

[그림 2-16] 산탄데르 제품 추천 경진대회 상위 15팀. 팀 이름과 Private 리더보드 점수, 그리고 제출한 파일 개수(Entries)를 확인할 수 있다.

만약에, 여러분이 2016년 12월에 산탄데르 제품 추천 경진대회에 참가하여 8등의 머신러닝 파이프라인을 재현하였다면, XGBoost 모델과 LightGBM 모델 단일 모델로는 14등인 alijs를 꺾고 14등에 입상했을 것이다. 14등의 기념으로 캐글 은메달과 대량의 캐글 포인트를 얻어, 캐글 커뮤니티에서 독자의 이름 값이 크게 상승했을 것이다. 만약에 XGBoost/LightGBM 앙상블 모델을 재현하였다면, 13등인 Sameh Faidi를 제치고 당당하게 13등에 입상하여 캐글 금메달과 더 많은 캐글 포인트를 얻었을 것이다. 소수점 이하 5개에서의 성능 개선이 등수 하나를 바꾸고, 등수 하나가 메달의 색깔을 바꾼다. 불가능해 보이는 캐글 금메달도, 실제 코드를 분석해보니 독자 여러분도 충분히 이해할 수 있고, 앞으로 참여하는 다른 경진대회에서 마음껏 활용할 수 있다.

8등 팀의 코드를 재현한 결과가 14등을 기록하는 이유는 Github에 공개한 코드에는 LightGBM + XGBoost 모델 한개씩을 앙상블하기 때문이다. 실제 경진대회에서 8등 팀은 더 많은 모델을 학습하고 앙상블한다.

요약

8등 팀의 코드는 하나의 파일 main.py 에서 머신러닝 파이프라인을 모두 수행한다. 모델 학습 관련 주요 함수는 engines.py에 있고, 반복해서 사용되는 도구 함수들은 utils.py에 있다.

데이터 전처리 과정에서는 훈련 데이터와 테스트 데이터를 하나의 데이터로 통합하였다. 결측값은 대부분 0.0으로 대체하였다.

8등 팀의 코드 답게, 다양한 피처 엔지니어링을 수행하였다. 범주형 변수는 자체 구현한 LabelEncoder, OneHotEncoder를 통하여 수치형 변수로 변환하였고, 빈도 값 기준 상위 100개의 데이터만 별도로 순위로 표현하는 encode_top()를 통해 파생 변수를 생성했다. 변수의 범위가 큰 'renta' 변수는 log를 취하여 정규화하였으며, 날짜 변수간의 차이값을 파생 변수로 활용했다. lag-5 변수를 사용하였고, lag-5 변수 구간별 표준편차, 최솟값, 최댓값을 구하여 다양한 피처 엔지니어링을 구사했다. 같은 고객이 2개 이상의 제품을 구매했을 경우, 데이터에 2번 이상 노출 되기에, 고객 간 빈도수를 조절하기 위하여 weight값을 사용하였다.

최적의 모델 파라미터를 찾기 위하여 2016-05-28 데이터를 테스트 데이터로 사용하여 경진대회 평가 척도와 동일한 MAP@7점수를 측정하였다. 훈련 데이터를 8:2 비율로 분리하여 교차 검증을 수행하고, 2016-05-28 데이터를 테스트 데이터 삼아 중립적인 MAP@7점수를 얻었다.

모델 학습에는 XGBoost 와 LightGBM 모델을 사용하였다. 최적의 파라미터를 기준으로 전체 데이터를 활용하여 모델을 재학습했다. 단일 모델도 상위 15등에 입상할 수준의 성능을 보였으며, 기하 평균 앙상블 기법을 통하여 점수를 더 올렸다.

Baseline 모델을 직접 돌려 본 분들은 눈치챘을 수도 있겠지만, Baseline 모델에서의 XGBoost 모델의 파라미터와 8등 팀의 XGBoost 모델의 파라미터는 같다. Baseline 모델에서의 피처 엔지니어링과 8등 팀의 피처 엔지니어링의 차이가 1,077 등과 15등의 차이를 만들어낸 것이다. 경진대회에서 피처 엔지니어링이 얼마나 중요한지 확인할 수 있는 좋은 예시이다.

2.9 승자의 지혜

캐글 공식 블로그[5]에서는, 모든 경진대회마다, 상금 수여자의 머신러닝 파이프라인을 자세하게 소개하는 인터뷰 글을 정리해서 올려준다. 인터뷰 글에는 캐글러에 대한 자기소개, 탐색적 데이터 분석, 데이터 전처리, 피처 엔지니어링, 교차 검증 기법,

---

5 http://www.blog.kaggle.com

모델 학습, 앙상블 기법, 경진대회에서 시도해 본 다양한 실험들, 이번 경진대회를 통해 상위 입상자가 느낀 점 등 자세한 내용들이 기록되어있다. 영어가 불편하신 분들을 위해서, 필자는 1년 전부터 과거 경진대회의 승자의 지혜 블로그[6]를 틈틈이 한 글로 번역하고 있다.

이번 산탄데르 제품 추천 경진대회에서는 2등을 기록한 Tom Van de Wiele과, 3등을 기록한 Jack(Japan)의 인터뷰 글이 올라와 있다. 산탄데르 경진대회에 참여한 독자분들은 시간이 되신다면 꼭 읽어보기를 권한다.

비록 상금은 받지 못했지만, 높은 점수를 통해 상위에 입상한 다른 캐글러들도 자신들의 머신러닝 파이프라인을 공개한다. 경진대회 게시판(Discussions)에 자기의 머신러닝 파이프라인의 핵심 내용을 정리하여 공개하는 캐글러도 있는 한편, 자신의 코드를 직접 github에 공개하는 사용자들도 있다.

실제로 경진대회에서 5등을 기록한 BreakfastPirate의 "When Less is More[7]" 글에 의하면, 경진대회에서 5등으로 입상한 팀은 전체 데이터 중에서 "2015-06-28" 한 달치 데이터만 사용했으며, 그 중에서도, 신규 구매가 발생한 데이터, 즉 46,000줄의 훈련 데이터만 사용하였다고 한다. 물론, 경진대회 1~3등을 기록한 팀은 훈련 데이터 전체를 사용했다고 하였기에, 전체 데이터가 무의미한 것은 아니지만, 이번 경진대회에서는 소수의 데이터로도 좋은 성능을 낼 수 있다는 것이 그들을 통해 확인되었다.

산탄데르 제품 추천 경진대회 최종 순위 상위 10등 이상을 기록한 승자의 지혜를 간단하게 요약하고자 한다.

---

6   http://kweonwooj.tistory.com/
7   https://www.kaggle.com/c/santander-product-recommendation/discussion/25579

[표 2-7] 1등팀 승자의 지혜

분류	내용
순위	1등 (Private LB : 0.031409)[8]
팀명	idle_speculation
팀 구성원	idle_speculation
교차 검증 전략	
피처 엔지니어링	1. products 타겟 변수의 lag 파생 변수 2. 제품을 보유한 기간 3. 제품 보유 여부의 평균값 4. 마지막 구매 기간부터의 시간 5. 타겟 변수 외 설명 변수에 대한 lag 파생 변수
모델 튜닝	인공 신경망 모델 x12 + XGBoost x8
앙상블	Public 리더보드 점수를 기준으로 20개 모델의 가중 평균 앙상블
경진대회 관련 트릭	1. 24개의 제품을 모두 예측하지 않고, 빈도 기반 상위 16개만을 예측하도록 모델을 설계한다 2. reca, cco 제품에 대한 학습은 각각 별도 모델로 수행한 후, 최종 모델의 예측값을 별도 모델의 예측값으로 변경한다
결과	경진대회 1등
비고	24개의 제품을 모두 예측하도록 모델을 설계하는 것보다, 제품별로 다른 피처 엔지니어링/모델 튜닝을 수행하여 조합하는 것이 마지막 점수를 끌어올리는데 중요한 역할을 한다.

[표 2-8] 2등팀 승자의 지혜

분류	내용
순위	2등 (Private LB : 0.031317)[9]
팀명	Tom Van de Wiele
팀 구성원	Tom Van de Wiele
교차 검증 전략	10-Fold 교차 검증

---

8 https://www.kaggle.com/c/santander-product-recommendation/discussion/26835

9 https://www.kaggle.com/c/santander-product-recommendation/discussion/26824

분류	내용
피처 엔지니어링	1. 제품 관련 변수 (타겟 변수)의 lag 파생 변수 (신규 제품 구매로 부터의 기간, 보유한 제품을 해지한 이후 기간 등 제품 변수에 대한 다양한 파생 변수)
모델 튜닝	XGBoost 모델 x 26
앙상블	Stacking을 시도해보았지만, 시간대 별로 모델의 정확성 차이가 너무 커서 과적합이 일어나, 단순 평균 앙상블만큼의 효과를 오히려 보지 못했다. 26개 모델을 Public 리더보드 기준 가중 평균 앙상블을 수행한다.
경진대회 관련 트릭	1. 대부분의 참가자는 lag 파생 변수의 통일성을 위해서 제공된 훈련 데이터의 일부만을 사용했다. 예를 들어, 훈련 데이터는 1년6개월치일 경우, lag-3 제품 변수를 위해서 1년 3개월 분량의 데이터만을 훈련 데이터로 사용하는 것이다. 그러나, Tom은 lag 파생 변수의 분포를 다르게 가지고 가면서 훈련 데이터 전체를 사용했다. 2015년1월 데이터에는 17개월분의 lag 파생변수를 사용하고, 2016년 1월 데이터는 5개월분 lag 파생 변수만을 사용한 것이다. 2. Post-Processing을 통해 최종 점수를 개선하였다. 평가 점수인 MAP의 수학적 특징에 따라 특수 케이스에 대한 후처리를 진행하였다. nom_pens 제품 변수를 구매하지 않은 고객이 nomina를 절대 구매하지 않는다는 패턴을 기반으로 최종 예측값의 수치를 수정한다.
결과	경진대회 마지막 10일에 idle_speculation에게 1등을 빼앗기기 전까지는 대부분의 경진대회 기간 동안 1등을 차지했다. 최종 순위는 2등이다.
비고	승자의 코드(R)[10]를 공개하였고, 깊이 있는 데이터 탐색적 분석을 통해 유용한 파생 변수와 모델 튜닝 아이디어를 얻은 참가자이다.

[표 2-9] 3등팀 승자의 지혜

분류	내용
순위	3등 (Private LB : 0.0313156)[11]
팀명	Jack (Japan)
팀 구성원	Jack (Japan)
교차 검증 전략	2016-05-28 데이터를 검증 데이터로 활용, 나머지 데이터로 모델 학습

---

10   https://github.com/ttvand/Santander-Product-Recommendation
11   https://www.kaggle.com/c/santander-product-recommendation/discussion/26899

분류	내용
피처 엔지니어링	총 142개의 변수 활용 1. 일부 변수 제거 (fecha_dato, ncodpers, fecha_alta, ult_fec_cli_1t, tipodom, cod_prov) 2. 제품 변수의 lag 파생 변수 3. 한 달 전 변수와 이번 달 변수의 고유값을 문자열로 통합 (ind_actividad _cliente, tiprel_1mes, 파생 변수) 4. 제품 변수의 인덱스 변화 변수 (0 –> 0, 0 –> 1, 1 –> 1, 1 –> 0)
모델 튜닝	제품별로 다른 XGBoost 모델을 학습
앙상블	
경진대회 관련 트릭	cco_fin은 2015–12–28 데이터로만 별도 XGBoost 모델을 학습, reca_fin은 2015–06–28 데이터로만 별도 XGBoost 모델을 학습하는 등, 제품별로 별도의 단일 모델을 학습한다.
결과	경진대회 3등
비고	8GM RAM을 지원하는 노트북에서 모든 연산을 수행했다. 이 참가자는 대규모 데이터를 활용하는 경진대회에서도 노트북 만으로 상위에 진입하는 "효율적 계산"에 특화된 참가자이다.

[표 2-10] 4등팀 승자의 지혜

분류	내용
순위	4등 (Private LB : 0.0313052)[12]
팀명	yoniko
팀 구성원	yoniko
교차 검증 전략	시계열 기반 내부 교차 검증 프로세스를 수립했지만, Public 리더보드와 상관관계가 너무 낮아, 결국에는 내부 교차 검증 프로세스를 버리고 Public 리더보드 점수를 기준으로 모델 튜닝을 진행했다.
피처 엔지니어링	1. 제품 보유 여부에 대한 이동 평균 2. 도시, 나이 그룹별 평균 소득 대비 소득 비율 3. 제품 변수에 대한 lag 파생 변수 4. 설명 변수에 대한 lag 파생 변수 5. 범주형 변수가 저번달 대비 값이 변경되었는지를 나타내는 변수

---

12 https://www.kaggle.com/c/santander-product-recommendation/discussion/26845

분류	내용
모델 튜닝	XGBoost 모델에 자체 개발 평가 함수 (multi:map)을 도입하여 학습 수행
앙상블	XGBoost 모델 가중 평균 앙상블
경진대회 관련 트릭	nomina/nom_pens 관련 후처리를 수행했다. nomina보다는 항상 nom_pens 점수가 높도록 수정하여 점수 개선을 얻었다.
결과	경진대회 4등
비고	1. 첫 캐글 경진대회에서 전체 4등을 기록 2. 데이터 정제 과정에서 장기 미사용 고객의 seniority 값이 갑자기 0으로 변경되는 등 적지않은 데이터 입력 오류가 존재했지만, 데이터 정제를 하면 점수가 오히려 악화되는 경우가 있었다.

[표 2-11] 5등팀 승자의 지혜

분류	내용
순위	5등 (Private LB : 0.0312649)[13]
팀명	Jared Turkewitz and BreakfastPirates
팀 구성원	Jared Turkewitz, BreakfastPirates
교차 검증 전략	처음에는 2016년 5월 데이터를 시계열 기반 검증 데이터로 사용하였지만, 경진대회 후반에는 훈련 데이터 전체 기반 K-Fold 교차 검증을 사용했다.
피처 엔지니어링	1. 훈련 데이터 전체를 사용하지 않고, 예측해야 하는 2016년 6월의 고객 분포를 가장 유사하게 담고 있으리라 예상되는 2015년 6월 데이터만으로 모델을 학습하였다. 학습에 필요한 훈련 데이터의 양을 대폭 줄였으며, 모델 성능은 개선되었다. 2. 제품 변수에 대한 lag 파생 변수 3. 제품 변수를 과거에 구매한 기간, 횟수 등의 파생 변수
모델 튜닝	
앙상블	
경진대회 관련 트릭	nomina/nom_pens 관련 후처리가 캐글 Kernel에 공개되었기에, 적극적으로 활용했다.
결과	경진대회 5등

---

13 https://www.kaggle.com/c/santander-product-recommendation/discussion/26786

분류	내용
비고	가족으로 추측되는 고객 그룹 (동일한 renta 값을 가지며, ncodpers가 연속적인 데이터)에 대하여 특수 변수를 활용하여 차별화하고자 시도해보았으나, 점수 개선에 전혀 도움이 되지 않았다.

[표 2-12] 7등팀 승자의 지혜

분류	내용
순위	7등 (Private LB : 0.0311657)[14]
팀명	Evgeny Patekha
팀 구성원	Evgeny Patekha
교차 검증 전략	
피처 엔지니어링	1. 테스트 데이터(2016년 6월)의 분포와 유사한 분포를 가진 2015년 6월/12월, 2016년 1월 데이터만을 모델 학습에 사용했다. 2. 이전 달에 구매 이력이 없는 신규 고객을 타게팅하기 위하여, 훈련 데이터에서 동일한 조건의 고객 데이터를 기반으로 모델을 학습했다. 3. 학습에 사용할 데이터를 선정한 후에는, 다른 참가자들과 유사한 제품 변수에 대한 lag 파생 변수, 제품 변수 간의 상호 작용 변수, 설명 변수에 대한 lag 파생 변수 등을 사용했다.
모델 튜닝	
앙상블	
경진대회 관련 트릭	1. reca 변수에 대한 예측값은 2015년 6월 데이터만으로 학습한 모델의 결과물이 가장 높은 성능을 보여, 해당 예측값으로 후처리를 통해 대체했다. 2. nomina/nom_pens 후처리
결과	경진대회 7등
비고	24개의 제품 변수에 대한 예측값을 계산해야 하는 이번 경진대회에서는, 단일 XGBoost 모델을 사용하기 보다는 다수의 XGBoost 모델을 제품 변수별로 최적화하여 통합하는 방법을 사용했다.

---

14 https://www.kaggle.com/c/santander-product-recommendation/discussion/26802

[표 2-13] 8등팀 승자의 지혜

분류	내용
순위	8등 (Private LB : 0.0311226)
팀명	Alejo y Miro
팀 구성원	Alexander Ponomarchuk, sh1ng
교차 검증 전략	
피처 엔지니어링	1. 데이터 전처리 : 결측값을 예측하여 대체, age/antiguedad 변수를 수치형 변수로 정제 2. 피처 엔지니어링 : 제품 변수 관련 lag 파생 변수, lag 변수의 기초 통계 (최댓값, 최솟값, 표준편차 등)
모델 튜닝	LightGBM + XGBoost
앙상블	단순 가중 평균 앙상블이 아닌, 다수의 모델 예측 결과물 중, Pearson 상관관계가 낮은 예측값들을 선별하여 가중 평균 앙상블을 수행했다.
경진대회 관련 트릭	
결과	경진대회 8등
비고	github[15]에 8등 승자의 코드를 공유했다.

[표 2-14] 9등팀 승자의 지혜

분류	내용
순위	9등 (Private LB : 0.0311166)[16]
팀명	radar & Davut
팀 구성원	Davut Polat, raddar
교차 검증 전략	

---

15 https://github.com/yaxen/santander-product-recommendation-8th-place

16 https://www.kaggle.com/c/santander-product-recommendation/discussion/26809

분류	내용
피처 엔지니어링	데이터 선정 1. 24개 제품 중, 빈도 기반 상위 15개 제품은 2016년 1월 이후 데이터로 학습 수행 2. cco는 2015-06-28 + 2015-12-28 데이터, reca는 2015-06-28 데이터로 학습 수행 피처 엔지니어링 1. 제품/설명 변수에 대한 lag 파생 변수
모델 튜닝	
앙상블	cco/reca 모델의 결과물과 15개 제품(cco, reca 포함)으로 학습한 모델 중 최댓값으로 최종 확률을 선택한다.
경진대회 관련 트릭	Public 리더보드 기반으로 앙상블 기준을 수정하니, 최종 Private 리더보드 점수에 큰 개선을 주었다.
결과	경진대회 9등
비고	제품 변수 외 설명 변수의 예측능력이 매우 낮았으며, 모델 예측의 95%이상은 lag 파생 변수로부터 얻어진다.

이번 경진대회는 훈련 데이터 전체를 학습에 사용하기보다는, 테스트 데이터의 분포를 닮은 일부 훈련 데이터를 학습에 사용하는 것이 더 좋은 결과로 이어졌다. 제품별로도 데이터와 모델을 분리하여 학습하는 트렌드를 확인할 수 있다. 단일 모델이 데이터 내 모든 패턴을 포착하지 못하는 경우, 이와 같이 문제를 분리하여 다수의 모델을 학습하는 방법도 유의미한 방법이다.

피처 엔지니어링은 제품 변수 관련 lag 파생 변수가 압도적으로 많이 사용되었다. 시계열 기반 데이터임에도 불구하고, 상위 입상자의 일부는 시계열 기반 교차 검증 프로세스보다 단순 랜덤 교차 검증을 사용하는 것을 확인할 수 있다.

상위 입상자들의 승리의 비밀이 담긴 게시판의 글을 직접 읽는 것은 큰 도움이 된다. 물론, 그 중에는 필자도 이해할 수 없는 어려운 기법을 사용하는 사람들도 있지만, 상위 입상자들이 공통으로 강조하는 부분, 필자도 생각할 수 있었을 법한 피처 엔지니어링, 효과적이라고 하는 새로운 모델 등 다양한 정보를 얻을 수 있다.

나아가, github에 공개된 코드를 직접 돌려보며, 앞선 장에서 함께 진행한 것 같이 한줄 한줄을 분석하면 더 많은 것을 배울 수 있다. 파이썬을 주로 사용하는 필자도, R로 공개된 github 코드를 읽으면서 많이 힘들어 했던 기억이 있다.

이 책을 통해 캐글 경진대회에 관심을 가지게 된 독자들에게 아래와 같은 학습 방법을 적극 추천한다.

1. 과거 혹은 현재 진행중인 경진대회에 직접 참여한다
2. 경진대회 종료 후, 공유되는 상위 입상자들의 글을 읽고, 공유된 코드를 분석한다
3. 자신의 코드를 정리하고 개선점 등을 추가하여 github에 공개한다

CHAPTER

3.

텐서플로 음성 인식
경진대회

지능을 해결하고, 세상을 더 좋은 곳으로 만들기 위해 사용한다.

Solve intelligence, use it to make the world a better place.

_ 구글 딥마인드(Google DeepMind)

3.1 경진대회 소개

이번 경진대회는 구글 브레인팀에서 주최한 텐서플로 음성인식 경진대회 (Tensorflow Speech Recognition Competition)이다.

[그림 3-1] 경진대회 대표 이미지

주최자	구글 브레인
총 상금	$ 25,000 (2,500만원)
문제 유형	Multi-class Classification (다중 클래스 분류)
평가 척도	Multiclass Accuracy (정확도)
대회 기간	2017년 11월 16일 ~ 2018년 01월 17일 (총 63일)
대회 참여자	1,315 팀

다음은 경진대회에 대한 소개글이다.

우리는 너무 많은 스크린에 노출되기 일보 직전일지 모른다. 매일, wifi 기능이 내재된 밝은 터치스크린의 신제품들이 수없이 '재발명'되고 있다. 우리의 스크린 중독을 해결해줄 해독제는 음석 기반 인터페이스이다.

We might be on the verge of too many screens. It seems like everyday, new versions of common objects are "re-invented" with built-in wifi and bright touchscreens. A promising antidote to our screen addiction are voice interfaces.

그러나 독립적인 제조 업체와 기업가들이 무료로 공개된 데이터와 코드를 기반으로 간단한 음성 인식기를 구축하는 것은 어렵다. 대부분의 음성 인식 데이터셋은 인공신경망에 학습되기 전에 전처리 과정이 필요하다. 이를 돕기 위하여, 텐서플로는 최근에 '음성 명령 데이터셋'을 공개했다. 수천명의 목소리로 이루어진 30개의 짧은 단어들에 대한 65,000개 이상의 1초 가량의 음성 데이터셋이다.

But, for independent makers and entrepreneurs, it's hard to build a simple speech detector using free, open data and code. Many voice recognition datasets require preprocessing before a neural network model can be built on them. To help with this, TensorFlow recently released the Speech Commands Datasets. It includes 65,000 one-second long utterances of 30 short words, by thousands of different people.

이 경진대회에서는, '음성 명령 데이터셋'을 기반으로 간단한 음성 명령을 이해하는 알고리즘을 구축해야 한다. 오픈소스 음성 인터페이스툴의 인식 정확도를 개선함으로써 제품의 효과와 접근성을 개선할 수 있다.

In this competition, you're challenged to use the Speech Commands Dataset to build an algorithm that understands simple spoken commands. By improving the recognition accuracy of open-sourced voice interface tools, we can improve product effectiveness and their accessibility.

3.2 경진대회 주최자의 동기

구글 브레인은 인공지능과 관련된 다양한 연구를 진행하는 기업 연구소이다. 전세계에서 가장 똑똑한 석학들이 모여 최신 알고리즘과 기술에 대하여 수준 높은 연구를 진행한다. 구글 브레인팀의 연구는 단순히 연구로 그치지 않고, 실제 고객에게 제공되는 혁신적인 서비스로 이어지는 연구를 진행한다. 그들의 기업 문화는 기술의 발전으로 인해 생기는 신사업의 기반이 될 수 있는 데이터, 도구 그리고 노하우를 기꺼이 무료로 공개하는 문화이다. 음성인식 경진대회를 개최하는 구글 브레인팀의 동기는 "음성 인식 인터페이스의 대중화"이다. 각 기업에 흩어져 있는 머신러닝 팀들에게 음성 인식 모델을 학습할 수 있는 양질의 데이터와 모델 학습의 경험을 제공하여, 양질의 음성 인식 모델 및 서비스가 하루빨리 대중화되길 바라는 것이다.

2017년 8월에 구글 브레인팀은 수천 명의 목소리로 이루어진 30개의 짧은 음성 명령에 대한 1초 가량의 데이터 총 65,000개로 구성된 '음성 명령 데이터셋'을 무료로 공개했다.[1] 음성 인식 기술은 딥러닝 기술로 인해 비약적으로 성능이 향상된 영역 중 하나이다. 그러한 음성 인식 기술을 연구 혹은 사업의 도구로 활용하고자 하는 모든 기업과 개인들에게 소중한 데이터를 무료로 공개한 것은 음성 인식 인터페이스 대중화의 첫 단계이다.

충분한 기술력을 갖추지 못한 기업과 개인들에게는 아무리 양질의 데이터가 무료로 공개되어도, 활용하지 못하면 무용지물일 뿐이다. 구글이 운영하는 텐서플로 프레임워크를 기반으로 한 인식 정확도가 높은 음성 인식 모델을 구축하도록 경진대회를 개최한 것은, 음성 인식 기술 마저 무료로 공개하겠다는 구글 브레인의 의도이다.

나아가, 구글 브레인팀은 단순히 음성 인식 정확도가 높은 모델에게만 상금을 주는 것이 아니라, Rasberry Pi 3 에서 구동되는 소형 모델을 구축한 팀에게 '특별 텐서플로 상금 (Special Tensorflow Prize)'을 내걸었다. 모바일, IoT, 임베디드 디바이스 등 다양한 환경에서도 정확도가 높은 음성 인식 모델이 동작할 수 있다는 것을 보여주므로, 많은 개인과 기업이 음성 인식 인터페이스를 도입하는데 겪는 장벽을 허물어준 것이다.

---

1 https://ai.googleblog.com/2017/08/launching-speech-commands-dataset.html

차세대 인터페이스로 큰 주목 받고 있는 음성 인식 인터페이스. 이번 경진대회에서는 30개의 짧은 명령어를 90% 가량의 정확도로 맞추는 모델이 공개되었지만, 언젠가는 지금의 터치스크린 만큼이나 대중화되는 날이 올 것이다.

3.3 평가 척도

[다중 클래스 정확률]

텐서플로 음성 인식 경진대회는 **음성 클립에서 무슨 단어가 들리는지**를 예측하는 경진대회이다. 약 1초 길이의 음성 클립은 10개의 단어(yes, no, up, down, left, right, on, off, stop, go)와 무음을 의미하는 silence 그리고 10개 단어에 속하지 않는 unknown 총12개로 분류된다.

테스트 데이터는 총158,539개의 음성 클립으로 구성된다. 캐글에 제출해야 하는 값은 158,539개 음성 클립에 대한 분류값이다. [그림 3-2]는 캐글 제출 파일의 예시이다.

```
fname,label
clip_000044442.wav,silence
clip_0000adecb.wav,left
clip_0000d4322.wav,unknown
etc.
```

[그림 3-2] 캐글에 제출해야하는 파일의 예시이다. 파일 식별 번호를 나타내는 fname변수와 12개의 분류 후보 중 하나를 선택한 label 변수를 제출한다.

이번 경진대회에서 사용되는 평가 척도는 다중 클래스 정확률 (Multiclass Accuracy)이다. 다중 클래스 정확률이란 **3개 이상의 다중 클래스 예측의 정답 비율**을 의미한다. 매우 단순하고 직관적인 평가척도이다.

5개의 음성 클립에 대하여 다음과 같이 정답과 여러분의 예측값이 있다고 가정한다. 다음과 같이 예측값 5개 중에 정답과 일치하는 값이 총 3개일 경우, 다중 클래스 정확률은 3/5 = 0.60 = 60%가 된다.

```
# Ground-truth (정답)
yes no right go silence

# Prediction (예측)
yes yes down go silence

# Multiclass Accuracy (다중 클래스 정확률)
(1 + 0 + 0 + 1 + 1) / 5 = 0.60 = 60%
```

이번 경진대회에서 1등을 기록한 'Heng-Ryan-See * good bug? *' 팀의 Private 리더보드 기준 정확률은 0.91060점이다.

3.4 주요 접근

텐서플로 음성인식 경진대회에서는 음성 데이터를 스펙트로그램 형태로 변환하여, CNN 계열 딥러닝 모델을 학습한다. CNN 계열 딥러닝 모델을 사용하는 이유는 훈련, 테스트셋에 있는 음성 데이터의 길이가 모두 1초 가량으로 고정되어 있기 때문이다. 단일 모델로는 상위 입상이 어렵기 때문에, 배깅 앙상블 그리고 준 지도학습 기법을 통해 성능 향상을 도모한다.

이번 경진대회에서는 페이스북에서 오픈소스한 파이토치 프레임워크를 사용한다.

파이썬 버전	3.6.10
모델 라이브러리	PyTorch==0.3.1

데이터

구글이 공개한 '음성 명령 데이터셋'에서는 총 30개의 단어에 대한 음성 데이터가 포함되지만, 이번 경진대회에서는 그 중 10개의 단어에 대한 음성 데이터와 배경 노이즈 음성 데이터를 담은 '_background_noise_' 데이터를 사용한다.

음성 데이터를 머신러닝 모델로 학습하기 위한 첫 번째 단계는 명확하다 – 음성 파형 (sound wave)을 수치화하여 모델에 공급(feed)해야 한다. 이미지 데이터를 RGB 채널별로 0~255 사이의 픽셀 값으로 수치화하여 모델에 공급하듯이, 음성 파형 데이터 또한 모델에 공급할 수 있도록 수치화되어야 한다.

그럼 음성 파형은 어떻게 수치화되는가? 'yes'라는 단어를 말하는 다음의 음성 파형을 함께 살펴보자.

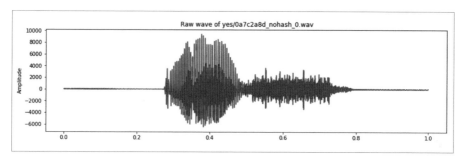

[그림 3-3] "yes"의 음성 파형이다

음성 파형 데이터는 [그림 3-3]과 같이 하나의 선으로 그릴 수 있다. 대부분의 오디오 파일은 음성 파형 데이터를 모두 저장하지 않고, 음성 품질을 보존하는 수준에서 일부 데이터만을 샘플링한다. 'CD 오디오'의 경우에는 44.1 kHz(1초당 44,100번의 데이터 표본 추출)의 샘플링 빈도(sampling rate)을 통해 원음에 가까운 데이터를 보존한다. 일반적인 음성 인식 데이터는 16 kHz(1초당 16,000개의 데이터 포인트를 추출)의 샘플링 빈도를 가지며, 이는 인간의 음성을 구분하는데 충분하다.

샘플링된 음성 파형 데이터를 그대로 머신러닝 모델에 사용하기에는 부족하다. 사람이 음성을 인식하는 청각 기능은 두 가지 이론으로 설명된다 – 장소 이론 (place theory)[2]과 주파수 이론(temporal theory)[3]. 장소 이론은 시간상 진폭 축의 변화를 통해 음성은 인식한다는 이론이다. [그림 3-3]과 같이 시간을 x축으로 두고, 1초라는 시간 속에서 음성 파형의 변화를 감지하여 음성을 구분한다고 설명한다. 주파수 이론은 x축을 주파수로 두었을 때의 스펙트럼(spectrum)의 변화를 감지하여 음성을 구분한다고 설명한다.

스펙트로그램(spectrogram)은 두 가지 이론이 제시하는 시간상의 음성 파형의 변화와 주파수상의 스펙트럼(spectrum)의 특징을 모두 결합하여, 시간축과 주파수상에서 진폭의 차이를 나타낸다. 즉, 사람이 음성을 인식하는 두 가지 이론의 정보가 하나로 함축된 데이터인 것이다. 푸리에 변환(Fourier Transform)이라고 하는 수학 연산을 통해 음성 파형을 스펙트로그램으로 변환할 수 있다. 음성 인식 모델링에서는 스펙트로그램을 기본 데이터로 사용한다. 나아가, 스펙트로그램에 다양한 전처리를 수행하여 음성 인식에 필요한 중요한 정보들을 효과적으로 추출하기도 한다. 스펙트로그램에 log-scale을 씌운 로그-스펙트로그램(log-spectrogram), mel-scale을 씌운 멜-스펙트로그램(mel-spectorgram), 그리고 mel-scale, log-scale, cosine 변환을 수행하는 MFCC(Mel-frequency cepstral coefficients) 등이다.

시각화에 사용된 코드는 '3.6 탐색적 데이터 분석'에서 확인할 수 있다.

---

[2] 장소 이론 : https://en.wikipedia.org/wiki/Place_theory_(hearing)
[3] 주파수 이론: https://en.wikipedia.org/wiki/Temporal_theory_(hearing)

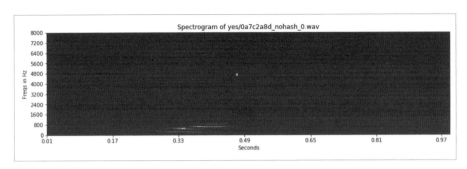

[그림 3-4] [그림 3-3]의 'yes' 음성 파형의 스펙트로그램을 시각화한 그림이다. 낮은 음역과 높은 음역에서의 값의 차이가 너무 커서, 유의미한 정보를 표현하지 못하고 있다.

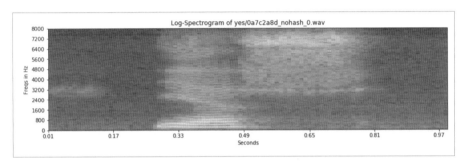

[그림 3-5] [그림 3-3]의 'yes' 음성 파형의 로그-스펙트로그램을 시각화한 그림이다. x축은 시간, y축은 주파수이며, 연한 회색은 높은 값을 의미하며 진한 회색은 낮은 값을 의미한다.

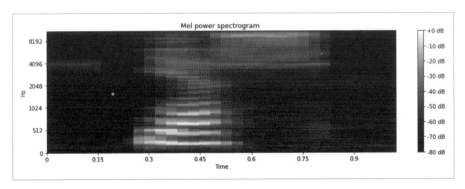

[그림 3-6] [그림 3-3]의 'yes' 음성 파형의 멜-스펙트로그램을 시각화한 그림이다. 로그-스펙트로그램과 유사한 영역에 강조가 되어 있는 것을 볼 수 있다.

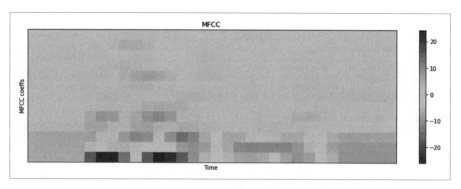

[그림 3-7] [그림 3-3]의 'yes' 음성 파형의 MFCC를 시각화한 그림이다. 하나의 음성 파형에서 다양한 데이터를 생성할 수 있다.

모델

음성인식에서는 기본적으로 입력값의 길이가 가변적이라는 가정을 한다. 가변적인 입력값에 대해서는 RNN 계열의 모델링이 일반적인 선택이다. 그러나, 이번 텐서플로 음성인식 경진대회는 모든 음성 데이터가 1초 가량의 길이를 가지는 정적인 데이터이다. 그러므로, 이번 경진대회에서는 학습 속도와 성능이 우수한 CNN 계열의 모델링을 수행한다.

이미지 분류에 자주 사용되는 VGGNet, ResNet, Squeeze-and-Excitation Net (SENet) 등의 대표적인 모델을 사용한다.

앙상블

단일 모델로는 높은 성능을 내기가 어렵기 때문에, 배깅 앙상블(Bagging Ensemble) 기법을 사용한다. 동일한 데이터와 동일한 딥러닝 모델을 서로 다른 random_seed를 기반으로 학습을 수행하여, 미세하게 다른 결과물을 얻어낸다. 이는 소량의 데이터를 배치(batch) 형태로 학습하는 딥러닝 모델들의 특징으로, 배치로 들어오는 데이터의 순서를 random_seed로 바꿔, 모델의 학습 과정에 변화를 주는 방법이다. 이렇게 생성된 N개의 모델 결과물을 앙상블하면, 단일 모델보다 우수한 성능을 보인다. 분류하기가 어려운 특정 음성 데이터에 대해서 단일 모델의 예측값보다, 다수의 모델이 합의한 예측값을 출력할 때에 조금 더 좋은 결과를 얻기 때문이다.

준 지도학습

준 지도학습(Semi-Supervised)이란 무엇인가? 준 지도학습을 설명하기 전에 지도학습(Supervised)과 비지도학습(Unsupervised)에 대해서 간단히 짚고 넘어가자.

머신러닝에는 변수 x와 레이블 y가 존재하는 데이터 (x, y)를 학습에 사용한다. 예컨데, 이번 경진대회에서 변수 x는 음성 파일에 해당하며, 레이블 y는 단어 분류에 해당한다. 레이블이 존재하는 데이터 (x, y)를 기반으로 모델을 학습하는 방법을 지도학습이라고 한다.

반대로, 레이블에 없는 변수 z만을 학습에 사용하는 것을 비지도 학습이라고 부른다. 예컨데, 레이블이 없는 변수 z간의 유사도 등을 측정하여 클러스터링을 하는 기법(K-means Clustering)등이 있을 수 있다.

준 지도학습(Semi-Supervised)은 지도학습으로 얻은 모델과 비지도학습에 사용하는 데이터의 이점을 합친 학습 방법이다. 레이블이 존재하는 데이터 (x, y)를 기반으로 모델 M을 학습한 후에, 레이블이 없는 변수 z의 레이블 y'을 모델 M을 기반으로 예측한다. 이렇게 생성된 새로운 데이터 (z, y')은 지도학습에 사용할 수 있게 된다. 물론, 데이터 (z, y')의 품질은 모델 M의 성능에 좌우되지만, 레이블이 존재하는 데이터 (x, y)의 양이 부족할 경우에는 상대적으로 손쉽게 수집할 수 있는 변수 z를 통해 추가로 생성한 데이터 (z, y')가 모델 학습에 도움이 되는 경우도 있다.

성능을 더 끌어올리기 위해서, 이번 경진대회에서 제공된 테스트 데이터를 적극 활용한다. 경진대회에서 제공되는 테스트 데이터는 음성 데이터만 존재하고, 정답값이 존재하지 않는다. 그러므로, 훈련 데이터를 기반으로 학습된 양질의 모델을 기반으로 테스트 데이터의 정답 예측값을 생성한다. 이렇게 생성된 테스트 데이터를 훈련 데이터에 추가하여 딥러닝 모델을 다시 한 번 학습하기 때문에, 이 방법은 준 지도학습이다. 기존 훈련 데이터 기반으로 학습된 모델의 정확도가 90% 수준이라면, 추가된 테스트 데이터의 품질도 90% 수준인 것이다. 훈련 데이터의 양이 적거나, 훈련 데이터와 테스트 데이터의 분포가 유사할 경우, 이와 같은 기법으로 모델 성능을 끌어올릴 수 있다.

이번 경진대회에서는 이와 같은 테스트 데이터 활용이 허용되기 때문에 가능한 것이다. 모든 경진대회마다 외부 데이터 혹은 테스트 데이터의 활용 여부가 지침으로 전달되기 때문에, 경진대회 지침을 잘 확인하도록 하자.

3.5 데이터 준비하기

데이터 다운로드하기

1. **캐글 홈페이지 회원가입하기** : 경진대회 데이터를 다운로드하려면, 캐글 홈페이지에서 회원가입을 완료하고, 텐서플로 음성 인식 경진대회 페이지에서 'Rules'의 약관에 동의해야 한다.

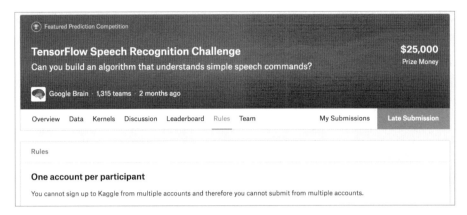

[그림 3-8] 텐서플로 음성인식 경진대회 약관 동의 탭

2. **약관 동의하기** : 약관 동의 탭 가장 하단에 [Rules acceptance] 박스에 있는 버튼 <I Understand and Accept>를 누르면, 아래와 같이 약관 동의가 완료된다.

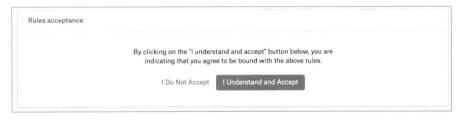

[그림 3-9] 경진대회 약관 동의 버튼

약관 동의가 완료되면 Rules acceptance 박스가 다음과 같이 바뀐다.

[그림 3-10] 경진대회 약관 동의 완료

3. **kaggle API 설치하기** : 경진대회에 필요한 데이터는 kaggle API를 통해서 터미널에서 직접 다운로드 받는다.

기본적인 파이썬 설치가 완료된 터미널에서 아래 명령어를 통해 kaggle API (필자는 v1.0.5를 설치하였다)를 설치한다.

```
pip install kaggle
```

4. **kaggle API에 API 키 등록하기** : kaggle API를 사용하기 위해서는 먼저 API 키를 등록해야 한다. 회원 가입한 계정으로 로그인하여 우측 상단의 프로필 사진을 클릭하여 'My Profile' 프로필 페이지에 접속한다.

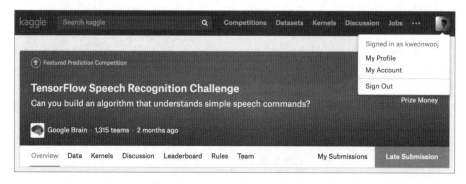

[그림 3-11] 캐글 홈페이지에서 프로필 보는 방법

프로필 페이지에서 'Account'를 클릭한 후, Account 페이지 중간에 보이는 <Create API Token> 버튼을 누르면, 자동으로 'kaggle.json' 파일 다운로드로 진행된다. 다운로드한 'kaggle.json' 파일을 ~/.kaggle/kaggle.json 경로로 옮긴다. 윈도우에서는 C:\Users\<Windows-username>\.kaggle\kaggle.json 경로에 해당한다.

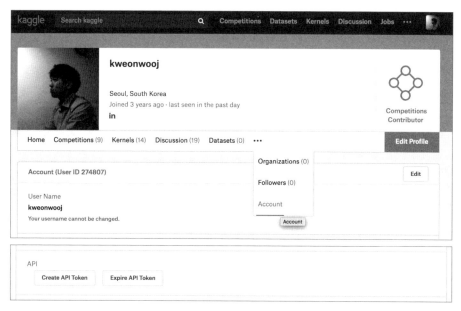

[그림 3-12] 캐글 홈페이지 프로필 영역

5. **필요한 데이터 다운로드하기** : 다음 명령어를 통해 텐서플로 음성 인식 경진대회
에 필요한 훈련 데이터, 테스트 데이터 그리고 캐글 제출용 파일 샘플을 다운로드
한다.

```
kaggle competitions download -c tensorflow-speech-recognition-
challenge
```

경진대회 데이터는 'kaggle.json' 파일이 위치한 경로에 새롭게 생성되는
competitions 파일 아래 자동으로 다운로드된다.

이번 경진대회 코드를 실행하기 위해서는 파이썬 2.7.x 혹은 3.6.x (3.6.10 권
장)를 설치한 후, pip install -r kaggle_tensorflow_speech_recognition/
requirements.txt 명령어를 통해 필요한 라이브러리를 먼저 설치한다.

OS, Python, CUDA 버전별 PyTorch 설치 방법은 여기(https://pytorch.org/)를 참조바란다.

3.6 탐색적 데이터 분석 ▬▬▬▬▬▬▬▬

이번 경진대회에서 제공하는 데이터를 함께 살펴보자.

탐색적 데이터 분석 소스코드는 kaggle_tensorflow_speech_recognition/01_
EDA/EDA.ipynb 를 참조하자.

데이터 구조

훈련 데이터 train.7z와 테스트 데이터 test.7z는 7zip 형태로 압축되었으며, 용량은
각 1.1GB, 2.5GB 이다. 압축을 풀면 다음과 같은 디렉토리가 생성된다.

```
# train
LICENSE
README.md
audio/
_background_noise_/
bed/
bird/
cat/
dog/
down/
..
testing_list.txt
validation_list.txt

# test
audio/
```

train/ 폴더 아래에는 오픈소스 데이터임을 표기하는 LICENSE 파일과 데이터를 설명하는 README.md 파일, 실제 음성 파일이 포함된 audio/ 폴더 그리고 학술 논문에 해당 데이터를 사용할 때에 참조할 수 있도록 미리 구분 지은 검증 데이터와 테스트 데이터 파일 목록이 포함된 txt 파일이 두 개 존재한다.

audio/ 폴더 아래에는 30개의 단어의 폴더명이 존재하고, 각 폴더 안에는 1초 길이의 wav 음성 파일이 2,000개 가량 존재한다. _background_noise_/ 폴더에는 6개의 생활 소음 음성 데이터가 존재한다. 생활 소음 음성 데이터는 1분에서 1분 30초 가량의 길이의 음성 파일이다. train/ 폴더 아래에는 경진대회용 훈련 데이터가 총 23,682개 존재한다.

test/ 폴더 아래에는 경진대회 제출용으로 158,539개의 음성 파일이 해시값을 포함한 파일명으로 존재한다.

음성 파일 들어보기

Jupyter Notebook을 통해서, 경진대회에 사용되는 훈련 데이터와 테스트 데이터를 직접 귀로 들어보자.

[코드 3-1] 음성 파일을 직접 들어보는 코드

```
import IPython.display as ipd
from scipy.io import wavfile

# 음성 파일 경로를 지정한다
data_dir = '~/.kaggle/competitions/tensorflow-speech-recognition-
challenge/'
train_audio_path = data_dir + 'train/audio/'
filename = 'yes/0a7c2a8d_nohash_0.wav'

# 음성 데이터 읽어오기
sample_rate, samples = wavfile.read(str(train_audio_path) + filename)
```

```
# Player 실행
ipd.Audio(samples, rate=sample_rate)
```

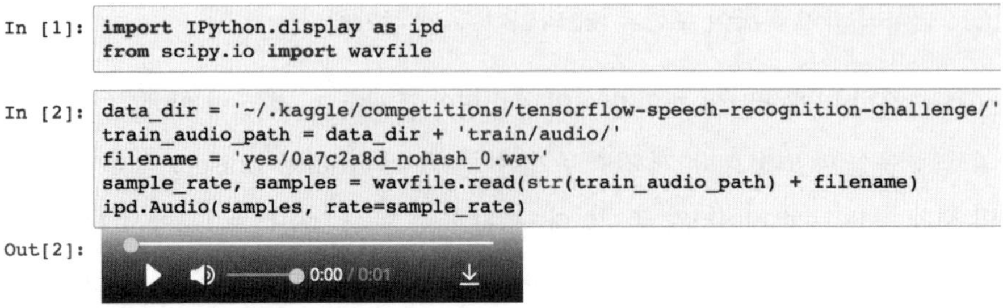

```
In [1]:   import IPython.display as ipd
          from scipy.io import wavfile

In [2]:   data_dir = '~/.kaggle/competitions/tensorflow-speech-recognition-challenge/'
          train_audio_path = data_dir + 'train/audio/'
          filename = 'yes/0a7c2a8d_nohash_0.wav'
          sample_rate, samples = wavfile.read(str(train_audio_path) + filename)
          ipd.Audio(samples, rate=sample_rate)

Out[2]:   ▶  ◀))  ————●  0:00 / 0:01        ⬇
```

[그림 3_13] 음성 데이터를 직접 들어볼 수 있도록 플레이어를 통해서 재생한다.

재생 버튼을 누르면, 음성을 직접 컴퓨터로 들을 수 있다. 경진대회에 사용되는 12개의 단어에 대해서는 다양한 음성 파일을 직접 들어보기를 권장한다.

스펙트로그램

'3.4 주요 접근' 절에서도 소개한 바와 같이, 음성 파형 데이터는 딥러닝 모델에 입력 값으로 들어가기 위하여 스펙트로그램 형태로 전처리된다. 먼저, 음성 파일에서 음성 파형을 읽어온다.

[코드 3-2] 음성 파형을 시각화하는 코드

```
import numpy as np
from scipy import signal

import matplotlib.pyplot as plt
import seaborn as sns
%matplotlib inline

import librosa
import librosa.display
```

146

```
# 음성 파일 경로를 지정한다
data_dir = '~/.kaggle/competitions/tensorflow-speech-recognition-
challenge/'
train_audio_path = data_dir + 'train/audio/'
filename = 'yes/0a7c2a8d_nohash_0.wav'
sample_rate, samples = wavfile.read(str(train_audio_path) + filename)

# 음성 파형 (sound wave)를 시각화한다
fig = plt.figure(figsize=(14, 8))
ax1 = fig.add_subplot(211)
ax1.set_title('Raw wave of ' + filename)
ax1.set_ylabel('Amplitude')
ax1.plot(np.linspace(0, sample_rate/len(samples), sample_rate),
samples)
```

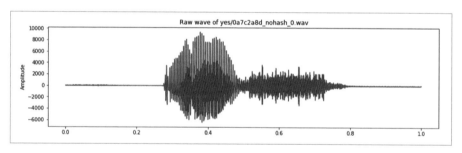

[**그림 3-14**] 'yes/0a7c2a8d_nohash_0.wav' 파일의 음성 파형을 시각화한 그림이다.

다음은 scipy 라이브러리의 signal.spectrogram 함수를 통해 음성 파형에서 스펙트로그램을 추출한다. sample_rate은 16,000이며(초당 16,000개의 음성 파형 데이터를 추출한다는 뜻), window_size, step_size 등은 기본값으로 취한다.

시각화된 스펙트로그램을 보면, 낮음 음역과 높은 음역에서의 값의 분포가 불균형하여, 일부 영역 (0.33초 ~ 0.45초 부근)에만 정보가 담겨있는 듯하다.

[**코드 3-3**] 음성 파형의 스펙트로그램을 시각화하는 코드

```
# 스펙트로그램을 계산하는 함수
def specgram(audio, sample_rate, window_size=20,
```

```
                        step_size=10, eps=1e-10):
        nperseg = int(round(window_size * sample_rate / 1e3))
        noverlap = int(round(step_size * sample_rate / 1e3))
        freqs, times, spec = signal.spectrogram(audio,
                                      fs=sample_rate,
                                      window='hann',
                                      nperseg=nperseg,
                                      noverlap=noverlap,
                                      detrend=False)
        return freqs, times, spec.T.astype(np.float32)

# 스펙트로그램을 시각화한다
freqs, times, spectrogram = specgram(samples, sample_rate)
fig = plt.figure(figsize=(14, 8))
ax1 = fig.add_subplot(211)
ax1.imshow(spectrogram.T, aspect='auto', origin='lower',
          extent=[times.min(), times.max(), freqs.min(), freqs.max()])
ax1.set_yticks(freqs[::16])
ax1.set_xticks(times[::16])
ax1.set_title('Spectrogram of ' + filename)
ax1.set_ylabel('Freqs in Hz')
ax1.set_xlabel('Seconds')
```

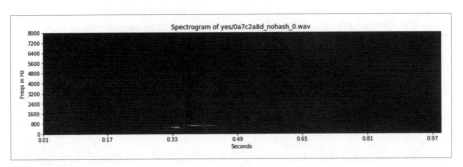

[그림 3-15] 음성 파형을 스펙트로그램으로 변화하여 시각화한 그림이다. 값의 분포가 적절하지 않아, 일부 영역만 색상이 나타나고 있다.

스펙트로그램으로 추출된 값들에서, 인간의 목소리를 구별하는데 유의미한 낮음 주파수 영역을 강조하고 높은 주파수 영역을 상대적으로 덜 강조하도록 log-scale 혹은 mel-scale로 스펙트로그램 값을 조절한다.

[코드 3-4] 음성 파형의 log-스펙트로그램을 시각화하는 코드

```python
# log-스펙트로그램을 계산하는 함수
def log_specgram(audio, sample_rate, window_size=20,
                 step_size=10, eps=1e-10):
    nperseg = int(round(window_size * sample_rate / 1e3))
    noverlap = int(round(step_size * sample_rate / 1e3))
    freqs, times, spec = signal.spectrogram(audio,
                                    fs=sample_rate,
                                    window='hann',
                                    nperseg=nperseg,
                                    noverlap=noverlap,
                                    detrend=False)
    return freqs, times, np.log(spec.T.astype(np.float32) + eps)


# log-스펙트로그램을 시각화한다
freqs, times, log_spectrogram = log_specgram(samples, sample_rate)
fig = plt.figure(figsize=(14, 8))
ax1 = fig.add_subplot(211)
ax1.imshow(log_spectrogram.T, aspect='auto', origin='lower',
           extent=[times.min(), times.max(), freqs.min(), freqs.max()])
ax1.set_yticks(freqs[::16])
ax1.set_xticks(times[::16])
ax1.set_title('Log-Spectrogram of ' + filename)
ax1.set_ylabel('Freqs in Hz')
ax1.set_xlabel('Seconds')
```

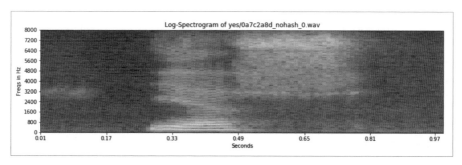

[그림 3-16] 로그 함수로 스케일링한 스펙트로그램을 시각화한 그림이다. 각 주파수 영역별로 강조되는 영역이 뚜렷하게 보인다.

```
# mel-스펙트로그램을 계산하는 함수
S = librosa.feature.melspectrogram(samples.astype(np.float16),
sr=sample_rate, n_mels=128)
log_S = librosa.power_to_db(S, ref=np.max)

# mel-스펙트로그램을 시각화한다
plt.figure(figsize=(12, 4))
librosa.display.specshow(log_S, sr=sample_rate, x_axis='time', y_
axis='mel')
plt.title('Mel power spectrogram ')
plt.colorbar(format='%+02.0f dB')
plt.tight_layout()
```

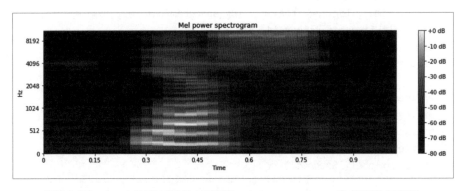

[그림 3-17] mel-scale과 로그 함수로 스케일링한 mel-power-spectrogram을 시각화한 그림이다.

mel-스펙트로그램에서는 librosa 라이브러리의 melspectrogram()와 로그 함수를 씌워 주파수별 값의 분포를 변환해준다. log-스펙트로그램과 비교하면, 비슷한 시간대에 주파수가 강조되지만, 패턴이 미세하게 다른 것을 확인할 수 있다.

다음은 mel-스펙트로그램 값에 다시 한 번 연산을 가하여 상위 레벨 변수를 추출하는 MFCC가 있다.

```
# MFCC를 계산하는 함수
mfcc = librosa.feature.mfcc(S=log_S, n_mfcc=13)
delta2_mfcc = librosa.feature.delta(mfcc, order=2)

# MFCC를 시각화한다
plt.figure(figsize=(12, 4))
librosa.display.specshow(delta2_mfcc)
plt.ylabel('MFCC coeffs')
plt.xlabel('Time')
plt.title('MFCC')
plt.colorbar()
plt.tight_layout()
```

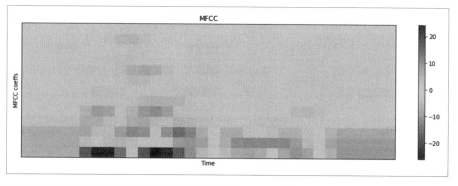

[그림 3-18] 음성 인식에서 흔히 사용되는 상위 레벨 변수인 MFCC를 시각화한 그림이다. 기존 스펙트로그램과는 다른 영역이 강조되고 있음을 확인할 수 있다.

다양한 음성 파일에 대해서 음성 파형, 스펙트로그램 그리고 MFCC를 시각화해보며, 각각의 데이터가 음성을 표현하는 방법이 어떻게 다른지 관찰해보자.

이상값 찾기

음성 파일의 이름을 자세히 보면, 한 가지 특징을 찾아낼 수 있다. 파일명 앞에 해시값이 말하는 사람(화자)의 고유값을 나타낸다는 것이다. 즉, yes/fd395b74_nohash_0.wav 와 no/fd395b74_nohash_0.wav는 동일 인물의 목소리가 녹음된 파일이다.

구글 브레인팀이 직접 수집하고 정제한 오픈소스 데이터이지만, 이러한 데이터도 노이즈로 부터 자유롭지 않다. 구글 브레인팀이 의도한 바인지는 모르겠지만, 'yes/fd395b74_nohash_0.wav' 파일과 같이 깔끔한 yes가 들리는 오디오 파일이 대부분이지만, 'yes/fd395b74_nohash_1.wav' 파일과 같이 아무 소리도 없는데 yes로 구분되어 있는 훈련 데이터도 존재하며, 'yes/fd395b74_nohash_2.wav'와 같이 동일인물의 목소리임에도 잡음이 생각보다 강하게 섞여있는 데이터도 존재한다.

데이터 차원 축소 기법으로 자주 사용되는 PCA (Principal Component Analysis, 혹은 한글로 주성분 분석) 기법을 통해 이상값을 찾아보기로 하자. PCA의 자세한 설명은 생략하겠으나, 차원 축소 기법을 사용한다는 것은 다음과 같다. sample_rate 16,000의 음성 파일에는 초당 16,000개의 값이 존재한다. 푸리에 변환 연산을 수행하면 하나의 음성 파일을 8,000개의 값으로 표현할 수 있게 되며, 이 8,000개의 값 중에서 가장 중요하게 여겨지는 정보를 2차원으로 축소하여 표현한다. 2차원 데이터를 시각화하여 가장 멀리 떨어져 있는 음성 파일을 이상값이라고 가정하고, 이상값을 분석해보는 것이다.

먼저, 푸리에 변환 연산을 수행하는 함수를 직접 구현한다. 입력값 fs는 sample_rate를 의미하며, 이번 경진대회 음성 데이터의 경우 16,000에 해당하며, y는 음성 데이터의 16,000개의 값을 가진 배열이다. 푸리에 변환을 통해 반환되는 8,000차원의 vals에 주성분 분석을 수행한다.

[코드 3-7] 이상값을 찾기 위하여 FFT로 변환한 음성 데이터를 PCA를 통해 축소한 후, 2차원으로 시각화하는 코드

```
import numpy as np
from scipy.fftpack import fft
```

```python
def custom_fft(y, fs):
    T = 1.0 / fs
    N = y.shape[0]
    yf = fft(y)
    xf = np.linspace(0.0, 1.0/(2.0*T), N//2)
    vals = 2.0/N * np.abs(yf[0:N//2])
    return xf, vals


train_audio_path = '~/.kaggle/competitions/tensorflow-speech-
recognition-challenge/train/audio/'
dirs = ['yes', 'no', 'up', 'down', 'left', 'right', 'on', 'off',
'stop', 'go']
fft_all = []
names = []
for direct in dirs:
    waves = [f for f in os.listdir(join(train_audio_path, direct)) if
f.endswith('.wav')]
    for wav in waves:
        sample_rate, samples = wavfile.read(train_audio_path + direct +
'/' + wav)
        if samples.shape[0] != sample_rate:
            samples = np.append(samples, np.zeros((sample_rate -
            samples.shape[0], )))
        x, val = custom_fft(samples, sample_rate)
        fft_all.append(val)
        names.append(direct + '/' + wav)


fft_all = np.array(fft_all)

# 데이터를 정규화한다
fft_all = (fft_all - np.mean(fft_all, axis=0)) / np.std(fft_all,
axis=0)

# PCA를 통해 2차원으로 축소한다
pca = PCA(n_components=2)
fft_all = pca.fit_transform(fft_all)

# 축소된 데이터를 시각화한다
plt.scatter(x=fft_all[:,0], y=fft_all[:,1], alpha=0.3)
```

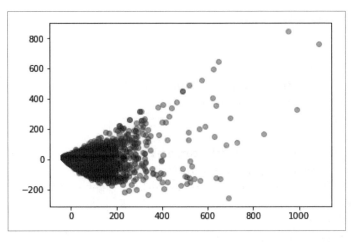

[그림 3-19] 주성분 분석(PCA)를 통해 2차원으로 축소한 23,682개의 음성 데이터를 시각화한 그림이다. 대부분의 데이터가 X축 성분 0~300 사이, Y축 성분 -200에서 200 사이의 값을 가진다.

X축 성분이 800보다 큰 4개의 값을 이상값이라고 가정하고, 파일명을 확인해보자.

```
for i in np.where(fft_all[:,0] > 800)[0]:
    print(names[i])

> yes/5165cf0a_nohash_0.wav
yes/617de221_nohash_1.wav
yes/e4b02540_nohash_0.wav
stop/de41f895_nohash_1.wav
```

[그림 3-13]에서 파일명을 4개의 이상값 음성 파일로 변경하여, 직접 음성 파일을 확인해보면, 'yes' 혹은 'stop' 음성 전후에 강한 소음이 섞여 있는 것을 확인할 수 있다. 이상값으로 여겨지는 음성 데이터의 수준으로 보아, 이번 경진대회에 사용되는 데이터의 품질은 나쁘지 않아 보인다.

154

데이터 어그멘테이션

데이터 어그멘테이션(Data Augmentation)이란 부족한 데이터의 양을 보완하기 위하여, 원본 데이터의 정체성을 해치지 않는 수준의 변형을 가하여, 모델이 학습할 수 있는 데이터를 폭발적으로 증가시키는 방법이다. 이번 경진대회 음성 데이터에도 데이터 어그멘테이션을 통해 실제 23,682개의 음성 데이터보다 더 다양한 정보를 모델에게 제공할 수 있다.

예를 들어, _background_noise_/ 폴더에 포함된 다양한 소음 데이터의 일부를 추출하여, 'yes' 음성 데이터에 얹는 것 만으로 기존 훈련 데이터에 존재하지 않은 새로운 'yes' 음성 데이터가 생성된다. 나아가, 주어진 음성 데이터의 길이 1초 안에서, 'yes'의 위치를 변경하여 새로운 'yes' 데이터를 생성할 수도 있다.

다음 코드에서는 원본 음성 데이터에 _background_noise_의 소음을 랜덤하게 추가하고, 음성의 위치를 랜덤하게 이동하고, 파형의 높이의 변형하여 데이터 어그멘테이션을 수행한다.

[코드 3-8] 데이터 어그멘테이션을 수행하는 코드

```
import IPython.display as ipd
from scipy.io import wavfile
import random

# 음성 파일 경로를 지정한다
data_dir = '~/.kaggle/competitions/tensorflow-speech-recognition-
challenge/'
train_audio_path = data_dir + 'train/audio/'
filename = 'yes/0a7c2a8d_nohash_0.wav'

# 음성 데이터을 읽어온다
sample_rate, samples = wavfile.read(str(train_audio_path) + filename)

# 음성 위치를 200ms~800ms 사이의 값으로 랜덤하게 이동한다
shift_range = random.randint(200, 800)
```

```
shift = sample_rate * 100 // 1000
shift = random.randint(-shift, shift)
a = -min(0, shift)
b = max(0, shift)
sample_aug = np.pad(samples, (a, b), "constant").astype(np.float16)
sample_aug = sample_aug[:len(sample_aug) - a] if a else sample_aug[b:]

# 제공된 배경 소음 중, 랜덤으로 1초 가량의 소음을 추가한다
max_ratio = random.choice([0.1, 0.5, 1, 1.5])
noise_filenames = [f for f in os.listdir(join(train_audio_path, '_
background_noise_')) if f.endswith('.wav')]
noise_filename = noise_filenames[random.randint(0, len(noise_
filenames)-1)]
_, noise_samples = wavfile.read(str(train_audio_path) + '_background_
noise_/' + noise_filename)
start_idx = random.randint(0, len(noise_samples) - 1 - sample_rate)
noise_samples = noise_samples[start_idx:(start_idx + sample_rate)]
max_ratio = random.choice([0.1, 0.5, 1, 1.5])
sample_aug += max_ratio * random.random() * noise_samples.astype(np.
float16)

# 파형의 높이를 스케일링한다
scale = random.uniform(0.75, 1.25)
sample_aug *= scale

# Data Augmentation을 취한 음성 파일을 들어본다
ipd.Audio(sample_aug, rate=sample_rate)
```

데이터 어그멘테이션을 수행한 음성 파일을 직접 들어보면, 'yes'라는 소리가 뚜렷하게 들리는 것을 확인할 수 있다. 원본 데이터의 정체성을 해치지 않는 수준에서, 새로운 'yes' 데이터를 생성한 것이다.

다음 그림은 데이터 어그멘테이션 전후의 음성 파형의 차이를 시각화한 그림이다.

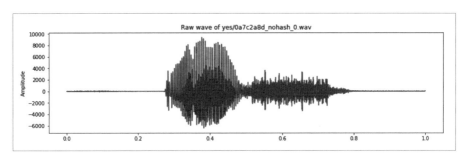

[그림 3-20] 'yes/0a7c2a8d_nohash_0.wav' 음성 파일의 원본 음성 파형이다.

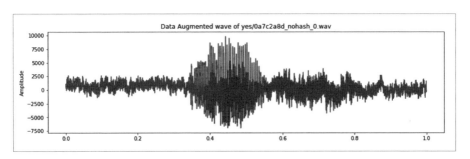

[그림 3-21] 데이터 어그멘테이션을 통해 랜덤하게 가공한 음성 파일이다. [그림 3-20]의 음성 데이터를 원본으로 사용하였지만, 전반적으로 소음이 추가된 것과, 'yes'의 파형 위치가 오른쪽으로 이동한 것, 그리고 파형의 높이(Amplitude)가 낮아진 것을 확인할 수 있다.

탐색적 데이터 분석 요약

탐색적 데이터 분석 과정을 통하여 이번 경진대회에서 우리에게 주어진 음성 데이터의 양과 데이터 구조를 파악할 수 있었다. 이번 경진대회에서는 예측해야 하는 12개의 분류별로 각 2,000개+ 정도의 음성 파일이 제공되며, 테스트 데이터로는 16만개가량의 음성 파일이 존재한다.

제공되는 음성 파일을 Python scipy 라이브러리를 사용하여 음성 파형을 추출하여, 직접 들어볼 수 있다. 경진대회에서는 데이터를 이해하는 것이 매우 중요한 부분이기에, 음성 데이터가 주어진 이번 경진대회에서는 훈련 데이터와 테스트 데이터를 직접 들어보아야 한다.

음성 데이터를 기반으로 딥러닝 모델에 학습할 때에는 읽어온 음성 파형을 그대로 변수로 사용하는 경우도 있지만, 음성 파형에 푸리에 변환이라는 특수한 연산을 수행한 후에, 주파수와 음역대별로 시그널을 추출하는 스펙트로그램을 주요 변수로 사용하기도 한다. 흔히 사용되는 log-scale, mel-scale 스펙트로그램과 MFCC 변수를 직접 계산하고 시각화해보았다.

모든 훈련 데이터를 직접 귀로 듣기는 쉽지 않다. 데이터 내에 이상값 여부를 확인하기 위하여 주성분 분석(PCA)를 사용한 차원 축소 기법으로 기존 훈련 데이터와 속성이 다른 이상값들을 몇개 추려서 직접 귀로 들어보았다.

마지막으로, 부족한 데이터 양을 보완하기 위한 데이터 어그멘테이션 방법을 구축해보았다. 원본 데이터의 정체성을 해치지 않는 수준의 데이터 변형을 통하여 실제로 훈련 데이터와 흡사한 품질의 새로운 데이터를 생성할 수 있었다. 제공된 데이터에는 분류별로 2,000개+ 수준의 데이터 밖에 없었지만, 데이터 어그멘테이션을 통해 모델 학습에는 폭발적으로 많은 양의 데이터를 사용할 수 있다.

3.7 Baseline 모델

탐색적 데이터 분석을 통해 데이터에 대한 기초적인 이해를 쌓았다면, 이제는 실질적인 머신러닝 파이프라인을 구축해보자. 텐서플로 음성 인식 경진대회의 Baseline 모델을 구축하는 과정은 다음과 같다.

① 교차 검증 준비 → ② 데이터 전처리 루틴 구현 → ③ 모델 구현 → ④ 모델 학습 → ⑤ 교차 검증 평가 → ⑥ 테스트 데이터 예측 및 캐글 업로드

① 교차 검증 준비

좋은 머신러닝 모델을 구축하기 위해서는 신뢰할 수 있는 교차 검증 프로세스를 구축하는 과정이 반드시 필요하다. 빠르게 반복할 수 있는 교차 검증 프로세스를 통해 다양한 아이디어를 시도해보고 그 결과를 통해 통찰을 얻을 수 있기 때문이다.

교차 검증을 준비하는 과정에서 염두에 두어야 하는 것은, 훈련-검증 데이터의 관계가 실제 훈련-테스트 데이터의 관계와 유사해야 한다는 것이다. 예를 들어, 테스트 데이터에 훈련 데이터에 존재하지 않는 새로운 화자의 목소리가 포함되어 있다면, 검증 데이터 안에도 훈련 데이터에 존재하지 않는 새로운 화자의 목소리가 비슷한 비중으로 포함되는 것이 바람직하다. 반대로, 테스트 데이터 안에 새로운 화자의 목소리가 없다면, 검증 데이터에도 새로운 화자의 목소리를 넣지 않도록 하는 것이 중요하다.

이번 데이터셋에서는 파일명에 화자의 이름이 명시되어 있다. 테스트 데이터에 훈련 데이터에 존재하지 않는 화자의 목소리가 포함되어 있는 것으로 보아, 화자 기준으로 훈련-검증 데이터를 분리하는 것이 바람직해 보인다.

다음 코드(prepare.py)에서는 훈련 데이터를 화자 기준 9:1 비율로 훈련-검증 데이터를 생성한다. 'trn.txt' 텍스트 파일에 교차 검증에 사용할 훈련 데이터의 경로와 정답값을, 'val.txt' 텍스트 파일에는 교차 검증에 사용할 검증 데이터의 경로와 정답값을 저장한다.

[코드 3-9] 교차 검증 과정을 위하여 훈련 데이터 전체를 화자 기반 훈련 : 검증 데이터로 분리한다.(file: kaggle_tensorflow_speech_recognition/02_Baseline/prepare.py)

```
# 10개의 label과 데이터 경로를 지정한다
labels = ['yes', 'no', 'up', 'down', 'left', 'right', 'on', 'off',
'stop', 'go']
data_path = '~/.kaggle/competitions/tensorflow-speech-recognition-
challenge'
```

```python
from glob import glob
import random
import os
import numpy as np

SEED = 2018

# 리스트를 랜덤하게 셔플하는 함수이다
def random_shuffle(lst):
    random.seed(SEED)
    random.shuffle(lst)
    return lst

# 텍스트 파일을 저장할 폴더를 생성한다.
if not os.path.exists('input'):
    os.mkdir('input')

# 훈련 데이터 전체를 먼저 trn_all.txt에 저장한다
trn_all = []
trn_all_file = open('input/trn_all.txt', 'w')
# 제공된 훈련 데이터 경로를 모두 읽어온다
files = glob(data_path + '/train/audio/*/*.wav')
for f in files:
    # 배경 소음은 skip한다
    if '_background_noise_' in f:
        continue

    # 정답값(label)과 화자(speaker)정보를 파일명에서 추출한다
    label = f.split('/')[-2]
    speaker = f.split('/')[-1].split('_')[0]
    if label not in labels:
        # 10개의 label외 데이터는 20%의 확률로 unknown으로 분류하여 추가한다
        label = 'unknown'
        if random.random() < 0.2:
            trn_all.append((label, speaker, f))
            trn_all_file.write('{},{},{}\n'.format(label, speaker, f))
    else:
        trn_all.append((label, speaker, f))
        trn_all_file.write('{},{},{}\n'.format(label, speaker, f))
```

```
trn_all_file.close()


# 훈련 데이터를 화자 기반 9:1 비율로 분리한다
uniq_speakers = list(set([speaker for (label, speaker, path) in trn_
all]))
random_shuffle(uniq_speakers)
cutoff = int(len(uniq_speakers) * 0.9)
speaker_val = uniq_speakers[cutoff:]

# 교차 검증용 파일을 생성한다
trn_file = open('input/trn.txt', 'w')
val_file = open('input/val.txt', 'w')
for (label, speaker, path) in trn_all:
    if speaker not in speaker_val:
        trn_file.write('{},{},{}\n'.format(label, speaker, path))
    else:
        val_file.write('{},{},{}\n'.format(label, speaker, path))
trn_file.close()
val_file.close()

# 테스트 데이터에 대해서도 텍스트 파일을 생성한다
tst_all_file = open('input/tst.txt', 'w')
files = glob(data_path + '/test/audio/*.wav')
for f in files:
    tst_all_file.write(',,{}\n'.format(f))
tst_all_file.close()
```

위 코드를 실행하면 input 폴더에 4개의 파일이 생성된다. 교차 검증 과정에서는 (trn.txt, val.txt) 파일을, 테스트 데이터 예측에는 (trn_all.txt, tst.txt) 파일을 사용하면 된다. 하나의 코드로 교차 검증과 실제 테스트 데이터 예측을 모두 실행할 수 있도록 하는 것이 효율적이기 때문이다.

② 데이터 전처리 루틴 구현

음성 데이터를 학습하기 위해서는 최신 기술인 딥러닝을 사용하고자 한다. 딥러닝 모델을 만능은 아니지만, 최소한 음성, 이미지 및 텍스트 분야에서는 좋은 성능을 보인다.

딥러닝의 학습 방법은 기존 머신러닝 알고리즘들과는 조금 다르다. 딥러닝 학습에서는 제공된 훈련 데이터를 batch라고 하는 하나의 작은 묶음으로 모델에게 제공하여, 모델로 하여금 하나의 batch에 대하여 좋은 성능을 보이도록 모델 파라미터를 미세하게 조정해나가는 과정을 아주 많이 반복한다. 이를 역전파(Back-propagation)라고 한다.

제공된 훈련 데이터 전체 중, 일부를 순차적으로 모델에게 제공하고, 필요할 경우 실시간으로 데이터 전처리 및 데이터 어그멘테이션을 수행하는 데이터셋이 필요하다. 파이토치의 torch.utils.data에서 제공하는 Dataset 클래스는 이와 같은 기능을 수행하는 추상 클래스이며, 아래 두 가지 함수를 필수로 구현하면 손쉽게 사용할 수 있다.

- __len__() 함수를 통해 데이터의 크기를 반환해야 한다
- __getitem__() 함수를 통해 i번째 데이터 (dataset[i])를 반환해야 한다

음성 데이터용 Dataset을 구현하는 코드(data.py)를 함께 살펴보자

[코드 3-10] 음성 데이터를 읽어오고 실시간으로 전처리를 수행하는 SpeechDataset을 구현하는 코드 (data.py)이다.(file: kaggle_tensorflow_speech_recognition/02_Baseline/data.py)

```
import torch
import numpy as np
from torch.utils.data import Dataset
import librosa
from glob import glob
import random
```

```
# 음성 파일의 sample rate은 1초 = 16000으로 지정한다
SR = 16000


# 경진대회 전용 SpeechDataset 클래스를 정의한다
class SpeechDataset(Dataset):
    def __init__(self, mode, label_to_int, wav_list, label_list=None):
        self.mode = mode
        self.label_to_int = label_to_int
        self.wav_list = wav_list
        self.label_list = label_list
        self.sr = SR
        self.n_silence = int(len(wav_list) * 0.1)

        # 배경 소음 데이터를 미리 읽어온다
        self.background_noises = [librosa.load(x, sr=self.sr)[0] for x
        in glob("~/.kaggle/competitions/tensorflow-speech-recognition-
        challenge/train/audio/_background_noise_/*.wav")]

    def get_one_word_wav(self, idx):
        # idx 번째 음성 파일을 1초만큼 읽어온다
        wav = librosa.load(self.wav_list[idx], sr=self.sr)[0]
        if len(wav) < self.sr:
            wav = np.pad(wav, (0, self.sr - len(wav)), 'constant')
        return wav[:self.sr]

    def get_one_noise(self):
        # 배경 소음 데이터 중 랜덤하게 1초를 읽어온다
        selected_noise = self.background_noises[random.randint(0,
        len(self.background_noises) - 1)]
        start_idx = random.randint(0, len(selected_noise) - 1 - self.
        sr)
        return selected_noise[start_idx:(start_idx + self.sr)]

    def get_mix_noises(self, num_noise=1, max_ratio=0.1):
        # num_noise 만큼의 배경 소음을 합성한다
        result = np.zeros(self.sr)
        for _ in range(num_noise):
            result += random.random() * max_ratio * self.get_one_noise()
        return result / num_noise if num_noise > 0 else result
```

```python
def get_silent_wav(self, num_noise=1, max_ratio=0.5):
    # 배경 소음 데이터를 silence로 가정하고 불러온다
    return self.get_mix_noises(num_noise=num_noise, max_ratio=max_
    ratio)


def __len__(self):
    # 교차 검증 모드일 경우에는 'silence'를 추가한 만큼이 데이터 크기이고, 테스트 모
    드일 경우에는 제공된 테스트 데이터가 전부이다
    if self.mode == 'test':
        return len(self.wav_list)
    else:
        return len(self.wav_list) + self.n_silence


def __getitem__(self, idx):
    # idx번째 음성 데이터 하나를 반환한다
    if idx < len(self.wav_list):
        # 전처리는 mel spectrogram으로 지정한다
        # (옵션) 여기서 Data Augmentation을 수행할 수 있다.
        wav_numpy = preprocess_mel(self.get_one_word_wav(idx))
        wav_tensor = torch.from_numpy(wav_numpy).float()
        wav_tensor = wav_tensor.unsqueeze(0)

        # 음성 스펙트로그램(spec), 파일 경로(id)와 정답값(label)을 반환한다
        if self.mode == 'test':
            return {'spec': wav_tensor, 'id': self.wav_list[idx]}
        else:
            label = self.label_to_int.get(self.label_list[idx],
            len(self.label_to_int))
            return {'spec': wav_tensor, 'id': self.wav_list[idx],
            'label': label}
    else:
        # 배경 소음을 반환한다
        wav_numpy = preprocess_mel(self.get_silent_wav(
            num_noise=random.choice([0, 1, 2, 3]),
            max_ratio=random.choice([x / 10. for x in range(20)])))
        wav_tensor = torch.from_numpy(wav_numpy).float()
        wav_tensor = wav_tensor.unsqueeze(0)
        return {'spec': wav_tensor, 'id': 'silence', 'label':
        len(self.label_to_int) + 1}
```

```
# mel spectrogram 전처리 함수이다
def preprocess_mel(data, n_mels=40):
    spectrogram = librosa.feature.melspectrogram(data, sr=SR, n_mels=n_
    mels, hop_length=160, n_fft=480, fmin=20, fmax=4000)
    spectrogram = librosa.power_to_db(spectrogram)
    spectrogram = spectrogram.astype(np.float32)
    return spectrogram
```

SpeechDataset은 학습 루틴과 동일하게 교차 검증 모드와 테스트 모드 두 가지를 지원하도록 구현한다. 교차 검증 모드에서는 제공된 훈련 데이터 외에 임의로 10% 의 무음(silence) 데이터를 생성하여 훈련 데이터로써 활용한다. 모델이 예측해야 하는 정답값은 총 12개인데, 그 중 제공된 데이터로 직접적으로 학습할 수 있는 것은 'silence, unknown'을 제외한 10개 뿐이다. 그러므로, 앞선 검증 데이터 생성 과정에서 10개의 단어 외 단어를 20% 확률로 데이터에 추가하여 unknown을 생성하였듯이, 전체 훈련 데이터의 10%에 해당하는 분량을 임의의 무음 데이터로 생성하여 'silence'를 학습 할 수 있도록 한다.

데이터 전처리에는 mel spectrogram 함수를 사용한다. 향후 Baseline 모델을 고도화하는 과정에서 다양한 전처리 함수를 적용해볼 수 있다. 일단은 음성 데이터 처리에서 가장 보편적으로 사용되는 전처리 함수와 기본 설정값을 사용하기로 한다.

Baseline 코드에는 데이터 어그멘테이션이 적용되어 있지 않다. 만약에 데이터 어그멘테이션을 구현한다면, __get_item__ 5번째 줄에서 self.get_one_word_wav(idx) 함수를 통해 1초 분량의 음성 파형을 받아와 preprocess_mel() 전처리 함수 직전에 구현하는 것이 이상적이다. 음성 파형은 16,000개의 실수값을 가지는 numpy array이기 때문에 numpy 연산을 통하여 확대, 축소, 좌우 시간 조절, 합성 등 다양한 데이터 어그멘테이션을 구현할 수 있다.

③ 모델 구현

음성 데이터이지만, 입력값이 1초로 고정되어 있기 때문에 학습에 사용할 모델은 이미지 분류에 자주 사용되는 ResNet을 사용한다.

파이토치에서는 torch.nn.Module 추상 클래스를 통하여 모델을 손쉽게 구현할 수 있다. 입력값 x에 대한 모델의 결과값을 반환하는 forward()를 구현하는 것이 필수 조건이다. 약 40줄 가량의 코드(resnet.py)로 ResNet 모델을 다음과 같이 구현할 수 있다.

[코드 3-11] ResNet 모델을 Module 클래스를 기반으로 구현한 코드(file: kaggle_tensorflow_speech_recognition/02_Baseline/resnet.py)

```python
import torch
import torch.nn.functional as F
from torch.nn import MaxPool2d

# ResNet 모델을 구현한다
class ResModel(torch.nn.Module):
    def __init__(self):
        super(ResModel, self).__init__()
        # 이번 경진대회에 사용되는 label 개수는 12이다
        n_labels = 12
        n_maps = 128
        # 총 9계층 모델을 쌓는다
        self.n_layers = n_layers = 9
        # 첫 계층에 사용하는 convolutional 모듈을 정의한다
        self.conv0 = torch.nn.Conv2d(1, n_maps, (3, 3), padding=(1, 1),
        bias=False)
        # MaxPooling 모듈을 정의한다
        self.pool = MaxPool2d(2, return_indices=True)
        # 2계층 이후에 사용하는 convolutional 모듈을 정의한다
        self.convs = torch.nn.ModuleList([torch.nn.Conv2d(n_maps, n_
        maps, (3, 3), padding=1, dilation=1, bias=False) for _ in
        range(n_layers)])
        # BatchNormalization 모듈과 conv 모듈을 조합한다
        for i, conv in enumerate(self.convs):
```

```
        self.add_module("bn{}".format(i + 1), torch.
        nn.BatchNorm2d(n_maps, affine=False))
        self.add_module("conv{}".format(i + 1), conv)
    # 최종 계층에는 선형 모듈을 추가한다
    self.output = torch.nn.Linear(n_maps, n_labels)

def forward(self, x):
    for i in range(self.n_layers + 1):
        y = F.relu(getattr(self, "conv{}".format(i))(x))
        if i == 0:
            old_x = y
        # 이전 layer의 결과값(old_x)와 이번 layer 결과값(y)을 더하는 것이
        residual 모듈이다
        if i > 0 and i % 2 == 0:
            x = y + old_x
            old_x = x
        else:
            x = y
        # BatchNormalization을 통해 파라미터 값을 정규화한다
        if i > 0:
            x = getattr(self, "bn{}".format(i))(x)
        # pooling을 사용할지 True/False로 지정한다
        pooling = False
        if pooling:
            x_pool, pool_indices = self.pool(x)
            x = self.unpool(x_pool, pool_indices, output_size=x.
            size())
    x = x.view(x.size(0), x.size(1), -1)
    x = torch.mean(x, 2)
    # 최종 선형 계층을 통과한 결과값을 반환한다
    return self.output(x)
```

레지듀얼 네트워크(Residual Network)란 다계층으로 쌓은 컨볼루셔널 모듈의 진화
형 모델이다. 이전 계층의 결과값과 해당 계층의 결과값을 더하는 연산을 통하여 학
습의 효율을 높여준다. BatchNormalization은 모델 파라미터의 값을 정규화하여
추가적으로 학습의 안정성을 확보한다. ResNet은 계층을 높이 쌓을수록 좋은 성능

을 보이는 것으로 알려져 있으며, 이미지 분류 관련해서는 152계층까지 쌓는다. 이번 코드에서는 빠른 학습을 위하여 9계층까지만 쌓도록 한다.

④ 모델 학습

딥러닝 학습을 위한 ResNet 모델과, 데이터를 실시간으로 제공하고 전처리해주는 SpeechDataset을 모두 구현했으니, 이제는 학습 파이프라인을 구축할 차례이다. trainer.py 코드에 해당한다.

먼저, 앞서 구현한 모델과 데이터셋을 불러오자. 학습을 위한 준비작업이다.

[코드 3-12] Baseline 파이프라인 준비과정으로, ResNet 모델과 SpeechDataset 데이터를 활성화한다.(file: kaggle_tensorflow_speech_recognition/02_Baseline/trainer.py)

```
# (생략) 필요한 라이브러리를 import

# 학습을 위한 기본 설정값을 지정한다
BATCH_SIZE = 32  # 데이터 묶음에 해당하는 batch_size는 GPU 메모리에 알맞게 지정한다
mGPU = False  # multi-GPU를 사용할 경우에는 True로 지정한다
epochs = 20  # 모델이 훈련 데이터를 학습하는 횟수를 지정한다
mode = 'cv' # 교차 검증 모드(cv) or 테스트 모드(test)
model_name = 'model/model_resnet.pth'  # 모델 결과물을 저장할 때 모델 이름을 지정
한다

# ResNet 모델을 활성화한다
loss_fn = torch.nn.CrossEntropyLoss()
model = ResModel
speechmodel = torch.nn.DataParallel(model()) if mGPU else model()
speechmodel = speechmodel.cuda()

# SpeechDataset을 활성화한다
labels = ['yes', 'no', 'up', 'down', 'left', 'right', 'on', 'off',
'stop', 'go']
label_to_int = dict(zip(labels, range(len(labels))))
int_to_label = dict(zip(range(len(labels)), labels))
```

```
int_to_label.update({len(labels): 'unknown', len(labels) + 1:
'silence'})

# 모드에 따라 학습 및 검증에 사용할 파일을 선택한다
trn = 'input/trn.txt' if mode == 'cv' else 'input/trn_all.txt'
tst = 'input/val.txt' if mode == 'cv' else 'input/tst.txt'


trn = [line.strip() for line in open(trn, 'r').readlines()]
wav_list = [line.split(',')[-1] for line in trn]
label_list = [line.split(',')[0] for line in trn]
# 학습용 SpeechDataset을 불러온다
traindataset = SpeechDataset(mode='train', label_to_int=label_to_int,
wav_list=wav_list, label_list=label_list)
```

파이토치에서는 구현한 모델을 불러온 후, .cuda()를 통해 GPU 내에서 모델이 돌아갈 수 있도록 활성화 한다. 학습 모델과 SpeechDataset을 활성화하였으므로, 모델을 학습할 준비가 되었다.

지정한 20번의 epoch 만큼 학습을 수행하며, 1 epoch이 끝날 때마다 검증 데이터에서의 모델 품질을 확인해보도록 하자.

[코드 3-13] 실질적인 딥러닝 모델 학습을 수행하고, 교차 검증 모드의 경우 epoch 마다 검증 데이터의 정확률을 계산하는 코드

```
start_time = time()
for e in range(epochs):
    print("training epoch ", e)
    # learning_rate를 epoch마다 다르게 지정한다
    learning_rate = 0.01 if e < 10 else 0.001
    optimizer = torch.optim.SGD(filter(lambda p: p.requires_grad,
    speechmodel.parameters()), lr=learning_rate, momentum=0.9, weight_
    decay=0.00001)
    # 모델을 학습하기 위하여 .train() 함수를 실행한다
    speechmodel.train()

    total_correct = 0
```

```
num_labels = 0
trainloader = DataLoader(traindataset, BATCH_SIZE, shuffle=True)
# 학습을 수행한다
for batch_idx, batch_data in enumerate(tqdm(trainloader)):
    # batch_size 만큼의 음성 데이터(spec)와 정답값(label)을 받아온다
    spec = batch_data['spec']
    label = batch_data['label']
    spec, label = Variable(spec.cuda()), Variable(label.cuda())
    # 현재 모델의 예측값(y_pred)을 계산한다
    y_pred = speechmodel(spec)
    _, pred_labels = torch.max(y_pred.data, 1)
    correct = (pred_labels == label.data).sum()
    # 정답과 예측값 간의 차이(loss)를 계산한다
    loss = loss_fn(y_pred, label)

    total_correct += correct
    num_labels += len(label)

    optimizer.zero_grad()
    # loss를 기반으로 역전파를 수행한다
    loss.backward()
    # 모델 파라미터를 업데이트한다. (실질적 학습)
    optimizer.step()

# 훈련 데이터에서의 정확률을 기록한다
print("training accuracy:", 100. * total_correct / num_labels, get_
time(time(), start_time))

# 교차 검증 모드의 경우, 검증 데이터에 대한 정확률을 기록한다
if mode == 'cv':
    # 현재 학습 중인 모델을 임시로 저장한다
    torch.save(speechmodel.state_dict(), '{}_cv'.format(model_
    name))

    # 검증 데이터를 불러온다
    softmax = Softmax()
    tst_list = [line.strip() for line in open(tst, 'r').readlines()]
    wav_list = [line.split(',')[-1] for line in tst_list]
    label_list = [line.split(',')[0] for line in tst_list]
    cvdataset = SpeechDataset(mode='test', label_to_int=label_to_
```

```
int, wav_list=wav_list)
cvloader = DataLoader(cvdataset, BATCH_SIZE, shuffle=False)

# 모델을 불러와 .eval() 함수로 검증 준비를 한다
speechmodel = torch.nn.DataParallel(model()) if mGPU else
model()
speechmodel.load_state_dict(torch.load('{}_cv'.format(model_
name)))
speechmodel = speechmodel.cuda()
speechmodel.eval()

# 검증 데이터를 batch_size만큼씩 받아오며 예측값을 저장한다
fnames, preds = [], []
for batch_idx, batch_data in enumerate(tqdm(cvloader)):
    spec = Variable(batch_data['spec'].cuda())
    fname = batch_data['id']
    y_pred = softmax(speechmodel(spec))
    preds.append(y_pred.data.cpu().numpy())
    fnames += fname

preds = np.vstack(preds)
preds = [int_to_label[x] for x in np.argmax(preds, 1)]
fnames = [fname.split('/')[-2] for fname in fnames]
num_correct = 0
for true, pred in zip(fnames, preds):
    if true == pred:
        num_correct += 1

# 검증 데이터의 정확률을 기록한다
print("cv accuracy:", 100. * num_correct / len(preds), get_
time(time(), start_time))

# 학습이 완료된 모델을 저장한다
create_directory("model")
torch.save(speechmodel.state_dict(), model_name)
```

파이토치의 다이나믹 프로그래밍(Dynamic Programming) 성질 덕분에, 딥러닝 모델을 학습하는 것을 마치 파이썬 코드를 짜는 것과 같이 손쉽게 구현할 수 있다.

다음은 지정된 tst.txt 파일의 음성 데이터에 대하여 모델의 예측값을 계산한 후, 캐글에 업로드 할 수 있는 파일 형태로 결과물을 저장하도록 하자.

[코드 3-14] 테스트 모드일 경우, 제공된 테스트 데이터에 대한 예측값을 캐글에 업로드할 수 있는 형식으로 저장하는 코드

```python
# 테스트 데이터에 대한 예측값을 파일에 저장한
print("doing prediction...")
softmax = Softmax()

# 테스트 데이터를 불러온다
tst = [line.strip() for line in open(tst, 'r').readlines()]
wav_list = [line.split(',')[-1] for line in tst]
testdataset = SpeechDataset(mode='test', label_to_int=label_to_int,
wav_list=wav_list)
testloader = DataLoader(testdataset, BATCH_SIZE, shuffle=False)

# 모델을 불러온다
speechmodel = torch.nn.DataParallel(model()) if mGPU else model()
speechmodel.load_state_dict(torch.load(model_name))
speechmodel = speechmodel.cuda()
speechmodel.eval()

test_fnames, test_labels = [], []
pred_scores = []

# 테스트 데이터에 대한 예측값을 계산한다
for batch_idx, batch_data in enumerate(tqdm(testloader)):
    spec = Variable(batch_data['spec'].cuda())
    fname = batch_data['id']
    y_pred = softmax(speechmodel(spec))
    pred_scores.append(y_pred.data.cpu().numpy())
    test_fnames += fname

# 가장 높은 확률값을 가진 예측값을 label 형태로 저장한다
final_pred = np.vstack(pred_scores)
final_labels = [int_to_label[x] for x in np.argmax(final_pred, 1)]
test_fnames = [x.split("/")[-1] for x in test_fnames]
```

```
# 테스트 파일 명과 예측값을 sub 폴더 아래 저장한다. 캐글에 직접 업로드 할 수 있는 파일 포맷
이다.
create_directory("sub")
pd.DataFrame({'fname': test_fnames, 'label': final_labels}).to_
csv("sub/{}.csv".format(model_name.split('/')[-1]), index=False)
```

이로써, Baseline 모델 구축을 성공적으로 마무리하였다. trainer.py 코드를 실행하면 앞선 코드의 결과를 재현할 수 있다. 이제는 교차 검증을 통해 Baseline 모델의 성능을 측정해보고, 테스트 데이터에 대한 예측을 수행하고 캐글에 직접 업로드 하고자 한다.

⑤ 교차 검증 평가

실행 오류 없이 정상적으로 동작하는 교차 검증 파이프라인을 구축하였지만, 정말 코드에 오류가 없는지, 구현 과정에서 임의로 지정한 수많은 설정값(parameter) 들이 과연 최적의 값인지를 교차 검증을 통해 확인할 필요가 있다.

Baseline 모델을 교차 검증 모드로 실행할 경우, 필자의 컴퓨터 환경 (GPU 1장)에서는 약 70분 정도가 소요된다. 20번째 epoch에서 훈련 데이터에 대한 정확률은 97.91% 수준으로 높은 학습률을 보이고, 검증 데이터에 대한 정확률은 69.96% 수준이다.

⑥ 테스트 데이터 예측 및 캐글 업로드

Baseline 모델을 테스트 모드로 실행할 경우, 교차 검증 모드와 동일하게 70분 정도가 소요된다. 20번째 epoch에서 훈련 데이터에 대한 정확률은 97.96% 수준이며, 캐글 업로드 결과는 다음과 같다.

[표 3-1] Baseline 모델 결과

분류	Private Score	Public Score
Baseline + ResNet	0.87407	0.86814

Private Score 0.87407은 리더보드 기준 상위 213등 (상위 16%)에 해당하는 기록으로 Baseline 모델로써는 훌륭한 점수를 기록한다.

검증 데이터의 정확률이 70% 이하인 점은 추후에 분석해보도록 하고, 기본적인 모델 학습 파이프라인은 정상적으로 동작하고 있음을 확인할 수 있다.

요약

텐서플로 음성 인식 경진대회를 위한 Baseline 모델을 빠르게 구현해보았다. 모델은 CNN 이미지 분류의 대표적인 ResNet 모델을 사용했고, 데이터 전처리에는 mel-스펙트로그램 함수를 사용했으며, 실시간 데이터 어그멘테이션은 적용하지 않았다.

가장 먼저, 교차 검증 과정을 위한 준비 작업을 진행했다. 사전에 훈련 데이터를 화자 기준 9:1 비율로 훈련 데이터와 검증 데이터로 분리하였다. 교차 검증 모드에는 훈련 데이터로 학습하고, 검증 데이터로 평가를 진행하고, 테스트 모드에는 훈련 데이터 전체로 학습하고, 테스트 데이터로 결과물을 생성하기 위함이다.

다음은 파이토치의 Dataset 추상 클래스를 기반으로 음성 데이터를 실시간으로 모델 학습에 제공하는 SpeechDataset 클래스를 구현했다. 음성 파형에 대한 전처리는 mel-스펙트로그램 함수를 사용했고, 사전에 제공된 10개의 정답값 외 음성 파일은 20%의 확률로 'unknown' 으로 활용하였고, 배경 소음 데이터를 기반으로 1초 분량의 'silence' 데이터를 전체 훈련 데이터의 10%에 해당하는 분량을 추가했다. 테스트 데이터를 랜덤하게 들어보았을 때에, 생각보다 'unknown'으로 분류될 만한 음성 데이터가 많이 존재하였기에 'unknown'의 비율을 높게 잡았다.

다음은 ResNet 9계층 모델을 40줄의 코드로 구현하였다. Module 추상 클래스를 기반으로 손쉽게 다양한 딥러닝 모델을 구현할 수 있는 것이 파이토치의 장점이다. 딥러닝 모델 학습에 가장 많이 사용되는 Stochastic Gradient Descent (SGD) optimizer를 기반으로 모델 학습 루틴을 구현했다.

학습 루틴은 정상 동작하며, Baseline 모델은 Private 리더보드 기준 상위 16%라는 높은 점수를 기록한다.

전처리 함수, 데이터 어그멘테이션, 데이터의 'unknown', 'silence' 비율, 학습하는 epoch 수, 모델, SGD외 다른 optimizer 등 다양한 설정값을 변경하여 실험을 진행하면, 더 높은 점수를 얻을 수 있을 것이다. 각각 모델의 결과물을 추후 앙상블에 활용할 수 있도록 저장하기를 권장한다.

다음은 이번 경진대회에서 3등을 기록한 승자의 지혜를 직접 분석해보고자 한다.

3.8 승자의 지혜 - 3등 소스코드 분석

1,315팀이 치열한 경쟁을 치른 이번 텐서플로 음성인식 경진대회도 다른 경진대회와 비슷하게, 혼자서 참여하기보다는 팀을 꾸려 경진대회에 참여하는 것이 더 이롭다는 것을 보여주었다. 상위 10팀 중 8팀이 2명 이상의 캐글러로 구성된 팀이다. 그러나, 그 와중에도 2등과 3등의 자리를 혼자의 힘으로 거머쥔 두 명의 캐글러가 있다. 이번 장에서는 혼자의 힘으로 Private 리더보드 전체 3등을 기록한 Little Boat 의 코드를 함께 분석하고자 한다.

경진대회가 끝나고, Little Boat는 캐글 Discussion 게시판에 다음과 같은 글을 남겼다.[4]

---

4   https://www.kaggle.com/c/tensorflow-speech-recognition-challenge/discussion/47722 번역 3-1. 전체 3등을 기록한 캐글러 Little Boat가 게시판에 남긴 글로 필자가 번역했다.

오늘 제 코드를 정리하고 솔루션 문서를 작성할 시간이 있었습니다.

여기에 업로드 해놓았습니다. -. https://github.com/xiaozhouwang/tensorflow_speech_recognition_solution

제가 보유한 모델 중, 가장 좋은 점수를 받은 단일 모델은 Public 리더보드 기준 0.87점이었으며, 앙상블을 사용해도 0.89 수준 밖에 도달하지 못했습니다. 유의미한 성능 개선은 두 가지 준 지도학습 기법을 통해서 얻었습니다. 코드를 직접 참조해보셔도 되지만, 아래에 핵심 부분을 간단하게 요약해보았습니다:

모델

10개 주요 모델을 학습하였음

9계층 Resnet 모델. MFCC, Mel 데이터 (입력값은 128x128로 가공)

18계층 SENet 모델. MFCC, Mel 데이터 (입력값은 128x128로 가공)

121계층 DenseNet 모델. MFCC, Mel 데이터 (입력값은 128x128로 가공)

VGG(최상위층에 GlobalMaxPooling + GlobalAveragePooling 사용) 모델. MFCC, Mel 데이터 (입력값은 128x128로 가공)

VGG(최상위층에 GlobalMaxPooling + GlobalAveragePooling 사용) 모델. 음성 파형 데이터

준 지도학습

위에서 학습한 10개의 모델의 가중 평균을 테스트 데이터의 '정답값'으로 사용했습니다. 두 가지 준 지도학습(Semi-Supervised) 기법을 사용했습니다 :

훈련 데이터 100%와 선별된 테스트 데이터 20%~35%를 새로운 훈련 데이터로 사용하여 학습했습니다. Resnet(MFCC, Mel), SENet(MFCC, Mel) 그리고 VGG(Mel, Raw) 모델을 이런 방식으로 학습했습니다.

테스트 데이터 100%를 사용하여 '기학습(pre-trained)' 모델을 학습했습니다. 테스트 데이터로만 학습된 모델 파라미터를 초기 파라미터로 지정하고, 훈련 데이터만을 사용해서 모델을 fine-tuning했습니다. 이를 위해서는 1번의 epoch만으로 과적합된 기학습 모델의 성능을 개선하기에 충분했습니다.

두 가지 방법 모두, 훈련 데이터의 분포값에 과적합하지 않고, 테스트 데이터의 분포를 학습하고 근사하려는 목적으로 사용했습니다. 첫 번째 방법은 데이터 관점에서 테스트 데이터의 분포를 학습하고, 두 번째 방법은 모델 관점에서 수행합니다.

캐글과 구글 브레인팀에게 훌륭한 대회를 주최해줘서 감사드리고, 상위권에 입상한 모든 팀에게 축하의 말을 보냅니다. 결코 쉬운 경진대회는 아니었지만, 참여하는 동안 재미있었습니다.

친절하게도, Little Boat는 경진대회에서 실제로 사용한 파이썬 코드 전체를 github에 공개했다. solution.pdf 파일에는 승자의 모델에 대한 더욱 더 자세하고 친절한 설명이 포함되어 있다. 캐글 경진대회를 한 번 참여해본 독자라면, Little Boat가 공개한 github 코드를 직접 읽어보고, 결과물을 재현할 수 있을 것이다. 승자에 따르면, 같은 수준의 결과물 재현을 위해서는 GPU 1장 기준으로 약 4주 정도 시간이 소요된다고 한다.

결과를 재현하는 것이 우리의 궁극적인 목표는 아니다. 필자는 경진대회에서 좋은 성능을 거둔 그의 코드를 집요하게 분석하여, 다음 경진대회에서 활용할 수 있는 기법과 노하우를 학습하고자 한다. 독자 여러분도 Little Boat와 같은 머신러닝 실력자의 어깨 너머로 배우는 것이 많길 바란다.

승자의 코드는 파이토치로 구현되어 있다.

코드 및 데이터 준비

먼저, github에 공개된 승자의 코드를 직접 복제한다. 이 때, 경진대회 음성 데이터가 승자의 코드 디렉토리를 기준으로 ../input/ 에 위치하고 있어야 한다. 코드 안데이터를 읽어오는 경로를 수정하여 대응해도 문제는 없다.

```
git clone https://github.com/xiaozhouwang/tensorflow_speech_
recognition_solution.git
```

한글 주석이 달린 코드가 편하신 분들은 kaggle_tensorflow_speech_recognition/03_Winners_Code를 참조바란다.

데이터 전처리 / 피처 엔지니어링

딥러닝 모델은 작은 수의 훈련 데이터를 입력값으로 받아, 모델의 파라미터를 조정하는 방식을 반복하여 모델을 점진적으로 학습해 나간다. 한 번의 모델 학습에 사용되는 훈련 데이터 한뭉치를 batch라고 표현한다. 데이터 한뭉치의 크기를 batch_size라고 표현한다. 승자의 코드는 GPU GTX 1080을 기준으로 batch_size는 학습 모델의 크기에 따라 16~64 사이의 값을 가진다. 즉 한 번의 학습에 16~64개의 음성 데이터를 훈련 데이터로 받아 모델의 파라미터를 조정해나가는 것이다. 수백 번 혹은 수천 번의 batch 학습으로 훈련 데이터를 모두 모델 학습에 활용할 경우, 한 번의 epoch을 학습했다고 표현한다. 딥러닝 모델을 훈련 데이터를 1번 이상 입력값으로 받아 모델의 파라미터를 지속적으로 조정해나간다. 승자의 코드에서 사용되는 epoch 값은 100이다.

앞서 '탐색적 데이터 분석' 절에서 언급한 음성 데이터에 대한 전처리 및 피처 엔지니어링은 사전에 수행하지 않고, 모델 학습 과정에서 실시간으로 이루어진다. 매 batch마다 임의의 훈련 데이터 64개가 batch로 구성되어 모델에 입력이 되며, 입력이 되는 64개의 훈련 데이터는 랜덤 요소를 가진 데이터 전처리 혹은 피처 엔지니어링 함수를 거쳐 모델 학습에 사용된다.

딥러닝 모델 학습

[ResNet 단일 모델]

승자의 코드에서는 모델 학습용 함수 trainer를 정의하여 딥러닝 모델을 학습한다.

trainer 함수는 모델 학습에 관한 다양한 파라미터값들을 입력 받아, 직접 학습을 수행한다. 캐글 경진대회와 같이 다양한 설정의 모델 학습을 유연하게 실험해보고 싶을 경우에는, trainer와 같은 함수는 매우 유용하다.

함께 승자의 코드에서 ResNet 모델을 학습하는 코드를 분석해보자.

[코드 3-15] 두 개(mel, mfcc)의 ResNet 모델을 총 4번(bagging=4) 학습하는 코드(file: kaggle_tensorflow_speech_recognition/03_Winners_Code/train.py)

```python
# ResNet 모델이 정의된 모델 함수를 읽어온다
from resnet import ResModel
# 모델 학습용 함수 trainer를 읽어온다
from trainer import train_model
# 데이터 전처리용 함수를 읽어온다
from data import preprocess_mel, preprocess_mfcc

# ResNet 모델에는 mel, mfcc로 전처리된 입력값을 받는 모델을 각각 학습한다
list_2d = [('mel', preprocess_mel), ('mfcc', preprocess_mfcc)]
# 동일한 모델을 4개 학습하여, 4개 모델의 결과물의 평균값을 최종 결과물로 사용한다(bagging
앙상블)
BAGGING_NUM=4

# 모델을 학습하고, 최종 모델을 기반으로 테스트 데이터에 대한 예측 결과물을 저장하는 도구 함수
이다
def train_and_predict(cfg_dict, preprocess_list):
    # 전처리 방식에 따라 각각 다른 모델을 학습한다
    for p, preprocess_fun in preprocess_list:
        # 모델 학습의 설정값(config)를 정의한다
        cfg = cfg_dict.copy()
        cfg['preprocess_fun'] = preprocess_fun
        cfg['CODER'] += '_%s' %p
        cfg['bagging_num'] = BAGGING_NUM
        print("training ", cfg['CODER'])
        # 모델을 학습한다!
        train_model(**cfg)

# ResNet 모델 학습 설정값이다
res_config = {
```

```
        'model_class': ResModel,
        'is_1d': False,
        'reshape_size': None,
        'BATCH_SIZE': 32,
        'epochs': 100,
        'CODER': 'resnet'
    }

    print("train resnet........")
    train_and_predict(res_config, list_2d)
```

ResNet 모델을 이미지 분류 문제를 푸는데 특화되어 있는 CNN(Convolutional Neural Network) 기반의 딥러닝 모델이다. 이미지 데이터는 일반적으로 고정된 '가로 × 세로' 크기의 2차원 벡터에 Red, Green, Blue 각각 3개의 값을 가진다. 음성 데이터를 mel, mfcc로 변환하면, '시간 × 주파수'의 2차원 벡터에 1개의 값을 가지게 되므로, 이미지 데이터에 최적화된 ResNet 모델을 이번 경진대회에 활용이 가능하다. (이번 경진대회 음성 데이터의 시간은 모두 1초로 고정한다.)

총 32개의 훈련 데이터를 학습에 사용(batch_size=32)하고, 모델이 훈련 데이터 전체를 100번 (epoch=100) 학습할 때까지 모델 학습을 수행한다. 사용하는 GPU 메모리 크기에 따라 batch_size를 키울 수 있고, 모델 학습에 충분한 시간을 할애할 수 없을 경우 epoch를 줄일 수 있다.

최종 모델 성능을 개선하기 위하여 동일한 설정에서의 모델 학습을 총 4번 수행한다 (bagging_size=4). 딥러닝 모델 학습에서는 하나의 batch에 들어가는 데이터가 매번 랜덤하며, 실시간으로 처리되는 전처리 및 데이터 어그멘테이션도 랜덤하게 수행되기 때문에, 랜덤 요소를 seed 값을 통해 고정하지 않을 경우, 매번 학습 결과가 조금씩 다르게 나온다. 4개의 모델 결과물을 평균할 경우, 일반적으로 1개의 모델 결과물보다는 안정적이고 우수한 성능이 보장된다.

[모델 학습 : trainer 함수]

ResNet 모델 학습을 위한 설정값은 train_model 함수에 입력된다.

trainer_model 함수는 총 13개의 설정값을 입력값으로 받으며, ResNet 모델 학습에는 다음과 같은 설정값이 지정되었다.

[표 3-2] trainer.py 파일에 포함된 설정값 설명표

#	설정값	내용	ResNet 학습
1	model_class	딥러닝 모델을 정의한 파이썬 클래스 이름	ResModel
2	preprocess_fun	음성 데이터를 전처리하는 함수 이름 (예: mel, mfcc, raw)	preprocess_mel, preprocess_mfcc
3	is_1d	입력 데이터의 1차원 여부 (True or False) mel, mfcc의 경우, 데이터가 2차원이므로 False raw의 경우, 데이터가 1차원이므로 True	False
4	reshape_size	2차원 데이터의 리사이징 크기 (is_1d=False 의 경우에만 유효한 값	None
5	BATCH_SIZE	한 번의 모델 학습에 사용되는 훈련 데이터 크기	32
6	epochs	모델이 전체 훈련 데이터를 학습하는 횟수	100
7	CODER	모델 파일 저장을 위한 String값	_mel, _mfcc
8	preprocess_param	전처리 함수 (preprocess_fun)에 필요한 설정값	
9	bagging_num	앙상블을 위한 동일 모델을 학습할 횟수	4
10	semi_train_path	준 지도학습 모델 학습에 사용되는 설정값	
11	pretrained	기학습된 모델의 경로	

#	설정값	내용	ResNet 학습
12	pretraining	기학습 모델의 생성 여부 (True or False)	
13	MGPU	학습에 사용할 GPU 개수	

모델 학습을 담당하는 trainer 함수는 크게 4단계로 분류할 수 있다.

1. 딥러닝 모델을 정의한다.
2. 파이토치 전용 데이터셋을 정의한다.
3. 모델을 학습한다.
4. 테스트 데이터의 예측 결과를 파일에 저장한다.

[trainer : 1. 모델 정의]

ResNet 모델은 resnet.py 파일에서 별도 파이썬 클래스로 정의된다. 학습에 사용되는 파이썬 클래스는 한 가지 조건을 충족해야한다.

1. 입력값 x에 대하여 모델의 결과값을 출력하는 forward()가 존재해야 한다.

함께 ResNet 모델의 코드(resnet.py)를 살펴보자.

[코드 3-16] 파이토치에서 ResNet 모델을 구현하는 코드(file: kaggle_tensorflow_speech_recognition/03_Winners_Code/resnet.py)

```python
import torch
import torch.nn.functional as F
from torch.nn import MaxPool2d

# ResNet 모델이 정의된 파이썬 클래스
class ResModel(torch.nn.Module):

    # 모델 구조를 정의하기 위한 준비 작업을 한다
    def __init__(self):
```

```python
        super(ResModel, self).__init__()

        # 12-class 분류 문제이며, 모델에 사용하는 채널 수를 128로 지정한다
        n_labels = 12
        n_maps = 128

        # 1채널 입력값을 n_maps(128)채널로 출력하는 3x3 Conv 커널을 사전에 정의한다
        self.conv0 = torch.nn.Conv2d(1, n_maps, (3, 3), padding=(1, 1),
        bias=False)

        # 입력과 출력 채널이 n_maps(128)인 3x3 Conv 커널을 9개를 사전에 정의한다
        self.n_layers = n_layers = 9
        self.convs = torch.nn.ModuleList([torch.nn.Conv2d(n_maps, n_
        maps, (3, 3), padding=1, dilation=1, bias=False) for _ in
        range(n_layers)])

        # max-pooling 계층을 사전에 정의한다
        self.pool = MaxPool2d(2, return_indices=True)

        # batch_normalization과 conv 모듈을 사전에 정의한다
        for i, conv in enumerate(self.convs):
            self.add_module("bn{}".format(i + 1), torch.
            nn.BatchNorm2d(n_maps, affine=False))
            self.add_module("conv{}".format(i + 1), conv)

        # n_maps(128)을 입력으로 받아 n_labels(12)를 출력하는 최종 선형 계층을 사전
        에 정의한다
        self.output = torch.nn.Linear(n_maps, n_labels)

# 모델의 결과값을 출력하는 forward 함수이다
def forward(self, x):
    # 9계층의 Conv 모듈과 최종 선형 계층 총 10계층 모델이다
    for i in range(self.n_layers + 1):
        # 입력값 x를 conv 모듈에 적용 후, relu activation을 통과시킨다
        y = F.relu(getattr(self, "conv{}".format(i))(x))

        # residual 모듈 생성을 위한 코드이다. i가 짝수일 때, x는 y + old_x의 합
        으로 residual 연산이 수행된다.
        if i == 0:
            old_x = y
```

```
if i > 0 and i % 2 == 0:
    x = y + old_x
    old_x = x
else:
    x = y

# 2번째 계층부터는 batch_normalization을 적용한다
if i > 0:
    x = getattr(self, "bn{}".format(i))(x)

# max_pooling은 사용하지 않도록 설정한다
pooling = False
if pooling:
    x_pool, pool_indices = self.pool(x)
    x = self.unpool(x_pool, pool_indices, output_size=x.
    size())

# view 함수를 통해 x의 크기를 조정한다
x = x.view(x.size(0), x.size(1), -1)
# 2번째 dimension에 대해서 평균값을 구한다
x = torch.mean(x, 2)
# 마지막 선형 계층을 통과한 결과값을 반환한다
return self.output(x)
```

ResNet은 Residual Network의 약자로, 2015년 12월 마이크로소프트 연구소에서 발표된 논문 (Deep Residual Learning for Image Recognition[5])에 소개된 대규모 이미지 인식 문제를 해결하기 위하여 제안된 모델이다. 이 논문에서 저자는 입력값 x에 비선형 연산 F(x)를 수행한 후에, 원래 입력값 x를 더해주는 F(x) + x 형태의 모듈을 제안한다. Back-propagation 기법을 통해 모델의 파라미터를 학습하는 딥러닝 모델에서 F(x) + x 형태의 모듈은 모델 학습을 위한 정보 전달을 촉진 시키는 중요한 역할을 수행한다. 2015년 ImageNet 경진대회에서 1등을 기록한 이 모델은, 대부분의 딥러닝 프레임워크에서 모델 구현체가 공개되어 있다.

---

5   https://arxiv.org/pdf/1512.03385.pdf

승자의 코드에서는 이미 공개된 ResNet 모델 구현체를 사용하기 보다는, 이번 경진대회만을 위하여 자체 ResNet 모델을 구축한 것으로 보인다. Conv 모듈과 F.relu 모듈로 비선형 연산을 수행한 후에, x = y + old_x 로 F(x) + x 형태의 residual block을 생성하고, 학습 안정성을 위해 batch_normalization을 계층마다 적용한다. Kaming He의 논문에서는 152계층의 ResNet을 학습하지만, 승자의 코드에서는 9계층의 작은 ResNet을 정의한다.

이와 같이 정의된 딥러닝 모델을 get_model 함수를 통해 불러온다.

[코드 3-17] 모델 학습을 수행하는 trainer.py 에서 정의한 딥러닝 모델을 불러오는 부분이다.(file: kaggle_tensorflow_speech_recognition/03_Winners_Code/trainer.py)

```
from torch.autograd import Variable
from data import get_label_dict, get_wav_list, SpeechDataset, get_
semi_list
from pretrain_data import PreDataset
from torch.utils.data import DataLoader
import torch
from time import time
from torch.nn import Softmax
import numpy as np
import pandas as pd
import os
from random import choice

# train_model은 총 13개의 변수를 입력값으로 받는다
def train_model(model_class, preprocess_fun, is_1d, reshape_size,
BATCH_SIZE, epochs, CODER, preprocess_param={}, bagging_num=1, semi_
train_path=None, pretrained=None, pretraining=False, MGPU=False):

    # 학습에 사용되는 모델을 정의하는 get_model() 함수이다
    def get_model(model=model_class, m=MGPU, pretrained=pretrained):
        # multi-GPU일 경우, Data Parallelism
        mdl = torch.nn.DataParallel(model()) if m else model()
        if not pretrained:
            return mdl
```

```
else:
    .. (생략)

label_to_int, int_to_label = get_label_dict()
# bagging_num 만큼 모델 학습을 반복 수행한다
for b in range(bagging_num):
    print("training model # ", b)

    # 학습에 사용되는 loss function을 정의한다
    loss_fn = torch.nn.CrossEntropyLoss()

    # 모델을 정의하고, .cuda()로 GPU, CUDA와 연동한다
    speechmodel = get_model()
    speechmodel = speechmodel.cuda()
```

GPU를 한 개 이상 사용할 경우에는, torch.nn.DataParallel()를 통해 multi-GPU를 모두 활용하도록 모델을 정의한다. 데이터 병렬성(Data Parallelism)이란, 입력값으로 들어오는 batch_size 만큼의 데이터를 1/n으로 병렬로 나누어 모델을 학습하는 병렬 학습 방식이다. 또 하나의 병렬 학습 개념인 모델 병렬성(Model Parallelism)은 각 GPU 마다 모델의 일부를 띄워 batch_size 만큼의 데이터로 학습을 수행 하는 병렬 학습 방식이다.

기학습된 모델을 사용하는 경우에는 (pretrained=True) 모델을 정의하는 방법이 조금 다르지만, 해당 부분은 생략하고 나중에 다루기로 한다.

get_model()로 정의한 파이토치 모델은 .cuda()를 통해 CUDA 연산을 수행하도록 연결한다.

[trainer : 2. Dataset 정의]

딥러닝 모델 학습에서는 한 번의 학습 과정에 사용되는 batch_size 만큼의 훈련 데이터를 메모리에 읽어온다. 제공된 모든 훈련용 음성 데이터를 한 번에 메모리에 로

딩하는 것은 물리적으로 불가능할 뿐더러, 한 번의 학습 과정에서 batch_size 만큼의 훈련 데이터만 사용하기 때문에 그럴 필요도 없다.

메모리에 로딩된 batch_size 만큼의 음성 데이터는 실시간으로 데이터 어그멘테이션 과정을 통해 전처리된다.

이러한 데이터 큐 역할은 PyTorch의 torch.utils.data.Dataset이라는 추상 클래스에서 제공된다. 승자의 코드에서는 파이토치의 Dataset를 상속받아 자체 구현한 SpeechDataset 클래스를 사용하여 훈련 데이터를 학습에 불러온다.

trainer.py 79줄에서 다음과 같이 SpeechDataset 클래스를 정의하는 것을 확인할 수 있다. SpeechDataset을 정의하기 위해서는 학습 모드(mode), 정답값을 정수(0~11)로 매핑하기 위한 dictionary(label_words_dict), 훈련 데이터 경로(wav_list), 데이터 어그멘테이션 과정에서 노이즈 추가 여부(add_noise), 전처리 함수(preprocess_fun), 전처리 변수(preprocess_param), 데이터 리사이징 크기(resize_shape), 데이터 1차원 여부(is_1d) 등의 변수를 입력으로 받는다.

```
# trainer.py에서 SpeechDataset을 정의하는 코드
traindataset = SpeechDataset(mode='train', label_words_dict=label_to_
int, wav_list=train_list, add_noise=True, preprocess_fun=preprocess_
fun, preprocess_param=preprocess_param, resize_shape=reshape_size,
is_1d=is_1d)
```

파이토치에서 제공하는 torch.utils.data.Dataset이라는 추상 클래스를 상속하기 위해서는 두 가지 조건을 충족해야 한다.

- __len__() 함수를 통해 데이터의 크기를 반환해야 한다
- __getitem__() 함수를 통해 i번째 데이터 (dataset[i])를 반환해야 한다

승자의 코드 data.py에서 SpeechDataset을 구현하는 코드를 함께 살펴보자.

[코드 3-18] 딥러닝 학습에 사용하는 SpeechDataset을 구현한 코드(file: kaggle_tensorflow_speech_
recognition/03_Winners_Code/data.py)

```python
import torch
import numpy as np
from torch.utils.data import Dataset
import librosa
from glob import glob
import random
from skimage.transform import resize
import pandas as pd
from random import sample

# sample_rate는 1초당 16,000
SR=16000

# SpeechDataset 클래스를 정의한다. torch.utils.data의 Dataset 속성을 상속한다.
class SpeechDataset(Dataset):

    def __init__(self, mode, label_words_dict, wav_list, add_noise,
    preprocess_fun, preprocess_param = {}, sr=SR, resize_shape=None,
    is_1d=False):
        # Dataset 정의하기 위한 설정값을 받아온다
        self.mode = mode
        self.label_words_dict = label_words_dict
        self.wav_list = wav_list[0]
        self.label_list = wav_list[1]
        self.add_noise = add_noise
        self.sr = sr
        self.n_silence = int(len(self.wav_list) * 0.09)
        self.preprocess_fun = preprocess_fun
        self.preprocess_param = preprocess_param

        # 노이즈 추가를 위해서 _background_noise_는 수동으로 읽어온다. 필요한 경우,
        경로를 알맞게 수정하자.
        self.background_noises = [librosa.load(x, sr=self.sr)[0] for x
        in glob("../input/train/audio/_background_noise_/*.wav")]
        self.resize_shape = resize_shape
        self.is_1d = is_1d
```

```python
# 데이터의 크기를 반환한다. test mode일 경우에는, 지정된 음성 데이터 리스트의 크기,
# train mode의 경우에는 9% 추가한 "침묵" 건수를 추가한다.
def __len__(self):
    if self.mode == 'test':
        return len(self.wav_list)
    else:
        return len(self.wav_list) + self.n_silence


# 하나의 음성 데이터를 읽어오는 함수이다.
def __getitem__(self, idx):
    if idx < len(self.wav_list):
        # test mode에는 음성 데이터를 그대로 읽어오고, train mode에는 .get_
        # noisy_wav() 함수를 통해 노이즈가 추가된 음성 데이터를 읽어온다
        wav_numpy = self.preprocess_fun(self.get_one_word_wav(idx)
        if self.mode != 'train' else self.get_noisy_wav(idx),
        **self.preprocess_param)

        # 읽어온 음성 파형 데이터를 리사이징한다.
        if self.resize_shape:
            wav_numpy = resize(wav_numpy, (self.resize_shape, self.
            resize_shape), preserve_range=True)
        wav_tensor = torch.from_numpy(wav_numpy).float()
        if not self.is_1d:
            wav_tensor = wav_tensor.unsqueeze(0)

        # test mode의 경우, {spec, id} 정보를 반환하고, train mode의 경우에는,
        # {spec, id, label} 정보를 반환한다
        if self.mode == 'test':
            return {'spec': wav_tensor, 'id': self.wav_list[idx]}

        label = self.label_words_dict.get(self.label_list[idx],
        len(self.label_words_dict))

        return {'spec': wav_tensor, 'id': self.wav_list[idx],
        'label': label}

    # "침묵" 음성 데이터를 임의로 생성한다.
    else:
        wav_numpy = self.preprocess_fun(self.get_silent_wav(num_
        noise=random.choice([0, 1, 2, 3]), max_ratio=random.
```

```
    choice([x / 10. for x in range(20)])), **self.preprocess_
    param)
    if self.resize_shape:
        wav_numpy = resize(wav_numpy, (self.resize_shape, self.
        resize_shape), preserve_range=True)

    wav_tensor = torch.from_numpy(wav_numpy).float()
    if not self.is_1d:
        wav_tensor = wav_tensor.unsqueeze(0)
    return {'spec': wav_tensor, 'id': 'silence', 'label':
    len(self.label_words_dict) + 1}
```

SpeechDataset은 위와 같이 __len__() 함수와 __getitem__()를 성공적으로 구현했다.

__getitem__()에서 하나의 음성 데이터를 불러올 때에, .get_noisy_wav()를 통해 실시간으로 데이터에 노이즈를 추가한다. .get_noisy_wav() 함수는 다음과 같이 구현되어 있다.

[코드 3-19] 데이터 어그멘테이션을 수행하기 위하여 음성 데이터를 변조하는 다양한 기법이 포함된 코드

```
def get_noisy_wav(self, idx):
    # 음성 파형의 높이를 조정하는 scale
    scale = random.uniform(0.75, 1.25)
    # 추가할 노이즈의 개수
    num_noise = random.choice([1, 2])
    # 노이즈 음성 파형의 높이를 조정하는 max_ratio
    max_ratio = random.choice([0.1, 0.5, 1, 1.5])
    # 노이즈를 추가할 확률 mix_noise_proba
    mix_noise_proba = random.choice([0.1, 0.3])
    # 음성 데이터를 좌우로 평행이동할 크기 shift_range
    shift_range = random.randint(80, 120)
    one_word_wav = self.get_one_word_wav(idx)
    if random.random() < mix_noise_proba:
        # Data Augmentation을 수행한다.
        return scale * (self.timeshift(one_word_wav, shift_range) +
```

```
            self.get_mix_noises(num_noise, max_ratio))
        else:
            # 원본 음성 데이터를 그대로 반환한다.
            return one_word_wav
```

scale, num_noise, max_ratio, mix_noise_proba 그리고 shift_range 총 5개의 변수를 통해 음성 데이터에 노이즈를 추가하는 실시간 데이터 어그멘테이션을 정의한다. 변수 값들을 조정하여 실시간 데이터 어그멘테이션의 강도를 조정할 수 있으며, 이는 모델 학습 결과에 유의미한 영향을 끼칠 수 있다.

data.py 코드 후반부에는 1차원 음성 데이터를 2차원 mel, mfcc 데이터로 변환하는 전처리 함수를 구현하였다.

[코드 3-20] 음성 데이터의 대표적인 전처리 기법 (mel spectrogram, mfcc)를 구현한 함수

```
# 1차원 음성 파형을 2차원 mfcc로 변환하는 전처리 함수이다
def preprocess_mfcc(wave):
    # librosa 라이브러리를 통해서 입력된 wave 데이터를 변환한다
    spectrogram = librosa.feature.melspectrogram(wave, sr=SR, n_
    mels=40, hop_length=160, n_fft=480, fmin=20, fmax=4000)
    # 0보다 큰 값은 log 함수를 취한다
    idx = [spectrogram > 0]
    spectrogram[idx] = np.log(spectrogram[idx])

    # 필터를 사용하여 스펙트로그램 데이터에 마지막 전처리를 수행한다
    dct_filters = librosa.filters.dct(n_filters=40, n_input=40)
    mfcc = [np.matmul(dct_filters, x) for x in np.split(spectrogram,
    spectrogram.shape[1], axis=1)]
    mfcc = np.hstack(mfcc)
    mfcc = mfcc.astype(np.float32)
    return mfcc

# 1차원 음성 파형을 2차원 mel데이터로 변환하는 전처리 함수이다
def preprocess_mel(data, n_mels=40, normalization=False):
    # librosa 라이브러리를 통해서 입력된 wave 데이터를 변환한다
    spectrogram = librosa.feature.melspectrogram(data, sr=SR, n_mels=n_
```

```
mels, hop_length=160, n_fft=480, fmin=20, fmax=4000)
spectrogram = librosa.power_to_db(spectrogram)
spectrogram = spectrogram.astype(np.float32)

# mel 데이터를 정규화한다
if normalization:
    spectrogram = spectrogram.spectrogram()
    spectrogram -= spectrogram
return spectrogram
```

SpeechDataset의 정의와, SpeechDataset 내부에서 음성 데이터를 실시간으로 처리하는 코드를 분석해보았다. 이제는 실제 trainer.py에서 SpeechDataset이 어떻게 사용되는지 확인해보자.

[코드 3-21] 딥러닝 모델 학습을 수행하기 위하여 데이터셋을 준비하는 코드

```
# 학습 중간에 성능 표시를 위한 값을 준비한다
total_correct = 0
num_labels = 0
start_time = time()

# 지정된 epoch 만큼 학습을 수행한다.
for e in range(epochs):
    print("training epoch ", e)
    # 10 epoch 이후에는 learning_rate를 1/10로 줄인다
    learning_rate = 0.01 if e < 10 else 0.001
    # 학습에 사용할 SGD optimizer + momentum을 정의한다
    optimizer = torch.optim.SGD(filter(lambda p: p.requires_grad,
    speechmodel.parameters()), lr=learning_rate, momentum=0.9, weight_
    decay=0.00001)

    # 모델 내부 모듈을 학습 직전에 활성화시킨다
    speechmodel.train()

    if semi_train_path:
        # 준 지도학습일 경우에는 훈련 데이터를 불러오는 기준이 다르다. [준 지도학습 모델 학
        습]에서 자세하게 다룬다.
```

```
    ..
else:
    # 지도학습의 경우, 훈련 데이터 목록을 받아온다.
    train_list, _ = get_wav_list(words=label_to_int.keys())

# 기학습된 모델이 있을 경우에는 Dataset을 다르게 지정한다. 이 단계에서는 앞서 보았던
SpeechDataset을 정의한다.
if pretraining:
    ..
else:
    traindataset = SpeechDataset(mode='train', label_words_
    dict=label_to_int, wav_list=train_list, add_noise=True,
    preprocess_fun=preprocess_fun, preprocess_param=preprocess_
    param, resize_shape=reshape_size, is_1d=is_1d)

# Dataloader를 통해 데이터 큐를 생성한다. Shuffle=True 설정을 통하여 epoch마다
읽어오는 데이터를 랜덤하게 선정한다.
trainloader = DataLoader(traindataset, BATCH_SIZE, shuffle=True)
```

훈련 데이터를 읽어올 데이터셋과 학습을 보조하는 Optimizer를 정의했다면, 이제
본격적으로 모델을 학습할 수 있다. 바로, 이어지는 모델 학습 코드를 분석해보자.

[trainer : 3. 모델 학습]

딥러닝 모델의 학습 과정은 다음 두 단계를 지속적으로 반복한다.

- Batch_size 만큼의 훈련 데이터를 현재 모델에 입력하여, 예측 결과물을 얻는다.
- 모델의 예측 결과물과 실제 정답값과의 차이를 기반으로 Optimizer가 모델 파라미터를 정답에 가깝게 수정한다.

다음 코드는 모델 학습 과정을 그대로 담고 있다.

```python
# trainloader를 통해 batch_size 만큼의 훈련 데이터를 읽어온다
for batch_idx, batch_data in enumerate(trainloader):
    # spec은 스펙트로그램의 약자로 음성 데이터를 의미하고, label은 정답값을 의미한다
    spec = batch_data['spec']
    label = batch_data['label']
    spec, label = Variable(spec.cuda()), Variable(label.cuda())

    # 현재 모델(speechmodel)에 데이터(spec)을 입력하여, 예측 결과물(y_pred)을 얻는다.
    y_pred = speechmodel(spec)

    # 예측 결과물과 정답값으로 현재 모델의 Loss값을 구한다
    loss = loss_fn(y_pred, label)
    optimizer.zero_grad()
    # backpropagation을 수행하여, Loss 값을 개선하기 위해 모델 파라미터를 수정해야 하
    는 방향을 얻는다.
    loss.backward()
    # optimizer.step() 함수를 통해 모델 파라미터를 업데이트한다. 이전보다 loss 값이 줄
    어들도록 하는 방향으로 모델 파라미터가 업데이트 되었다.
    optimizer.step()

    # 확률값인 y_pred에서 max값을 구하여 현재 모델의 정확률(correct)을 구한다
    _, pred_labels = torch.max(y_pred.data, 1)
    correct = (pred_labels == label.data).sum()
    total_correct += correct
    num_labels += len(label)

# 훈련 데이터에 대한 정확률을 중간마다 출력해준다.
print("training loss:", 100. * total_correct / num_labels, time()-
start_time)
```

파이토치와 같은 라이브러리를 사용하면 복잡한 loss 값 계산, backpropagation 계산 및 모델 파라미터 업데이트 등의 작업이 각각 코드 한줄로 해결된다. 우리는 중간마다 출력하는 정확률 로그를 기반으로 모델 학습이 정상적으로 이루어지고 있는지, 모델의 설정값을 변경했을 때에 학습 속도가 빨라지는지, 성능이 개선되는지 등에 집중할 수 있다.

학습 중간 과정에, 학습 중인 모델을 별도 파일로 저장하는 것은 매우 좋은 습관이다. 딥러닝 모델은 학습을 오랫동안 수행한다고 해서 무조건 성능이 좋아지는 것이 아니라, 적절한 학습 수렴 지점이 존재하기 때문이다. 승자의 코드 저자인 Little Boat도 실제 경진대회에서는 중간 과정 모델을 모두 저장하며 검증해보았을 것이다. 하지만 공개된 승자의 코드에서는 사전에 정의한 epochs 만큼 학습을 마친후, 학습이 완료된 시점에만 모델을 저장한다.

```
# 학습이 완료된 모델 파라미터를 저장한다
create_directory("model")
torch.save(speechmodel.state_dict(), "model/model_%s_%s.pth" % (CODER, b))
```

torch.save() 코드 한줄로 모델을 저장할 수 있으며, 나중에 언제든지 모델 파라미터를 불러와 재활용 할 수 있다.

[trainer : 4. 테스트 데이터 예측 결과 저장]

학습이 완료되었다면, 이제 캐글에 제출해야 할 테스트 데이터에 대하여 예측 결과물을 생성해야 한다.

[코드 3-23] 테스트 데이터에 대한 예측값을 캐글에 업로드 할 수 있도록 저장하고, 향후 앙상블에 사용하고자 확률값을 별도로 저장하는 코드

```
print("doing prediction...")
softmax = Softmax()

# 저장된 학습 모델 경로를 지정한다. Bagging_num 개수만큼의 모델을 읽어온다.
trained_models = ["model/model_%s_%s.pth" % (CODER, b) for b in
range(bagging_num)]

# 테스트 데이터에 대한 Dataset을 생성하고, DataLoader를 통해 Data Queue를 생성한다.
_, _, test_list = get_wav_list(words=label_to_int.keys())
testdataset = SpeechDataset(mode='test', label_words_dict=label_
```

```python
to_int, wav_list=(test_list, []), add_noise=False, preprocess_
fun=preprocess_fun, preprocess_param=preprocess_param, resize_
shape=reshape_size, is_1d=is_1d)
testloader = DataLoader(testdataset, BATCH_SIZE, shuffle=False)

for e, m in enumerate(trained_models):
    print("predicting ", m)
    speechmodel = get_model(m=MGPU)
    # torch.load() 함수를 통해 학습이 완료된 모델을 읽어온다.
    speechmodel.load_state_dict(torch.load(m))
    # 모델을 cuda와 연동하고, evaluation 모드로 지정한다.
    speechmodel = speechmodel.cuda()
    speechmodel.eval()

    test_fnames, test_labels = [], []
    pred_scores = []
    # 테스트 데이터를 batch_size 만큼 받아와 예측 결과물을 생성한다.
    for batch_idx, batch_data in enumerate(testloader):
        spec = Variable(batch_data['spec'].cuda())
        fname = batch_data['id']
        # y_pred는 테스트 데이터에 대한 모델의 예측값이다.
        y_pred = softmax(speechmodel(spec))
        pred_scores.append(y_pred.data.cpu().numpy())
        test_fnames += fname

    # bagging_num 개의 모델이 출력한 확률값 y_pred를 더하여 앙상블 예측값을 구한다.
    if e == 0:
        final_pred = np.vstack(pred_scores)
        final_test_fnames = test_fnames
    else:
        final_pred += np.vstack(pred_scores)
        assert final_test_fnames == test_fnames

# bagging_num 개수로 나누어, 최종 예측 확률값(final_pred)을 기반으로 최종 예측값
(final_labels)를 생성한다.
final_pred /= len(trained_models)
final_labels = [int_to_label[x] for x in np.argmax(final_pred, 1)]

# 캐글 제출용 파일 생성을 위한 파일 이름(test_fnames)를 정의한다.
test_fnames = [x.split("/")[-1] for x in final_test_fnames]
```

```
labels = ['yes', 'no', 'up', 'down', 'left', 'right', 'on', 'off',
'stop', 'go', 'unknown', 'silence']
# 캐글 제출용 파일을 저장한다. (파일명과 최종 예측값이 기록된다)
create_directory("sub")
pd.DataFrame({'fname': test_fnames, 'label': final_labels}).to_
csv("sub/%s.csv" % CODER, index=False)

# 서로 다른 모델의 앙상블, 학습 성능 향상을 목적으로 bagging 앙상블 모델의 예측 확률값을 별
도 파일로 저장한다.
pred_scores = pd.DataFrame(np.vstack(final_pred), columns=labels)
pred_scores['fname'] = test_fnames
create_directory("pred_scores")
pred_scores.to_csv("pred_scores/%s.csv" % CODER, index=False)
```

필자가 직접 재현한 ResNet 모델은 각각 다음과 같은 점수를 얻었다.

resnet_mfcc.csv.zip a month ago by kweonwooj add submission details	0.87137	0.85992	☐
resnet_mel.csv.zip a month ago by kweonwooj add submission details	0.86632	0.86266	☐

[그림 3-22] ResNet mel, mfcc 모델의 캐글 리더보드 점수이다.

왼쪽이 Private 리더보드, 오른쪽이 Public 리더보드 점수이다. Public 리더보드에서는 resnet_mel 모델이 0.003점 높은 점수를 기록했으나, Private 리더보드에서는 resnet_mfcc 모델이 0.87137점을 기록하여 mel 모델보다 0.005점 정도 높은 점수를 기록한다. 0.87137점은 최종 리더보드 기준으로 전체 1,315팀 중 221등으로 상위 16% 수준이다.

[다양한 CNN 모델]

Little Boat는 리더보드 점수를 개선하기 위하여, 다양한 CNN 기반 모델을 직접 구현했다. 이미지 분류 문제에 가장 대표적인 VGG 모델부터, 최신 논문에서 제안된 Squeeze-and-Excitation Network와 DenseNet을 직접 구현했다. 각 모델에 대한 특징은 다음 표를 참조하자.

[표 3-3] 대표적인 CNN 모델 특징

모델	특징
DenseNet	2018년 1월에 페이스북 인공지능 연구소(FAIR), 미국의 코넬대학교와 중국의 칭화대학교 공동 연구로 발표된 논문 : Densely Connected Convolutional Networks. 기존의 연속된 계층간의 연결점만 가졌던 인공신경망의 연결점을 추가하여 성능을 개선한 모델이다.
SENet	2017년 9월에 영국의 옥스포대학교와 중국의 자율주행 기업 모멘샤의 공동연구로 발표된 논문 : Squeeze-and-Excitation Networks. Conv 연산에서 생성되는 채널 간의 상호 의존성을 집중적으로 모델링하는 모듈을 제안하여 성능을 개선한 모델이다.
VGG	2015년 4월에 영국의 옥스포트대학교에서 발표된 논문 : Very Deep Convolutional Networks for Large-Scale Image Recognition. Conv 연산, Max-Pooling 연산과 Fully Connected 연산을 사용한 대규모 이미지 인식 문제에 사용된 초창기 모델이다.

모델 구현체는 ResNet 모델과 같이 파이토치에서 제공하는 torch.nn.Module 추상 클래스를 상속한다. 입력값 x에 대한 모델 결과물을 반환하는 forward() 함수를 정의하는 것으로 Module 클래스를 상속할 수 있다.

DenseNet모델의 구현체는 densenet.py에서, SENet 구현체는 senet.py에서 직접 확인할 수 있다. VGG 모델은 입력값의 차원 수(1차원 혹은 2차원)에 따라 별도의 모델을 각각 vgg1d.py, vgg2d.py에 구현했다.

구현체 코드를 직접 분석해보시면 아시겠지만, 파이토치가 제공하는 유연한 코드 인터페이스 덕분에 논문에 발표된 복잡한 모델들도 nn.Conv2d, nn.ReLu 등의 기본 연산 모듈의 조합으로 손쉽게 구현할 수 있다.

ResNet, DenseNet, SENet 그리고 VGG2d 모델의 학습 결과는 다음과 같다. 모든

모델은 train.py 코드를 그대로 실행하여 재현한 결과이며, bagging_num=4이다. VGG1d 모델은 1차원 음성 파형 데이터와 mel 전처리만을 사용한다. 딥러닝 모델 특성 상, random seed 요소로 인해 동일한 값을 재현하기는 어렵다.

[표 3-4] 초기 모델의 캐글 리더보드 점수

모델 _ 전처리	Private 리더보드	Public 리더보드
ResNet _ mel	0.86632	0.86266
ResNet _ mfcc	0.87137	0.85992
DenseNet _ mel	**0.88781**	**0.87883**
DenseNet _ mfcc	0.88194	0.87308
SENet _ mel	0.87231	0.86266
SENet _ mfcc	0.87231	0.86019
VGG2d _ mel	0.88734	0.88240
VGG2d _ mfcc	0.87912	0.87006
VGG1d _ raw	0.87971	0.86567
VGG1d _ mel	0.88077	0.87198

필자가 직접 단일 모델을 재현해본 결과, DenseNet _ mel 모델이 가장 높은 점수인 0.88781점으로 133등, 전체 상위 10%를 기록한다.

전처리 기법이 다르다고 해도, 동일한 모델에서 학습된 결과물은 서로 다른 모델로 학습한 결과물보다 훨씬 유사하기 마련이다. 예를 들어, SENet _ mel 과 SENet _ mfcc 의 Private 리더보드 점수는 동일하다.

경진대회 진행 중에는 Private 리더보드 점수를 확인할 수 없으며, 오로지 Public 리더보드 점수만 공개된다는 사실을 잊으면 안 된다. Pubilc 리더보드를 살펴보면, 전반적으로 mel 전처리 모델이 미세하게나마 좋은 결과를 보이는 것을 확인할 수 있다.

승자의 코드에서는 다양한 모델로 학습한 결과물에 가중치를 주어 앙상블 결과물을 생성한다. 다음 코드는 가중치 기반 앙상블을 생성하는 base_average.py 코드의 일부이다. mel 전처리 모델이 Public 리더보드 기준 미세하게 점수가 우수하기에, 모델별로 mel 결과물에 0.6, mfcc 결과물에 0.4의 가중치를 배정했다. 모델별 가중치는 신기하게도 VGG1d 모델에 0.4, 그리고 나머지 4개의 모델에 동일하게 0.15의 가중치를 배정하여 앙상블한 확률값을 생성한다.

[코드 3-24] 각 모델의 확률값의 가중 평균을 통하여 앙상블 결과물을 생성하는 코드(file: kaggle_tensorflow_speech_recognition/03_Winners_Code/base_average.py)

```
# 단일 모델들의 확률값을 가중치 기반으로 앙상블한다
result = (dense_mel.as_matrix() * 0.6 + dense_mfcc.as_matrix() * 0.4)
* 0.15 + (resnet_mel.as_matrix() * 0.6 + resnet_mfcc.as_matrix() * 0.4)
* 0.15 + (senet_mel.as_matrix() * 0.6 + senet_mfcc.as_matrix() * 0.4)
* 0.15 + (vgg2d_mel.as_matrix() * 0.6 + vgg2d_mfcc.as_matrix() * 0.4) *
0.15 + (vgg1d_raw.as_matrix() * 0.75 + vgg1d_mel.as_matrix() * 0.25) *
0.4
```

단일 모델들의 가중치 기반 앙상블 모델은 Private 리더보드 점수 0.89580점을 기록한다. 모든 단일 모델보다 높은 점수를 보이며, 전체 66등, 즉 상위 5%의 순위를 기록한다. 경진대회에 있어서 다양한 모델의 결과물을 통해 성능을 개선하는 앙상블이 얼마나 중요한지 직접 몸으로 느낄 수 있다.

Submission and Description	Private Score	Public Score	Use for Final Score
base_average.csv a few seconds ago by kweonwooj add submission details	0.89580	0.88514	☐

[그림 3-23] 단일 모델의 앙상블 결과 (base_average)의 리더보드 점수이다.

[준 지도학습 모델 학습]

필자가 텐서플로 음성 인식 경진대회에 참여했더라면, 단일 모델 앙상블 결과로 상위 5%를 기록하는 것만으로도 충분히 만족했을 것이다. 그러나 승자의 코드는 여기서 만족하지 않고, 점수를 개선할 수 있는 또 다른 방법을 강구한다. 레이블이 없는 테스트 데이터를 학습에 적극 활용하는 준 지도학습 방법이다.

semi_train.py 파일에는 준 지도학습을 실행하는 함수를 아래와 같이 정의한다.

[코드 3-25] 준 지도학습의 설정값을 지정하고, 학습을 실행하는 코드(file: kaggle_tensorflow_speech_recognition/03_Winners_Code/semi_train.py)

```python
# 모델 학습을 실행하는 함수이다.
def train_and_predict(cfg_dict, preprocess_list):
    for p, preprocess_fun in preprocess_list:
        cfg = cfg_dict.copy()
        cfg['preprocess_fun'] = preprocess_fun
        cfg['CODER'] += '_%s' %p
        cfg['bagging_num'] = BAGGING_NUM
        # 테스트 데이터에 대한 예측값 경로를 지정한다
        cfg['semi_train_path'] = "sub/base_average.csv"
        print("training ", cfg['CODER'])
        train_model(**cfg)


# 준 지도학습을 위한 설정값이다.
res_config = {
    'model_class': ResModel,
    'is_1d': False,
    'reshape_size': None,
    'BATCH_SIZE': 32,
    # 모델 학습 epoch을 125로 늘렸다.
    'epochs': 125,
    'CODER': 'resnet_semi'
}

print("train resnet........")
train_and_predict(res_config, list_2d)
```

앞서 수행했던 지도학습과 새롭게 시도하는 준 지도학습의 차이점은 '학습하는 데이터'이다. 지도학습에서 훈련 데이터 전체를 학습에 사용했다면, 준 지도학습에서는 동일하게 훈련 데이터 전체와 테스트 데이터의 일부를 랜덤으로 추출하여 학습을 진행한다. 테스트 데이터에 대한 예측값이 저장된 파일 경로 'semi_train_path'를 지도학습 모델 학습 과정에서 가장 높은 성능을 보였던 base_average.csv 파일의 경로로 지정하여, 양질의 데이터를 추가한다.

trainer.py 함수에서는 train_list 변수값을 다음과 같이 다르게 지정한다. 훈련 데이터 전체를 불러옴과 동시에, 테스트 데이터의 일부를 훈련 데이터에 추가하는 것이다.

[코드 3-26] 지도학습 방법에서 훈련 데이터에 테스트 데이터의 일부를 추가하기

```
if semi_train_path:
    # 학습에 사용할 파일 목록 train_list에 테스트 데이터를 추가한다.
    train_list = get_semi_list(words=label_to_int.keys(), sub_
    path=semi_train_path, test_ratio=choice([0.2, 0.25, 0.3, 0.35]))
    print("semi training list length: ", len(train_list))
else:
    train_list, _ = get_wav_list(words=label_to_int.keys())
```

준 지도학습 기법에서 학습에 사용할 파일 목록을 받아오는 get_semi_list()를 자세히 살펴보자.

[코드 3-27] 준 지도학습을 수행하기 위하여, 예측값을 기반으로 테스트 데이터를 직접 훈련 데이터에 추가하는 코드(data.py)

```
# 테스트 데이터를 sub_path에서 불러오는 함수이다.
def get_sub_list(num, sub_path):
    lst = []
    df = pd.read_csv(sub_path)
    words = ['yes', 'no', 'up', 'down', 'left', 'right', 'on', 'off',
    'stop', 'go', 'silence', 'unknown']
```

```
    each_num = int(num * 0.085)
    labels = []
    for w in words:
        # 12개의 분류(words)에 대하여 각 1/12 분량씩(each_num) 랜덤으로 데이터 경로
        를 저장한다.
        tmp = df['fname'][df['label'] == w].sample(each_num).tolist()
        lst += ["../input/test/audio/" + x for x in tmp]
        for _ in range(len(tmp)):
            labels.append(w)
    return lst, labels

def get_semi_list(words, sub_path, unknown_ratio=0.2, test_ratio=0.2):
    # 훈련 데이터의 경로를 불러온다.
    train_list, train_labels, _ = get_wav_list(words=words, unknown_
    ratio=unknown_ratio)
    # 훈련 데이터의 20%~35%에 해당하는 양만큼 테스트 데이터의 경로를 불러온다.
    test_list, test_labels = get_sub_list(num=int(len(train_list) *
    test_ratio), sub_path=sub_path)
    file_list = train_list + test_list
    label_list = train_labels + test_labels
    assert(len(file_list) == len(label_list))

    # 데이터의 경로가 저장된 list의 순서를 랜덤하게 섞는다.
    random.seed(2018)
    file_list = sample(file_list, len(file_list))
    random.seed(2018)
    label_list = sample(label_list, len(label_list))

    return file_list, label_list
```

총 125번의 epoch 학습 과정에서 매 epoch마다 추가되는 테스트 데이터는 다르다. 랜덤하게 추가되는 테스트 데이터를 통해 훈련 데이터만으로 학습하지 못했던 새롭고 유의미한 패턴을 모델이 학습하기를 바라는 것이다.

그 외 모델 학습 루틴, 모델 저장 및 캐글 제출용 예측값을 파일에 저장하는 루틴은 앞선 지도학습 기법과 동일하다.

[표 3-5] 준 지도학습의 캐글 리더보드 점수

모델 _ 전처리	Private 리더보드	Public 리더보드
ResNet _ semi _ mel	0.85328	0.84978
ResNet _ semi _ mfcc	**0.85410**	**0.85032**
SENet _ semi _ mel	0.85128	0.84539
SENet _ semi _ mfcc	0.85034	0.84429
VGG2d _ semi _ mel	0.85269	0.84758
VGG2d _ semi _ mfcc	0.85116	0.84512
VGG1d _ semi _ raw	0.85375	0.84950

훈련 데이터만 사용한 지도학습 대비, 단일 모델 기준으로는 Public & Private 리더 보드 점수가 모두 0.02점 가량 낮다.

[Fine-tune 모델 학습]

앞서 함께 재현한 준 지도학습은 epoch마다 훈련 데이터 전체와 테스트 데이터 일부를 사용해서 모델을 학습했다. 승자인 Little Boat가 시도한 또 한 가지 방법은 테스트 데이터를 더 적극적으로 활용하는 방법이다.

오로지 테스트 데이터와 base_average.py에서 얻은 테스트 데이터에 대한 예측 결과값 (Public 리더보드 기준 88.51%의 정확률을 가진 예측)을 활용하여 모델을 학습하고, 마지막 1 epoch만 훈련 데이터를 사용해 모델을 학습하는 fine-tune 방법이다.

fine-tuning이란, 딥러닝에서 자주 사용되는 전이 학습(Transfer Learning)의 응용이다. 유사한 데이터를 기반으로 미리 학습이 수렴된 모델의 파라미터를 활용하여, 지금 풀려는 문제에 fine-tuning이라는 작업을 통해 최적화시키는 방법이다. 훈련 데이터가 부족하거나, 기학습된 모델의 데이터가 훈련 데이터와 유사할 경우, fine-tuning을 활용하여 모델의 성능을 끌어올릴 수 있다.

finetue_train.py 파일에는 전이 학습을 실행하는 함수를 아래와 같이 정의한다.

[코드 3-28] fine-tuning 학습을 위한 설정값을 지정하고, 학습을 실행하는 코드(file: kaggle_tensorflow_speech_recognition/03_Winners_Code/trainer.py)

```python
se_pretrain = {
    'model_class': SeModel,
    'is_1d': False,
    'reshape_size': 128,
    'BATCH_SIZE': 16,
    'epochs': 50,
    'CODER': 'senet_pretrained',
    'pretraining': True,
    'bagging_num': 1
}

print("pretrain senet.........")
# 테스트 데이터를 기반으로 기학습(pre-trained) 모델을 생성한다.
train_and_predict(se_pretrain, [('mel', preprocess_mel)])

se_config = {
    'model_class': SeModel,
    'is_1d': False,
    'reshape_size': 128,
    'BATCH_SIZE': 16,
    'epochs': 1,
    'CODER': 'senet_finetune',
    'pretrained': 'model/model_senet_pretrained_mel_0.pth'
}

print("train senet.........")
# 기학습 모델에서 1 epoch만큼 fine-tuning을 수행한다.
train_and_predict(se_config, [('mel', preprocess_mel)])
```

fine-tuning 학습에서는 오로지 테스트 데이터만을 사용해 기학습 모델을 생성한 후에, 단 한 번의 epoch에 대해서 훈련 데이터만을 사용해 모델을 학습한다.

trainer.py의 train_and_predict()에서는 모델 학습에 사용하는 데이터셋을 기존의 SpeechDataset이 아닌, PreDataset으로 불러온다.

[코드 3-29] fine-tuning 학습에서는 초기 pretrained 모델을 학습할 때에 테스트 데이터만을 사용하기

```
if pretraining:
    # 기학습 모델 생성을 위하여 테스트 데이터만 불러오는 PreDataset
    traindataset = PreDataset(label_words_dict=label_to_int,
    add_noise=True, preprocess_fun=preprocess_fun, preprocess_
    param=preprocess_param, resize_shape=reshape_size, is_1d=is_1d)
else:
    traindataset = SpeechDataset(..)
```

기학습된 모델은 50 epoch 학습 이후에 'model/model_senet_pretrained_mel_0.pth' 경로에 저장된다. 마지막 fine-tuning 학습에서는 get_model() 함수에서 기학습된 모델 파라미터를 다음과 같이 불러온다.

[코드 3-30] fine-tuning의 경우, 기존에 학습된 VGG 모델의 최상위층 파라미터 외 모든 파라미터를 고정하는 코드

```
def get_model(model=model_class, m=MGPU, pretrained=pretrained):
    mdl = torch.nn.DataParallel(model()) if m else model()
    if not pretrained:
        return mdl
    else:
        print("load pretrained model here...")
        # 기학습된 torch.load()로 모델을 불러온다.
        mdl.load_state_dict(torch.load(pretrained))
        # VGG 모델의 경우, 최상위층 파라미터 외 모든 파라미터를 학습이 안되도록
        requires_grad=False로 지정한다.
        if 'vgg' in pretrained:
            fixed_layers = list(mdl.features)
            for l in fixed_layers:
                for p in l.parameters():
                    p.requires_grad = False
        return mdl
```

fine-tuning 학습은 표현 그대로, 기학습된 모델의 기존 파라미터를 미세하게 조정하는 것이다. 대부분의 경우, learning rate를 작게 설정하거나, fine-tuning에 사용하는 epoch 수를 적게 가지고 간다. VGGNet과 같은 모델에서는 fine-tuning 과정에서 모델 파라미터 전체를 재학습하지 않고, 최상위 계층에 있는 선형 계층 모델 파라미터만을 학습하도록 설정할 수 있다.

fine-tuning 학습을 재현한 결과는 다음과 같다.

[표 3-6] fine-tuning 학습의 캐글 리더보드 점수

모델 _ 전처리	Private 리더보드	Public 리더보드
Senet _ finetune _ mel	0.89827	**0.89035**
VGG1d _ finetue _ raw	**0.89933**	0.88870

놀랍게도, fine-tuning 모델의 학습 결과가 기존의 지도학습, 준 지도학습 모델 학습 결과보다 높다. VGG1d_finetune_raw 단일 모델로도 전체 43등(상위 3%)의 쾌거를 기록할 수 있다.

캐글 업로드

지도학습, 준 지도학습 그리고 fine-tuning 학습의 결과는 다음과 같다.

지도학습의 단일 모델은 Public 리더보드 기준으로 0.86~0.87점을 기록하고, 가중평균을 취한 base_average 모델은 앙상블에 힘을 얻어 0.885점을 기록한다.

[표 3-7] 지도학습과 앙상블의 캐글 리더보드 점수

지도학습	Private 리더보드	Public 리더보드
ResNet _ mel	0.86632	0.86266
ResNet _ mfcc	0.87137	0.85992

지도학습	Private 리더보드	Public 리더보드
DenseNet _ mel	**0.88781**	**0.87883**
DenseNet _ mfcc	0.88194	0.87308
SENet _ mel	0.87231	0.86266
SENet _ mfcc	0.87231	0.86019
VGG2d _ mel	0.88734	0.88240
VGG2d _ mfcc	0.87912	0.87006
VGG1d _ raw	0.87971	0.86567
VGG1d _ mel	0.88077	0.87198
base_average	0.89580	0.88514

준 지도학습은 승자의 코드에서 언급하는 수준의 성능이 나오지 않는다. 0.84~0.85
점 수준으로 낮은 점수를 기록한다. 가중평균을 통한 앙상블을 시도해보아도, 점수
가 개선되지 않는다.

[표 3-8] 준 지도학습의 캐글 리더보드 점수

준 지도학습	Private 리더보드	Public 리더보드
ResNet _ semi _ mel	0.85328	0.84978
ResNet _ semi _ mfcc	**0.85410**	**0.85032**
SENet _ semi _ mel	0.85128	0.84539
SENet _ semi _ mfcc	0.85034	0.84429
VGG2d _ semi _ mel	0.85269	0.84758
VGG2d _ semi _ mfcc	0.85116	0.84512
VGG1d _ semi _ raw	0.85375	0.84950

fine-tuning 학습은 단일 모델 기준 가장 높은 점수 0.89점대를 기록한다.

[표 3-9] fine-tuning 학습의 캐글 리더보드 점수

fine-tuning 학습	Private 리더보드	Public 리더보드
Senet _ finetuning _ mel	0.89827	**0.89035**
VGG1d _ finetuing _ raw	**0.89933**	0.88870

지도학습, 준 지도학습 그리고 fine-tuning 모델 결과물을 모두 앙상블한 final_average 모델의 점수는 준 지도학습 모델의 점수로 인해 0.847점의 낮은 점수를 기록하기에 그친다. 지도학습과 fine-tuning 모델 결과물만 앙상블 할 경우에도 fine-tuning 단일 모델보다 높은 점수를 기록하지 못한다.

[표 3-10] 최종 앙상블의 캐글 리더보드 점수

최종 결과물	Private 리더보드	Public 리더보드
final_average (all)	0.85081	0.84758
final_average (supervised + fine-tuning)	**0.89815**	**0.88870**

독자가 직접 경진대회에 참여하고 있었다면, Public 리더보드 기준으로 가장 높은 점수를 얻은 Senet_Finetuning_mel 모델과 final_average(지도 + fine-tuning) 두 개의 모델을 최종 예측 결과물로 제출하는 것을 권장한다. 그럴 경우, 필자는 전체 1,315팀 중 54등(상위4%)의 엄청난 기록을 남길 수 있다.

요약

텐서플로 음성 인식 경진대회에는 약 1초 길이의 음성 데이터를 12개의 단어로 분류하는 음성 인식 분류 문제가 출제되었다. 구글이 공개한 오픈소스 음성 데이터는 양적 그리고 질적 측면에서 의미 있는 학습기를 만들기에 충분한 데이터이다.

음성 데이터의 길이가 1초로 고정되어 있다는 가정 아래, CNN 계열의 딥러닝 모델이 메인으로 사용되었다. 음성 파형 데이터는 mel 혹은 mfcc 의 2차원 데이터로 전처리되어 ResNet, DenseNet, VGGNet 등의 모델 학습에 사용되었다. 1차원 음성 파형 데이터를 그대로 활용한 모델도 동급 수준의 성능을 보였다.

지도학습 방법에서는 제공된 훈련 데이터 전체를 학습에 사용하고, 준 지도학습 방법에서는 훈련 데이터와 테스트 데이터 일부를 추가하여 학습에 사용하였고, fine-tuning 학습 방법에서는 오로지 테스트 데이터만으로 학습한 기학습 모델을 훈련 데이터로 fine-tuning하였다.

학습 과정에서는 훈련 데이터의 양적 부족함을 보완하기 위하여, 적절한 데이터 어그멘테이션이 실시간으로 적용되었다. 음성 파형의 높이를 조정, 제공된 배경 소음을 랜덤하게 추가, 음성 데이터를 좌우로 평행 이동 등 다양한 실시간 데이터 어그멘테이션을 통해 모델의 성능을 향상 시켰다.

각 학습 방법마다 두 개 이상의 서로 다른 딥러닝 모델을 학습하여 다양성을 확보했다.

학습이 완료된 모델에 가중 평균 앙상블을 취하여 점수 향상을 도모하였으나, 결과적으로는 fine-tuning 단일 모델이 가장 좋은 성능을 기록했으며, 실제로 경진대회에 참여했었더라면 상위 4%에 해당하는 54등의 점수를 기록했을 것이다.

승자의 코드는 경진대회에서 3등을 기록한 Little Boat가 본인의 결과물을 재현할 수 있도록 공개한 것이다. 물론, 딥러닝 모델은 random seed 요인으로 인해 완벽하게 동일한 모델 결과를 재현하기는 어렵지만, 준 지도학습 모델의 구현에 있어서 마이너한 버그가 존재하는 것으로 추측된다(물론, 상위 4%에 해당하는 54등 순위를 기록하는 것만으로도 대단한 것이다).

승자의 코드에서는 안타깝게도 검증 데이터 기반 모델 성능 검증 과정을 수행하지 않는다. 제공된 훈련 데이터를 화자별로 9:1 의 비율로 사전에 훈련 데이터와 검증 데이터를 분리하여 모델의 성능을 검증 데이터를 기반으로 측정할 수 있다. Little Boat는 모델 결과물을 캐글에 제출하여 Publie 리더보드를 기준으로 모델을 검증했던 것으로 보인다.

3.9 승자의 지혜

텐서플로 경진대회 최종 순위 상위 10등 이상을 기록한 승자의 지혜를 간단하게 요약하고자 한다. 대부분의 상위 입상자들은 음성 데이터를 처음 다루어 본 캐글러들이었다. 창의적인 알고리즘 혹은 노하우를 기반으로 상위 순위를 기록했다기 보다는, 높은 성능의 다양한 모델을 구축하여 앙상블을 성공한 팀이 좋은 성적을 거두었다. 물론, 이번 경진대회에 특화된 훈련 데이터와 테스트 데이터 간의 분포의 차이를 줄이는 노력들, 데이터의 레이블 비율의 불균형을 대응하는 트릭, 효과적인 데이터 어그멘테이션 노하우와 트릭들도 순위를 올리는데 큰 역할을 했다.

[표 3-11] 1등 팀 승자의 지혜

분류	내용
순위	1등 (Private LB : 0.91060)
팀명	Heng-Ryan-See * good bug? *
팀 구성원	Heng CherKeng (Kaggle Master), Ryan Sun (Kaggle Master), See— (Kaggle Expert)
교차 검증 전략	n/a
피처 엔지니어링	1. 1D 음성 파형, 로그 멜 스펙트로그램, MFCC 전처리 2. Pseudo Labeling : 기학습된 모델을 기반으로 테스트 데이터를 훈련 데이터의 일부로 활용하는 방법 (Little Boat의 준 지도학습 방법과 동일)
모델 튜닝	Conv 모델
앙상블	30개 모델 앙상블

분류	내용
경진대회 관련 트릭	1. 훈련 데이터의 레이블 분포가 불균형하다. 학습 과정에서 레이블의 분포를 동일하게 배정하는 것만으로 80% 모델을 82%로 개선할 수 있다. 2. 검증 데이터와 테스트 데이터의 분포에 큰 차이가 있다. 훈련/검증 데이터에 존재하지 않는 단어가 테스트 데이터에 존재한다. Pseudo Labeling (준 지도학습) 방법을 통해 테스트 데이터의 분포를 모델에게 학습시키고자 했다.
결과	Heng의 단일 모델은 86% 수준이었고, 다른 팀원들의 단일 모델을 88% 수준이었으나, 앙상블을 통해 91%을 기록했다.
비고	1. 모델 튜닝은 학습 변수 튜닝 〉 데이터 어그멘테이션 〉 모델 네트워크 튜닝 〉 앙상블 튜닝의 순서로 진행했다. 2. 제공된 훈련 데이터로 학습을 수행한 후에, 준 지도학습 방법을 활용하는 것이 좋다. 다음 경진대회에서는 GAN을 사용해 데이터를 보강하고 싶다.

[표 3-12] 2등 팀 승자의 지혜

분류	내용
순위	2등 (Private LB : 0.91048)
팀명	Thomas O'Malley
팀 구성원	Thomas O'Malley (Kaggle Expert)
교차 검증 전략	
피처 엔지니어링	1. 120 log-mel filterbanks 2. 데이터 어그멘테이션 : 시간 조절 (소리를 늘리거나, 빠르게 변형) Vocal Tract Length Perturbation(랜덤하게 음성 데이터의 주파수만을 변형하는 VTLP 기법) 3. 윈도우 기반 볼륨 표준화 : 1초 음성 데이터를 20~50구간으로 분리하여, 구간별 평균으로 표준화하는 방법. 구간을 분리하지 않고 표준화 할 경우보다 2% 성능 개선을 확인.
모델 튜닝	자체 구현한 2D Conv 모델
앙상블	단일 모델 확률의 제곱근을 평균하는 앙상블
경진대회 관련 트릭	
결과	단일 모델로 90.9% 성능, 앙상블로 91%
비고	윈도우 기반 볼륨 표준화와 VTLP 기법은 다른 캐글러들이 언급하지 않았던 효과적인 방법이었다.

[표 3-13] 3등 팀 승자의 지혜

분류	내용
순위	3등 (Private LB : 0.91013)
팀명	Little Boat
팀 구성원	Little Boat (Kaggle GrandMaster)
교차 검증 전략	
피처 엔지니어링	Mel 스펙트로그램, MFCC 전처리 데이터 어그멘테이션 : 볼륨 조절, 시간 조절, 위치 조절, 노이즈 추가 등
모델 튜닝	10개 2D Conv 모델 : ResNet9, SeNet18, DenseNet121, VGG16 1D Conv 모델 : VGG16
앙상블	Public LB 점수 기반 모델별 산술 가중 평균
경진대회 관련 트릭	준 지도학습 : 10개의 Baseline 모델을 기반으로 테스트 데이터의 예측값을 생성한다. 1. 훈련 데이터 전체와 테스트 데이터 20~35%를 epoch마다 학습하는 방법 2. 테스트 데이터 전체를 기반으로 모델을 학습한 후에, 마지막 1 epoch을 훈련 데이터로 fine-tuning 학습하는 방법
결과	지도학습 단일 모델 : 87%~88% 수준 지도학습 앙상블 모델 : 89%~90% 수준 준 지도학습을 추가 앙상블 하여 91% 수준
비고	"승자의 지혜 - 3등 코드"에서 함께 분석한 코드

[표 3-14] 4등 팀 승자의 지혜

분류	내용
순위	4등 (Private LB : 0.90931)
팀명	high five
팀 구성원	Giba (Kaggle GrandMaster), Aleksey Kharlamov (Kaggle Master), Pavel Ostyakov (Kaggle Master), Dmytro Poplavskiy (Kaggle Master), feels_g00d_man (Kaggle Master)
교차 검증 전략	화자기반 훈련/검증 데이터 분리 10-fold

분류	내용
피처 엔지니어링	전처리 : FFT, MFCC, Mel Spectrogram, Chroma FFT, Tempogram, 1D 16,000 파형 데이터 데이터 어그멘테이션 : 피치 조절, 시간 조절, 위치 조절, 랜덤 노이즈 추가 Batch별 균등한 데이터 레이블로 학습
모델 튜닝	2D Conv 모델, RNN 모델
앙상블	1. 딥러닝 모델로 학습한 1차 예측 결과물을 XGBoost, LGBM, Catboost, DNN, RandomForest, ExtraTrees, AdaBoost, KNN 모델로 Stacking 앙상블을 위하여 2계층 모델 구축 2. 다수의 2계층 모델의 결과물을 산술 가중 평균을 통해 최종 결과물 생성
경진대회 관련 트릭	"무음" 특별 처리 : 모델의 예측 확률이 낮은 후보들을 따로 분리하여 mel 스펙트로그램의 powe_level 값이 일정값보다 낮을 경우, 강제로 "silence"로 분류하여 모델 성능을 0.5% 개선
결과	최종 앙상블 : 90.9%
비고	

텐서플로 음성 인식 경진대회 상위권에는 한국인의 이름이 돋보인다. 5등을 기록한 '은주니(ttagu99) & sjv'팀의 ttagu99님과 9등을 기록한 'Gold Gazua'팀의 조석재님과 김일두님이 계신다.

9등을 Gold Gazua팀은 조석재님과 김일두님은 각자 개인으로 경진대회에 참여하여 구축한 모델을, 경진대회 후반에 팀을 맺어 앙상블을 통하여 점수를 끌어올렸다. 조석재님은 캐글 커널[6]에 자신의 승자의 지혜를 공유하였고, 김일두님은 블로그[7]에 승자의 지혜를 자세하게 설명하였다. 간단히 요약하면 다음과 같다.

6   조석재님 캐글 커널 : https://www.kaggle.com/c/tensorflow-speech-recognition-challenge/discussion/47618
7   김일두님 블로그 : http://openresearch.ai/t/ideas-for-9th-kaggle-tensorflow-speech-recognition-challenge/105

[표 3-15] 한국인 선수 2명이 포함된 9등 팀 승자의 지혜

분류	내용
순위	9등(Private LB : 0.90637)
팀명	Gold Gazua
팀 구성원	Sukjae Cho (Kaggle Master), Ildoo Kim (Kaggle Contributor)
교차 검증 전략	화자 기반 훈련/검증 데이터 분리 10-fold
피처 엔지니어링	Mel 스펙트로그램 2차원 변수 데이터 어그멘테이션 : 위치 조절, 노이즈 추가, 피치, 음량, 속도 조절, 시간 조절 등 검증 데이터에서 잘못 분류된 음성 데이터를 직접 들으며, 훈련 데이터에 추가
모델 튜닝	1D Conv 모델, 2D Conv 모델 LeNet, VGG16, InceptionV4, ResNet, DenseNet
앙상블	
경진대회 관련 트릭	고해상도 스펙트로그램 : 캐글 커널에 공유된 주파수 변수를 고해상도로 추출하는 피처 엔지니어링 1~2% 성능 개선
결과	LeNet Baseline (no FE) : 72% VGG16 Baseline (no FE) : 80% VGG16 + DA : 85% InceptionV4 + DA : 86% 2D Conv + DA + HighResSpec : 87~88% 최종 앙상블 : 90.6%
비고	

포르토 세구로
안전 운전자 예측 경진대회

기계 학습으로 개선될 수 없는 기관은 이 세상에 없다.

There is no institution in the world that cannot be improved by machine learning.

_ 제프 베조스(Jeff Bezos)

4.1 경진대회 소개

이번 경진대회는 브라질의 최대 규모 자동차 및 주택 보험 회사인 포르토 세구로에서 주최한 안전 운전자 예측 경진대회(Porto Seguro's Safe Driver Prediction)이다.

[그림 4-1] 경진대회 대표 이미지

주최자	포르토 세구로
총 상금	$ 25,000 (2,500만원)
문제 유형	Binary Classification (이중 클래스 분류)
평가 척도	Normalized Gini Coefficient (정규화 지니 계수)
대회 기간	2017년 9월 30일 ~ 2017년 11월 30일 (총 61일)
대회 참여자	5,169 팀

갓 새차를 구매한 운전자의 들뜬 마음에 찬물을 끼얹는 것은 다름 아닌 보험 청구서 내역이다. 당신히 안전한 운전자일수록, 보험 청구서로 인한 불편함은 더 크게 다가올 뿐이다. 도로에서 몇 년 동안 안전운전을 해온 당신이 그토록 많은 금액을 지불해야 한다는 것은 공평해보이지 않는다.

Nothing ruins the thrill of buying a brand new car more quickly than seeing your new insurance bill. The sting's even more painful when you know you're a good driver. It doesn't seem fair that you have to pay so much if you've been cautious on the road for years.

브라질에서 가장 큰 자동차 및 주택 보험회사인 포르토 세구로(Porto Seguro)는 전적으로 동의한다. 자동차 보험 회사의 부정확한 보험 청구 예측 모델은, 좋은 운전자에게 과다한 금액을 청구하고 나쁜 운전자에게 약소한 금액을 청구한다.

Porto Seguro, one of Brazil's largest auto and homeowner insurance companies, completely agrees. Inaccuracies in car insurance company's claim predictions raise the cost of insurance for good drivers and reduce the price for bad ones.

이번 경진대회에서, 여러분은 운전자가 내년에 자동차 보험 청구를 진행할 확률을 예측하는 모델을 개발하게 된다. 포르토 세구로 사는 지난 20년 간 기계학습을 꾸준히 사용해 왔지만, 캐글 머신러닝 커뮤니티에서 새롭고, 더욱 강력한 기법이 발견되길 기대하고 있다. 보다 정확한 예측 모델은 운전자에게 합리적인 가격을 제공하고, 더 많은 운전자들이 자동차 보험의 혜택을 받을 수 있게 도와줄 것이다.

In this competition, you're challenged to build a model that predicts the probability that a driver will initiate an auto insurance claim in the next year. While Porto Seguro has used machine learning for the past 20 years, they're looking to Kaggle's machine learning community to explore new, more powerful methods. A more accurate prediction will allow them to further tailor their prices, and hopefully make auto insurance coverage more accessible to more drivers.

4.2 경진대회 주최자의 동기

적절한 자동차 보험 가격이란 무엇일까? 운전자들은 혹시 모를 사고를 대비하여, 매달 일정 금액을 자동차 보험이라는 명목으로 보험회사에 지불한다. 보험 없이 사고가 발생하게 될 경우, 부담해야 하는 비용에 비해서는 저렴하지만, 그렇다고 해서 매달 빠져나가는 자동차 보험 비용이 부담스럽지 않을 수 없다. 한편, 자동차 사고가 발생할 경우, 대부분의 비용을 부담해야하는 보험회사 입장에서는 충분한 금액의 보험금을 청구하고 싶지만, 치열한 보험회사 간의 경쟁을 이기기 위해서는 합리적인 가격을 제시하는 경쟁력이 필요하다.

안전하게 운전하는 무사고 운전자는 리스크가 낮기 때문에 적은 금액을 청구하고, 사고의 가능성이 높은 운전자는 리스크가 높은 만큼 충분한 금액을 청구하는 것이 합리적일 것이다. 운전자의 리스크를 잘못 예측하여 안전한 운전자에게 높은 금액의 보험금이 청구되어, 보험 회사는 좋은 고객을 잃게 된다. 반대로, 리스크가 높은 운전자에게 적은 금액의 보험금을 청구한다면 사고 발생 시 회사의 경제적 부담이 높아지게 된다.

브라질 최대 규모의 자동차 및 주택 보험 회사인 포르토 세구로 사(Porto Seguro)는 보다 정확한 안전 운전자 예측 모델을 통하여 자사 고객에게 합리적인 보험금을 청구하고자 노력하고 있다. 이번 경진대회에 사용된 데이터는 철저하게 익명화된 포르토 세구로 고객 데이터로 간주된다. 60만 명의 고객 데이터를 기반으로 얼마나 정교한 예측 모델이 개발될지 기대가 된다.

4.3 평가 척도

[정규화 지니 계수][1]

지니 계수(Gini Coefficient)는 불균형의 정도를 나타내는 통계학적 지수로, 이탈리아 통계학자인 코라도 지니(Corrado Gini)가 1912년 발표한 논문 'Variabilita e

---

1   코드 참조 : https://www.kaggle.com/batzner/gini-coefficient-an-intuitive-explanation/notebook

mutabilita'에서 처음 소개되었다. 해당 지표는 경제 분야에서 소득격차별 부의 불균형의 정도를 나타내는데 대표적으로 사용된다.

모든 경제 인구를 소득순으로 정렬한 후에, 그들의 누적 소득의 합을 그린 그래프를 로렌츠 곡선(Lorenz Curve)이라고 한다([그림 4-2] 참조).

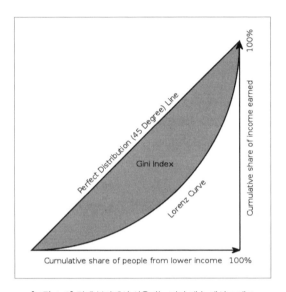

[그림 4-2] 경제 분야에서 사용되는 지니 계수 예시 그래프

모든 경제 인구에게 소득이 균등하게 배분되었을 경우 45도의 직선이 그려지지만, 현실에서는 부의 불균형으로 인해 로렌츠 곡선과 같은 아래로 볼록한 곡선을 따르게 된다. 지니 계수는 회색 Gini Index의 면적을 삼각형 전체의 면적으로 나눈 값을 의미한다. 즉, 부의 불균형이 높을 수록, 회색 Gini Index 영역은 더 커지고, 그에 따라 지니 계수 또한 높아질 것이다.

이번에는 경제적인 요소를 배제하고, 지니 계수가 무엇을 의미하는지 함께 이해해보자. 아래와 같이 15개 데이터에 대한 예측값과 정답값을 임의로 정의한다.

```
# Prediction (예측)
predictions = [0.9, 0.3, 0.8, 0.75, 0.65, 0.6, 0.78, 0.7, 0.05, 0.4, 0.4,
0.05, 0.5, 0.1, 0.1]
# Actual (정답)
actual = [1, 1, 1, 1, 1, 1, 0, 0, 0, 0, 0, 0, 0, 0, 0]
```

파이썬으로 구현된 지니 계수 함수를 사용한다.

[코드 4-1] 지니 계수를 계산하는 파이썬 함수

```
def gini(actual, pred):
    assert (len(actual) == len(pred))
    all = np.asarray(np.c_[actual, pred, np.arange(len(actual))],
    dtype=np.float)
    all = all[np.lexsort((all[:, 2], -1 * all[:, 1]))]
    totalLosses = all[:, 0].sum()
    giniSum = all[:, 0].cumsum().sum() / totalLosses

    giniSum -= (len(actual) + 1) / 2.
    return giniSum / len(actual)

def gini_normalized(actual, pred):
    return gini(actual, pred) / gini(actual, actual)
```

위 예측값에 대한 실제 지니 계수, 최대 지니 계수, 정규화 지니 계수 값을 구한다.

[코드 4-2] 지니 계수 정답값

```
gini_predictions = gini(actual, predictions)
gini_max = gini(actual, actual)
ngini= gini_normalized(actual, predictions)

print('Gini: %.3f, Max. Gini: %.3f, Normalized Gini: %.3f' % (gini_
predictions, gini_max, ngini))

# 결과값
```

```
> Gini: 0.189, Max. Gini: 0.300, Normalized Gini: 0.630
```

어떻게 지니 계수 0.189와 정규화 지니 계수 0.630을 얻게 되었는지 함께 살펴보자.

앞서 정의한 정답값을 예측값의 오름차순으로 정렬한다. 예측이 완벽하지 않기 때문에 정답값 0과 1이 섞여 있는 것을 확인할 수 있다.

[코드 4-3] 정답값을 예측값의 오름차순으로 정렬하는 코드

```
data = zip(actual, predictions)
sorted_data = sorted(data, key=lambda d: d[1])
sorted_actual = [d[0] for d in sorted_data]
print('Sorted Actual Values', sorted_actual)

# 예측값의 오름차순으로 정렬된 정답
> Sorted Actual Values [0, 0, 0, 0, 1, 0, 0, 0, 1, 1, 0, 1, 0, 1, 1]
```

정렬된 정답값의 누적 합을 그래프로 표시하면 [그림 4-3]과 같은 그림을 얻는다.

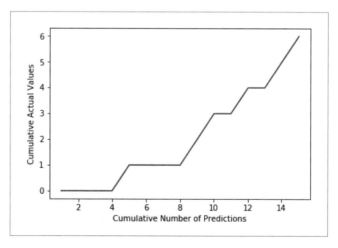

[그림 4-3] 예측값 오름차순으로 정렬된 정답값의 누적 합 추이 그래프

이는 [그림 4-2]의 로렌츠 곡선에 해당한다.

그래프의 X, Y축을 정규화한 후, 그래프 양끝 지점을 잇는 45도 직선을 그리고, 삼각형 하단 영역을 다음과 같이 색칠한다.

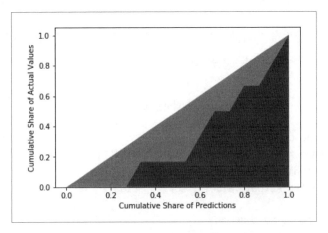

[그림 4-4] 샘플 데이터에 대한 로렌츠 곡선

[그림 4-2]에 따르면, [그림 4-4]의 옅은 회색 영역이 Gini Index에 해당한다. 실제로 정규화된 옅은 회색 영역의 면적을 구해보면 0.189를 얻는다. 이 값은 [코드 4-2]에서 계산된 지니 계수 값과 동일하다.

만약 예측 모델이 100%의 정확도를 보였다면, 로렌츠 곡선은 다음과 같이 그려진다.

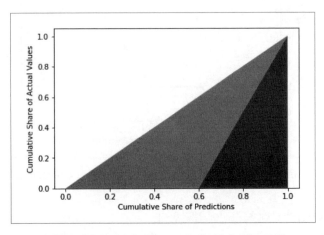

[그림 4-5] 예측 모델의 정확도가 100%일 경우의 로렌츠 곡선

이때, 옅은 회색 영역의 면적은 0.300이다. 앞서 [코드 4-2]에서 계산된 최대 지니 계수 값이다.

지니 계수를 최대 지니 계수로 나누면, 정규화 지니 계수 값을 얻을 수 있다 :

```
# 지니 계수 / 최대 지니 계수 = 정규화 지니 계수
 0.189 / 0.300 = 0.630
```

지니 계수는 예측값들의 상대적 순서를 기준으로 점수를 계산한다. 그러므로, 예측된 확률값의 크기 혹은 예측값들 간의 상대적 점수 격차는 고려되지 않는다. 자동차 보험 청구를 할 확률이 낮은 고객부터 확률이 높은 고객 순서로 정렬을 한 후, 위 예시와 같이 옅은 회색 영역의 면적을 통하여 정규화된 지니 계수를 얻는다.

정규화 지니 계수는 0에 가까울수록, 예측 모델의 정확도가 낮다는 의미이며 1에 가까울수록 성능이 좋음을 의미한다.

이번 경진대회는 **운전자 A가 내년에 보험을 청구할 확률**을 예측하는 경진대회이다. 학습 데이터는 총 59만, 테스트 데이터는 총89만개의 운전자 데이터를 포함한다. 각 운전자 데이터마다 익명화된 변수 58개를 제공한다.

[그림 4-2]는 캐글 제출 파일의 예시이다.

```
id,target
0,0.1
1,0.9
2,1.0
etc.
```

[그림 4-6] 캐글에 제출해야하는 파일의 예시 : 운전자 식별 번호를 나타내는 id변수와 보험 청구 확률 target에 대한 예측값을 제출한다.

이번 경진대회에서 1등을 기록한 'Michael jahrer' 팀의 Private 리더보드 기준 정규화 지니 계수는 0.29698점이다.

4.4 주요 접근

이번 경진대회에서는 테이블형 데이터를 다루는 경진대회의 표본과 같이 고도의 피처 엔지니어링과 Gradient Boosting Decision Tree 라이브러리의 대표급인 LightGBM을 사용한다.

리더보드 순위를 올리기 위해서 케라스 기반의 인공 신경망 모델을 학습하여 모델에 다양성을 보태준다.

피처 엔지니어링 과정에서 XGBoost 모델을 사용한다는 것이 이번 경진대회 승자의 코드의 차별화이다.

파이썬 버전	3.6.10
모델 라이브러리	Keras==2.1.1, lightgbm==2.0.10, xgboost==0.6a2

데이터

이번 경진대회 데이터는 철저하게 익명화되어 있다. 각 변수가 무엇을 의미하는지 알 수 없으며, 변수 간의 관계 또한 알 수 없다. 변수의 값이 높은 것인지 낮은 것인지 조차 알 수 없고, 단순히 숫자만이 주어질 뿐이다.

탐색적 데이터 분석 과정을 통해서 각 변수와 데이터의 분포를 분석한다. 훈련 데이터와 테스트 데이터의 분포를 비교하여 효과적인 내부 교차 검증 프로세스를 구축하는데 참조한다.

피처 엔지니어링

이번 경진대회는 피처 엔지니어링이 핵심이다. 올바른 피처 엔지니어링을 수행한다면, 단일 LightGBM 모델만으로도 상위 10%를 기록할 수 있다.

익명화된 데이터인 만큼 파생 변수 생성과 선별 과정은 철저히 실험 기반으로 수행하는 것을 권장한다. 변인을 최대한 줄인 상태에서 다양한 피처 엔지니어링을 수행하고, 결과가 좋으면 채택하고, 결과가 악화되면 사용하지 않으면 된다.

승자의 코드에서는 엄청난 실험량을 바탕으로 선별한 최적의 피처 엔지니어링들이 나열되어 있다. 결측값의 개수를 기반으로 파생 변수를 생성하고, 범주형 변수를 OneHotEncode하여 새로운 변수를 생성한다. 특정 변수 그룹을 문자열로 통합하여 변수 그룹 내 조합을 나타내는 새로운 변수를 생성한다. 전체 데이터에서 변수 고유값별 빈도 등의 기초 통계값을 파생 변수로도 사용한다.

안타깝게도 승자의 코드에서는 이런 다양한 파생 변수들이 어떠한 실험 과정을 바탕으로 선정되었는지는 명시하지 않는다. 시간과 열정이 있다면, 승자의 코드에 있는 피처 엔지니어링을 하나씩 기본 모델에 추가하며 직접 실험을 진행해보는 것을 추천한다.

모델

LightGBM을 사용한다. 테이블형 데이터 학습에 최적화된 GBDT 라이브러리 (XGBoost, LightGBM, CatBoost) 중 대표격이며, 무엇보다 학습 속도가 빠르다는 이점이 있다.

앙상블

승자의 코드에서는 케라스 기반의 인공 신경망 모델을 추가로 학습한다. 단일 모델로는 인공 신경망 모델의 성능을 우수하지 않지만, LightGBM 모델과 앙상블을 수행할때에 큰 성능 개선을 보인다. 모델의 다양성을 통해 점수 개선을 이루는 앙상블에 좋은 예시이다.

4.5 데이터 준비하기

데이터 다운로드하기

1. **캐글 홈페이지 회원가입하기** : 경진대회 데이터를 다운로드하려면, 캐글 홈페이지에서 회원가입을 완료하고, 포르토 세구로 안전 운전자 예측 경진대회 페이지에서 'Rules'의 약관에 동의해야 한다.

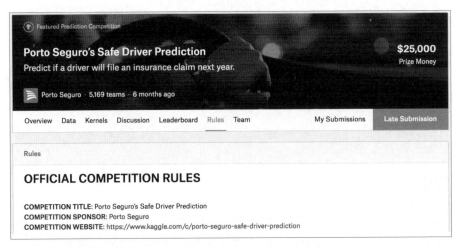

[그림 4-7] 포르토 세구로 안전 운전자 예측 경진대회 약관 동의 탭

2. **약관 동의하기** : 약관 동의 탭 가장 하단에 [Rules acceptance] 박스에 있는 버튼 <I Understand and Accept>를 누르면, 아래와 같이 약관 동의가 완료된다.

약관 동의 버튼을 눌러서, 약관에 동의한다.

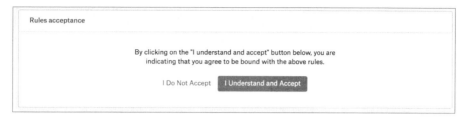

[그림 4-8] 경진대회 약관 동의 버튼

약관 동의가 완료되면 "Rules acceptance" 박스가 다음과 같이 바뀐다.

[그림 4-9] 경진대회 약관 동의 완료

3. **kaggle API 설치하기** : 경진대회에 필요한 데이터는 kaggle API를 통해서 터미널에서 직접 다운로드한다.

기본적인 파이썬 설치가 완료된 터미널에서 아래 명령어를 통해 kaggle API (필자는 v1.0.5를 설치하였다)를 설치한다.

```
pip install kaggle
```

4. **kaggle API에 API 키 등록하기** : kaggle API를 사용하기 위해서는 먼저 API 키를 등록해야 한다. 회원 가입한 계정으로 로그인하여 우측 상단의 프로필 사진을 클릭하여 'My Profile' 프로필 페이지에 접속한다.

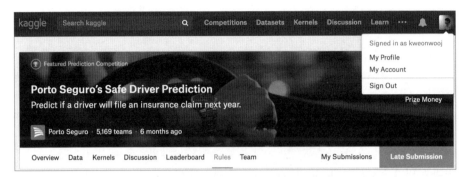

[그림 4-10] 캐글 홈페이지에서 프로필 보는 방법

프로필 페이지에서 'Account'를 클릭한 후, Account 페이지 중간에 보이는 <Create API Token> 버튼을 누르면, 자동으로 'kaggle.json' 파일이 다운로드가 진행된다. 다운로드한 'kaggle.json' 파일을 ~/.kaggle/kaggle.json 경로로 옮긴다. 윈도우에서는, C:\Users\<Windows-username>\.kaggle\kaggle.json 경로에 해당한다.

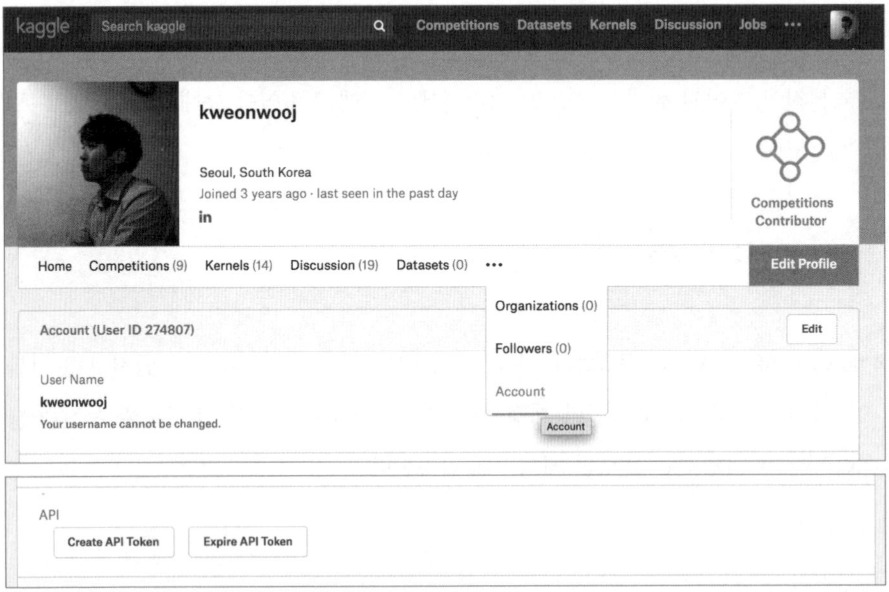

[그림 4-11] 캐글 홈페이지 프로필 영역

다음 명령어를 통해 경진대회에 필요한 훈련 데이터, 테스트 데이터 그리고 캐글 제출용 파일 샘플을 다운로드한다.

```
kaggle competitions download -c porto-seguro-safe-driver-prediction
```

경진대회 데이터는 "kaggle.json" 파일이 위치한 경로의, 새롭게 생성되는 competitions 파일 아래 자동으로 다운로드된다.

이번 경진대회 코드를 실행하기 위해서는 파이썬 2.7.x 혹은 3.6.x를 설치한 후, pip install –r kaggle_porto–seguro–safe–driver–prediction/requirements.txt 명령어를 통해 필요한 라이브러리를 먼저 설치한다.

4.6 탐색적 데이터 분석

이번 경진대회에서 제공하는 데이터를 함께 살펴보자.

탐색적 데이터 분석 소스코드는 kaggle_porto–seguro–safe–driver–prediction /01_EDA/EDA.ipynb 를 참조하자.

데이터 구조

훈련 데이터 train.7z와 테스트 데이터 test.7z는 7zip 형태로 압축되었으며, 용량은 각 17MB, 25MB 이다. 압축을 풀면 다음과 같이 두 개의 csv 파일이 생성된다.

```
# train
111MB train.csv
```

```
# test
165MB test.csv
```

압축을 해제한 훈련 및 테스트 데이터의 용량은 각각 111MB, 165MB로, 캐글 경진 대회 중에서는 데이터 크기가 작은 편이다.

기초 통계로 데이터 살펴보기

훈련 데이터를 다음과 같이 읽어온 후, 데이터의 크기를 확인한다.

[코드 4-4] 데이터 읽어오기

```
import pandas as pd
import numpy as np

trn = pd.read_csv('data/train.csv', na_values=['-1','-1.0'])
tst = pd.read_csv('data/test.csv', na_values=['-1','-1.0'])

print(trn.shape, tst.shape)
> (595212, 59) (892816, 58)
```

훈련 데이터에는 59만 명의 운전자에 관련한 데이터가 포함되어 있으며, 머신러닝 모델을 학습하기에 아주 부족한 수준은 아니다. 테스트 데이터에는 89만 명 가량의 운전과 관련 데이터가 포함되어 있다.

테스트 데이터에는 운전자의 보험 청구 여부를 나타내는 'target' 변수를 포함하고 있지 않아서, 훈련 데이터보다 변수가 하나 적은 58개이다.

다음은, .head()와 .info()를 통해 데이터를 살펴보자.

232

```
trn.head()
```

	id	target	ps_ind_01	ps_ind_02_cat	ps_ind_03	ps_ind_04_cat	ps_ind_05_cat	ps_ind_06_bin	ps_ind_07_bin	ps_ind_08_bin	...
0	7	0	2	2.0	5	1.0	0.0	0	1	0	...
1	9	0	1	1.0	7	0.0	0.0	0	0	1	...
2	13	0	5	4.0	9	1.0	0.0	0	0	1	...
3	16	0	0	1.0	2	0.0	0.0	1	0	0	...
4	17	0	0	2.0	0	1.0	0.0	1	0	0	...

5 rows × 59 columns

[그림 4-12] .head()를 통해 데이터의 첫 5줄을 확인한다.

.head()를 통해 데이터 일부를 직접 눈으로 확인해본 결과, 대부분의 변수가 수치형이며 변수명이 'ps_ind_..' 형태로 익명화되어 있음을 확인할 수 있다.

```
trn.info()
<class 'pandas.core.frame.DataFrame'>
RangeIndex: 595212 entries, 0 to 595211
Data columns (total 59 columns):
id                 595212 non-null int64
target             595212 non-null int64
ps_ind_01          595212 non-null int64
ps_ind_02_cat      594996 non-null float64
ps_ind_03          595212 non-null int64
ps_ind_04_cat      595129 non-null float64
ps_ind_05_cat      589403 non-null float64
ps_ind_06_bin      595212 non-null int64
ps_ind_07_bin      595212 non-null int64
ps_ind_08_bin      595212 non-null int64
ps_ind_09_bin      595212 non-null int64
ps_ind_10_bin      595212 non-null int64
ps_ind_11_bin      595212 non-null int64
ps_ind_12_bin      595212 non-null int64
ps_ind_13_bin      595212 non-null int64
ps_ind_14          595212 non-null int64
ps_ind_15          595212 non-null int64
```

[그림 4-13] .info()를 통해 데이터프레임에 대한 메타정보를 확인한다.

.info()를 통해 전체 데이터의 변수명과 데이터 타입을 확인해본 결과, 모든 변수가 익명화되어 있고, 데이터 타입은 int64, float64로 통일되어 있다. 경진대회 주최 측에서 고객의 개인정보 보호를 위하여 철저하게 익명화한 것으로 파악된다.

익명화된 변수명을 통해 변수의 형태를 짐작할 수 있다. '_bin'로 끝나는 변수는 이진(binary) 변수이고, '_cat'로 끝나는 변수는 범주형(categorical) 변수라는 것이다. '-1' 값은 결측값을 의미하며, 데이터를 불러오는 과정에서 NaN으로 지정한 결과, 몇몇 변수에서 결측값을 발견할 수 있다.

이번 경진대회에서 예측해야 할 타겟 변수 ('target')의 분포를 살펴보자.

```
np.unique(trn['target'])
array([0, 1])

1.0 * sum(trn['target'])/trn.shape[0]
0.036447517859182946
```

[그림 4-14] 타겟 변수(target)의 고유값과 분포를 계산한다.

타겟 변수의 고유값은 보험 청구 여부를 나타내는 [0, 1] 중 하나의 값을 가지는 이진 변수이며, 전체 데이터 중 3.6%의 운전자가 보험 청구를 진행했다. 문제 특성상, 타겟 변수가 1일 확률이 매우 낮은 불균형한 데이터이다.

시각화로 데이터 살펴보기

이번에는 시각화를 통하여 데이터를 더 자세히 살펴보려고 한다. 데이터 시각화를 위하여 파이썬 라이브러리 matplotlib와 seaborn을 사용한다.

Jupyter Notebook에서 시각화를 하기 위해서는 그래프를 Notebook 내부에 출력하도록 다음과 같이 설정해야 한다.

```
import matplotlib
import matplotlib.pyplot as plt
# Jupyter Notebook 내부에 그래프를 출력하도록 설정
%matplotlib inline
import seaborn as sns
```

다음 코드를 사용하여 각 변수에 대하여 막대 그래프(Histogram)를 그려본다.

익명화된 변수를 데이터 타입 기준으로 이진 변수, 범주형 변수, 정수형 변수, 소수형 변수 이렇게 4개의 그룹으로 나눌 수 있다 :

```
binary = ['ps_ind_06_bin', 'ps_ind_07_bin', 'ps_ind_08_bin',
    'ps_ind_09_bin', 'ps_ind_10_bin', 'ps_ind_11_bin',
    'ps_ind_12_bin', 'ps_ind_13_bin', 'ps_ind_16_bin',
    'ps_ind_17_bin', 'ps_ind_18_bin', 'ps_calc_15_bin',
    'ps_calc_16_bin', 'ps_calc_17_bin', 'ps_calc_18_bin',
    'ps_calc_19_bin', 'ps_calc_20_bin']
category = ['ps_ind_02_cat', 'ps_ind_04_cat', 'ps_ind_05_cat',
        'ps_car_01_cat', 'ps_car_02_cat', 'ps_car_03_cat',
            'ps_car_04_cat', 'ps_car_05_cat', 'ps_car_06_cat',
        'ps_car_07_cat', 'ps_car_08_cat', 'ps_car_09_cat',
            'ps_car_10_cat', 'ps_car_11_cat']
integer = ['ps_ind_01', 'ps_ind_03', 'ps_ind_14', 'ps_ind_15',
        'ps_calc_04', 'ps_calc_05', 'ps_calc_06',
        'ps_calc_07', 'ps_calc_08', 'ps_calc_09',
        'ps_calc_10', 'ps_calc_11', 'ps_calc_12',
        'ps_calc_13', 'ps_calc_14', 'ps_car_11']
floats = ['ps_reg_01', 'ps_reg_02', 'ps_reg_03', 'ps_calc_01',
    'ps_calc_02', 'ps_calc_03', 'ps_car_12', 'ps_car_13',
    'ps_car_14', 'ps_car_15']
```

단일 변수 히스토그램

데이터 시각화를 위하여 훈련 데이터와 테스트 데이터를 단일 데이터로 통합한다.

[코드 4-5] 변수별 히스토그램을 시각화하기

```
# 테스트 데이터의 'target' 변수를 결측값으로 설정한다.
tst['target'] = np.nan

# 훈련 데이터와 테스트 데이터를 통합한 새로운 데이터(df)를 생성한다.
df = pd.concat([trn, tst], axis=0)
```

```
# 히스토그램 그래프 시각화를 위한 함수
def bar_plot(col, data, hue=None):
    f, ax = plt.subplots(figsize=(10, 5))
    sns.countplot(x=col, hue=hue, data=data, alpha=0.5)
    plt.show()

def dist_plot(col, data):
    f, ax = plt.subplots(figsize=(10, 5))
    sns.distplot(data[col].dropna(), kde=False, bins=10)
    plt.show()

# 이진 변수, 범주형 변수 그리고 정수형 변수를 시각화한다.
for col in binary + category + integer:
    bar_plot(col, df)

# 소수형 변수를 시각화한다.
for col in floats:
    dist_plot(col, df)
```

앞선 코드를 Jupyter notebook에서 실행하면 훈련 데이터와 테스트 데이터를 통합한 총 148만 개의 데이터에 대한 총 57개의 그래프가 생성된다. 그 중 일부 그래프를 선별하여 함께 분석해보고자 한다.

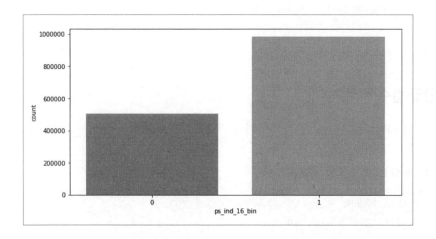

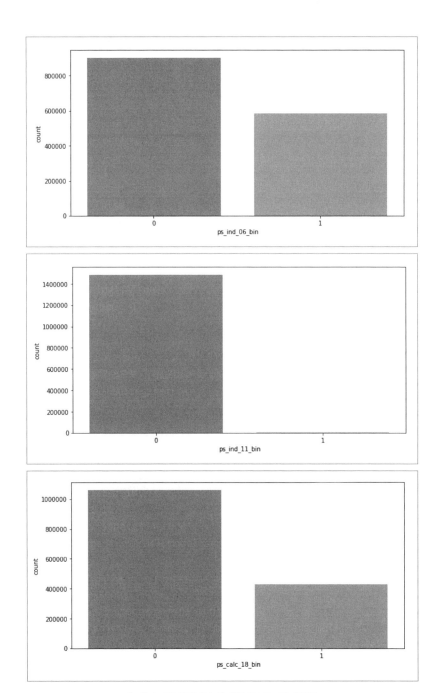

[그림 4-15] 이진 변수에 대한 히스토그램 시각화

임의로 선별한 4개의 이진 변수 (ps_ind_16_bin, ps_ind_06_bin, ps_ind_11_bin, ps_calc_18_bin)에 대한 히스토그램을 확인해 본 결과, 이진 변수의 분포에서 확연한 차이를 볼 수 있다. ps_ind_11_bin의 경우, 0의 빈도가 압도적으로 많은 편이고, 그 외 변수는 0과 1의 균형이 조금 더 잡혀있는 변수임을 확인할 수 있다.

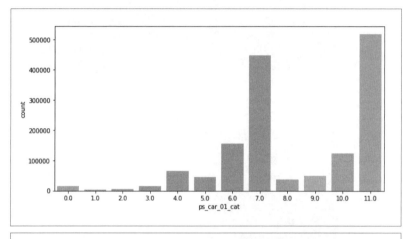

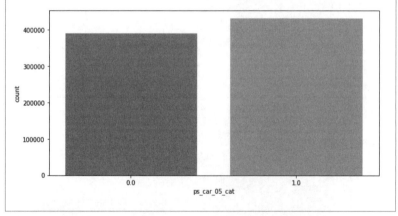

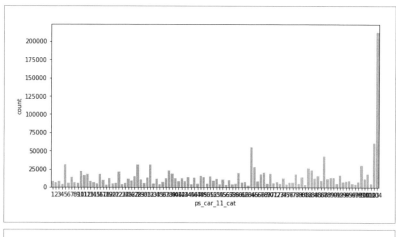

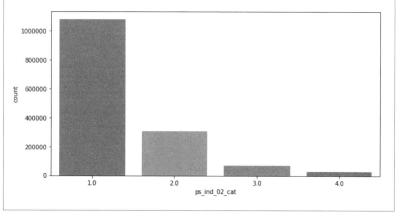

[그림 4-16] 범주형 변수에 대한 히스토그램 시각화

4개의 범주형 변수(ps_car_01_cat, ps_car_05_cat, ps_car_11_cat, ps_ind_02_cat)에 대한 히스토그램을 확인해 본 결과, 범주형 변수의 고유값이 적게는 2개부터 100개 이상까지 존재한다. ps_car_01_cat의 경우, 총 12개의 고유값 중 7.0과 11.0 값의 빈도가 높게 나온다. ps_ind_02_cat의 경우, 1.0 값이 가장 빈도가 높으며, 이후 빈도는 계속 줄어든다.

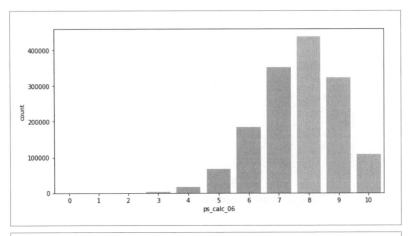

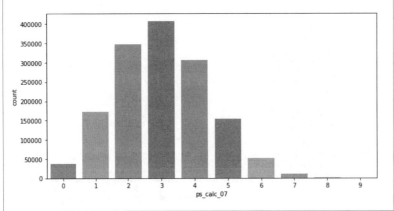

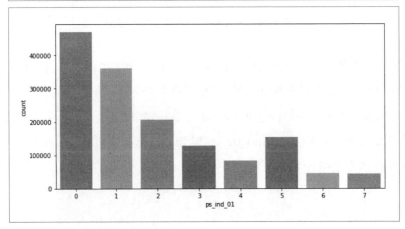

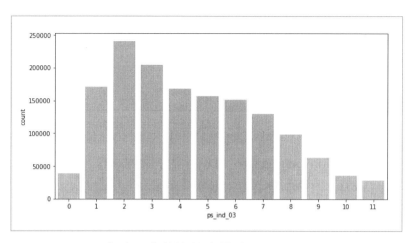

[그림 4-17] 정수형 변수에 대한 히스토그램 시각화

4개의 정수형 변수(ps_calc_06, ps_calc_07, ps_ind_01, ps_ind_03)에서 ps_calc_06과 ps_calc_07 변수를 정규 분포와 같은 분포를 보인다. 그 외 ps_ind_01, ps_ind_03은 한쪽으로 쏠려 있는 분포를 보이고 있다.

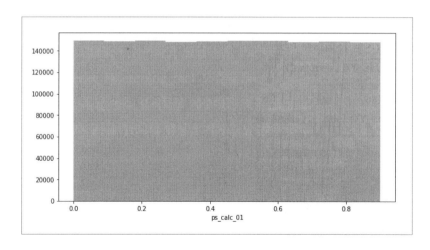

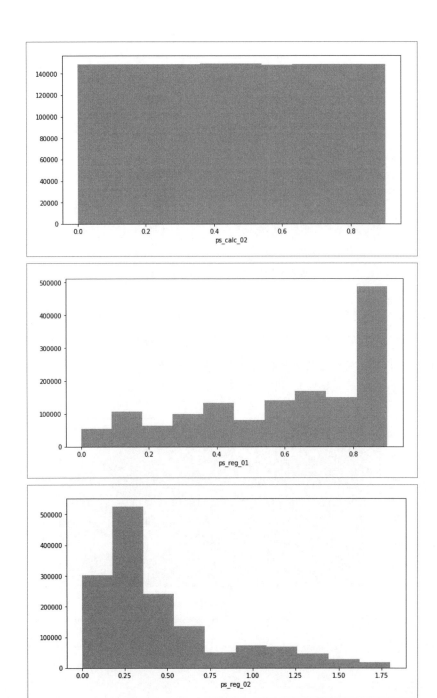

[그림 4-18] 소수형 변수에 대한 히스토그램 시각화

4개의 소수형 변수 (ps_calc_01, ps_calc_02, ps_reg_01, ps_reg_02)에서 두 변수 (ps_calc_01, ps_calc_02)는 균등 분포를 보이고 있다. 그 외 ps_reg_01, ps_reg_02 변수는 한쪽으로 쏠려 있는 분포를 보인다.

모든 변수가 익명화되어 있기 때문에, 변수의 분포 및 빈도 시각화만으로 데이터를 깊이 있게 이해하기에는 한계가 있다. 물론, 익명화된 변수 중에서도 ind, car, calc, reg 와 같이 변수명이 그룹화되어 있기 때문에, 군집별 분석을 수행할 수도 있을 것이다.

변수 간 상관관계

다음은 변수 간 상관관계를 시각화해보고자 한다. 다수의 익명화된 변수가 경진대회 데이터로 제공될 경우, 모든 데이터가 모델 학습에 유의미하지 않을 수 있다. 특히, 상관관계가 너무 높은 두 변수를 하나의 모델에 넣는 것은 지양한다.

[코드 4-6] 변수 간 상관관계 HeatMap을 시각화하는 코드

```
# 전체 변수에 대한 상관관계 heatmap 그래프 시각화
corr = df.corr()

cmap = sns.color_palette("Blues")
f, ax = plt.subplots(figsize=(10, 7))
sns.heatmap(corr, cmap=cmap)

# 일부 변수만 추출
features = ['ps_ind_06_bin', 'ps_ind_07_bin', 'ps_ind_08_bin',
  'ps_ind_09_bin', 'ps_ind_12_bin', 'ps_ind_13_bin',
  'ps_ind_16_bin', 'ps_ind_17_bin', 'ps_ind_18_bin',
  'ps_ind_02_cat', 'ps_ind_04_cat', 'ps_ind_05_cat',
  'ps_car_01_cat', 'ps_car_02_cat', 'ps_car_03_cat',
  'ps_car_04_cat', 'ps_car_05_cat', 'ps_car_06_cat',
  'ps_car_07_cat', 'ps_car_08_cat', 'ps_car_09_cat',
  'ps_car_11_cat', 'ps_ind_01', 'ps_ind_03', 'ps_ind_14',
  'ps_ind_15', 'ps_car_11', 'ps_reg_01', 'ps_reg_02',
  'ps_reg_03', 'ps_car_12', 'ps_car_13', 'ps_car_14',
  'ps_car_15']
```

```
# 일부 변수에 대한 상관관계 heatmap 그래프 시각화
corr_sub = df[features].corr()
f, ax = plt.subplots(figsize=(10, 7))
sns.heatmap(corr_sub, cmap=cmap)
```

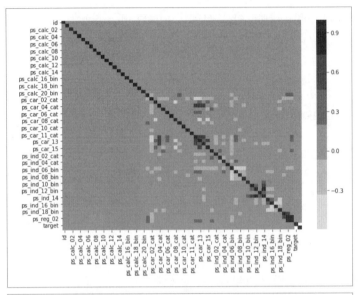

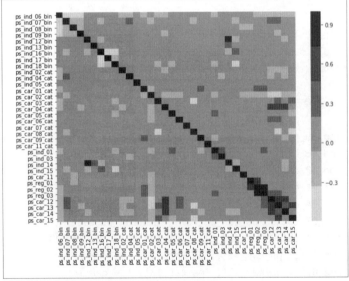

[그림 4-19] 전체 변수에 대한 상관관계 HeatMap 그래프

전체 변수에 대한 상관관계 HeatMap 시각화 결과, 대부분의 변수들이 상관관계가 매우 낮음을 확인할 수 있다. 일부 변수를 선별하여 상관관계 HeatMap 그래프를 그려본 결과, ps_ind_14와 ps_ind_12_bin 두 변수가 0.89의 높은 상관관계를 보유하고 있는 것을 확인할 수 있다. 그 외 일부 변수는 0.5~0.6 수준의 상관관계를 가진다.

일반적으로 0.95 이상의 상관관계를 가질 경우, 변수 하나를 제거한다. 이번 데이터에서는 최고 0.89 수준의 상관관계이기에, 별도로 제거하지 않고 진행하도록 한다.

단일 변수 vs 타겟 변수

앞선 단일 변수 히스토그램 시각화는 변수의 분포를 이해하는 게 가장 큰 목적이었다. 다음은 단일 변수의 고유값별로 타겟 변수의 비율을 시각화해보자. '단일 변수 vs 타겟 변수' 비율에 대한 시각화는 변수들의 예측 능력을 가늠하기 위한 시각화이다. 변수 예측 능력의 통계적 유효성을 확인하기 위하여, 변수의 고유값별로 95%의 신뢰구간을 함께 시각화한다.

[코드 4-7] 변수의 고유값별 타겟 변수에 대한 비율을 시각화하는 코드

```
# 단일 변수 vs 타겟 변수 시각화를 위한 함수
def bar_plot_ci(col, data):
    f, ax = plt.subplots(figsize=(10, 5))
    sns.barplot(x=col, y='target', data=data)
    plt.show()

# 이진 변수, 범주형 변수 그리고 정수형 변수를 시각화한다.
for col in binary + category + integer:
    bar_plot_ci(col, df)
```

전체 데이터 기준 타겟 변수의 비율은 3.6%이다. 이 점을 감안하며 함께 분석해보자. 막대 그래프 중간에 그려진 검정색 직선은 95% 신뢰 구간을 의미한다.

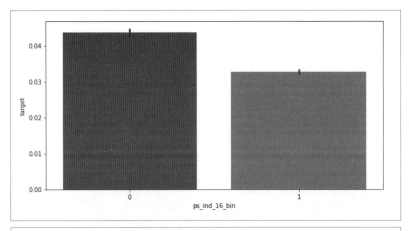

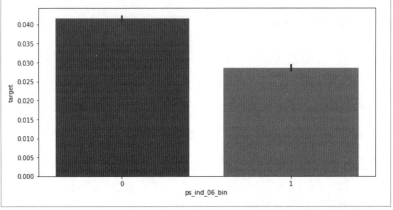

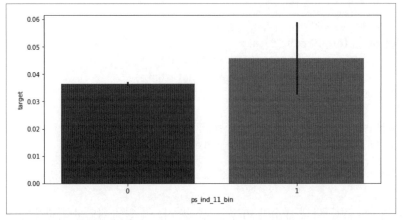

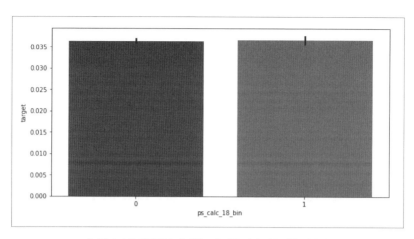

[그림 4-20] 이진 변수에 대한 고유값별 타겟 변수 비율 시각화

ps_ind_16_bin, ps_ind_06_bin 두 변수는 이진 변수의 값에 따라 타겟 변수의 비율이 다르다. 통계적 유효성을 충분히 지닌 두 변수는 모델링 관점에서 유용한 변수라고 할 수 있다. 반면, ps_ind_11_bin은 평균값 기준으로는 타겟 변수의 비율이 유의미하게 달라 보이지만, 통계적 유효성이 없다. ps_calc_18_bin은 평균 타겟 비율에서 큰 차이를 찾기 어려우며, 이는 변수로써의 예측 능력이 낮음을 의미한다.

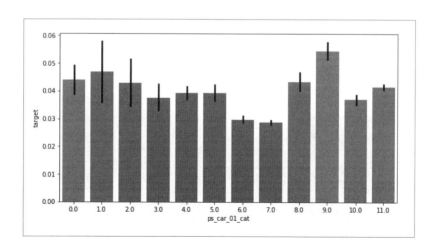

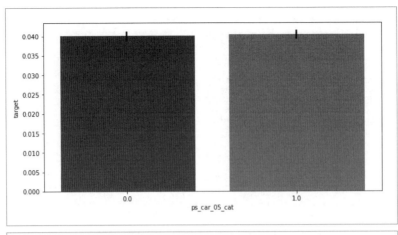

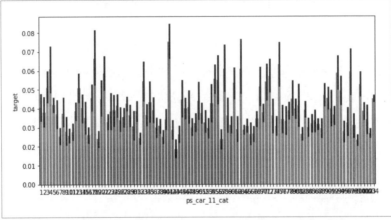

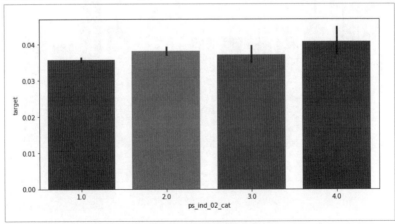

[그림 4-21] 범주형 변수에 대한 고유값별 타겟 변수 비율 시각화

ps_car_01_cat 변수는 단순 히스토그램 분포와는 달리 7.0과 11.0에서 타겟 비율이 상대적으로 낮은 편이다. 1.0, 2.0등의 타겟 비율의 95% 신뢰 구간이 넓어 변수로써 의 예측 능력이 월등하지는 않지만, 최소한 6.0, 7.0과는 통계적으로 유의미한 차이 를 보인다. ps_car_11_cat의 경우, 104개의 고유값이 0.02~0.08의 큰 범위의 타겟 비율을 보인다. 해당 변수도 어느 정도 예측력을 가진 변수로 보인다.

ps_car_05_cat과 ps_ind_02_cat은 통계적으로 유효한 차이를 찾기 어렵다.

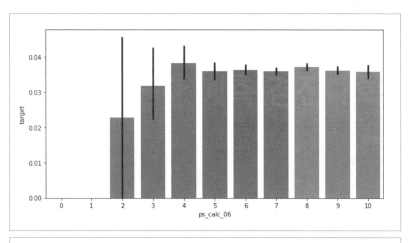

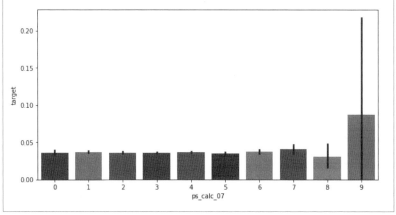

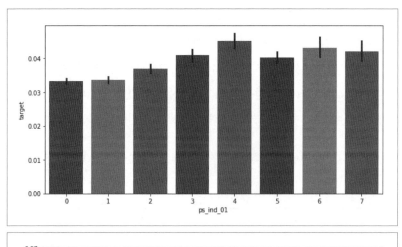

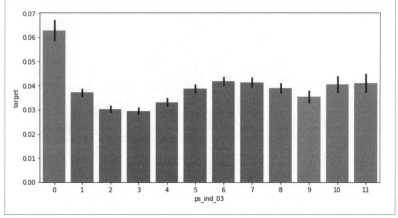

[그림 4-22] 정수형 변수에 대한 고유값별 타겟 변수 비율 시각화

ps_calc_06, ps_calc_07 두 변수는 특정 값에서의 타겟 비율의 95% 신뢰 구간이 너무 광범위하여 변수로써의 예측 능력이 많이 떨어진다. ps_ind_01, ps_ind_03 두 변수는 고유값별로 95% 신뢰 구간이 군집화되는 것으로 보아, 어느 정도 예측 능력을 보유하고 있는 것으로 보인다.

이와 같이 단일 변수별 타겟 변수의 비율과 95% 신뢰 구간 분석을 통해 모델을 학습하기 전에 변수들에 대한 예측 능력을 어느정도 파악할 수 있다. 57개의 변수 중, 단일 변수 기준으로 유의미한 예측 능력을 보유하고 있는 변수는 다음 변수들이다.

```
# 단일 변수별 타겟 비율 95% 신뢰 구간 분석을 통해 확인한 유의미한 변수 목록
[ps_ind_06_bin, ps_ind_07_bin, ps_ind_08_bin, ps_ind_09_bin, ps_
ind_12_bin, ps_ind_16_bin, ps_ind_17_bin, ps_ind_18_bin, ps_ind_04_
cat, ps_ind_05_cat, ps_car_01_cat, ps_car_02_cat, ps_car_03_cat, ps_
car_04_cat, ps_car_06_cat, ps_car_07_cat, ps_car_08_cat, ps_car_09_
cat, ps_car_11_cat, ps_ind_01, ps_ind_03, ps_ind_15, ps_car_11]
```

훈련 데이터 vs 테스트 데이터 비교

훈련 데이터와 테스트 데이터의 분포를 비교하는 시각화는 어느 경진대회에서든 매우 중요하다. 머신러닝 모델은 주어진 훈련 데이터의 분포를 학습하기 때문에, 두 데이터의 분포가 심각하게 다를 경우, 훈련 데이터에서 학습한 내용은 무용지물이 되기 때문이다.

아무리 예측력이 높은 변수를 선별하였다고 해도, 훈련 데이터에서만 높은 예측력을 보유하고, 테스트 데이터에서 해당 변수의 빈도가 너무 낮아, 최종적으로 좋은 결과로 이어지지 못할 가능성도 있다.

훈련 데이터와 테스트 데이터의 변수 분포를 직접 시각화하여, 두 데이터의 분포가 얼마나 유사한지를 확인해보자.

[코드 4-8] 훈련 데이터와 테스트 데이터의 분포를 비교하는 코드

```
# 테스트 데이터를 구별하기 위한 'is_tst' 변수 생성
df['is_tst'] = df['target'].isnull()

# 이진 변수, 범주형 변수 그리고 정수형 변수를 시각화한다.
for col in binary + category + integer:
    bar_plot(col, df, 'is_tst')
```

신기하게도, 테스트 데이터는 훈련 데이터의 1.5배 분량이다. (892,816 / 595,212

== 1.499) 훈련 데이터와 테스트 데이터의 단일 변수 히스토그램의 결과가 1.5배 비율을 유지한다면 훈련 데이터와 테스트 데이터의 분포가 서로 유사하다고 가정할 수 있다.

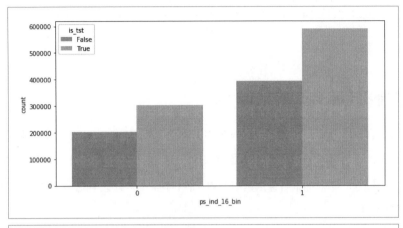

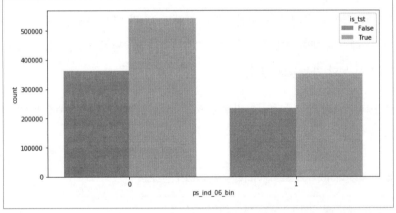

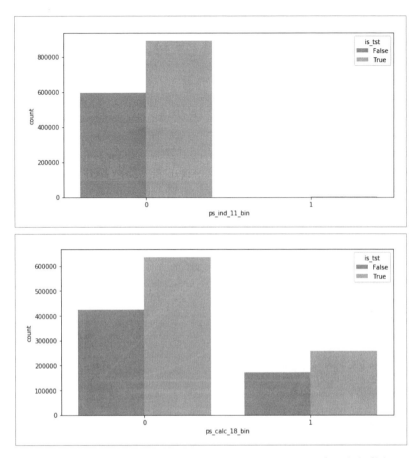

[그림 4-23] 훈련 데이터 vs 테스트 데이터의 이진 변수 분포를 히스토그램을 통해 비교한다

그래프상의 진한 회색은 훈련 데이터의 빈도를 의미하고, 옅은 회색은 테스트 데이터의 빈도를 의미한다. 모든 이진 변수에 대하여 테스트 데이터의 빈도가 훈련 데이터보다 1.5배 가량 높은 값을 가지고 있다.

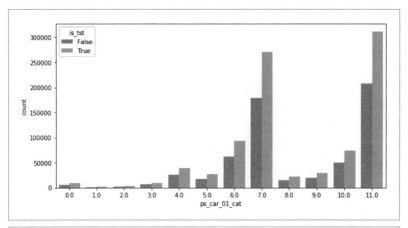

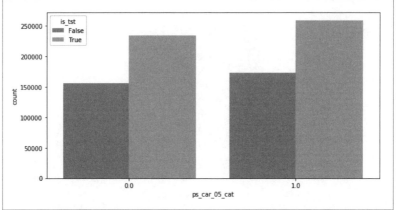

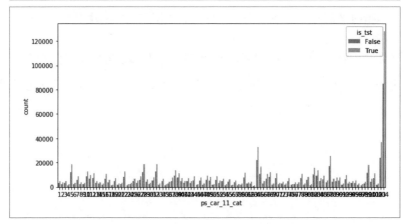

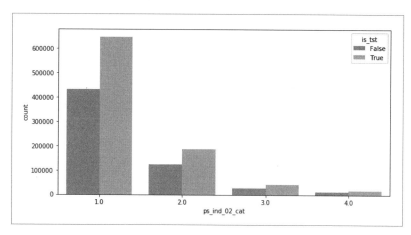

[그림 4-24] 훈련 데이터 vs 테스트 데이터의 범주형 변수 분포를 히스토그램을 통해 비교한다

범주형 데이터도 마찬가지로, 훈련 데이터와 테스트 데이터가 비슷한 분포를 가지고 있는 것을 확인할 수 있다.

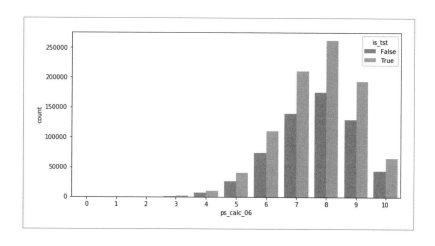

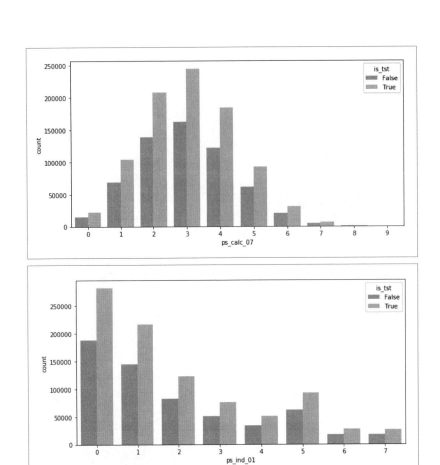

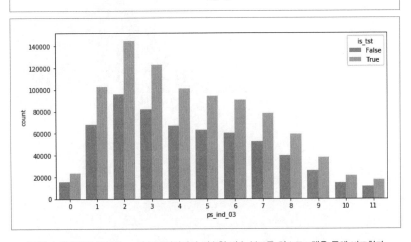

[그림 4-25] 훈련 데이터 vs 테스트 데이터의 정수형 변수 분포를 히스토그램을 통해 비교한다

마지막으로, 정수형 변수에 대해서도 훈련 데이터와 테스트 데이터의 분포는 비슷하다.

책에 싣지 못한 나머지 변수들의 시각화 그래프를 분석해보아도, 훈련 데이터와 테스트 데이터의 분포가 매우 유사하다는 것을 확인할 수 있다.

탐색적 데이터 분석 요약

탐색적 데이터 분석 과정을 통하여 이번 경진대회에서 우리에게 주어진 데이터의 질과 분포를 파악할 수 있었다. 제공된 훈련 데이터와 테스트 데이터는 모두 정수형, 소수형 데이터 타입이므로, 머신러닝 모델을 바로 적용하기에 수월한, 비교적 깨끗한 데이터이다.

이번 경진대회에서는 예측해야 하는 57개의 변수가 모두 익명화되어 있다. 변수명을 통하여 주최자가 데이터를 총 4개['ind', 'calc', 'car', 'reg']의 그룹으로 변수를 군집하였음을 파악할 수 있다. 변수명을 통해 이진 변수, 범주형 변수, 정수형/소수형 변수를 구별할 수 있다. 그러나, 철저한 익명화 과정으로 인해 변수가 가지는 값들을 이해하고 유의미한 파생 변수를 생성하는 과정이 다소 난해할 수 있다.

단일 변수에 대한 히스토그램 시각화를 통하여 데이터의 분포를 눈으로 확인해보았다. 상관관계 분석 결과, 주최자의 섬세한 전처리 과정으로 인해 정보력이 아예 없는 상수 값 혹은 0.95 이상의 높은 상관관계를 가지는 중복 변수 등은 존재하지 않는다.

변수의 예측 능력을 가늠하기 위하여 변수 고유값별 타겟 변수의 비율을 신뢰 구간 95%와 함께 분석해보았다. 어떤 변수들이 타겟 변수 예측 능력이 있을지 간단하게 분석할 수 있었으며, 이는 파생 변수 생성 및 추후 모델 분석에 유의미한 정보이다.

마지막으로 훈련 데이터와 테스트 데이터의 분포 차이를 분석해보았다. 거의 모든 변수에 대하여 훈련 데이터와 테스트 데이터는 매우 유사한 분포를 지니고 있다. 내부 교차 전략은 랜덤 K-fold 교차 검증 전략을 취하는게 안정적이다.

4.7 Baseline 모델

탐색적 데이터 분석을 통해 데이터에 대한 기초적인 이해를 쌓았다면, 이제는 실질적인 머신러닝 파이프라인을 구축해보자. 포르토 세구로 안전 운전자 예측 경진대회의 Baseline 모델을 구축하는 과정은 다음과 같다

① 데이터 전처리 → ② 피처 엔지니어링 → ③ 학습 모델(LightGBM) 정의 → ④ 모델 학습 및 교차 검증 평가 → ⑤ 테스트 데이터 예측 및 캐글 업로드

① 데이터 전처리

이번 경진대회에는 train.csv 라는 하나의 훈련 데이터 파일과 test.csv 라는 하나의 테스트 데이터 파일이 제공된다. 탐색적 데이터 분석 과정을 통해 확인하였듯이, 변수들은 모두 익명화되어 있고, 값들은 숫자로 치환되어 있다. 범주형 변수도 이미 숫자로 치환되어 있다. 이번 경진대회는 특수하게도, 데이터 전처리를 수행할 필요가 없을 만큼 데이터가 깔끔하고 깨끗하다.

만약 Home Credit Default Risk 경진대회[2]와 같이, 한 개 이상의 csv 파일이 훈련 데이터 파일이 제공될 경우, 데이터 전처리 과정을 통해 하나의 거대한 데이터 프레임으로 합치는 작업이 필요하다. 훈련 데이터 안에 문자열 데이터가 존재하거나, 수치형 데이터여야 할 '나이', '생년월일' 등의 값이 정상적인 수치형 데이터로 표현되지

---

2 https://www.kaggle.com/c/home-credit-default-risk/data

않을 경우, 데이터 전처리 과정을 통해 올바른 데이터 타입과 값을 가지도록 수정해야 한다.

이번 경진대회에서는 전처리 과정이 불필요하니, 일단 훈련 데이터부터 읽어오자.

[코드 4-9] 훈련 데이터와 테스트 데이터를 읽어와, id와 target을 분리하기(file: kaggle_porto-seguro-safe-driver-prediction/02_Baseline/code/gbm_model.py)

```python
import pandas as pd

# 훈련/테스트 데이터를 읽어온다
train = pd.read_csv("../input/train.csv")
train_label = train['target']
train_id = train['id']
del train['target'], train['id']

test = pd.read_csv("../input/test.csv")
test_id = test['id']
del test['id']
```

② 피처 엔지니어링

테이블형 데이터가 주어지는 경진대회의 묘미는 피처 엔지니어링이다. 포르토 세구로 안전 운전자 예측 경진대회와 같이 완전히 익명화된 데이터로도 다양한 피처 엔지니어링을 수행할 수 있다. 물론, 실제 변수 이름을 알 수 없기 때문에 장님이 코끼리 다리를 만지듯, 초기에 방향성을 찾기가 어려울 수 있다. 그러나, 탐색적 데이터 분석 과정을 통해 얻은 통찰을 피처 엔지니어링에 적극 활용한다면 유의미한 파생 변수를 생성할 수 있다.

이번 Baseline 모델에서는 3가지 기초적인 피처 엔지니어링을 수행한다.

1. 결측값의 개수를 나타내는 missing 변수

2. 이진 변수들의 총합

3. Target Encoding 파생 변수

[코드 4-10] 파생 변수를 생성하는 코드 : . 파생 변수 03은 교차 검증 과정에서 수행한다.

```
# 파생 변수 01 : 결측값을 의미하는 "-1"의 개수를 센다
train['missing'] = (train==-1).sum(axis=1).astype(float)
test['missing'] = (test==-1).sum(axis=1).astype(float)

# 파생 변수 02 : 이진 변수의 합
bin_features = [c for c in train.columns if 'bin' in c]
train['bin_sum'] = train[bin_features].sum(axis=1)
test['bin_sum'] = test[bin_features].sum(axis=1)

# 파생 변수 03 : 단일변수 타겟 비율 분석으로 선정한 변수를 기반으로 Target Encoding을
수행한다. Target Encoding은 교차 검증 과정에서 진행한다.
features = ['ps_ind_06_bin', 'ps_ind_07_bin', 'ps_ind_08_bin', 'ps_
ind_09_bin', 'ps_ind_12_bin', 'ps_ind_16_bin', 'ps_ind_17_bin', 'ps_
ind_18_bin', 'ps_ind_04_cat', 'ps_ind_05_cat', 'ps_car_01_cat', 'ps_
car_02_cat', 'ps_car_03_cat', 'ps_car_04_cat', 'ps_car_06_cat', 'ps_
car_07_cat', 'ps_car_08_cat', 'ps_car_09_cat', 'ps_car_11_cat', 'ps_
ind_01', 'ps_ind_03', 'ps_ind_15', 'ps_car_11']
```

첫 번째 파생 변수는 운전자 데이터별 결측값의 개수를 더한 값이다. 결측값의 합을 왜 파생 변수로 사용하는지 의아해 하는 독자들도 있을 수 있다. 그러나 '결측값의 개수' 라는 파생 변수는 손쉽게 만들 수 있으며, 과거 경진대회에서 효자 변수로 작용한 경우를 종종 확인할 수 있다.

필자는 결측값의 개수가 데이터 내에 새로운 군집 정보를 제공할 수 있다고 생각한다. 예를 들어, 갓 운전을 시작하여 포르토 세구로 계정을 생성한 경우 숙련된 운전자의 데이터에 비해 결측값이 더 많이 존재할 수 있다. 숙련된 운전자는 오랜 기간동안 포르토 세구로 계정을 사용하며 많은 정보가 쌓인 반면, 초보 운전자들의 정보는 정보가 적을 수 있기 때문이다. 또 한 가지 가능성은 데이터의 출처에 대한 정보를 제공한다는 것이다. 포르토 세구로가 운전자에 대한 정보를 전국 지부에서 수집하였을 경우, 특정 지점에서 데이터베이스 문제로 특정 열 정보가 사라졌거나, 특수한 내부 사정으로 인해 데이터 수집 방법에 오류가 존재하여 결측값 처리가 될 수 있다. 결측값의 합은 이러한 데이터 출처에 대한 간접적인 정보도 표현할 수 있다.

두 번째 파생 변수는 이진 변수 값의 합이다. 변수 간의 상호 작용으로 얻을 수 있는 고차원 정보를 추출한다. 이진 변수는 값이 0 혹은 1이기 때문에 각 변수가 파생 변수에 미치는 영향력이 균등하다. 실수값 혹은 범주형 변수 간의 상호 작용 변수를 생성할 경우, 변수별 영향력을 조절하는 작업이 필요하다. 승자의 코드에서는 이진 변수의 합뿐만 아니라, 모든 이진 변수의 값을 문자열로 통합하여 이진 변수 값의 조합 변수를 생성한다.

세 번째 파생 변수는 데이터 탐색 분석 과정에서 선별한 일부 변수를 대상으로 Target Encoding을 수행한다. Target Encoding은 단일 변수의 고유값별 타겟 변수의 평균값을 파생 변수로 활용하는 피처 엔지니어링 기법이다. 예를 들어, 운전자 A의 'ps_ind_01' 변수 값이 0일 경우, 'ps_ind_01 변수 값이 0인 모든 운전자들의 평균 타겟 값을 'ps_ind_01_target_enc' 파생 변수로 사용하는 것이다. 근래 다양한 경진대회에서 Target Encoding이 유용한 파생 변수 테크닉으로 사용되고 있다. 주로 범주형 변수에서 좋은 성능을 보인다.

타겟 변수의 값을 직접적으로 사용하는 변수이기에, 구현을 잘못할 경우 데이터 유출로 이어져 모델 파이프라인이 망가질 수 있다. 데이터 유출을 방지하기 위하여, 5-Fold 내부 교차 검증 과정에서 학습에 사용되는 4/5의 훈련 데이터로 변수 고유값별 평균 타겟값을 계산한 후에, 1/5의 검증 데이터에 해당 값을 매핑하는 방식을 취한다.

③ LightGBM 모델 정의

학습에 사용할 LightGBM 모델의 설정값은 다음과 같다. num_leaves, max_bin, min_child_samples와 같은 설정값으로 모델의 복잡도를 조절하고, feature_fraction, subsample, max_drop 등의 설정값으로 과적합을 방지하도록 설정값을 조절한다. 각 변수에 대한 자세한 설명은 LightGBM 공식 github 페이지 LightGBM Parameters.rst[3]에서 확인할 수 있으며, 파라미터 튜닝에 대한 가이드[4]도 읽어보기를 권한다.

[코드 4-11] LightGBM 모델의 설정값

```
# LightGBM 모델의 설정값이다.
num_boost_round = 10000
params = {"objective": "binary",
          "boosting_type": "gbdt",
          "learning_rate": 0.1,
          "num_leaves": 15,
          "max_bin": 256,
          "feature_fraction": 0.6,
          "verbosity": 0,
          "drop_rate": 0.1,
          "is_unbalance": False,
          "max_drop": 50,
          "min_child_samples": 10,
          "min_child_weight": 150,
          "min_split_gain": 0,
          "subsample": 0.9,
          "seed": 2018
    }
```

---

3 https://github.com/Microsoft/LightGBM/blob/master/docs/Parameters.rst

4 https://github.com/Microsoft/LightGBM/blob/master/docs/Parameters-Tuning.rst

④ 모델 학습 및 교차 검증 평가

교차 검증에는 5-Fold StratifiedKFold 기법을 사용한다. 시계열 데이터가 아니기 때문에 (익명화되어 장담할 수 없지만, 데이터 탐색적 분석 과정에서 시계열 특성을 지닌 변수를 확인하지 못했기 때문) 제공된 데이터를 랜덤하게 분리하여 교차 검증에 활용한다. 분리된 데이터 폴드내의 타겟 변수의 비율을 유지하기 위해서 사이킷-런의 StratifiedKFold 함수를 사용한다. 재현성을 위하여 random_state를 고정한다.

[코드 4-12] 교차 검증 과정을 통해 검증 데이터에 대한 평가 점수와 테스트 데이터에 대한 최종 예측값을 계산하여, 별도 파일에 저장하기

```
# Stratified 5-Fold 내부 교차 검증을 준비한다
NFOLDS = 5
kfold = StratifiedKFold(n_splits=NFOLDS, shuffle=True, random_
state=218)
kf = kfold.split(train, train_label)

cv_train = np.zeros(len(train_label))
cv_pred = np.zeros(len(test_id))
best_trees = []
fold_scores = []

for i, (train_fold, validate) in enumerate(kf):
    # 훈련/검증 데이터를 분리한다
    X_train, X_validate, label_train, label_validate = train.
    iloc[train_fold, :], train.iloc[validate, :], train_label[train_
    fold], train_label[validate]

    # target encoding 피처 엔지니어링을 수행한다
    for feature in features:
        # 훈련 데이터에서 feature 고유값별 타겟 변수의 평균을 구한다
        map_dic = pd.DataFrame([X_train[feature], label_train]).
        T.groupby(feature).agg('mean')
        map_dic = map_dic.to_dict()['target']
        # 훈련/검증/테스트 데이터에 평균값을 매핑한다
        X_train[feature + '_target_enc'] = X_train[feature].
```

```
            apply(lambda x: map_dic.get(x, 0))
            X_validate[feature + '_target_enc'] = X_validate[feature].
            apply(lambda x: map_dic.get(x, 0))
            test[feature + '_target_enc'] = test[feature].apply(lambda x:
            map_dic.get(x, 0))

        dtrain = lgbm.Dataset(X_train, label_train)
        dvalid = lgbm.Dataset(X_validate, label_validate, reference=dtrain)
        # 훈련 데이터를 학습하고, evalerror() 함수를 통해 검증 데이터에 대한 정규화 Gini 계
        수 점수를 기준으로 최적의 트리 개수를 찾는다.
        bst = lgbm.train(params, dtrain, num_boost_round, valid_
        sets=dvalid, feval=evalerror, verbose_eval=100, early_stopping_
        rounds=100)
        best_trees.append(bst.best_iteration)
        # 테스트 데이터에 대한 예측값을 cv_pred에 더한다.
        cv_pred += bst.predict(test, num_iteration=bst.best_iteration)
        cv_train[validate] += bst.predict(X_validate)

        # 검증 데이터에 대한 평가 점수를 출력한다.
        score = Gini(label_validate, cv_train[validate])
        print(score)
        fold_scores.append(score)

    cv_pred /= NFOLDS

    # 시드값별로 교차 검증 점수를 출력한다.
    print("cv score:")
    print(Gini(train_label, cv_train))
    print(fold_scores)
    print(best_trees, np.mean(best_trees))

    # 테스트 데이터에 대한 결과물을 저장한다.
    pd.DataFrame({'id': test_id, 'target': cv_pred}).to_csv('../model/
    lgbm_baseline.csv', index=False)
```

앞선 코드를 실행하면, 훈련 데이터의 4/5에 해당하는 X_train에 LightGBM 모델
을 학습하고, 검증 데이터와 테스트 데이터에 대한 예측값을 저장한다. 5-Fold 교
차 검증이므로, 이 과정을 총 5번 수행한다. Fold 마다 검증 데이터의 지니 평가 점

264

수를 출력하여 학습 과정을 관찰할 수 있다. 검증 데이터의 평가점수를 평균하면, Baseline 모델의 내부 교차 검증 평가 점수를 얻는다.

필자가 앞선 코드를 실행했을 때에 다음과 같은 내부 평가 점수를 얻었다.

```
cv score : 0.28097
fold_scores : [0.29088, 0.26690, 0.27923, 0.28171, 0.28676]
```

교차 검증 점수와 캐글 업로드할 때 얻는 Public 리더보드 점수가 동일한 경우는 없지만, 올바른 내부 교차 검증 프로세스를 수립했을 경우, 내부 평가 점수와 캐글 리더보드 점수에 높은 상관관계가 생긴다.

⑤ 캐글 업로드

Baseline 모델을 캐글에 업로드하면 다음 점수를 얻는다. 피처 엔지니어링의 효과를 측정하기 위해서 아무런 피처 엔지니어링을 수행하지 않은 Baseline 모델의 결과물도 캐글에 업로드하여 비교해 보자.

[표 4-1] Baseline 모델 결과

분류	Private Score	Public Score
Baseline	0.28404	0.28119
Baseline w/o 피처 엔지니어링	0.28609	0.28152

Baseline 모델의 Public 리더보드 점수는 0.28119점으로 전체 5,169팀 중 2,333등 (상위 45%)에 해당한다. 일단, Baseline 모델의 머신러닝 파이프라인 (피처 엔지니어링, 모델 학습, 내부 교차 검증 프로세스)이 정상동작하고 있는 것을 확인할 수 있다.

피처 엔지니어링을 수행한 Baseline 모델과, 아무런 피처 엔지니어링을 수행하지 않은 Baseline 모델의 결과물을 캐글에 업로드했다. 신기하게도, 피처 엔지니어링을 수행하지 않은 모델의 결과물이 미세하게나마 좋은 점수를 기록한다.

원인은 두 가지로 해석이 가능하다. 첫 번째는 점수 차이가 소수점 이하 4번째 자리수의 미세한 차이이기 때문에, 모델 자체가 가지고 있는 랜덤 요소로 인한 편차일 수 있다. 두 번째로는 피처 엔지니어링이 모델 학습에 전혀 도움을 주지 못했음을 의미한다. Target Encoding이 다양한 경진대회에서 좋은 파생 변수로 작용하였지만, 이번 경진대회에서 유의미하다는 보장은 없다. 3가지 피처 엔지니어링을 동시에 적용하였기에, 어느 파생 변수가 원인인지 확인하기 위해서는 피처 엔지니어링한 변수를 하나씩 추가하여, 변인을 하나씩 분석하는 실험을 진행해야 한다.

미리 정답을 알려드리면, Baseline 모델에서 사용한 LightGBM 모델과 교차 검증 프로세스만으로 이번 경진대회 상위 10%에 진입할 수 있다. LightGBM은 이러한 테이블형 데이터를 학습하는데 특화되어 있다. 독자 여러분이 데이터 내에 숨어있는 피처 엔지니어링만 올바르게 수행한다면, 상위 10%도 꿈이 아니다.

요약

포르토 세구로 안전 운전자 예측 경진대회의 Baseline 모델을 비교적 쉽게 구축할 수 있다. 주최측에서 데이터 익명화와 전처리 과정을 꼼꼼하게 진행하여, 별도로 데이터 정제 및 전처리를 수행할 필요가 없다.

Baseline 모델에서는 3가지 파생 변수를 생성한다. 결측값의 개수를 나타내는 'missing' 변수, 이진 변수들의 합을 나타내는 상호 작용 변수 그리고 데이터 탐색적 분석 과정에서 얻은 예측력이 높은 일부 변수들을 대상으로 Target Encoding 파생 변수를 생성한다.

캐글에 업로드하기 전에, 내부적으로 피처 엔지니어링과 모델 파라미터에 대한 평가를 수행하기 위해 5–Fold StratifiedKFold 교차 검증 프로세스를 구축한다. 타겟 변수값을 직접적으로 사용하는 Target Encoding은 데이터 유출을 방지하기 위해 교차 검증 과정에서 파생 변수를 생성한다. 총 5번의 Fold에서 학습한 모델의 예측값을 평균하여 테스트 데이터에 대한 최종 예측값을 산출한다.

Baseline 모델의 파이프라인이 정상적으로 동작하는 것을 확인하였다. 비록 Baseline 모델의 예측값은 상위 45% 수준을 기록하지만, 이제는 다양한 피처 엔지니어링을 통해 리더보드 점수를 올리는 길만 남았다.

다음은 동일한 LightGBM 모델로, 고도의 피처 엔지니어링만으로 이번 경진대회에서 2등을 기록한 승자의 지혜를 직접 분석해본다.

4.8 승자의 지혜 – 2등 소스코드 분석

5,169팀이 치열한 경쟁을 치룬 이번 경진대회에서 2등을 기록한 Little Boat의 코드[5]를 함께 분석하고자 한다.

경진대회가 끝나고, Little Boat는 캐글 Discussion 게시판에 다음과 같은 글을 남겼다.[6]

---

5   https://github.com/xiaozhouwang/kaggle-porto-seguro

6   https://www.kaggle.com/c/porto-seguro-safe-driver-prediction/discussion/44558 의 내용을 필자가 번역한 글이다.

경진대회 막바지에 이렇게 큰 순위 변동이 생길 줄 정말 몰랐습니다. 제 스태킹 모델의 Public LB 점수와 교차 검증 점수가 항상 비슷한 점수를 기록하였기에, 개인적으로는 순위 변동이 크지 않을 거라 생각했습니다. 물론, 단일 모델 기준으로는 다소 차이가 있을 수 있습니다. 저희는 교차 검증 점수를 꾸준히 신뢰해왔고, 비선형 스태킹을 성공시키기 위해 많은 노력을 쏟았으나 결국 성공하지 못하였고, 단순 가중 평균 기법에 의지해 교차 검증 점수가 개선될 때에만 결과물을 제출하였습니다.

Michael Jahrer(경진대회 우승자)가 어떻게 우승을 거머쥐었는지 빨리 알고 싶지만, Michael씨가 발표하기 전에 저희 팀의 접근 방식을 몇가지 공유하고자 합니다(저는 인공신경망쪽을 공유하고, 나머지 부분은 다른 팀원에게 맡기고자 합니다). Michael씨가 우승자 코드를 공개하여 아무도 저희 코드에 관심을 갖지 않게 되기 전에 말이지요.

제 NN(인공 신경망) 모델은 5-fold 교차 검증에서 0.294점을 기록하였고, Public LB 0.284, Private LB 0.290점을 기록합니다. 다음과 같은 방법으로 이 점수를 달성하였습니다.

1) 중요한 변수 간의 상호 작용 변수 (예: ps_car_13, ps_ind_03, ps_reg_03, …)
2) 범주형 변수의 개수
3) XGBoost 모델의 예측값 : 변수를 3개의 그룹(car, ind, reg)으로 분리하여, 2개의 그룹을 변수로 사용하여 3번째 변수를 예측하도록 XGBoost 모델을 학습하여, 모델의 결과값을 변수로 사용합니다.
4) 변수 통합 : 두 변수를 선정(예: ps_car_13, ps_ind_03)하여 하나를 그룹 변수로 사용하고 다른 하나를 값 변수로 사용하여 평균, 표준편차, 최댓값, 최솟값, 중간값 등을 계산합니다. 변수 중요도가 높게 나온 일부 변수만 사용했습니다.
5) 모든 범주형 변수에 임베딩 계층을 사용합니다(임베딩 계층 차원은 4, dropout은 0.25).
6) NN 모델은 2계층으로, ReLU 함수와 높은 값의 dropout(512차원 + 0.8 dropout, 64차원 + 0.8 dropout)을 사용했습니다.
7) 팀원 qianqian이 생성한 일부 범주형 변수에 대한 카운트 기반 파생 변수

이 정도입니다! 도움이 되었기를 바랍니다.

업데이트 :
LightGBM 기반의 최고 성능 모델은 여기(https://www.kaggle.com/xiaozhouwang

/2nd-place-lightgbm-solution)에 있습니다. Private LB에서 0.29124점을 기록합니다.

NN 기반의 최고 성능 모델은 여기(https://www.kaggle.com/xiaozhouwang/2nd-place-solution-nn-model)에 있습니다. Private LB에서 0.29008점을 기록합니다.

모든 관련 코드는 github Repo(https://github.com/xiaozhouwang/kaggle-porto-seguro)에 있습니다.

친절하게도, Little Boat는 경진대회에서 실제로 사용한 파이썬 코드 전체를 github에 공개했다. 앞선 텐서플로 음성 인식 경진대회에서도 전체 3등을 기록하여, 코드를 공개한 인물이다. Porto Solution Doc.pdf 파일에는 승자의 모델에 대한 더욱 더 자세하고 친절한 설명이 포함되어 있다. 승자의 코드는 트리 모델 학습에는 LightGBM을, 인공 신경망 모델 학습에는 케라스를 사용한다.

이번 경진대회 승자의 코드를 재현하려면 다음과 같이 파이썬 파일 4개를 실행하면 된다.

```
# 피처 엔지니어링
python fea_eng0.py
# 인공 신경망 모델 학습 및 결과 예측
python nn_model290.py
# LightGBM 트리 모델 학습 및 결과 예측
python gbm_model291.py

# 가중 평균 앙상블
python simple_average.py
```

fea_eng0.py 파일에서는 인공 신경망모델에서 사용할 파생 변수를 생성한다. nn_model290.py, gbm_model291.py 파일에서는 각 모델에 알맞는 추가 파생 변수를 생성하고, 내부 교차 검증 후에 테스트 데이터에 대한 예측 결과물을 생성한다.

마지막으로 simple_average.py 파일에서는 두 결과물의 가중 평균 앙상블을 구한다.

캐글 경진대회를 한 번 참여해본 독자라면, Little Boat가 공개한 github 코드를 직접 읽어보고, 결과물을 재현할 수 있을 것이다. 승자에 따르면, 동일한 수준의 결과물 재현을 위해서는 2코어 이상의 CPU와 GTX 1080 GPU 1장 기준으로 3시간 정도 소요된다고 한다.

결과를 재현하는 것이 우리의 궁극적인 목표는 아니다. 필자는 경진대회에서 좋은 성능을 거둔 그의 코드를 집요하게 분석하여, 다음 경진대회에서 활용할 수 있는 기법과 노하우를 학습하고자 한다. 독자 여러분도 Little Boat와 같은 머신러닝 실력자의 어깨 너머로 배우는 것이 많길 바란다.

코드 및 데이터 준비

먼저, github에 공개된 승자의 코드를 직접 복제한다. 이때, 경진대회 음성 데이터가 승자의 코드 디렉토리를 기준으로 ../input/ 에 위치하고 있어야 한다. 코드 내 데이터를 읽어오는 경로를 수정하여 대응해도 문제는 없다.

```
git clone https://github.com/xiaozhouwang/kaggle-porto-seguro.git
cd kaggle-porto-seguro/code
```

이번 장의 내용은 github에 공개된 승자의 코드를 기반으로 작성되었다. 필자는 독자들의 편의를 위하여 코드 안에 한글 설명을 추가하였고, 독자의 이해를 돕기 위하여 특정 함수들의 위치나 코드의 위치를 미세하게 수정하였다.

한글 주석이 달린 코드가 편하신 분들은 kaggle_porto-seguro-safe-driver-prediction/03_Winners_Code를 참조바란다.

데이터 전처리

훈련 데이터와 테스트 데이터는 별도의 데이터 전처리 과정이 필요없을 정도로 깨끗한 데이터이다.

피처 엔지니어링

바로 피처 엔지니어링 과정을 살펴보자.

익명화된 57개의 변수의 이름은 다음과 같은 패턴("ps_[대분류]_[번호]_[데이터 유형])을 가지고 있다. '대분류' 카테고리에는 (ind, car, calc, reg) 총 4개의 값이 존재한다. 필자의 추측으로는 'ind'는 개인을 의미하는 individuald의 약자로, 운전자 개인의 정보를 담고 있다. 'car'는 자동차를 의미하고, 운전자가 보유한 자동차의 대한 정보를 담고 있다. 'calc'는 기본 변수를 기반으로 파생된 calculated, 'reg'는 regression의 약자일 것이다. 같은 대분류에 속하는 변수들은 번호로 구별한다. 데이터 유형으로는 이진 변수(binary)를 의미하는 'bin', 범주형 변수(categorical)를 의미하는 'cat'이 존재한다.

데이터 안에 존재하는 기존 변수를 그 외 변수로 학습하여, 기존 변수에 대한 예측값을 얻은 후, 파생 변수로 사용한다. 예를 들어, 'car', 'ind', 'reg' 각 대분류 카테고리에 대하여 나머지 두 개의 대분류 변수를 기반으로 운전자별 변수 값을 예측한다.

독자들 중에, 이런 의문이 생기는 분도 있을 것이다. "이미 데이터 내에 존재하는 값을 예측하는게 모델 성능에 무슨 도움이 되는가?" 필자도 처음에는 동일한 질문을 제기하였지만, 이 새로운 파생 변수로 인하여 모델 성능이 향상하는 것을 확인하였다. 결과론적인 이야기지만, 성능 향상의 원인을 추측하자면, 예측하려는 변수를 기준으로 다른 변수들의 분포에 대한 정보가 새롭게 담긴다고 해석할 수 있다.

다음 코드는 'car, ind, reg' 세 가지 대분류에 대한 파생 변수를 생성하는 코드이다.

XGBoost 모델을 통해 데이터의 설명 변수를 다른 설명 변수로 학습한 후, 모델의 예측값을 파생 변수 후보로 저장한다.(file: kaggle_porto-seguro-safe-driver-prediction/03_Winners_Code/code/fea_eng0.py)

```python
# 라이브러리를 불러온다
import xgboost as xgb
from sklearn.model_selection import KFold
import numpy as np
import pandas as pd

# XGBoost 모델 설정값 지정
eta = 0.1
max_depth = 6
subsample = 0.9
colsample_bytree = 0.85
min_child_weight = 55
num_boost_round = 500

params = {"objective": "reg:linear",
          "booster": "gbtree",
          "eta": eta,
          "max_depth": int(max_depth),
          "subsample": subsample,
          "colsample_bytree": colsample_bytree,
          "min_child_weight": min_child_weight,
          "silent": 1
          }

# 훈련 데이터, 테스트 데이터 불러와서 하나로 통합한다
train = pd.read_csv("../input/train.csv")
train_label = train['target']
train_id = train['id']
del train['target'], train['id']

test = pd.read_csv("../input/test.csv")
test_id = test['id']
del test['id']

data = train.append(test)
data.reset_index(inplace=True)
train_rows = train.shape[0]
```

```python
# 파생 변수를 생성한다
feature_results = []

for target_g in ['car', 'ind', 'reg']:
    # target_g는 예측 대상 (target_list)로 사용하고, 그 외 대분류는 학습 변수
    (features)로 사용한다
    features = [x for x in list(data) if target_g not in x]
    target_list = [x for x in list(data) if target_g in x]
    train_fea = np.array(data[features])
    for target in target_list:
        print(target)
        train_label = data[target]
        # 데이터를 5개로 분리하여, 모든 데이터에 대한 예측값을 계산한다
        kfold = KFold(n_splits=5, random_state=218, shuffle=True)
        kf = kfold.split(data)
        cv_train = np.zeros(shape=(data.shape[0], 1))
        for i, (train_fold, validate) in enumerate(kf):
            X_train, X_validate, label_train, label_validate = \
                train_fea[train_fold, :], train_fea[validate, :], train_
                label[train_fold], train_label[validate]
            dtrain = xgb.DMatrix(X_train, label_train)
            dvalid = xgb.DMatrix(X_validate, label_validate)
            watchlist = [(dtrain, 'train'), (dvalid, 'valid')]
            # XGBoost 모델을 학습한다
            bst = xgb.train(params, dtrain, num_boost_round,
            evals=watchlist, verbose_eval=50, early_stopping_rounds=10)
            # 예측 결과물을 저장한다
            cv_train[validate, 0] += bst.predict(xgb.DMatrix(X_
            validate), ntree_limit=bst.best_ntree_limit)
        feature_results.append(cv_train)

# 예측 결과물을 훈련, 테스트 데이터로 분리한 후, pickle로 저장한다
feature_results = np.hstack(feature_results)
train_features = feature_results[:train_rows, :]
test_features = feature_results[train_rows:, :]

import pickle
pickle.dump([train_features, test_features], open("../input/fea0.pk",
'wb'))
```

파생 변수 생성에 XGBoost 모델의 복잡도는 max_depth 설정값을 통해 조절이 가능하다. max_depth값은 트리 모델의 높이를 제한한다. max_depth=6일 경우, 총 6번의 의사결정을 내리는 6층짜리 트리 모델이 학습에 사용된다. 일반적으로 max_depth는 5~10 사이의 값으로 초기실험을 진행하기 때문에, 파생 변수 생성에 사용된 XGBoost 모델의 복잡도는 높은 편은 아니다. 트리 모델의 높이가 너무 클 경우, 모델의 복잡도가 너무 높아지며 동시에 과적합이 일어날 가능성이 높아지기 때문에 주의가 필요하다.

XGBoost 모델은 subsample과 colsample_bytree 변수를 통해 모델 안에 랜덤 요소를 추가한다. XGBoost는 모델 학습에 제공되는 훈련 데이터 전체를 학습에 사용하지 않는다. subsample=0.9의 경우, 행 기준으로 랜덤하게 추출한 90%의 데이터로 단일 트리 모델을 학습하여 전체 모델 성능을 보완하고, 열 기준으로는 colsample_bytree=0.85 만큼의 비율의 변수를 사용한다. 단일 트리 모델들을 데이터의 일부로만 학습시켜, 학습기의 다양성을 높이고 일반화 성능을 개선하는 효과를 얻을 수 있다. subsample, colsample_bytree 값은 대개 0.6~0.9 사이의 값으로 설정된다. 인공 신경망 모델 학습에 익숙한 분들은, Dropout과 비슷한 역할을 한다고 이해해도 무방하다.

인공 신경망 모델 학습

인공 신경망(Neural Network) 기반 모델 파일nn_model290.py은 위에서 생성한 파생 변수 fea0.pk 외 다음과 같은 다양한 피처 엔지니어링 과정을 수행한다.

1. 운전자 데이터별 결측값의 개수를 나타내는 missing 변수
2. 변수 조합 간의 곱셈/나눗셈 등의 상호 작용 변수(Interaction Features)
3. 특정 변수 그룹의 값 전체를 하나의 문자열로 통합하여 변수 그룹 내 조합을 나타내는 변수

4. 범주형 변수의 빈도를 나타내는 count 변수
5. 5특정 변수(group_column)에 피봇하여 타겟 변수(target_column)의 통계값 (평균, 표준편차, 최댓값, 최솟값 등)을 사용하는 피봇 변수

인공 신경망은 −1~1 사이의 값을 입력값으로 받을 때에 가장 효과적인 학습 결과를 보인다. 모든 피처 엔지니어링을 완료한 후에, 변수별 최댓값과 평균값을 기준으로 정규화하여 최종 변수를 생성한다.

인공 신경망 모델에 사용된 피처 엔지니어링을 자세하게 분석하기 전에, 먼저 필요한 라이브러리와 데이터를 읽어오고, 도구 함수들을 정의한다.

[코드 4-14] 인공 신경망 모델 학습을 위하여 훈련 데이터와 테스트 데이터를 읽어오기(file: kaggle_porto-seguro-safe-driver-prediction/03_Winners_Code/code/nn_model290.py)

```
# 인공 신경망 모델 keras 라이브러리 읽어오기
from keras.layers import Dense, Dropout, Embedding, Flatten, Input,
merge
from keras.layers.normalization import BatchNormalization
from keras.layers.advanced_activations import PReLU
from keras.models import Model

# 시간 측정 및 압축파일을 읽어오기 위한 라이브러리
from time import time
import datetime
from itertools import combinations
import pickle

# 피처 엔지니어링을 위한 라이브러리
import numpy as np
import pandas as pd
from scipy import sparse
from sklearn.preprocessing import StandardScaler
from sklearn.preprocessing import LabelEncoder
from sklearn.model_selection import StratifiedKFold

# 훈련 데이터와 테스트 데이터를 읽어온다
```

```
train = pd.read_csv("../input/train.csv")
train_label = train['target']
train_id = train['id']
del train['target'], train['id']

test = pd.read_csv("../input/test.csv")
test_id = test['id']
del test['id']
```

util.py 파일에서 피처 엔지니어링에 필요한 두 가지 도구 함수를 불러온다. 피봇 변수를 생성하는 proj_num_on_cat()와 상호 작용 변수를 생성하는 interaction_feature()를 함께 살펴보자.

[코드 4-15] 파생 변수 생성을 위한 도구 함수를 정의하기 : 상호 작용 변수를 생성하는 interaction_features 함수와 피봇 기반 기초 통계 변수를 생성하는 proj_num_on_cat 함수이다.

```
def proj_num_on_cat(train_df, test_df, target_column, group_column):
    # train_df : 훈련 데이터
    # test_df : 테스트 데이터
    # target_column : 통계기반 파생 변수를 생성한 타겟 변수
    # group_column : 피봇(pivot)을 수행할 변수
    train_df['row_id'] = range(train_df.shape[0])
    test_df['row_id'] = range(test_df.shape[0])
    train_df['train'] = 1
    test_df['train'] = 0

    # 훈련 데이터와 테스트 데이터를 통합한다
    all_df = train_df[['row_id', 'train', target_column, group_
    column]].append(test_df[['row_id','train', target_column, group_
    column]])

    # group_column 기반으로 피봇한 target_column의 값을 구한다
    grouped = all_df[[target_column, group_column]].groupby(group_
    column)

    # 빈도(size), 평균(mean), 표준편차(std), 중간값(median), 최댓값(max), 최솟값
    (min)을 구한다
```

```python
    the_size = pd.DataFrame(grouped.size()).reset_index()
    the_size.columns = [group_column, '%s_size' % target_column]
    the_mean = pd.DataFrame(grouped.mean()).reset_index()
    the_mean.columns = [group_column, '%s_mean' % target_column]
    the_std = pd.DataFrame(grouped.std()).reset_index().fillna(0)
    the_std.columns = [group_column, '%s_std' % target_column]
    the_median = pd.DataFrame(grouped.median()).reset_index()
    the_median.columns = [group_column, '%s_median' % target_column]
    the_max = pd.DataFrame(grouped.max()).reset_index()
    the_max.columns = [group_column, '%s_max' % target_column]
    the_min = pd.DataFrame(grouped.min()).reset_index()
    the_min.columns = [group_column, '%s_min' % target_column]

    # 통계 기반 파생 변수를 취합한다
    the_stats = pd.merge(the_size, the_mean)
    the_stats = pd.merge(the_stats, the_std)
    the_stats = pd.merge(the_stats, the_median)
    the_stats = pd.merge(the_stats, the_max)
    the_stats = pd.merge(the_stats, the_min)
    all_df = pd.merge(all_df, the_stats, how='left')

    # 훈련 데이터와 테스트 데이터로 분리하여 반환한다
    selected_train = all_df[all_df['train'] == 1]
    selected_test = all_df[all_df['train'] == 0]
    selected_train.sort_values('row_id', inplace=True)
    selected_test.sort_values('row_id', inplace=True)
    selected_train.drop([target_column, group_column, 'row_id',
    'train'], axis=1, inplace=True)
    selected_test.drop([target_column, group_column, 'row_id',
    'train'], axis=1, inplace=True)
    selected_train, selected_test = np.array(selected_train),
    np.array(selected_test)
    return selected_train, selected_test


def interaction_features(train, test, fea1, fea2, prefix):
    # train : 훈련 데이터
    # test : 테스트 데이터
    # fea1, fea2 : 상호 작용을 수행할 변수 이름
    # prefix : 파생 변수의 변수 이름
```

```
# 두 변수 간의 곱셈/나눗셈 상호 작용에 대한 파생 변수를 생성한다
train['inter_{}*'.format(prefix)] = train[fea1] * train[fea2]
train['inter_{}/'.format(prefix)] = train[fea1] / train[fea2]

test['inter_{}*'.format(prefix)] = test[fea1] * test[fea2]
test['inter_{}/'.format(prefix)] = test[fea1] / test[fea2]

return train, test
```

위와 같은 파생 변수 생성용 도구 함수들은 이번 경진대회뿐 아니라, 다른 경진대회에서 유용한 파생 변수를 생성하는데 재활용 할 수 있다. 익명화된 데이터를 다루는 경진대회의 경우, 변수 간의 다양한 상호 작용 파생 변수와 피봇 기반 기초 통계 변수들은 유용한 변수로 작용하는 경우가 자주 있다.

다음은, 앞서 설명한 5가지 파생 변수를 생성하는 코드를 한꺼번에 살펴보자.

[코드 4-16] 인공 신경망 모델 학습을 위한 피처 엔지니어링 코드

```
# 범주형 변수와 이진 변수 이름을 추출한다
cat_fea = [x for x in list(train) if 'cat' in x]
bin_fea = [x for x in list(train) if 'bin' in x]

# 결측값 (-1)의 개수로 missing 파생 변수를 생성한다
train['missing'] = (train==-1).sum(axis=1).astype(float)
test['missing'] = (test==-1).sum(axis=1).astype(float)

# 6개 변수에 대하여 상호작용 변수를 생성한다
for e, (x, y) in enumerate(combinations(['ps_car_13', 'ps_ind_03',
'ps_reg_03', 'ps_ind_15', 'ps_reg_01', 'ps_ind_01'], 2)):
    train, test = interaction_features(train, test, x, y, e)

# 수치형 변수, 상호 작용 파생 변수, ind 변수 이름을 추출한다
num_features = [c for c in list(train) if ('cat' not in c and 'calc'
not in c)]
num_features.append('missing')
inter_fea = [x for x in list(train) if 'inter' in x]
feature_names = list(train)
```

```python
ind_features = [c for c in feature_names if 'ind' in c]

# ind 변수 그룹의 조합을 하나의 문자열 변수로 표현한다
count = 0
for c in ind_features:
    if count == 0:
        train['new_ind'] = train[c].astype(str)
        count += 1
    else:
        train['new_ind'] += '_' + train[c].astype(str)
ind_features = [c for c in feature_names if 'ind' in c]
count = 0
for c in ind_features:
    if count == 0:
        test['new_ind'] = test[c].astype(str)
        count += 1
    else:
        test['new_ind'] += '_' + test[c].astype(str)

# reg 변수 그룹의 조합을 하나의 문자열 변수로 표현한다
reg_features = [c for c in feature_names if 'reg' in c]
count = 0
for c in reg_features:
    if count == 0:
        train['new_reg'] = train[c].astype(str)
        count += 1
    else:
        train['new_reg'] += '_' + train[c].astype(str)
reg_features = [c for c in feature_names if 'reg' in c]
count = 0
for c in reg_features:
    if count == 0:
        test['new_reg'] = test[c].astype(str)
        count += 1
    else:
        test['new_reg'] += '_' + test[c].astype(str)

# car 변수 그룹의 조합을 하나의 문자열 변수로 표현한다
car_features = [c for c in feature_names if 'car' in c]
count = 0
```

```python
for c in car_features:
    if count == 0:
        train['new_car'] = train[c].astype(str)
        count += 1
    else:
        train['new_car'] += '_' + train[c].astype(str)
car_features = [c for c in feature_names if 'car' in c]
count = 0
for c in car_features:
    if count == 0:
        test['new_car'] = test[c].astype(str)
        count += 1
    else:
        test['new_car'] += '_' + test[c].astype(str)

# 범주형 데이터와 수치형 데이터를 따로 관리한다
train_cat = train[cat_fea]
train_num = train[[x for x in list(train) if x in num_features]]
test_cat = test[cat_fea]
test_num = test[[x for x in list(train) if x in num_features]]

# 범주형 데이터에 LabelEncode()를 수행한다
max_cat_values = []
for c in cat_fea:
    le = LabelEncoder()
    x = le.fit_transform(pd.concat([train_cat, test_cat])[c])
    train_cat[c] = le.transform(train_cat[c])
    test_cat[c] = le.transform(test_cat[c])
    max_cat_values.append(np.max(x))

# 범주형 변수의 빈도값으로 새로운 파생 변수를 생성한다
cat_count_features = []
for c in cat_fea + ['new_ind','new_reg','new_car']:
    d = pd.concat([train[c],test[c]]).value_counts().to_dict()
    train['%s_count'%c] = train[c].apply(lambda x:d.get(x,0))
    test['%s_count'%c] = test[c].apply(lambda x:d.get(x,0))
    cat_count_features.append('%s_count'%c)

# XGBoost 기반 변수를 읽어온다
train_fea0, test_fea0 = pickle.load(open("../input/fea0.pk", "rb"))
```

```
# 수치형 변수의 결측값/이상값을 0으로 대체하고, 범주형 변수와 XGBoost 기반 변수를 통합한다
train_list = [train_num.replace([np.inf, -np.inf, np.nan], 0),
train[cat_count_features], train_fea0]
test_list = [test_num.replace([np.inf, -np.inf, np.nan], 0), test[cat_
count_features], test_fea0]

# 피봇 기반 기초 통계 파생 변수를 생성한다
for t in ['ps_car_13', 'ps_ind_03', 'ps_reg_03', 'ps_ind_15', 'ps_
reg_01', 'ps_ind_01']:
    for g in ['ps_car_13', 'ps_ind_03', 'ps_reg_03', 'ps_ind_15', 'ps_
    reg_01', 'ps_ind_01', 'ps_ind_05_cat']:
        if t != g:
            # group_column 변수를 기반으로 target_column 값을 피봇한 후, 기초 통계
            값을 파생 변수로 추가한다
s_train, s_test = proj_num_on_cat(train, test, target_column=t, group_
column=g)
            train_list.append(s_train)
            test_list.append(s_test)

# 데이터 전체를 메모리 효율성을 위하여 희소 행렬로 변환한다
X = sparse.hstack(train_list).tocsr()
X_test = sparse.hstack(test_list).tocsr()
all_data = np.vstack([X.toarray(), X_test.toarray()])

# 인공 신경망 학습을 위해 모든 변수값을 -1~1로 Scaling한다
scaler = StandardScaler()
scaler.fit(all_data)
X = scaler.transform(X.toarray())
X_test = scaler.transform(X_test.toarray())
```

익명화된 데이터 속에 숨겨진 유의미한 정보를 얻기 위하여 복잡한 피처 엔지니어링을 수행하는 것을 확인할 수 있다. 앞선 코드에서 수행한 피처 엔지니어링은 테이블형 데이터를 제공하는 경진대회에서는 흔히 사용되는 피처 엔지니어링 기술들이다.

승자의 코드는 전체 변수에 대한 파생 변수를 생성하지 않고, 일부 변수에 대해서만 피봇 기반 기초 통계 파생 변수 및 상호 작용 변수 등을 생성한다. 승자의 코드에서는 어떠한 배경으로 해당 변수들을 선정했는지 설명하지 않는다. 간단하고 명료한 선별 기준이 있으면 좋겠지만, 상위 캐글러들에게 직접 물어보아도 돌아오는 답은 "다양한 조합의 파생 변수를 직접 실험해보고, 가장 높은 내부 교차 검증 점수 및 Public 리더보드 점수를 기록하는 변수 조합을 선별한다"이다. 머신러닝이 과학이자 예술의 영역으로 표현되는 가장 큰 이유 중 하나가, 이러한 피처 엔지니어링 과정 때문일 것이다.

데이터가 준비되었으니, 이제 인공 신경망 모델을 학습해보자. 이번 경진대회에서 사용하는 인공 신경망 모델은 2계층 Fully Connected Layer 모델이다. 모델이 많이 약소해 보이는가? 이미지 분류 혹은 음성 인식 경진대회에서는 50계층을 넘는 거대한 인공 신경망 모델이 흔히 사용되지만, 이번 경진대회와 같은 테이블형 데이터에는 2~3계층 모델의 표현력(capacity)으로도 충분히 데이터 내 패턴을 학습할 수 있다.

[코드 4-17] 인공 신경망 모델 정의

```
# 2계층 인공 신경망 모델을 정의한다
def nn_model():
    inputs = []
    flatten_layers = []

    # 범주형 변수에 대한 Embedding 계층을 정의한다. 모든 범주형 변수는 해당 변수의 최댓값
    (num_c) 크기의 벡터 임베딩을 학습한다.
    for e, c in enumerate(cat_fea):
        input_c = Input(shape=(1, ), dtype='int32')
        num_c = max_cat_values[e]
        embed_c = Embedding(
            num_c,
            6,
            input_length=1
        )(input_c)
        embed_c = Dropout(0.25)(embed_c)
        flatten_c = Flatten()(embed_c)
```

```
        inputs.append(input_c)
        flatten_layers.append(flatten_c)

    # 수치형 변수에 대한 입력 계층을 정의한다
    input_num = Input(shape=(X.shape[1],), dtype='float32')
    flatten_layers.append(input_num)
    inputs.append(input_num)

    # 범주형 변수와 수치형 변수를 통합하여 2계층 Fully Connected Layer를 정의한다
    flatten = merge(flatten_layers, mode='concat')

    # 1계층은 512 차원을 가지며, PReLU Activation 함수와 BatchNormalization,
    Dropout 함수를 통과한다
    fc1 = Dense(512, init='he_normal')(flatten)
    fc1 = PReLU()(fc1)
    fc1 = BatchNormalization()(fc1)
    fc1 = Dropout(0.75)(fc1)

    # 2계층은 64 차원을 가진다
    fc1 = Dense(64, init='he_normal')(fc1)
    fc1 = PReLU()(fc1)
    fc1 = BatchNormalization()(fc1)
    fc1 = Dropout(0.5)(fc1)

    outputs = Dense(1, init='he_normal', activation='sigmoid')(fc1)

    # 모델 학습을 수행하는 optimizer와 학습 기준이 되는 loss 함수를 정의한다
    model = Model(input = inputs, output = outputs)
    model.compile(loss='binary_crossentropy', optimizer='adam')
    return (model)
```

데이터와 모델이 준비되었으니, 바로 교차 검증을 수행한다.

[코드 4-18] 5-Fold 교차 검증과 5번의 랜덤 시드 기반 Bagging으로 교차 검증 평가 점수와 테스트 데이터에 대한 최종 예측값을 산출한다.

```
    # 5-Fold 교차 검증을 수행한다
    NFOLDS = 5
```

```python
kfold = StratifiedKFold(n_splits=NFOLDS, shuffle=True, random_
state=218)

# 모델 학습을 5번의 랜덤 시드로 수행한 후, 평균값을 최종 결과로 얻는다
num_seeds = 5
begintime = time()

# 내부 교차 검증 및 테스트 데이터에 대한 예측값을 저장하기 위한 준비를 한다
cv_train = np.zeros(len(train_label))
cv_pred = np.zeros(len(test_id))

X_cat = train_cat.as_matrix()
X_test_cat = test_cat.as_matrix()

x_test_cat = []
for i in range(X_test_cat.shape[1]):
    x_test_cat.append(X_test_cat[:, i].reshape(-1, 1))
x_test_cat.append(X_test)

# 랜덤 시드 개수만큼 모델 학습을 수행한다
for s in range(num_seeds):
    np.random.seed(s)
    for (inTr, inTe) in kfold.split(X, train_label):
        xtr = X[inTr]
        ytr = train_label[inTr]
        xte = X[inTe]
        yte = train_label[inTe]

        xtr_cat = X_cat[inTr]
        xte_cat = X_cat[inTe]

        # 범주형 데이터를 추출하여, 수치형 데이터와 통합한다
        xtr_cat_list, xte_cat_list = [], []
        for i in range(xtr_cat.shape[1]):
            xtr_cat_list.append(xtr_cat[:, i].reshape(-1, 1))
            xte_cat_list.append(xte_cat[:, i].reshape(-1, 1))
        xtr_cat_list.append(xtr)
        xte_cat_list.append(xte)

        # 인공 신경망 모델을 정의한다
```

```
model = nn_model()
# 모델을 학습한다
model.fit(xtr_cat_list, ytr, epochs=20, batch_size=512,
verbose=2, validation_data=[xte_cat_list, yte])

# 예측값의 순위를 구하는 함수 get_rank()를 정의한다. Gini 평가 함수는 예측값 간
의 순위를 기준으로 평가하기 때문에 최종 평가 점수에 영향을 미치지 않는다.
def get_rank(x):
    return pd.Series(x).rank(pct=True).values

# 내부 교차 검증 데이터에 대한 예측값을 저장한다
cv_train[inTe] += get_rank(model.predict(x=xte_cat_list, batch_
size=512, verbose=0)[:, 0])
print(Gini(train_label[inTe], cv_train[inTe]))

# 테스트 데이터에 대한 예측값을 저장한다
cv_pred += get_rank(model.predict(x=x_test_cat, batch_size=512,
verbose=0)[:, 0])

print(Gini(train_label, cv_train / (1. * (s + 1))))
print(str(datetime.timedelta(seconds=time() - begintime)))

# 테스트 데이터에 대한 최종 예측값을 파일로 저장한다
pd.DataFrame({'id': test_id, 'target': get_rank(cv_pred * 1./ (NFOLDS
* num_seeds))}).to_csv('../model/keras5_pred.csv', index=False)
```

5-Fold 내부 교차 검증 과정은 전체 데이터를 5등분하여, 각각 4/5만큼의 데이터를 기반으로 모델을 학습하고 1/5만큼의 데이터와 테스트 데이터에 대한 예측값을 생성한다. 교차 검증 프로세스는 모델의 성능을 훈련 데이터만으로 측정할 수 있다는 장점이 있다. 또한, 서로 다른 데이터로 학습한 5개 모델의 예측값의 평균을 최종 테스트 데이터의 예측값으로 사용하기 때문에 학습 데이터로 인해 발생할 수 있는 랜덤 요소에 대한 편차를 줄일 수 있다.

승자의 코드는 나아가, 모델 자체 시드값을 조정하며 5-Fold 내부 교차 검증 과정을 5번 반복한다. 이는, 인공 신경망 모델이 가지고 있는 랜덤 요소에 대한 편차 마저 줄이는 방법이다. 이러한 과정은 최종 모델의 일반화 오류를 줄여주는데 중요한 역할을 한다.

캐글 업로드

캐글 API를 통하여 결과물을 캐글에 업로드한다.

```
kaggle competitions submit -c porto-seguro-safe-driver-prediction -f
../model/keras5_pred.csv -m "NeuralNetwork Winner's code"
```

Submission and Description	Private Score	Public Score	Use for Final Score
keras5_pred.csv.zip 5 days ago by kweonwooj add submission details	0.28968	0.28483	☐

[그림 4-25] 인공 신경망 단일 모델 점수

경진대회 진행 중에 공개되는 Public 리더보드 점수는 0.28483로, 전체 5,169팀 중 1,406등으로 상위 27% 수준의 점수를 기록한다. 최종 경진대회 순위의 기준이 되는 Private 리더보드 점수는 0.28968로 전체 5,169팀 중 1,197등으로 상위 23%의 점수를 기록한다. 단일 모델 성능으로 보면 높은 점수는 아니지만, 바로 이어서 소개하는 LightGBM 단일 모델과 앙상블을 수행할 경우, 유의미한 점수 개선을 이루어낸다.

LightGBM 모델 학습

LightGBM 모델 학습 과정에는 4가지 파생 변수를 생성한다. 모델의 신뢰도를 높이기 위하여 총 16번의 다른 시드(seed) 값으로 학습한 모델의 결과물 16개의 단순 평균값으로 예측 결과물을 생성한다. 내부 교차 검증은 5-Fold로 데이터를 분리하여

286

학습 및 예측 과정을 수행한다. 머신러닝의 기본적인 기술들이 적용되는 것을 볼 수 있다.

이번 데이터에서는 StratifiedKFold를 사용하여 내부 교차 검증을 수행한다. StratifiedKFold는 훈련 데이터를 K등분하는 과정에서 타겟값의 비율을 유지한 상태에서 랜덤하게 데이터를 분리한다. 이번 경진대회에서 제공된 데이터는 철저한 익명화를 통해 단순 고객 로그와 같은 형태를 지니며, 데이터의 시계열 정보를 얻을 수 없다. 이러한 경우에는 StratifiedKFold 를 기반으로 내부 교차 검증을 수행하는게 안전하다. 더구나, 탐색적 데이터 분석을 통해 훈련 데이터와 테스트 데이터의 분포가 매우 유사하다는 것을 확인하였기에, StratifiedKFold로 분리된 훈련 데이터로 학습한 모델로 바로 테스트 데이터를 예측하는데 사용한다.

LightGBM 모델 하나만으로도, 리더보드 상위 점수를 얻을 수 있다.

함께 코드를 살펴보자.

라이브러리 및 평가 함수 준비

먼저, 학습에 필요한 라이브러리와 평가 함수를 준비한다.

[코드 4-19] LightGBM 모델 학습에 필요한 라이브러리와 도구 함수를 정의하기(file: kaggle_porto-seguro-safe-driver-prediction/03_Winners_Code/code/gbm_model291.py)

```
# 모델 학습에 필요한 라이브러리
import lightgbm as lgbm
from scipy import sparse as ssp
from sklearn.model_selection import StratifiedKFold
import numpy as np
import pandas as pd
from sklearn.preprocessing import LabelEncoder
from sklearn.preprocessing import OneHotEncoder

def Gini(y_true, y_pred):
```

```python
    # 정답과 예측값의 개수가 동일한지 확인한다
    assert y_true.shape == y_pred.shape
    n_samples = y_true.shape[0]

    # 예측값(y_pred)를 오름차순으로 정렬한다
    arr = np.array([y_true, y_pred]).transpose()
    true_order = arr[arr[:, 0].argsort()][::-1, 0]
    pred_order = arr[arr[:, 1].argsort()][::-1, 0]

    # Lorenz curves를 계산한다
    L_true = np.cumsum(true_order) * 1. / np.sum(true_order)
    L_pred = np.cumsum(pred_order) * 1. / np.sum(pred_order)
    L_ones = np.linspace(1 / n_samples, 1, n_samples)

    # Gini 계수를 계산한다
    G_true = np.sum(L_ones - L_true)
    G_pred = np.sum(L_ones - L_pred)

    # Gini 계수를 정규화한다
    return G_pred * 1. / G_true

# LightGBM 모델 학습 과정에서 평가 함수로 사용한다
def evalerror(preds, dtrain):
    labels = dtrain.get_label()
    return 'gini', Gini(labels, preds), True
```

이번 경진대회의 평가 지표인 정규화 지니 계수 값을 계산하는 함수를 미리 준비한다. 내부 교차 검증을 평가하는데 경진대회의 최종 평가지표를 사용하는 것이 바람직하다.

LightGBM 모델은 자체적으로 다양한 평가 함수를 지원하지만, 라이브러리에서 기본으로 지원하지 않을 경우 위와 같이 '평가 함수 이름, 평가 점수, True'를 반환하는 함수를 정의하여 맞춤 평가 함수를 생성할 수 있다.

피처 엔지니어링

다음에는, 훈련 데이터와 테스트 데이터를 읽어온 후, 피처 엔지니어링을 수행한다. 앞서 언급한 바와 같이, 이번 경진대회 데이터는 비교적 깨끗한 데이터로 준비되어 별도의 데이터 전처리 과정이 필요 없다.

피처 엔지니어링 과정에서는 총 3종류의 파생 변수를 생성한다.

1. 결측값을 의미하는 '-1' 의 개수로 파생 변수 'missing'을 생성한다.
2. 범주형 변수를 OneHotEncode한다.
3. 'ind' 변수의 값의 조합으로 'new_ind' 변수를 생성한다. 범주형 변수와 'new_ind' 변수에 대하여, 전체 데이터에서 해당 운전자 데이터의 고유값의 빈도를 나타내는 '[변수명]_count' 변수를 생성한다.

[코드 4-20] LightGBM 모델 학습을 위한 피처 엔지니어링 코드

```
# 훈련 데이터, 테스트 데이터를 읽어온다
path = "../input/"
train = pd.read_csv(path+'train.csv')
train_label = train['target']
train_id = train['id']
test = pd.read_csv(path+'test.csv')
test_id = test['id']

# target 변수를 별도로 분리하고, 'id, target' 변수를 제거한다. 훈련 데이터와 테스트 데
이터의 변수를 동일하게 가져가기 위함이다.
y = train['target'].values
drop_feature = [
    'id',
    'target'
]
X = train.drop(drop_feature,axis=1)

# 범주형 변수와 수치형 변수를 분리한다
feature_names = X.columns.tolist()
```

```
cat_features = [c for c in feature_names if ('cat' in c and 'count' not
in c)]
num_features = [c for c in feature_names if ('cat' not in c and 'calc'
not in c)]

# 파생 변수 01 : 결측값을 의미하는 "-1"의 개수를 센다
train['missing'] = (train==-1).sum(axis=1).astype(float)
test['missing'] = (test==-1).sum(axis=1).astype(float)
num_features.append('missing')

# 파생 변수 02 : 범주형 변수를 LabelEncoder()를 통하여 수치형으로 변환한 후,
OneHotEncoder()를 통하여 고유값별로 0/1의 이진 변수를 데이터로 사용한다.
for c in cat_features:
    le = LabelEncoder()
    le.fit(train[c])
    train[c] = le.transform(train[c])
    test[c] = le.transform(test[c])

enc = OneHotEncoder()
enc.fit(train[cat_features])
X_cat = enc.transform(train[cat_features])
X_t_cat = enc.transform(test[cat_features])

# 파생 변수 03 : 'ind' 변수의 고유값을 조합한 'new_ind' 변수를 생성한다.
# 예: ps_ind_01 = 1, ps_ind_02 = 0의 값을 가질 경우, new_ind는 '1_2_'라는 문자
열 변수가 된다. ind 변수들의 조합을 기반으로 파생 변수를 생성하는 것이다.
ind_features = [c for c in feature_names if 'ind' in c]
count=0
for c in ind_features:
    if count==0:
        train['new_ind'] = train[c].astype(str)+'_'
        test['new_ind'] = test[c].astype(str)+'_'
        count+=1
    else:
        train['new_ind'] += train[c].astype(str)+'_'
        test['new_ind'] += test[c].astype(str)+'_'

# 파생 변수 03 continue : 범주형 변수와 'new_ind' 고유값의 빈도를 파생 변수로 생성한다.
cat_count_features = []
for c in cat_features+['new_ind']:
```

```
        d = pd.concat([train[c],test[c]]).value_counts().to_dict()
        train['%s_count'%c] = train[c].apply(lambda x:d.get(x,0))
        test['%s_count'%c] = test[c].apply(lambda x:d.get(x,0))
        cat_count_features.append('%s_count'%c)

# 수치형 변수, 범주형 변수/new_ind 빈도 및 범주형 변수를 모델 학습에 사용한다. 그 외 변수
는 학습에 사용되지 않는다.
train_list = [train[num_features+cat_count_features].values,X_cat,]
test_list = [test[num_features+cat_count_features].values,X_t_cat,]

# 모델 학습 속도 및 메모리 최적화를 위하여 데이터를 Sparse Matrix 형태로 변환한다.
X = ssp.hstack(train_list).tocsr()
X_test = ssp.hstack(test_list).tocsr()
```

LightGBM 모델에서는 기본으로 제공되는 57개의 변수 전체에 대해서 결측값을 의미하는 −1 값의 개수를 'missing'이라는 파생 변수로 저장한다. 그 외 피처 엔지니어링 과정에서는 전체 변수 중 범주형 변수 14개와 수치형 변수 23개, 총 37개의 변수만을 사용한다. 승자의 코드에서는 왜 해당 37개의 변수만을 사용했는지, 변수 선정에 대한 선별 기준이 명시되어 있지 않다.

14개의 범주형 변수는 LabelEncoder()를 통하여 고유값 기준으로 0~n 사이의 수치형 변수로 변환이 되고, OneHotEncoer()를 통하여 고유값 기준으로 새로운 이진 변수가 생성된다. 최종적으로 변환이 완료된 범주형 변수를 포함하는 X_cat 데이터는 184개의 이진 변수로 구성된다. 23개의 수치형 변수는 별도의 전처리 및 피처 엔지니어링 과정 없이 바로 모델 학습에 사용된다.

마지막으로, ind 변수들의 고유값을 문자열 형태로 덧붙여 새로운 변수 new_ind를 생성하고, 변수의 고유값별 빈도값을 파생 변수로 사용한다. 이 과정에서 범주형 변수의 고유값별 빈도값도 포함되어 총 15개의 변수가 생성된다.

LightGBM 모델은 최종적으로 223개의 변수를 가진다.

모델 학습

다음은, LightGBM 모델을 학습한다.

LightGBM 모델의 설정값은 다음과 같다.

[코드 4-21] LightGBM 모델 설정값

```
# LightGBM 모델의 설정값이다.
num_boost_round = 10000
params = {"objective": "binary",
          "boosting_type": "gbdt",
          "learning_rate": 0.1,
          "num_leaves": 15,
           "max_bin": 256,
          "feature_fraction": 0.6,
          "verbosity": 0,
          "drop_rate": 0.1,
          "is_unbalance": False,
          "max_drop": 50,
          "min_child_samples": 10,
          "min_child_weight": 150,
          "min_split_gain": 0,
          "subsample": 0.9
          }
```

각 설정값에 대한 간략한 설명은 다음과 같다.

- num_boost_round : 학습에 사용할 최대 트리 모델 개수를 의미하는 num_boost_round는 early stopping을 고려하여 매우 큰 값인 10,000으로 설정한다.
- objective : 모델의 출력 대상은 이진 변수(0 or 1)에 대한 확률 값이므로 'binary'로 설정한다.
- boosting_type : 트리 모델 기반 GBM을 의미하는 기본값 Gradient BoostingDecisionTree의 약자인 gbdt로 설정한다

- learning_rate : 보통 0.001~1.0 사이의 값을 사용하기에, 0.1은 작지 않은 값이다.

- feature_fraction : 총 223개의 변수 중 60%의 변수만 사용해서 트리 모델을 학습한다. 이 값이 작을수록 각 단일 모델이 서로 다른 변수 세트로 학습이 되어 더욱 다양한 예측 결과물을 출력할 수 있다.(XGBoost의 colsample_bytree와 동일한 설정값)

- subsample : 단일 모델 학습에 사용하는 데이터의 비율을 0.9로 높은 값으로 설정한다.

max_depth 값을 별도로 지정하지 않았기에, 기본값인 −1 (모델 크기에 제한이 없음)을 가지는 LightGBM 모델의 복잡도는 높은 편이라고 볼 수 있다. 60만 명의 운전자 데이터와 200개 이상의 변수를 학습해야 해서 모델의 복잡도가 높아야 하기 때문이다.

[코드 4-22] 5-Fold 교차 검증과 16개의 랜덤 시드 Bagging을 통해 모델을 학습하고 검증 데이터에 대한 평가 점수, 테스트 데이터에 대한 예측값을 산출하여 저장하기

```
# Stratified 5-Fold 내부 교차 검증
NFOLDS = 5
kfold = StratifiedKFold(n_splits=NFOLDS, shuffle=True, random_
state=218)

x_score = []
final_cv_train = np.zeros(len(train_label))
final_cv_pred = np.zeros(len(test_id))
# 총 16번의 다른 시드값으로 학습을 돌려, 평균값을 최종 예측 결과물로 사용한다. 시드값이 많을
수록 랜덤 요소로 인한 분산을 줄일 수 있다.
for s in xrange(16):
    cv_train = np.zeros(len(train_label))
    cv_pred = np.zeros(len(test_id))

    params['seed'] = s

    kf = kfold.split(X, train_label)
```

```
best_trees = []
fold_scores = []

for i, (train_fold, validate) in enumerate(kf):
    X_train, X_validate, label_train, label_validate = X[train_
        fold, :], X[validate, :], train_label[train_fold], train_
        label[validate]
    dtrain = lgbm.Dataset(X_train, label_train)
    dvalid = lgbm.Dataset(X_validate, label_validate,
    reference=dtrain)
    # 훈련 데이터를 학습하고, evalerror() 함수를 통해 검증 데이터에 대한 정규화
    Gini 계수 점수를 기준으로 최적의 트리 개수를 찾는다.
    bst = lgbm.train(params, dtrain, num_boost_round, valid_
    sets=dvalid, feval=evalerror, verbose_eval=100, early_stopping_
    rounds=100)
    best_trees.append(bst.best_iteration)
    # 테스트 데이터에 대한 예측값을 cv_pred에 더한다.
    cv_pred += bst.predict(X_test, num_iteration=bst.best_
    iteration)
    cv_train[validate] += bst.predict(X_validate)

    # 검증 데이터에 대한 평가 점수를 출력한다.
    score = Gini(label_validate, cv_train[validate])
    print(score)
    fold_scores.append(score)

cv_pred /= NFOLDS
final_cv_train += cv_train
final_cv_pred += cv_pred

# 시드값별로 교차 검증 점수를 출력한다.
print("cv score:")
print(Gini(train_label, cv_train))
print("current score:", Gini(train_label, final_cv_train / (s + 1.)),
s+1)
print(fold_scores)
print(best_trees, np.mean(best_trees))

x_score.append(Gini(train_label, cv_train))
```

```
print(x_score)
# 테스트 데이터에 대한 결과물을 시드값 개수만큼 나누어주어 0~1사이 값으로 수정하고, 결과물을
저장한다.
pd.DataFrame({'id': test_id, 'target': final_cv_pred / 16.}).to_
csv('../model/lgbm3_pred_avg.csv', index=False)
```

StratifiedKFold 내부 교차 검증과 16번의 다른 시드값으로 학습한 모델의 결과물을 평균하여 모델 최종 결과물이 특정 시드값으로 인하여 생기는 편차를 최대한 줄여준다. 경진대회에서 안정적이고 신뢰할 수 있는 머신러닝 모델을 만들기 위해서는 다양한 모델의 평균을 구하는 것만큼 쉽고 효과적인 방법이 없다.

캐글 업로드

캐글 API를 통하여 결과물을 캐글에 업로드한다.

```
kaggle competitions submit -c porto-seguro-safe-driver-prediction -f
../model/lgbm3_pred_avg.csv -m "LightGBM Winner's code"
```

Submission and Description	Private Score	Public Score	Use for Final Score
lgbm3_pred_avg.csv.zip 3 hours ago by kweonwooj add submission details	0.29124	0.28555	☐

[그림 4-26] LightGBM 단일 모델 점수

경진대회 진행 중에 공개되는 Public 리더보드 점수는 0.28555로, 전체 5,169팀 중 1,278등으로 상위 25% 수준의 점수를 기록한다. 자칫 낮은 점수로 보이지만, 이번 경진대회의 Public 리더보드 10등 점수는 0.28854이며, 소수점 이하 세 자리 수에서의 근접한 차이에 수많은 참가자들의 결과물이 집중되고 있다. 최종 순위가 Private리더보드 점수로 책정되는 만큼, Public 리더보드의 점수에 과적합하는 것보다, 안정적이고 신뢰도가 높은 일반화 오류(Generalization Error)가 적은 모델을 학습하는 것이 이상적이다. 실제로, StratifiedKFold 내부 교차 검증과 16번의 시드 값 기반 평균 앙상블 모델인 만큼, 일반화 오류가 월등히 낮다. 최종 경진대회 순위의 기준이 되는 Private 리더보드 점수는 0.29124로 전체 5,169팀 중 29등으로 상위 0.5%의 점수를 기록한다.

이처럼, 작은 소수점에서 경쟁하는 경진대회에서는 Public 리더보드의 순위보다 안정적이고 신뢰할 수 있는 내부 교차 검증 프로세스를 구축한 후, 자신만의 내부 평가 점수를 신뢰하여 최종 결과물을 선정하는 것이 중요하다.

앙상블

마지막으로, 앙상블을 통해 모델 성능을 조금이나마 개선하고자 한다.

인공 신경망 모델과 LightGBM 모델의 결과값의 단순 평균을 구한다.

[코드 4-23] LightGBM 모델과 인공 신경망 모델의 단순 평균 앙상블을 구하기

```
import pandas as pd
# 각 모델의 결과물을 읽어온다
keras5_test = pd.read_csv("../model/keras5_pred.csv")
lgbm3_test = pd.read_csv("../model/lgbm3_pred_avg.csv")

def get_rank(x):
    return pd.Series(x).rank(pct=True).values

# 두 예측값의 단순 평균을 최종 앙상블 결과물로 저장한다
pd.DataFrame({'id': keras5_test['id'], 'target': get_rank(keras5_
test['target']) * 0.5 + get_rank(keras5_test['target']) * 0.5}).to_
csv("../model/simple_average.csv", index = False)
```

의외로 단순 평균을 구하는 것 만으로 유의미한 성능 개선을 얻을 수 있다.

다음 그림은 최종 결과물을 캐글에 업로드한 결과이다.

Submission and Description	Private Score	Public Score	Use for Final Score
simple_average.csv 16 days ago by kweonwooj reproduction simple-avg	0.29397	0.28863	☐

[그림 4-27] 최종 앙상블 모델 점수

Public 리더보드 점수는 0.28863로, 전체 5,169팀 중 9 등으로 상위 10등을 기록한다. 최종 경진대회 순위의 기준이 되는 Private 리더보드 점수는 0.29397로 전체 5,169팀 중 3등이다. 상금을 얻을 수 있는 3등 점수이다.

Private 리더보드 기준 10등을 기록한 LightGBM 모델과 1,200등을 기록한 인공 신경망 모델의 단순 평균 앙상블이 전체 3등의 점수를 기록한다는 것은 놀라운 일이다. 두 모델이 다른 피처 엔지니어링과 다른 모델을 사용하였기에, 데이터 속에 숨겨진 서로 다른 패턴을 유의미하게 학습하여, 앙상블을 통해 좋은 결과를 얻을 수 있었다. 이처럼, 앙상블은 서로 다른 영역에서 강점을 지닌 다양한 모델을 통해 유의미한 결과를 얻는다.

요약

포르토 세구로 안전 운전자 예측 경진대회는 피처 엔지니어링이 승패를 좌우하는 경진대회이다. 승자의 코드는 승자답게 다양하고 유의미한 파생 변수들을 다수 생성하여 모델 성능을 향상 시킨다. 그 과정에서 랜덤 요소로 인한 편차를 최소화하기 위하여 5-Fold 교차 검증과 5개의 랜덤 시드 학습 기법을 사용한다. LightGBM 모델이 포착하지 못하는 데이터 내에 다양한 패턴을 인공 신경망 모델로 학습하여, 성공적인 앙상블을 수행한다. 피처 엔지니어링 과정에서 엄청난 양의 실험이 엿보이는 코드이다.

이번 승자의 코드에서 선보인 피처 엔지니어링의 차별점은 ① XGBoost를 사용하여 타겟 변수가 아닌, 설명 변수에 대한 예측값을 파생 변수로 사용한다는 점과 ② 변수 값을 문자열로 통합한 조합에 대하여 빈도, 타겟값 평균, 최댓값 등의 기초 통계를 적극적으로 활용했다는 것이다.

단일 모델로는 좋은 성적을 거두지 못하는 인공 신경망 모델의 피처 엔지니어링에 가장 많은 정성을 쏟은 것 같아 보인다. 이미 상위 10등을 기록하는 LightGBM 모델이 있는 상황에서, 인공 신경망 점수를 끌어올리고자 끊임없이 노력하는 모습이 최종적으로 앙상블을 통해 효과를 얻은 게 놀라울 뿐이다. 필자였으면, 인공 신경망 모델 학습에 이렇게 많은 시간을 투자하지 못했을 것 같기 때문이다.

텐서플로 음성 인식 경진대회와 포트로 세구로 안전 운전자 예측 경진대회에서 둘다 상위권에 입상한 Xiaozhou의 코드를 통해 많은 것을 배울 수 있었다.

4.9 승자의 지혜

이번 경진대회에는 캐글 역사상 역대급으로 많은 총 5,169팀이 경쟁에 참여했다. 훈련 데이터와 테스트 데이터 용량이 200MB 이하라는 점, 그리고 이미지/텍스트/음성 등의 특수 입력값이 아닌 csv 형태의 테이블형 데이터가 제공된 이번 경진대회는 접근성이 매우 높은 경진대회이다. 고가의 GPU 장비 혹은 다수의 CPU 코어수를 자랑하는 장비가 아니여도, 손쉽게 경진대회 데이터를 기반으로 모델을 학습할 수 있기 때문이다.

포르토 세구로 안전 운전자 경진대회 최종 순위 상위 10등 이상을 기록한 승자의 지혜를 간단하게 요약하고자 한다. 대부분의 상위 입상자들은 고전적인 테이블형 경진대회에서 꾸준히 상위를 기록해온 캐글러들이었다. 창의적인 알고리즘보다는, 꾸준한 피처 엔지니어링과 다양성을 확보하는 아이디어로 모델을 구축하고 앙상블을 성공한 팀이 좋은 성적을 거두었다. 물론, 1등을 기록한 Michael Jahrer는 모두를 놀라게 할만한 방법으로 경진대회 우승을 기록했다.

[표 4-2] 1등 팀 승자의 지혜

분류	내용
순위	1등 (Private LB : 0.29698)[7]
팀명	Michael Jahrer
팀 구성원	Michael Jahrer (Kaggle Grandmaster)
교차 검증 전략	5-Fold 교차 검증. Stratified가 아닌 단순 랜덤 교차 검증.
피처 엔지니어링	1. calc 관련 변수 제거 2. 범주형 변수를 모두 OneHotEncode
모델 튜닝	LightGBM x1 + 인공 신경망 x 5
앙상블	6개 모델 단순 평균 앙상블
경진대회 관련 트릭	1. 인공 신경망 모델은 타겟 변수를 예측하는 감독 학습 모델이 아닌, 비지도 학습(Unsupervised Learning) 모델의 일종인 Denoising Autoencoder를 사용. 피처 엔지니어링 역할을 Denoising Autoencoder를 통해 수행한 이후, 인공 신경망 모델을 따로 학습하여 타겟 변수를 예측 2. 인공 신경망 모델의 변수를 정규화할때에 기존에 사용하는 평균/표준편차 혹은 최댓값/최솟값 기반 정규화가 아닌 RankGauss 기반의 정규화를 사용 3. LightGBM 모델 학습에는 calc 관련 변수 제거 및 범주형 변수 OneHotEncode() 외 피처 엔지니어링을 전혀 수행하지 않음
결과	LightGBM 모델은 Private 리더보드 기준 0.29097, 인공 신경망 모델은 Private 리더보드 기준 0.293점 수준을 기록. 앙상블을 통하여 최종 점수 0.29698를 기록
비고	테이블형 데이터에서 수동 피처 엔지니어링이 아닌 Denoising Autoencoder를 사용한 변수 생성은 매우 참신한 아이디어이다. 다른 경진대회에서는 좋은 성적을 보이지 못했기에 많이 사용되지 않았지만, RankGauss, inputSawpNoise등 다양한 트릭을 통해 수동 피처 엔지니어링보다 좋은 결과를 얻은 사례이다.

---

7   https://www.kaggle.com/c/porto-seguro-safe-driver-prediction/discussion/44629

[표 4-3] 2등 팀 승자의 지혜

분류	내용
순위	2등 (Private LB : 0.29413)[8]
팀명	三个臭皮匠还是打不过诸葛亮 (번역 : 세명의 구두장이가 모여도 제갈량은 이길 수 없다)
팀 구성원	Little Boat, Kele Xu, qianqian (모두 Kaggle Grandmaster)
교차 검증 전략	5-Fold Stratified 교차 검증
피처 엔지니어링	1. ps_car_13, ps_ind_03, ps_reg_03 등의 상호 작용 변수 2. 범주형 변수의 빈도 3. XGBoost 기반 설명 변수 예측값 4. 피봇 변수 : 하나의 변수(group_col)를 기준으로 다른 설명 변수 (target_col)를 피봇하여, 빈도/평균/최댓값 등의 기초 통계 값을 추출
모델 튜닝	LightGBM x1 + 인공 신경망 x1
앙상블	단순 평균 앙상블
경진대회 관련 트릭	XGBoost 모델을 사용하여 타겟 변수가 아닌 설명 변수에 대한 예측값을 파생 변수로 사용한 것이 차별점
결과	XGBoost 단일 모델은 상위 10등 수준, 인공 신경망 모델은 상위 25% 이하이지만, 단순 앙상블을 통해 전체 3등을 기록
비고	다양한 피처 엔지니어링을 통해 모델의 성능을 개선한 전형적인 캐글 상위 솔루션

[표 4-4] 3등 팀 승자의 지혜

분류	내용
순위	3등 (Private LB : 0.29271)[9]
팀명	utility
팀 구성원	utility (Kaggle Grandmaster)
교차 검증 전략	n/a

---

8   https://www.kaggle.com/c/porto-seguro-safe-driver-prediction/discussion/44558
9   https://www.kaggle.com/c/porto-seguro-safe-driver-prediction/discussion/44608

분류	내용
피처 엔지니어링	1. calc 관련 변수 모두 제거 2. 범주형 변수 OneHotEncode. 인공 신경망 모델의 경우 수치형 변수들도 값이 3개 이상일 경우에는 OneHotEncode
모델 튜닝	LightGBM x1 + 인공 신경망 x1
앙상블	단순 평균 앙상블
경진대회 관련 트릭	LightGBM 모델을 학습할 때에 과적합을 피하는 일반화(Regularization) 설정값을 높게 설정
결과	Public 리더보드에서는 1,074등을 기록한 그의 점수는 Private 리더보드에서 3등을 기록
비고	피처 엔지니어링을 수행해도 데이터의 특성상 유의미한 성능 개선을 확인하기가 어려운 경진대회였다. 내부 교차 검증 과정을 신뢰하고, 꾸준히 점수를 올리는 기법을 취한 결과, Public 리더보드는 낮았지만, Private 리더보드에서 놀라운 결과를 보였다.

[표 4-5] 8등 팀 승자의 지혜

분류	내용
순위	8등 (Private LB : 0.29189)[10]
팀명	MSChuan-ironbar
팀 구성원	ironbar, xiao9 (Kaggle Master)
교차 검증 전략	5-Fold 교차 검증
피처 엔지니어링	1. calc 관련 변수 제거 2. 2~4개 변수에 대한 상호 작용 파생 변수 3. 모든 변수를 OneHotEncode
모델 튜닝	Logistic Regression, 인공 신경망
앙상블	14 모델 Bagging
경진대회 관련 트릭	모든 변수를 OneHotEncode하여 Logistic Regression 선형 모델이 충분한 모델 설명력을 가질 수 있도록 피처 엔지니어링을 수행한다. 인공 신경망 모델을 기반으로, 선형 모델을 통해 다양성을 더해가며 점수를 개선한다.

---

10 https://www.kaggle.com/c/porto-seguro-safe-driver-prediction/discussion/44571

분류	내용
결과	Public 리더보드 기준 3등이었지만, 아쉽게도 Private 리더보드에서는 8등을 기록
비고	

[표 4-6] 9등 팀 승자의 지혜[11]

분류	내용
순위	9등 (Private LB : 0.29185)[11]
팀명	Mario Filho | KazAnova | Faron
팀 구성원	Mario Filho, KazAnova, Faron (Kaggle Grandmaster)
교차 검증 전략	1. 5-Fold 교차 검증 by Mario 2. 20-Fold 교차 검증
피처 엔지니어링	범주형 변수의 OneHotEncode
모델 튜닝	XGBoost, LightGBM 기반 트리 모델 + 인공 신경망 모델
앙상블	비선형 Stacking실험을 다양하게 시도해보았지만, 단순 평균보다 좋은 결과를 얻기가 쉽지 않았다.
경진대회 관련 트릭	피처 엔지니어링이 기대만큼 성능 개선을 이루지 못했다. 데이터와 모델 학습의 랜덤 요소를 줄이는 방법을 통해 안정적인 최종 결과를 얻었다.
결과	Public 리더보드 기준 100등 수준이었지만, Private 리더보드에서 9등으로 급등
비고	TargetEncoding은 큰 효과를 보지 못함

상위 입상자들의 승자의 지혜를 모아보니, 이번 경진대회는 생각보다 피처 엔지니어링이 어려운 경진대회로 보인다. 1등을 기록한 Michael Jahrer는 인공 신경망 기반 Denoising Autoencoder에게 피처 엔지니어링을 대신 학습하도록 유도하여, 경진대회 초반부터 압도적인 점수 차이로 1등을 유지해왔다.

---

11 https://www.kaggle.com/c/porto-seguro-safe-driver-prediction/discussion/44700

2등을 기록한, 그리고 독자 여러분이 함께 분석한 승자의 코드에는 다양한 피처 엔지니어링을 통해 최종 점수를 끌어올리는 것을 함께 확인했다. 대부분의 상위 입상자들은 calc 관련 변수를 과감하게 제거하므로 더 좋은 교차 검증 점수와 Public/Private 리더보드 점수를 기록했다. 이와 같이, 경진대회 주최자가 제공한 데이터가 항상 유용한 것은 아니다. 모든 선입견을 버리고, 오로지 신뢰할 수 있는 교차 검증 프로세스를 통해 피처 엔지니어링 및 모델 튜닝을 수행할 때에 좋은 결과를 얻을 수 있다. 최종 순위 상위 10등 이상을 기록한 팀 중 4팀이 Public 리더보드에서는 1,000등 수준이었다.

캐글 경진대회에서 상위에 입상하기 위한 정답은 존재하지 않는다. 문제에 따라, 데이터에 따라, 모델에 따라 결과가 다르게 나올 수 있는 것이 머신러닝의 묘미이기 때문이다.

스테이트 팜 산만한
운전자 감지 경진대회

AI는 인류에게 가장 좋은 것과 나쁜 것 중 하나가 될 수 있다.

AI is likely to be either the best or worst thing to happen to humanity.

_ 스티븐 호킹(Stephen Hawking)

5.1 경진대회 소개

이번 경진대회는 미국의 보험 및 금융 회사인 스테이트 팜(State Farm)에서 주최한 운전자의 이미지를 기반으로 운전자의 상태를 분류하는 머신러닝 경진대회이다.

State Farm Distracted Driver Detection

&&StateFarm™

Can computer vision spot distracted drivers?
$65,000 · 1,440 teams · 2 years ago

[그림 5-1] 경진대회 대표 이미지

주최자	State Farm
총 상금	$ 65,000 (6,500만원)
문제 유형	Multi-class Classification (다중 클래스 분류)
평가 척도	Multi-class Logarithmic Loss
대회 기간	2016년 4월 6일 ~ 2016년 8월 2일 (총 118일)
대회 참여자	1,440 팀

이런 경험, 누구나 한 번쯤은 해보았을 것이다. 신호등이 초록색으로 바뀌었는데도 꼼짝도 하지 않는 앞 차가 있거나 크게 신경 쓰이지 않았던 근처 차량이 갑자기 속도를 늦추며 좌우로 흔들리는 불안전한 운전을 하기 시작하는 등 말이다.

We've all been there: a light turns green and the car in front of you doesn't budge. Or, a previously unremarkable vehicle suddenly slows and starts swerving from side-to-side.

당신이 그 불쾌한 운전자를 지나치면서 운전석을 쳐다본다면, 운전자의 어떤 모습이 보일까? 핸드폰으로 문자를 하고 있거나, 소셜 미디어에 푹 빠져있거나 혹은 전화 통화를 하고 있는 운전자의 모습을 보아도 크게 놀라지 않을 것이다.

When you pass the offending driver, what do you expect to see? You certainly aren't surprised when you spot a driver who is texting, seemingly enraptured by social media, or in a lively hand-held conversation on their phone.

CDC 자동차 안전 본부에 따르면, 자동차 사고 5건 중 1건은 산만한 운전자들로 인해 발생한다. 안타깝게도, 이러한 사고는 매년 425,000명의 부상자들과 3,000명의 사망자들로 이어진다.

According to the CDC motor vehicle safety division, one in five car accidents is caused by a distracted driver. Sadly, this translates to 425,000 people injured and 3,000 people killed by distracted driving every year.

스테이트 팜은 대시보드 카메라를 통하여 주의가 산만한 운전자들을 자동으로 감지하여 고객을 보호하고, 사고를 예방하고자 한다. 2차원 대시보드 카메라 이미지 세트를 기반으로 스테이트 팜은 캐글러들에게 각 운전자들의 행동을 분류해주길 바란다. 과연 운전자는 조심스럽게 운전을 하고 있을까, 안전띠는 착용을 했을까, 혹은 뒷자리에 앉은 친구들과 셀카를 찍고 있을까?

State Farm hopes to improve these alarming statistics, and better insure their customers, by testing whether dashboard cameras can automatically detect drivers engaging in distracted behaviors. Given a dataset of 2D dashboard camera images, State Farm is challenging Kagglers to classify each driver's behavior. Are they driving attentively, wearing their seatbelt, or taking a selfie with their friends in the backseat?

5.2 경진대회 주최자의 동기 ▬▬▬▬▬

자동차 사고로 인하여 발생하는 부상자와 사망자 숫자는 우리가 상상하는 것 보다 훨씬 많다. 졸음 운전, 음주 운전뿐만 아니라 운전 중 스마트폰 사용, 전화 통화 및 영상 시청 등의 사소한 행동도 사고의 확률을 급격하게 높일 수 있다. 만약에 딥러닝 알고리즘이 운전자의 운전 상태를 자동으로 감지하여, 산만한 운전을 사전에 방지할 수 있다면 어떨까? 운전자와 보행자의 안전을 모두 지키기 위하여, 스테이트 팜은 이미지 인식 기술을 활용해보고자 한다.

차량 내 대시보드에 설치된 작은 카메라를 통해 운전자의 상태를 실시간으로 촬영한다. 그리고 카메라에 비춰지는 운전자의 모습을 통해 자동으로 운전자의 운전 상태를 파악한다. 두 손을 핸들에 올려 정면을 응시하며 조심스럽게 운전을 하고 있는지, 혹은 스마트폰을 만지작거리고 있는지, 전화를 하고 있지는 않은지, 뒷자석에 손을 뻗고 있지는 않은지, 대시보드를 조작하고 있지는 않은지, 음료수 혹은 음식을 먹고 있지는 않은지를 분류하는 것이다. 운전자가 정면을 응시하며 안전 운전을 하고 있지 않을 경우, 알람을 발생하여 운전자에게 주의를 줄 수 있을 것이다.

운전자와 보행자 모두에게 유익한 이러한 아이디어가 이제는 딥러닝 기술로 인해 실현 가능한 서비스 아이디어가 되었다. Fortune 500사에 이름을 올리고 있는 보험회사 스테이트 팜(State Farm)사는 2만개 가량의 학습 데이터와 8만개 가량의 테스트 데이터를 제공하며, 캐글러들에게 정교한 이미지 분류 모델 개발을 촉구했다.

스테이트 팜 산만한 운전자 감지 경진대회는 2016년 상반기에 개최된 경진대회로써, 테이블형 데이터 기반 경진대회가 주류를 이루었던 캐글 플랫폼에 올라온 초창기 이미지 분류 경진대회였다.

5.3 평가 척도

[다중 클래스 로그 손실]

스테이트 팜 산만한 운전자 감지 경진대회는 **이미지 안의 운전자가 어떤 자세를 취하고 있는지**를 예측하는 경진대회이다. 조수석 위치에서 운전자 전체를 담고 있는 이미지를 기반으로 운전자의 운전 상태를 10개 (안전 운전, 오른손으로 문자, 오른손으로 전화, 왼손으로 문자, 왼손으로 전화, 라디오 조작, 음료수 섭취, 뒷자석에 손 뻗기, 얼굴/머리 만지기, 조수석과 대화) 중 1개로 분류해야 한다.

테스트 데이터는 총 79,726개의 이미지 데이터로 구성된다. 캐글에 제출해야 하는 값은 79,726개 이미지 데이터에 대한 분류별 확률값이다. [그림 5-2]는 캐글 제출 파일의 예시이다.

```
img,c0,c1,c2,c3,c4,c5,c6,c7,c8,c9
img_0.jpg,1,0,0,0,0,...,0
img_1.jpg,0.3,0.1,0.6,0,...,0
...
```

[그림 5-2] 캐글에 제출해야 하는 파일의 예시 : 파일명과 10개의 분류 후보에 대한 확률값을 제출한다.

이번 경진대회에서 사용되는 평가 척도는 다중 클래스 로그 손실 (Multi-class Logarithmic Loss)이다. 파이썬에서 이진 분류의 로그 손실 값을 구하는 함수는 다음과 같이 정의할 수 있다.

[코드 5-1] 이진 분류 로그 손실 값을 구하는 함수

```python
import numpy as np

def logloss(true_label, predicted_prob):
  if true_label == 1:
```

```
        return -np.log(predicted_prob)
    else:
        return -np.log(1 - predicted_prob)
```

다중 클래스 로그 손실은 모든 클래스에 대한 이진 로그 손실 평균값을 의미한다.

0부터 1사이의 값을 갖는 확률값을 로그 함수에 넣은 값이 평가 척도로 사용된다. 로그 손실 함수를 사용한다는 것은 **확률이 높은 틀린 후보에 대하여 강력한 패널티를 부여**하겠다는 것을 의미한다. 비선형 함수인 로그 함수는 0과 1사이의 값에서 [그림 5-3]과 같은 추이를 보인다. 확률값이 정답인 1에 가까울수록 낮은 손실 값을 가지고, 확률값이 정답인 1에서 멀어질 수록 손실 값이 상승하며, 확률값이 0.2 이하의 경우 손실값이 급격하게 증가하는 것을 확인할 수 있다.

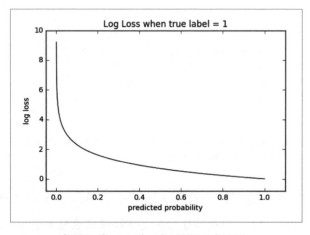

[그림 5-3] - np.log(prob) 손실함수의 추이이다.

로그 손실을 평가 함수를 경진대회 평가 척도로 사용한다는 것은, 주최자인 스테이트 팜 회사가 운전자 감지 서비스의 평가 기준을 **높은 정확률 보다, 높은 확률로 틀리는 경우를 최소화**하고자 하는 것을 짐작할 수 있다.

이번 경진대회에서 1등을 기록한 "jacobkie" 팀의 Private 리더보드 기준 다중 클래스 로그 손실 값은 0.08739점이다.

5.4 주요 접근

경진대회 선정 이유

스테이트팜 산만한 운전자 감지 경진대회는 2016년 상반기에 개최되었다. 테이블형 데이터 기반의 경진대회가 주를 이루고 있었던 캐글에서 이미지 데이터 기반의 경진대회가 개최된 것은 참으로 반가운 일이었다. 2016년 하반기부터 다양한 이미지 기반 경진대회가 주최되었으며, 2년이 지난 2018년인 지금은 이미지뿐만 아니라, 영상, 텍스트, 음성 등 다양한 데이터를 다루는 경진대회가 개최된다.

불과 2년 전만 해도 캐글러들이 활용할 수 있는 기술적 기반이 상대적으로 열악했다. 2016년 상반기에 대표적으로 사용된 딥러닝 프레임워크는 카페, 테아노 그리고 텐서플로에 통합되기 전 케라스 정도이다. 2015년 3월에 손쉬운 인터페이스로 빠른 코딩과 실험이 가능한 케라스(Keras) 프레임워크가 공개되었고, 딥러닝 프레임워크의 대표격인 텐서플로가 2015년 11월에 출시된지 얼마 안된 상황이다. 텐서플로는 아직 공식 버전 v1.0을 찍지 않은 v0.8.0 시절이다.

필자도 이 경진대회에서 처음으로 리눅스 서버 장비에 카페를 설치하고 ResNet 모델을 학습시켜보았다. 이 경진대회를 통해 케라스 프레임워크를 알게되어, 딥러닝 모델을 학습하는 경험을 쌓는데 큰 도움이 되었다. 2년이 지난 지금, 케라스는 텐서플로에 통합되었고, 텐서플로도 v1.9.0이 릴리스되었으며, 2년전 대비 수많은 기능들, 모델 아키텍처, 최적화 작업이 수행되었다.

스테이트 팜 산만한 운전자 감지 경진대회는 최근에 주최되는 경진대회 대비 커널 및 참가자들 간의 토론의 양이 적다. 심지어, 상위에 입상한 캐글러들의 코드 공개도 제한적이다. 파이썬 기반의 상위 입상 코드가 공개되지 않은 경진대회이지만, 필자가 이번 경진대회를 선정한 이유는 1) 운전자의 자세를 식별하는 직관적이고 재미있는 문제이며 2) 훈련 및 테스트 데이터의 양이 적절하고, 3) 이미지 기반 경진대회 중 커널에 공유된 내용에 대해서 저작권 이슈가 없는 경진대회이기 때문이다.

주요 접근 방법

Baseline 모델은 최신 케라스 프레임워크를 기반으로 가장 기초적인 이미지 기반 CNN 모델을 학습한다. 모델 정의, 데이터 전처리 생성, 모델 학습, 교차 검증 및 캐글 업로드라는 머신러닝 파이프라인을 완성하고, 정상적으로 동작하는지를 확인하는데 의미를 둔다.

안타깝게도 이번 경진대회에는 상위 10등 내에 입상한 파이썬 기반의 승자의 코드가 없다. 그 대신, 필자는 Baseline 모델을 시작으로 성능 개선을 위한 아이디어를 하나씩 던져가며 단계적인 실험을 통해 모델의 성능을 높이는 일련의 과정을 투명하게 공유하고자 한다.

파이썬 버전	3.6.10
모델 라이브러리	Keras==2.2.0

단계적 실험 계획은 아래와 같다.

[표 5-1] 스테이트 팜 산만한 운전자 경진대회 단계적 실험 계획

#	실험 설정
1	Baseline – 모델 : VGG16 – 교차 검증 : 단순 랜덤 – 이미지 크기 : 224 x 224
2	+ 운전자별 교차 검증
3	+ ImageNet 기학습 모델 적용
4	+ 데이터 어그멘테이션
5	+ 모델 : VGG19, ResNet50
6	앙상블
7	준 지도학습
8	최종 앙상블

[1. Baseline]

Baseline 모델의 목적은 머신러닝 파이프라인 일련의 과정이 정상적으로 동작하는 지를 확인하는 것이다. 모델 정의, 데이터 전처리, 모델 학습, 교차 검증 및 캐글 업로드 일련의 코드를 작성한다.

모델 정의 과정에서는 대표적인 CNN 모델, VGG16를 사용한다.(Tip 5-1. 참조) Keras 프레임워크에서는 모델 구조를 다시 정의할 필요 없이, 코드 한줄로 VGG16 모델을 정의할 수 있다.

데이터 전처리는 실시간으로 미니배치를 생성해주는 ImageDataGenerator()를 사용한다. 이미지 데이터를 다루는 경진대회에서, 모든 훈련 데이터를 메모리에 로딩할 경우 장비에 부하가 높을 수 있기에, 모델 학습에 필요한 미니배치만큼의 이미지 데이터를 실시간으로 읽어와 모델 학습에 입력해주는 함수를 활용한다.

교차 검증 전략은 단순 랜덤 교차 검증을 사용한다. 원본 이미지의 크기는 480×640 이지만, 모델에 입력하는 이미지 크기는 224×224로 축소한다. 이미지 데이터의 경우, 224×224로 사이즈를 축소하여도 정보 손실이 많이 일어나지 않는다. 실제로 훈련 데이터를 224×224 크기로 시각화해보면, 운전자의 자세를 충분히 예측할 수 있을 것이다. 모델 학습 시간 및 모델 파라미터의 개수를 고려해보았을 때에 480×640 크기를 그대로 사용하는 것은 비효율적일 수 있다.

[2. 운전자별 교차 검증]

이번 경진대회에서는 26명의 운전자의 이미지 데이터가 훈련 데이터로 제공되고, 그외 새로운 운전자 n명의 이미지 데이터가 포함된 테스트 데이터로 제공된다. 우리가 학습하는 모델은 훈련 데이터에 존재하는 운전자뿐만 아니라, 모델이 한 번도 보지 못한 새로운 운전자에 대하여 좋은 예측 성능을 보여야 한다.

데이터를 단순 랜덤으로 교차 검증을 수행할 경우, 모델이 운전자 고유의 특징 (예를 들어, 옷의 색깔, 피부 색깔, 운전 자세와 상관없는 운전자의 특징)을 학습할 우려가 있다. 그러므로, 훈련 데이터를 교차 검증을 위해 분리하는 과정에서 단순 랜덤이 아닌, 운전자별로 분리하고자 한다.

[3. ImageNet 기학습 모델]

ImageNet 경진대회는 총 130만개의 훈련 이미지를 1,000개의 클래스로 분류하는 대규모 이미지 분류 경진대회이다. 고양이, 강아지, 나무, 자동차, 버스, 기차, 사과, 꽃 등 다양한 이미지 데이터로 구성된 ImageNet 데이터를 학습한 VGG16 모델의 일반화 성능은 매우 뛰어나다. 특히, 이미지 특징을 추출하는 역할을 수행하는 컨볼루션 블록은 1,000개의 클래스를 분류하기 위해 필요한 특징들을 효과적으로 추출한다. 기학습된 컨볼루션 블록의 모델 파라미터 위에 새로운 전결합층을 생성하여 모델을 학습할 경우, 일반적으로 모델 전체를 처음부터 학습하는 것보다 더 좋은 일반화 성능을 더욱 빠른 학습시간 안에 완성할 수 있다.

이미지 분류 경진대회에서는 ImageNet 기학습된 모델 파라미터를 사용하여 새로운 모델을 학습하는 방법을 종종 사용한다. 이를, 전이 학습이라고 부르며, 실제로 캐글 경진대회에서도 유의미한 성능 개선을 보인다.

학습에 사용되는 이미지의 양이 적을 경우, CNN 모델은 학습 데이터를 암기할 가능성이 있으며, 이는 심각한 과적합으로 이어진다. 이미 일반화 성능이 검증된 ImageNet 기학습 모델 파라미터의 컨볼루션 블록을 학습에 사용할 경우, 학습 데이터의 양이 부족하여도 처음부터 모델을 학습하는 방법보다 나은 일반화 성능을 기대할 수 있다.

[4. 실시간 데이터 어그멘테이션]

데이터 어그멘테이션(Data Augmentation)은 이미지를 다루는 CNN 모델의 일반화 성능을 높이기 위해 사용하는 방법이다. 일반적으로 이미지 기반 딥러닝 모델을 학습시킬 때에는 매우 많은 양의 데이터가 필요하다. 이번 경진대회에서는 클래스당 2,424개 가량의 데이터가 제공되며, 이는 딥러닝 모델을 학습하기에는 충분한 양은 아니다. 데이터 어그멘테이션은 적은 양의 데이터를 바탕으로 다양한 조작/노이즈를 통해 데이터의 양을 늘리는 작업이다. 데이터의 클래스가 변경되지 않는 수준에서, 이미지 데이터를 변화시키는 방법으로, 변형된 데이터를 이용하여 모델 학습을 진행한다.

대표적인 데이터 어그멘테이션 방법은 이미지 전환(세로, 가로), 이미지 크롭, 이미지 회전, 이미지 이동, 이미지 색감 조정 등 다양한 기법이 존재한다. 이번 실험에서는 이미지 회전, 이미지 이동 및 이미지 크롭 기법을 통해 부족한 데이터의 양을 보완하고, 모델이 다양한 노이즈에도 높은 성능을 가지도록 학습한다.

[5. 다양한 CNN 모델]

VGG16 모델 외 케라스가 지원하는 다양한 CNN 모델을 학습시킨다. VGG16의 상위 모델인 VGG19, ImageNet 경진대회에서 좋은 성능을 보인 ResNet50 의 성능을 직접 비교해본다.

[6. 앙상블]

다양한 모델의 학습 결과를 바탕으로 가중 평균 앙상블을 수행한다. 앙상블을 통해 리더보드 점수가 개선되기를 기대해본다. Stacking, Blending 등의 앙상블 기법은 다루지 않는다.

[7. 준 지도학습]

준 지도학습은 훈련 데이터가 부족한 상황에서 정답값이 존재하지 않는 이미지 데이터를 학습에 활용하는 방법이다. 운전자 자세에 대한 정답값이 존재하는 훈련 데이터 22,424개와 정답값은 모르지만 운전자의 이미지만 있는 테스트 데이터 79,726개가 주어진 상황에서, 테스트 데이터를 활용하여 데이터 부족 현상을 보완하는 것을 의미한다.

먼저 22,424개의 훈련 데이터를 기반으로 학습한 모델로 테스트 데이터 79,726개의 클래스를 예측한다. 예측값이 특정 값 이상을 기록하는 테스트 데이터를 해당 클래스의 훈련 데이터로 활용하는 것이다.

[8. 최종 앙상블]

준 지도학습으로 얻은 모델 결과물에 최종 앙상블을 수행한다. 1~6번까지의 결과물도 앙상블에 추가하여 리더보드 점수 개선에 이어지는지 실험해볼 수 있다.

[Tip 5-1] VGG16 모델이란?

소개

VGG16은 옥스포드대학교의 Visual Geometry Group에서 만든 모델로 2014년 ImageNet Challenge에서 "localization and classification" 부문 1,2등을 수상한 경력이 있다. 2012년 ImageNet에서 처음으로 AlexNet 딥러닝 모델이 기존의 머신러닝 모델의 성능을 크게 뛰어넘어 학계에 딥러닝의 가능성을 보여주었다. 2015년 "Very Deep Convolutional Networks for Large-Scale Image Recognition"논문에서 소개된 VGG16은 초창기 AlexNet 모델보다 이미지 분류 성능이 좋을 뿐만 아니라, 분류에 사용된 모델 파라미터(weight)를 공개하면서, 학계와 실무자들 사이에서 크게 인정을 받게 되었다.

모델 아키텍처

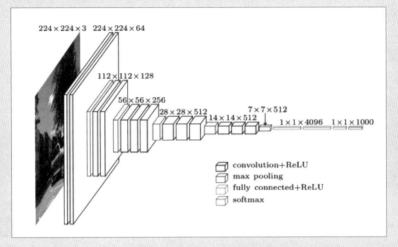

[그림 5-4] VGG16 모델 아키텍처

VGG16 모델은 224 × 224 × 3크기의 이미지 데이터를 입력값으로 받은 후, 5번의 컨볼루션 블록을 통과하며 7 × 7 × 512 크기의 임베딩으로 표현된다. 각 컨볼루션 블록에는 3 × 3 커널과 비선형적 특징을 포착하기 위한 ReLU를 총 3번 통과한 후, 이미지 안 특징을 추출하는 MaxPooling 과정을 통과한다. 컨볼루션 블록을 통과하여 생성된 7 × 7 × 512에는 이미지에 대한 정보가 압축되어 있다. 이 정보를 2번의 전결합층(Fully Connected Layer)을 통과하고, 최종적으로 문제에 알맞는 클래스에 크기의 softmax 함수를 통과하여 클래스별 확률값을 가진다.

응용 - 전이 학습

VGG16 모델은 전이 학습에 자주 사용된다. 5개의 컨볼루션 블록을 통과하여 얻은 7 ×7 × 512 크기의 임베딩은 입력된 이미지의 특징을 추출하는 역할을 수행한다. 후반부 전결합층은 압축된 이미지의 특징을 기반으로 클래스를 분류하는 역할을 한다.

기학습된 VGG16 모델을 기반으로 입력 이미지에 대한 7 × 7 × 512 크기의 임베딩을 얻은 후, 상위 전결합층만을 재학습하는 방식을 전이 학습이라고 부른다. 이미지의 특징을 추출하는 컨볼루션 블록과, 클래스 분류를 담당하는 전결합층을 한꺼번에 학습하는 것보다, 이미 기학습된 ImageNet 모델 파라미터를 활용하여 전결합층만을 새롭게 학습하는 것이 효과적인 것이다.

실제로 이와 같은 전이 학습 방법은 다양한 이미지 기반 문제에서, VGG16 모델을 처음부터 학습하는 것 보다 더 좋은 성능을 보이며, 학습에 필요한 시간도 획기적으로 줄일 수 있다.

5.5 데이터 준비하기

데이터 다운로드하기

1. **캐글 홈페이지 회원가입하기** : 경진대회 데이터를 다운로드하기 위해서는, 캐글 홈
   페이지에서 회원가입을 완료하고, 스테이트 팜 산만한 운전자 감지 경진대회 페이
   지에서 'Rules'의 약관에 동의해야 한다.

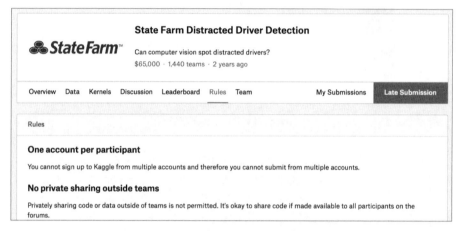

[그림 5-5] 스테이트 팜 산만한 운전자 감지 경진대회 약관 동의 탭

2. **약관 동의하기** : 약관 동의 탭 가장 하단에 'Rules acceptance' 박스에 있는 버튼
   \<I Understand and Accept\>를 누르면, 아래와 같이 약관 동의가 완료된다.

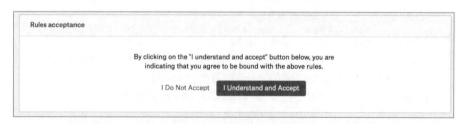

[그림 5-6] 경진대회 약관 동의 버튼

약관 동의가 완료되면 [Rules acceptance] 박스가 다음과 같이 바뀐다.

318

Rules acceptance

You have accepted the rules for this competition. Good luck!

[그림 5-7] 경진대회 약관 동의 완료

3. **kaggle API 설치하기** : 경진대회에 필요한 데이터는 kaggle API를 통해서
terminal에서 직접 다운로드한다.

기본적인 파이썬 설치가 완료된 터미널에서 아래 명령어를 통해 kaggle API (필
자는 v1.0.5를 설치하였다)를 설치한다.

```
pip install kaggle==1.0.5
```

4. **kaggle API에 API 키 등록하기** : kaggle API를 사용하기 위해서는 먼저 API키를
등록해야 한다. 회원 가입한 계정으로 로그인하여 우측 상단의 프로필 사진을 클
릭하여 'My Profile' 프로필 페이지에 접속한다.

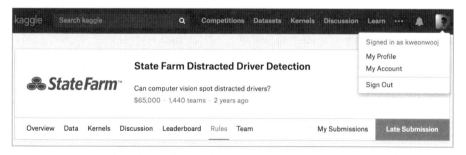

[그림 5-8] 캐글 홈페이지에서 프로필 보는 방법

프로필 페이지에서 'Account'를 클릭한 후, Account 페이지 중간에 보이는
<Create API Token> 버튼을 누르면, 자동으로 'kaggle.json' 파일 다운로드로

진행된다. 다운로드한 'kaggle.json' 파일을 ~/.kaggle/kaggle.json 경로로 옮긴다. 윈도우에서는, C:\Users\<Windows-username>\.kaggle\kaggle.json 경로에 해당한다.

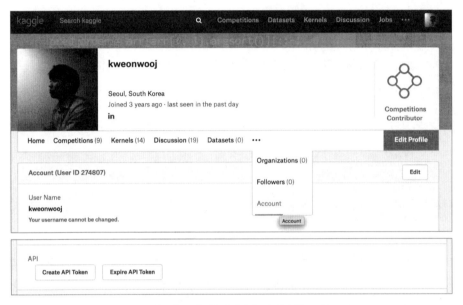

[그림 5-9] 캐글 홈페이지 프로필 영역

다음 명령어를 통해 스테이트 팜 산만한 운전자 감지 경진대회에 필요한 훈련 데이터, 테스트 데이터 그리고 캐글 제출용 파일 샘플을 다운로드한다.

```
kaggle competitions download -c state-farm-distracted-driver-detection
```

경진대회 데이터는 'kaggle.json' 파일이 위치한 경로에 새롭게 생성되는 competitions 파일 아래 자동으로 다운로드된다.

이번 경진대회 코드를 실행하기 위해서는 파이썬 2.7.x 혹은 3.6.x 를 설치한 후, pip install -r kaggle_statefarm_distracted_driver_detection/requirements.txt

명령어를 통해 필요한 라이브러리를 먼저 설치한다.

5.6 탐색적 데이터 분석

이번 경진대회에서 제공하는 데이터를 함께 살펴보자.

탐색적 데이터 분석 소스코드는 kaggle_statefarm_distracted_driver_detection/01_EDA/EDA.ipynb 를 참조하자.

데이터 구조

kaggle API를 통하여 총 3개의 압축 파일을 다운로드한다. 훈련 데이터와 테스트 데이터가 포함된 imgs.zip 파일, 훈련용 이미지 데이터에 대한 운전자 메타 데이터가 저장된 driver_imgs_list.csv.zip, 그리고 캐글 제출용 샘플 파일인 sample_submission.csv.zip. 모든 파일의 압축을 해제하면 다음과 같은 폴더 구조가 된다.

```
# 훈련 데이터
train
- c0
  - img_100026.jpg
  - img_10003.jpg
  ..
- c1
  - img_100021.jpg
  - img_100045.jpg
  ..
- c2
```

```
  - img_100029.jpg
  - img_100108.jpg
  ..
- c3
- c4
..
- c8
- c9

# 테스트 데이터
test
- img_1.jpg
- img_10.jpg
- img_100.jpg
..

# 운전자 메타 데이터
driver_imgs_list.csv

# 캐글 제출용 샘플
sample_submission.csv
```

총 22,424개의 훈련용 이미지 데이터는 총 10개의 클래스로 분류된다. 10개의 클래스는 다음과 같다:

[표 5-2] 운전자 상태를 나타내는 총 10개의 클래스 설명

클래스	설명 (한글)	설명 (영어)
c0	안전 운전	safe driving
c1	오른손으로 문자	texting – right
c2	오른손으로 전화	talking on the phone – right
c3	왼손으로 문자	texting – left
c4	왼손으로 전화	talking on the phone – left
c5	라디오 조작	operating the radio

클래스	설명 (한글)	설명 (영어)
c6	음료수 섭취	drinking
c7	뒷자석에 손 뻗기	reaching behind
c8	얼굴, 머리 만지기	hair and makeup
c9	조수석과 대화	talking to passenger

각 클래스마다 2,200개 가량의 데이터가 존재한다. 총 79,726개의 테스트 이미지 데이터는 클래스 분류 없이 test/ 폴더 아래에 존재한다. 훈련 데이터보다 테스트 데이터가 4배 가량 많은 것을 확인할 수 있다. 주최측의 설명에 의하면, 머신러닝 모델을 통한 예측 외 다른 어뷰징(이미지를 눈으로 보고 직접 테스트 데이터에 대한 예측 결과를 입력하는 등)을 방지하기 위하여 테스트 데이터의 양을 대폭 늘렸다고 한다.

시각화로 데이터 살펴보기

[훈련 데이터]

이미지 데이터를 다루는 경진대회의 데이터 탐색적 분석은 매우 직관적이다. 일단, 제공된 훈련 데이터와 테스트 데이터를 직접 눈으로 확인하는 것으로 시작한다.

먼저 필요한 라이브러리를 불러온다. 이미지 파일을 찾는 I/O를 다루는 os, glob 라이브러리, 이미지 데이터를 다루는 opencv 라이브러리, 그리고 이미지 시각화를 위해 matplotlib 라이브러리를 불러온다.

[코드 5-2] 탐색적 데이터 분석을 위해 필요한 라이브러리와 함수를 정의하기(file: kaggle_statefarm_distracted_driver_detection/01_EDA/EDA.ipynb)

```
# I/O 관련 라이브러리
import os
from glob import glob
```

```
# 이미지 데이터를 다루는 OpenCV 라이브러리
import cv2

# 시각화 관련 라이브러리
import matplotlib.pyplot as plt
%matplotlib inline

def read_image(path):
    # OpenCV는 이미지 데이터를 B(lue), G(reen), R(ed) 순서로 읽어오기 때문에,
    # cv2.cvtColor() 함수를 통해 R(ed), G(reen), B(lue) 순서로 변경한다.
    image = cv2.imread(path, cv2.IMREAD_COLOR)
    image = cv2.cvtColor(image, cv2.COLOR_BGR2RGB)
    return image
```

컴퓨터는 이미지를 저장할 때에 (세로 * 가로 * 3)의 3차원 배열로 이미지를 저장한다. RGB(Red, Green, Blue 의 약자) 3색은 각 0~255 사이의 값을 가지며, 픽셀 단위 이미지 색상은 3색의 조합을 통해 정해진다. 예를 들어, RGB 모든 값이 0인 픽셀은 검은 색, RGB 모든 값이 255인 픽셀은 흰색, 그리고 우리가 눈으로 보는 대부분의 색상은 (0, 0, 0) ~ (255, 255, 255) 사이의 조합으로 구성된다.

이미지를 시각화할 준비가 되었으니, 임의의 훈련 데이터 하나를 시각화해보자.

[코드 5-3] 클래스 c0의 예시 이미지(img_100025.jpg)를 시각화하는 코드

```
# 이미지 파일 경로를 지정한다
data_dir = '~/.kaggle/competitions/state-farm-distracted-driver-
detection/'
train_path = data_dir + 'train/c0/'
filename = 'img_100026.jpg'

# 이미지 데이터 읽어오기
image = read_image(train_path + filename)

# 이미지 시각화
plt.imshow(image)
```

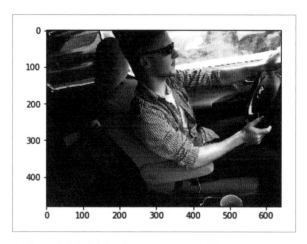

[그림 5-10] 훈련 데이터 c0/img_100026.jpg 파일을 iPython Notebook
에서 시각화한 결과이다.

이번에는 10개의 클래스에서 랜덤으로 9개의 이미지를 시각화해보자. plt.subplot()
함수를 사용해 총 (3 * 3) 개의 작은 이미지들을 하나의 이미지로 시각화한다.

[코드 5-4] 클래스별로 9개의 임의의 이미지를 시각화하기

```python
# 훈련 데이터 클래스별 예시를 시각화한다
labels = ['c0', 'c1', 'c2', 'c3', 'c4', 'c5', 'c6', 'c7', 'c8', 'c9']
col_to_kor = {
    'c0': '안전 운전',
    'c1': '오른손으로 문자',
    'c2': '오른손으로 전화',
    'c3': '왼손으로 문자',
    'c4': '왼손으로 전화',
    'c5': '라디오 조작',
    'c6': '음료수 섭취',
    'c7': '뒷자석에 손 뻗기',
    'c8': '얼굴, 머리 만지기',
    'c9': '조수석과 대화',
}

for label in labels:
    f, ax = plt.subplots(figsize=(12, 10))
```

```
files = glob('{}/train/{}/*.jpg'.format(data_dir, label))

# 총 9개의 이미지를 시각화한다
for x in range(9):
    plt.subplot(3, 3, x+1)
    image = read_image(files[x])
    plt.imshow(image)
    plt.axis('off')¬¬
plt.show()
print('\t\t\t\t# {} : {}'.format(label, col_to_kor[label]))
```

시각화된 각 클래스들의 예시 이미지를 눈으로 확인하며, 탐색적 분석을 수행해 본다.

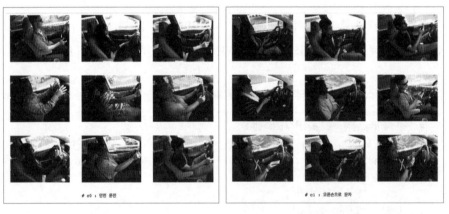

[그림 5-11] "c0 : 안전 운전"   [그림 5-12] "c1 :오른손으로 문자"

첫 번째 클래스인 "c0 : 안전 운전"에는 운전자들이 양손으로 핸들을 잡고, 정면을 응시하고 있는 모습을 확인 할 수 있다.

두 번째 클래스인 "c1 :오른손으로 문자"에는 운전자의 오른손이 핸들에서 떨어져 운전자의 가슴 앞에 위치해 있으며 운전자들의 시선은 핸드폰으로 가있거나 정면을 응시하고 있다.

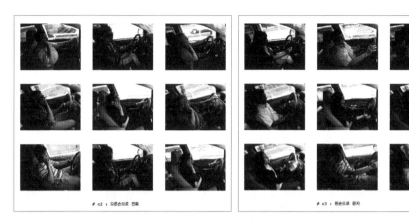

[그림 5-13] "c2 :오른손으로 전화"　　　　　　[그림 5-14] "c3 :왼손으로 문자"

세 번째 클래스인 "c2 :오른손으로 전화"에서는 운전자의 오른손이 오른쪽 귀 근처에 위치해 있다. 핸드폰은 잘 안보이지만, 확실히 전화를 하고 있다고 인지할 수 있는 이미지들이다. 하단 중간의 이미지는 운전자의 얼굴이 조수석 쪽으로 향해있는 것이 특이하다.

네 번째 클래스인 "c3 :왼손으로 문자"에서는 운전자들의 왼손이 오른손에 비해 가려진 느낌으로 가슴 앞에 위치해 있다. 핸드폰을 바라보는 운전자들의 시선은 카메라의 사각지대에 있어 제대로 포착되지 않는다. 정면을 응시하고 있는 운전자의 모습도 확인된다.

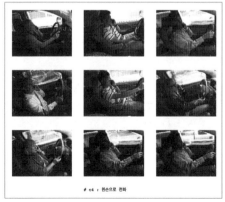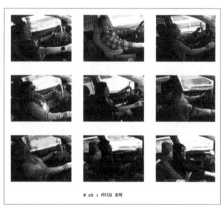

[그림 5-15] "c4 :왼손으로 전화"　　　　　　[그림 5-16] "c5: 라디오 조작"

다섯 번째 클래스인 "c4 :왼손으로 전화"에서는 운전자들의 왼손이 얼굴 왼쪽에 위치해 있다. 핸드폰은 대부분 얼굴에 가려져 확인하기가 어렵다.

여섯 번째 클래스인 "c5: 라디오 조작"에서는 운전자들이 오른손을 차량 중간의 라디오 근처로 뻗고 있는 것을 확인할 수 있다. 손바닥이 보이는 운전자와, 손목이 카메라 프레임 바깥으로 벗어난 운전자들도 있다.

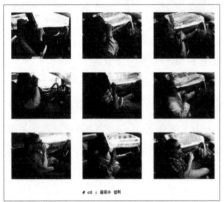 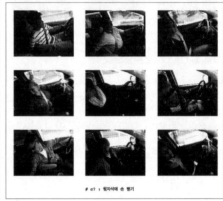

[그림 5-17] "c6: 음료수 섭취"　　　　　　　　[그림 5-18] "c7: 뒷 자석에 손 뻗기"

일곱 번째 클래스인 "c6: 음료수 섭취"는 9명의 운전자 모두 왼손은 핸들을 쥐고, 오른손으로 커피 혹은 음료수 캔을 마시고 있다. 음료수로 입과 얼굴 일부를 가리는 운전자도 있으며, 음료수를 입 근처에 들고 있는 사진도 있다.

여덟 번째 클래스인 "c7: 뒷 자석에 손 뻗기"는 운전자들의 오른손이 뒷 자석으로 뻗어 있으나, 운전자들의 얼굴 방향과 몸의 각도는 매우 다양하다. 대부분의 오른손은 카메라를 벗어나 확인되지 않는다.

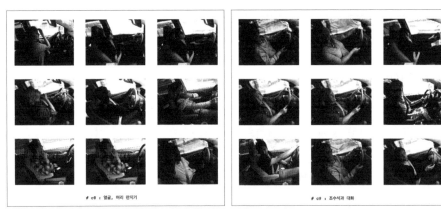

[그림 5-19] "c8: 얼굴, 머리 만지기"   **[그림 5-20]** "c9: 조수석과 대화"

아홉 번째 클래스인 "c8: 얼굴, 머리 만지기"에서는 운전자들의 손이 얼굴과 머리 근처에 위치해 있지만, 손의 위치와 각도 등이 매우 다양한 것을 확인 할 수 있다. 9개의 이미지 중 우측 중간의 이미지와 같이 왼쪽 손을 사용하는 경우도 있다. 손이 귀 근처에 위치할 경우, 전화하는 모습과 유사하게 보일 수도 있으며, 얼굴 앞에 있을 경우 음료수 섭취와도 유사하게 보일 수 있을 것으로 보인다. 10개의 클래스 중 가장 모호성이 높은 클래스로 추측이 된다.

마지막 열 번째 클래스인 "c9: 조수석과 대화" 에서는 운전자의 얼굴이 대체로 조수석을 향하고 입을 벌리고 있는 것을 확인할 수 있다. 시선만 조수석을 향하고, 입은 닫혀 있는 이미지도 보이며, 시선이 정면을 바라보는 이미지도 확인할 수 있다. 두 손이 핸들을 꽉 잡고 있기 때문에 "c0: 안전 운전"과 매우 유사한 이미지들이 많이 존재할 것으로 예상된다.

클래스별로 2,200개 가량의 이미지가 존재하기에, 랜덤 시드를 기반으로 더 많은 이미지들을 독자들이 직접 분석해보길 바란다.

훈련 데이터를 더욱 자세히 분석해보면, 운전자별로 카메라의 위치가 미세하게 다르다는 점을 확인할 수 있다. 운전석 창문을 통해 들어오는 빛의 강도에 따라 이미지의 밝기 또한 다양하다.

[테스트 데이터]

다음은 테스트 데이터의 일부를 시각화해보자. 다음 코드는 클래스를 사전에 알 수 없는 테스트 데이터 18개를 시각화하는 코드이다.

[코드 5-5] 테스트 데이터에 포함된 임의의 이미지 18개를 시각화하기

```
# 테스트 데이터 예시를 시각화한다
f, ax = plt.subplots(figsize=(24, 10))
files = glob('{}/test/*.jpg'.format(data_dir))

# 총 18개의 이미지를 시각화한다
for x in range(18):
    plt.subplot(3, 6, x+1)
    image = read_image(files[x])
    plt.imshow(image)
    plt.axis('off')
```

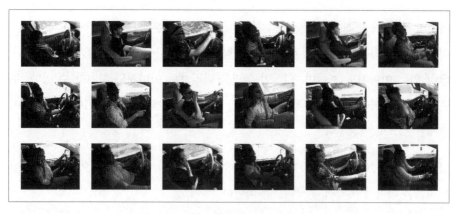

[그림 5-21] 임의로 시각화한 18개의 테스트 이미지

330

테스트 이미지는 훈련 데이터에서 본 적 없는 새로운 운전자들의 이미지로 구성되어 있다. 카메라의 위치, 성별, 나이, 옷차림, 조명의 밝기 등 이미지의 다양성이 높다. 훈련 데이터의 이미지들에 과적합하지 않고, 일반화(Generalize)할 수 있는 피처들을 딥러닝 모델이 잘 학습하도록 하는 것이 이번 경진대회의 핵심이다.

[운전자 메타 데이터]

이번 경진대회에서는 훈련 이미지, 테스트 이미지뿐만 아니라, 훈련 이미지를 구성하는 운전자들의 메타데이터를 driver_imgs_list.csv 파일을 통해 제공한다. 해당 파일에는 다음과 같은 정보가 들어있다.

[코드 5-6] 운전자 정보가 담겨진 파일(driver_imgs_list.csv)을 읽어오기

```python
import pandas as pd

# 파일을 읽어온다
driver_list = pd.read_csv('../03_Winners_Code/input/driver_imgs_list.csv')

# 파일의 첫 5줄을 출력한다
driver_list.head()
```

	subject	classname	img
0	p002	c0	img_44733.jpg
1	p002	c0	img_72999.jpg
2	p002	c0	img_25094.jpg
3	p002	c0	img_69092.jpg
4	p002	c0	img_92629.jpg

[그림 5-22] 운전자 메타 데이터

csv 파일에는 운전자의 ID를 나타내는 'subject' 변수, 해당 이미지의 클래스 분류값을 나타내는 'classname' 변수, 그리고 이미지 파일의 경로를 기록하는 'img' 변수가 존재한다.

[코드 5-7] 운전자 ID 고유값의 개수를 구하기

```
import numpy as np

# 운전자 ID 고유값의 개수를 출력한다
len(np.unique(driver_list['subject']).tolist())
> 26
```

22,424개의 훈련 데이터를 구성하는 운전자의 고유값 개수는 26이다. 즉, 26명의 운전자는 평균 인당 860장 가량의 훈련 데이터를 제공했고, 클래스 별로는 평균 인당 86장 가량의 데이터를 제공하고 있다.

이번에는 운전자별로 훈련 데이터를 시각화 해보고자 한다. 과연 평균 86장의 이미지 데이터를 제공하는 운전자들의 이미지 데이터는 어떻게 생긴 것일까?

driver_list 에 포함된 운전자 메타 데이터를 기반으로 운전자별로 클래스마다 9개의 임의의 이미지를 시각화해보고자 한다.

[코드 5-8] 운전자별로 훈련 데이터를 시각화하기

```
# 운전자별 이미지 데이터를 저장하는 dict를 생성한다
driver_to_img = {}
for i, row in driver_list.iterrows():
    driver = row['subject']
    label = row['classname']
    image_path = row['img']
    if not driver_to_img.get(driver, False):
        driver_to_img[driver] = [image_path]
    else:
        driver_to_img.get(driver).append(image_path)
```

```python
# 운전자별 훈련 데이터 예시를 시각화한다
for driver in np.unique(driver_list['subject']).tolist():
    for label in labels:
        f, ax = plt.subplots(figsize=(12, 10))
        files = glob('{}/train/{}/*.jpg'.format(data_dir, label))
        print_files = []
        for fl in files:
            if (driver_list[driver_list['img'] == os.path.basename(fl)]
            ['subject'] == driver).values[0]:
                print_files.append(fl)

        # 총 9개의 이미지를 시각화한다
        for x in range(9):
            plt.subplot(3, 3, x+1)
            image = read_image(print_files[x])
            plt.imshow(image)
            plt.axis('off')
        plt.show()

        # 운전자 ID와 클래스를 출력한다
        print('\t\t\t\t# 운전자 : {} | 클래스 : "{} : {}"'.format(driver,
        label, col_to_kor[label]))
```

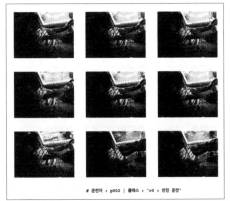

운전자 : p002 | 클래스 : "c0 : 안전 운전"

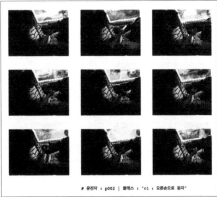

운전자 : p002 | 클래스 : "c1 : 오른손으로 문자"

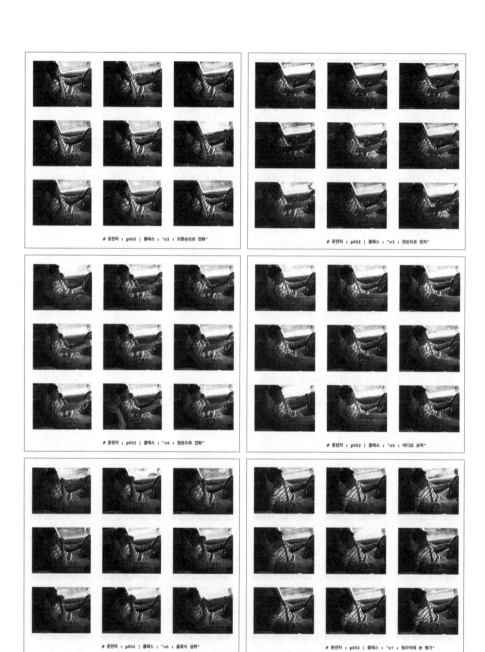

운전자 : p002 | 클래스 : "c2 : 오른손으로 전화"

운전자 : p002 | 클래스 : "c3 : 왼손으로 문자"

운전자 : p002 | 클래스 : "c4 : 왼손으로 전화"

운전자 : p002 | 클래스 : "c5 : 라디오 조작"

운전자 : p002 | 클래스 : "c6 : 음료수 섭취"

운전자 : p002 | 클래스 : "c7 : 뒷자석에 손 뻗기"

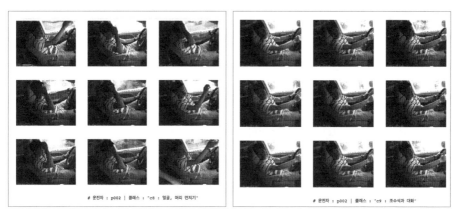

[그림 5-23] 운전자 p002의 클래스별 이미지 샘플 9개를 시각화한다

총 26명의 운전자별, 10개의 클래스에 대한 샘플 이미지를 9개씩 확인할 수 있다. [그림 5-23]은 운전자 "p002"에 대한 이미지를 일부 추출한 것이며, [그림 5-23]을 통해 한 가지 확신할 수 있는 것이 있다. 이번 경진대회의 이미지 데이터를 수집하는 과정은 운전자별로 10개의 동작을 유도한 동영상을 촬영한 후에, 동영상의 이미지 컷을 훈련 및 테스트 데이터로 활용했다는 점이다(Tip. 경진대회에서 3등을 기록한 캐글러 Giba는 이 점에 착안하여 최근접 이웃 알고리즘을 활용하여 점수를 끌어올렸다).

[특이한 훈련 데이터, Outliers]

경진대회뿐만 아니라, 실제 업계에서 수집되고 모델 학습에 사용되는 데이터에는 특이한 Outlier 들이 포함되기 마련이다. 날 것 그대로의 데이터를 수집하는 과정에서 구조적으로 생기는 문제, 중간에서 작업을 수행한 담당자의 실수로 인해 생기는 문제 등 다양한 요인으로 인하여 훈련 데이터는 지저분할 가능성이 농후하다.

이번 경진대회에서 제공되는 훈련 데이터에 어떠한 특이한 이미지들이 있는지 직접 확인해보자.

[코드 5-9] 클래스 c0에 속하는 특이한 훈련 데이터(Outliers)를 시각화하기

```
# Label : c0 안전 운전
label = 'c0'
imgs = [21155, 31121]

print('# "c0 : 안전 운전" Outliers')
f, ax = plt.subplots(figsize=(12, 10))
for x in range(len(imgs)):
    plt.subplot(1, 2, x+1)
    image = read_image('{}train/{}/img_{}.jpg'.format(data_dir, label,
    imgs[x]))
    plt.imshow(image)
    plt.axis('off')
plt.show()
```

[그림 5-24] "c0 : 안전운전"으로 분류된 Outlier 이미지 (img_21155, img_31121)

일반적인 "c0 : 안전운전" 클래스로 분류된 이미지들은 양손으로 핸들을 쥐고, 운전자의 시선이 정면을 바라보고 있다. 그러나, 두 이미지(img_21155, img_31121)는 "c0" 클래스로 분류되었음에도 불구하고 양손으로 핸들을 쥐고 있지 않으며, 정면을 응시하고 있지 않은 채 라디오 부근에 시선이 고정되어 있다. 왼쪽 여자의 경우, 음료수를 집으려고 하는 것으로 추측되며, 두 이미지 모두 "c0 : 안전운전"으로 판단하기는 어렵다.

[코드 5-10] 클래스 c3에 속하는 특이한 훈련 데이터(Outliers)를 시각화하기

```
# Label : c3 왼손으로 문자
label = 'c3'
imgs = [38563, 45874, 49269, 62784]

print('# "c3: 왼손으로 문자" Outliers')
f, ax = plt.subplots(figsize=(12, 10))
for x in range(len(imgs)):
    plt.subplot(2, 2, x+1)
    image = read_image('{}train/{}/img_{}.jpg'.format(data_dir, label,
    imgs[x]))
    plt.imshow(image)
    plt.axis('off')
plt.show()
```

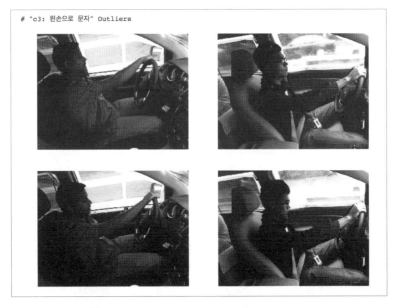

"c3: 왼손으로 문자" Outliers

[그림 5-25] "c3 : 왼손으로 문자"로 분류된 Outlier 이미지 (img_38563, img_45874, img_49269, img_62784)

[그림 5-25]에는 "c3 : 왼손으로 문자" 클래스로 분류된 4개의 outlier 이미지를 확인할 수 있다. 먼저, 운전자의 오른손이 핸들 상단을 잡고 있으며, 이로 인해 왼손에

들고 있는 핸드폰이 가려지고 있다. 오른쪽 아시아인 남성의 경우 안경으로 인해 시선을 확인하기가 어려우며, 오른쪽 상단 이미지(img_45874)의 경우에는 시선이 정면을 바라보고 있는 것으로 보인다. 사람의 눈으로는 왼손으로 문자를 하고 있는 것이 짐작되지만, 모델 입장에서는 왼손이 보이지 않기에, 운전자의 시선 및 미묘한 얼굴의 각도를 기반으로 추측해야 한다.

[코드 5-11] 클래스 c4에 속하는 특이한 훈련 데이터 (Outliers)를 시각화하기

```
# Label : c4 왼손으로 전화
label = 'c4'
imgs = [92769, 38427, 41743, 69998, 77347, 16077]

print('# "c4: 왼손으로 전화" Outliers')
f, ax = plt.subplots(figsize=(18, 10))
for x in range(len(imgs)):
    plt.subplot(2, 3, x+1)
    image = read_image('{}train/{}/img_{}.jpg'.format(data_dir, label,
    imgs[x]))
    plt.imshow(image)
    plt.axis('off')
plt.show()
```

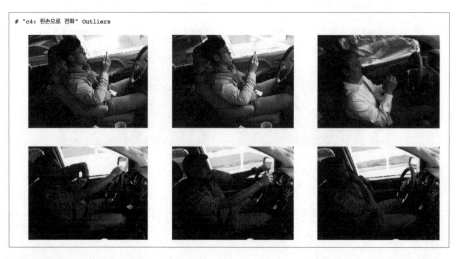

[그림 5-26] "c4 : 왼손으로 전화"로 분류된 Outlier 이미지 (img_92769, img_38427, img_41743, img_69998, img_77347, img_16077)

338

"c4 : 왼손으로 전화"로 분류된 이미지들 중에서는 [그림 5-26]과 같은 Outlier를 발견할 수 있다. 상단 3개 이미지에서는 운전자가 핸드폰을 양손으로 조작하고 있다. 전화는 커녕, 단순히 핸드폰으로 문자를 하고 있는 것으로 보인다. 심지어 카메라의 각도상, 오른손이 왼손을 가리고 있어 "c4: 왼손으로 전화" 보다는 "c1 : 오른손으로 문자" 클래스가 더 가까워 보인다.

아래 3개 이미지에서는 운전자가 특이한 자세로 전화를 하고 있다. 좌측에서는 왼쪽 어깨와 얼굴 사이에 핸드폰을 고정한 상태에서 손목 시계를 확인하고 있어, 핸드폰이 전혀 카메라에 잡히지 않는다. 중간 이미지에서는 양손이 핸들을 잡고 있으며, 핸드폰의 대부분이 얼굴에 가려져 "c0 : 안전 운전"과 유사한 이미지로 보인다. 우측 이미지에서는 오른손을 왼쪽 귀 근처에 가져다, 왼쪽으로 핸드폰 통화를 하고 있다. 왼쪽 귀에 핸드폰을 대고 전화를 하고 있는 여타 이미지와는 다른 특성을 가진 이미지들이다.

[코드 5-12] 클래스 c9에 속하는 특이한 훈련 데이터 (Outliers)를 시각화하기

```
# Label : c9 조수석과 대화
label = 'c9'
imgs = [28068, 37708, 73663]

print('# "c9: 조수석과 대화" Outliers')
f, ax = plt.subplots(figsize=(18, 10))
for x in range(len(imgs)):
    plt.subplot(1, 3, x+1)
    image = read_image('{}train/{}/img_{}.jpg'.format(data_dir, label,
    imgs[x]))
    plt.imshow(image)
    plt.axis('off')
plt.show()
```

[그림 5-27] "c9 : 조수석과 대화"로 분류된 Outlier 이미지 (img_28068, img_37708, img_73663)

마지막으로, "c9 : 조수석과 대화"로 분류된 이미지들 중, 위 3개의 이미지는 특이하다. 대부분의 c9 클래스 이미지는 조수석과 대화를 하기 위하여 몸을 우측으로 비틀거나, 얼굴이 조수석 측을 바라보고 있다. 정면을 바라보고 있는 상황에서도 조수석과 대화할 경우, 입모양이 대화를 하고 있는 모습을 확인할 수 있다. 그러나, 위 3개의 이미지에서 운전자들은 핸들의 하단, 좌측 창문 등을 바라보고 있으며, 심지어 입모양을 확인하기 조차 어렵다.

[특이한 훈련 데이터, Wrong Labels]

일부 훈련 데이터는 '특이하다'의 수준을 넘어서, 잘못 분류된 경우도 있다. 데이터 수집 및 정제 과정에서 생기는 오류인지, 경진대회 주최자 측에서 일부러 추가한 데이터 노이즈인지 확인할 수는 없지만, 대부분의 머신러닝 학습용 데이터에는 이와 같은 노이즈가 섞여있기 마련이다. 모든 데이터를 다 눈으로 확인할 수는 없지만, 다양한 방법으로 데이터의 노이즈를 찾아내, 정제하는 작업은 모델 학습 및 성능에 도움이 된다.

이번 경진대회에 잘못 분류된 이미지들 예시를 살펴보자.

[코드 5-13] 클래스 c0에 속하는 잘못 분류된 데이터를 시각화하기

```
# Real Label : c0
```

```
imgs = [('c5', 30288), ('c7', 46617), ('c8', 3835)]
f, ax = plt.subplots(figsize=(18, 10))

print('# Examples of c0 : 안전운전 classified in wrong labels')
for x in range(len(imgs)):
    plt.subplot(1, 3, x+1)
    image = read_image('{}train/{}/img_{}.jpg'.format(data_dir, imgs[x]
    [0], imgs[x][1]))
    plt.imshow(image)
    plt.axis('off')
plt.show()
```

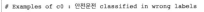

[그림 5-28] 다른 클래스로 분류된 "c0 : 안전운전" 이미지

[그림 5-28]의 이미지를 보면, 무슨 클래스가 떠오르는가? 신기하게도 3개의 이미지는 각각 "c5 : 라디오 조작", "c7 : 뒷자석에 손 뻗기", "c8 : 얼굴, 머리 만지기" 클래스로 분류되고 있다.

[코드 5-14] 클래스 c1에 속하는 오분류 데이터를 시각화하기

```
# Real Label : c1
imgs = [('c0', 29923), ('c0', 79819), ('c2', 32934)]
f, ax = plt.subplots(figsize=(18, 10))

print('# Examples of c1 : 오른손으로 문자 classified in wrong labels')
for x in range(len(imgs)):
    plt.subplot(1, 3, x+1)
    image = read_image('{}train/{}/img_{}.jpg'.format(data_dir, imgs[x]
```

```
        [0], imgs[x][1]))
        plt.imshow(image)
        plt.axis('off')
    plt.show()
```

[그림 5-29] 다른 클래스로 분류된 "c1 : 오른손으로 문자" 이미지

[그림 5-29]의 경우, 3개의 이미지는 각각 "c0 : 안전 운전", "c0 : 안전 운전", "c2 : 오른손으로 전화" 클래스로 분류되고 있다.

[코드 5-15] 클래스 c8에 속하는 잘못 분류된 데이터를 시각화하기

```
# Real Label : c8
imgs = [('c0', 34380), ('c3', 423), ('c5', 78504)]
f, ax = plt.subplots(figsize=(18, 10))

print('# Examples of c8 : 얼굴, 머리 만지기 classified in wrong labels')
for x in range(len(imgs)):
    plt.subplot(1, 3, x+1)
    image = read_image('{}train/{}/img_{}.jpg'.format(data_dir, imgs[x]
    [0], imgs[x][1]))
    plt.imshow(image)
    plt.axis('off')
plt.show()
```

[그림 5-30] 다른 클래스로 분류된 "c8 : 얼굴, 머리 만지기" 이미지

[그림 5-30]의 경우, 3개의 이미지는 각각 "c0 : 안전 운전", "c3 : 왼손으로 문자", "c5 : 라디오 조작" 클래스로 분류되고 있다. 두 번째 이미지의 경우, 핸드폰을 왼손으로 들고 있지만, 문자를 하고 있지 않고 손등으로 얼굴을 만지고 있다. 3번째 이미지의 경우에도, 운전자의 시선이 라디오 방향으로 향해있지만, 이미지에서는 얼굴을 만지고 있다.

[데이터 어그멘테이션]

데이터 어그멘테이션은 이미지 데이터에 랜덤한 노이즈를 추가하여 모델이 학습에 사용하는 데이터를 인위적으로 부풀리는 방법이다. 모델 학습에 사용되는 데이터를 이미지 회전, 이미지 이동, 이미지 줌인/줌 아웃, 이미지 합성, 이미지 흐리기 등 다양한 기법을 통하여 실시간으로 변형한다. 해당 이미지의 클래스 값이 변질되지 않는 수준에서 다양한 변형을 가하면, 딥러닝 모델 입장에서는 훈련 데이터의 양이 대폭 증가한 것과 동일한 효과를 얻을 수 있다.

나아가 적절한 수준의 노이즈가 섞인 훈련 데이터로 학습된 딥러닝 모델은 일반화 성능이 개선된다. 이번 경진대회의 테스트 데이터에는 훈련 데이터에 존재하지 않는 새로운 운전자의 데이터가 다수 포함되어 있다. 데이터 어그멘테이션을 통해 부족한 데이터를 보완하고, 모델의 일반화 성능을 개선하여 유의미한 성능 개선을 도모할 수 있다.

훈련 데이터 예시 3장에 직접 데이터 어그멘테이션을 수행해보고자 한다. 먼저, 훈련 데이터 3장 원본을 그대로 시각화한다.

[코드 5-16] 데이터 어그멘테이션을 수행할 예시 이미지 3개의 원본을 시각화하기

```
# 이미지 파일 경로를 지정한다
data_dir = '~/.kaggle/competitions/state-farm-distracted-driver-
detection/'
img_path = [('c0', 55301), ('c5', 92551), ('c8', 71055)]

# 이미지를 그대로 읽어온다
imgs = []
for x in range(len(img_path)):
    imgs.append(read_image('{}train/{}/img_{}.jpg'.format(data_dir,
    img_path[x][0], img_path[x][1])) / 255.)

# 이미지를 시각화한다
f, ax = plt.subplots(figsize=(18, 10))
for i, img in enumerate(imgs):
    plt.subplot(1, 3, i+1)
    plt.imshow(img)
    plt.axis('off')
plt.show()
```

[그림 5-31] 훈련 데이터 예시 3장을 시각화한 그림

모자를 쓴 채 안전운전을 하는 여자 운전자, 반팔 셔츠를 입고 라디오를 조작하는 남자 운전자와 머리를 만지고 있는 남자 운전자 세명의 그림을 시각화한다.

첫 번째 데이터 어그멘테이션은 이미지 회전이다. −20~20도 사이의 임의의 각도로 이미지를 회전한다. scipy.ndimage의 rotate() 함수를 사용하여 이미지의 RGB 값을 담고 있는 배열에 변형을 가한다.

[코드 5–17] 임의의 회전 각도(rotate_angle)로 회전한 이미지를 시각화하기

```
from scipy.ndimage import rotate

# 임의의 회전 각도(rotate_angle)을 구한 후, 이미지를 회전한다.
rotate_angle = np.random.randint(40) - 20
print('# 이미지 회전 : {}도'.format(rotate_angle))
for i, img in enumerate(imgs):
    imgs[i] = rotate(img, rotate_angle)

# 이미지를 시각화한다.
f, ax = plt.subplots(figsize=(18, 10))
for x, img in enumerate(imgs):
    plt.subplot(1, 3, x+1)
    plt.imshow(img)
    plt.axis('off')
plt.show()
```

[그림 5–32] 훈련 데이터 예시 3장을 −18도로 회전한 결과 이미지

3장의 이미지 모두 −18도만큼 회전되었다. 음수의 각도로 회전되었기에, 이미지가 시계방향으로 회전되었으며, 양수의 각도로 회전될 경우 시계방향 반대로 회전된다.

원본 이미지의 정보를 잃어버리지 않기 위해, 회전된 이미지는 축소되고, 주변 배경은 검은색으로 대체된다.

배경의 검은색을 제거하기 위하여 이미지를 확대(Zoom In)한다. 다음 코드를 실행하여 원본 이미지의 80%~100% 사이의 임의의 값을 골라, 회전된 이미지를 확대한다.

[코드 5-18] 임의의 확대 비율로 확대한 이미지를 시각화하기

```
def crop_center(img, cropx, cropy):
    # 이미지 중간을 Crop하는 함수를 정의한다
    y,x = img.shape
    startx = x//2-(cropx//2)
    starty = y//2-(cropy//2)
    return img[starty:starty+cropy,startx:startx+cropx]

# x,y 축의 이미지 확대 비율을 랜덤으로 정의한다
width_zoom = int(image.shape[0] * (0.8 + 0.2 * (1 - np.random.
random())))
height_zoom = int(image.shape[1] * (0.8 + 0.2 * (1 - np.random.
random())))

# 이미지를 확대한다
print('# 이미지 확대 : (x : {}, y : {})'.format(round(1. * width_zoom /
image.shape[0], 2), round(1. *height_zoom / image.shape[1],2 )))
for i, img in enumerate(imgs):
    final_image = np.zeros((width_zoom, height_zoom, 3))
    final_image[:,:,0] = crop_center(img[:,:,0], height_zoom, width_
    zoom)
    final_image[:,:,1] = crop_center(img[:,:,1], height_zoom, width_
    zoom)
    final_image[:,:,2] = crop_center(img[:,:,2], height_zoom, width_
    zoom)
    imgs[i] = final_image

# 이미지를 시각화한다
f, ax = plt.subplots(figsize=(18, 10))
```

```
for x, img in enumerate(imgs):
    plt.subplot(1, 3, x+1)
    plt.imshow(img)
    plt.axis('off')
plt.show()
```

[그림 5-33] x축은 83%, y축은 86%만큼 확대한 이미지 결과

확대된 이미지는 운전자의 얼굴과 핸들 정보를 충분히 포함하고 있으며, 이미지 회전으로 인해 생긴 검은색 배경은 대부분 사라진다. 확대 비율의 최댓값, 최솟값을 어떻게 잡는지는 매우 중요한 하이퍼 파라미터이다. 너무 과한 확대 비율은 이미지 내의 중요한 정보를 잃어버릴 위험이 있으며, 너무 소극적인 확대 비율은 이미지의 다양성을 잃는다. 0.8~1.0 사이의 값이 적당해보인다.

마지막으로 이미지를 흐리게 만들고자 한다. 이미지를 흐리게 하는 방법은 다수 존재하지만, 가장 흔히 사용되는 방법은 NxN 크기의 커널에 존재하는 이미지 RGB값을 평균하는 것이다. 예를 들어 N=10일 경우, 모든 픽셀의 RGB값을 주변 10x10 픽셀의 평균값으로 대체하는 방법이다. OpenCV 라이브러리의 blur()를 통하여 다음과 같이 이미지를 흐리는 방법이 존재한다.

[코드 5-19] 임의의 커널 크기로 흐린 이미지를 시각화하기

```
# 10x10 크기의 커널로 이미지를 흐린다
blur_degree = 10
print('{}x{} 커널 크기로 이미지 흐리기'.format(blur_degree, blur_degree))
```

```
for i, img in enumerate(imgs):
    imgs[i] = cv2.blur(img,(blur_degree,blur_degree))

# 이미지를 시각화한다
f, ax = plt.subplots(figsize=(18, 10))
for x, img in enumerate(imgs):
    plt.subplot(1, 3, x+1)
    plt.imshow(img)
    plt.axis('off')
plt.show()
```

[그림 5-34] 10x10 크기의 커널로 흐림 효과를 적용한 이미지 결과

원본 이미지 대비 약간 이미지가 뿌옇게 된 것을 확인할 수 있다. 커널의 크기가 클수록 이미지는 더 흐리게 변형된다.

이 외, 이미지 이동, 좌우 반전, 상하 반전, 다른 이미지의 일부를 덮어씌우는 이미지 합성 등 다양한 데이터 어그멘테이션 기법이 존재한다. 학습 과정에서 실시간으로 데이터 어그멘테이션을 통해 훈련 데이터의 양을 인위적으로 부풀릴 수 있다. 모델 측면에서는 [그림 5-31]의 원본 이미지와 [그림 5-34]의 이미지는 동일한 클래스 정보를 보유하고 있는 새로운 이미지로 인식되기 때문이다. 더욱더 다양한 이미지를 학습하는 모델이 더 나은 일반화 성능을 얻기 때문에, 훈련 데이터가 부족한 이번 경진대회에서는 데이터 어그멘테이션은 중요한 성능 개선 역할을 수행할 것으로 기대된다.

탐색적 데이터 분석 요약

탐색적 데이터 분석 과정을 통해 이번 경진대회에서 우리에게 제공된 이미지 데이터의 특성을 파악할 수 있었다. 총 22,424개의 훈련 이미지는 총 10개의 클래스로 분류되어 있으며, 운전자 26명으로 인해 구축되었다. 다양한 인종과 나이, 그리고 성별 비율을 가진 운전자들로 데이터가 구축되었으나, 테스트 데이터에는 더욱 다양한 운전자들의 이미지가 준비되어 있다. 이번 경진대회의 핵심은 26명의 운전자 데이터에 과적합하지 않고, 운전자의 옷 색깔, 머리스타일, 피부 색 등 운전자의 고유 식별 변수가 아닌, 운전하는 자세에 대한 변수를 모델로 하여금 추출하도록 하는 것이다.

운전자별 이미지를 시각화해본 결과, 클래스별로 운전자들의 이미지가 매우 유사하다는 것을 확인할 수 있다. 마치, 하나의 동영상에서 특정 이미지를 따온 것 같이, 연속적인 이미지들로 구성되어 있다. 실제 경진대회 설명에 의하면, 운전자들은 안전상 도로에서 운전을 하고 있지 않으며, 스테이트팜에서 준비한 특수 트랙 상에서 트럭이 끌고가는 차량 안에서 촬영된 동영상을 기반으로 이미지 데이터를 구축했다고 한다.

카메라는 조수석에 위치해 있지만, 훈련 및 테스트 데이터에서 미세한 각도의 차이와 창문에서 들어오는 빛의 밝기의 차이가 눈에 돋보인다.

심층적인 탐색적 분석을 통해 클래스별로 특이한 outlier 이미지들을 발견할 수 있었다. 나아가, 잘못 분류되고 있는 이미지 또한 발견할 수 있었다. 독자는 모든 훈련 및 테스트 데이터를 시각화해본 것이 아니라, 다음 장에서 소개할 Baseline 모델로 훈련 데이터에 대한 예측값을 생성한 후, 모델의 예측 신뢰도가 낮은 이미지들을 주로 분석해본 결과, 짧은 시간내에 많은 outlier 및 잘못 분류된 이미지를 탐색할 수 있었다. 이와 같이, 데이터 탐색적 분석 과정은 1회성이 아닌, 경진대회 끝까지 계속 아이디어를 찾기 위해 수행하는 반복적인 과정이다.

부족한 훈련 데이터의 양을 보완하기 위하여, 캐글러들은 데이터 어그멘테이션 기법을 흔히 사용한다. 데이터 어그멘테이션은 훈련 데이터 이미지를 모델 학습 과정에서 실시간으로 변형하여 새로운 훈련 데이터를 생성한다. 이미지 회전, 이미지 확대 및 이미지 흐리기 등의 기법으로 하나의 원본 이미지가 어떻게 변형되는지 함께 확인했다.

탐색적 데이터 분석에 사용된 모든 코드는 "EDA.ipynb" 파일에서 확인할 수 있다.

5.7 Baseline 모델

탐색적 데이터 분석을 통해 데이터에 대한 기초적인 이해를 쌓았다면, 이제는 실질적인 머신러닝 파이프라인을 구축해보자. 스테이트팜 산만한 운전자 감지 경진대회의 Baseline 모델을 구축하는 과정은 다음과 같다 :

① CNN 모델 정의 → ② 데이터 전처리 → ③ 교차 검증 평가 준비 → ④ 모델 학습 → ⑤ 테스트 데이터 예측 및 캐글 업로드

① CNN 모델 정의

이미지 분류 모델의 대표격인 VGG16 모델을 정의한다. 논문에 공개된 모델 구조를 직접 정의해도 괜찮지만, 케라스 프레임워크에서는 한 줄로 VGG16 모델을 정의할 수 있는 편리한 함수를 제공한다.

[코드 5-20] VGG16 모델과 Optimizer를 정의하고 학습 가능한 모델로 컴파일하는 코드(file: kaggle_statefarm_distracted_driver_detection/02_Baseline/code/main.py)

```
import keras
from keras.models import Model
from keras.layers.core import Dense, Dropout, Flatten
from keras.optimizers import SGD
```

```
def get_model():

    # 최상위 전결층을 제외한 vgg16 모델을 불러온다
    base_model = keras.applications.vgg16.VGG16(include_top=False,
    weights=None, input_shape=(224,224,3))

    # 최상위 전결층을 정의한다
    out = Flatten()(base_model.output)
    out = Dense(2048, activation='relu')(out)
    out = Dropout(0.5)(out)
    out = Dense(2048, activation='relu')(out)
    out = Dropout(0.5)(out)
    output = Dense(10, activation='softmax')(out)
    model = Model(inputs=base_model.input, outputs=output)

    # SGD Optimizer를 사용하여, 모델을 compile한다
    sgd = SGD(lr=1e-4, decay=1e-6, momentum=0.9, nesterov=True)
    model.compile(optimizer=sgd, loss='categorical_crossentropy',
    metrics=['accuracy'])

    return model
```

keras.applications.vgg16.VGG16()를 통해 VGG16 모델을 정의하는 과정에서 중요한 3가지 설정값이 존재한다. include_top=False 설정을 통해 모델의 최상위 전결층 (Fully Connected Layer)를 제외한 컨볼루션 블록들만 정의한다. weights=None 설정을 통해 기학습 모델 파라미터를 사용하지 않고, 새로운 VGG16 모델을 처음부터 학습하고자 한다. 마지막으로 input_shape=(224,224,3) 설정을 통해 모델 입력값의 크기를 정의한다. 이번 경진대회에서 제공된 원본 이미지의 크기는 $480 \times 640 \times 3$ 이지만, $224 \times 224 \times 3$으로 리사이징하여도 이미지내 중요한 정보는 보존된다.

이미지의 특징을 추출하는 컨볼루션 블록의 결과물 위에 클래스 분류를 위한 전결층을 정의한다. Flatten() 함수를 통해 컨볼루션 블록의 결과물을 1차원 벡터로 치환한 후, 비선형 함수인 ReLU를 적용한 2048 크기의 전결층과 Dropout=0.5 레이어를 총 두번 정의한다. 마지막으로, 이번 경진대회 클래스 개수인 10 크기의 전결층에 softmax 함수를 통과시킨다. softmax 함수를 통과하면, 모델의 최종 결과물이 확률 값의 형태로 출력된다.

모델 학습에는 SGD (Stochastic Gradient Descent) Optimizer를 사용한다. 학습 속도 (learning_rate = lr)를 적절한 값으로 설정하여 model.compile()을 수행하면 keras 프레임워크에서 학습 및 예측을 할 수 있는 모델이 완성된다.

② 데이터 전처리

딥러닝 모델은 역전파 (Back-propagation) 알고리즘을 기반으로 모델의 파라미터 를 학습한다. 역전파 알고리즘을 적용하기 위해서는 훈련 데이터와 정답값을 사전에 알고 있어야 한다. 한 번의 역전파 알고리즘 과정에 가능한 많은 훈련 데이터와 정답 값을 사용하여 모델을 학습하면, 더욱 안정적인 학습이 가능하다. 모든 훈련 데이터 를 한 번의 역전파 알고리즘 학습에 사용하는 것을 배치 학습 (Batch Training)이라 고 한다. 이번 경진대회에서 배치 학습을 하려면, 한 번의 역전파 알고리즘 학습 과 정에 훈련 데이터 22,424개를 모두 사용해야 하지만, 그러기에는 상용 GPU의 메모 리 한계에 부딪히게 된다. 그러므로 한 번의 역전파 알고리즘 과정에서 훈련 데이터 의 일부만을 학습하는 것을 미니배치 학습(Mini-batch Training)이라고 하며, 대부 분의 딥러닝 모델 학습은 미니배치 학습 기법을 사용한다.

이번 경진대회에서는 미니배치 크기 8로 학습을 진행한다. 한 번의 학습 과정 (training step)에서 하드 드라이브에 저장된 훈련 데이터 중 임의로 8개를 선정하여 CPU를 통해 읽어온 후, GPU 에서 연산 및 역전파 알고리즘을 통해 모델 파라미터 를 업데이트한다. 이 과정을 2,803번 반복하면 훈련 데이터 전체를 모델이 학습하게 되며, 이를 "모델을 1 epoch 학습하였다"라고 한다. (2803 * 8 = 22424)

케라스 프레임워크에서는 이와 같은 데이터 전처리 과정을 수행하는 ImageData

Generator() 함수를 지원한다.

[코드 5-21] 데이터를 실시간으로 읽어오는 ImageDataGenerator( )를 정의하기

```
from keras.preprocessing.image import ImageDataGenerator


# 이미지 데이터 전처리를 수행하는 함수를 정의한다
datagen = ImageDataGenerator()

# .flow_from_directory() 함수를 통해 특정 폴더에 위치해있는 훈련/검증 데이터를 실시간
으로 읽어온다
train_generator = datagen.flow_from_directory(
        directory='../input/train',
        target_size=(224, 224),
        batch_size=8,
        class_mode='categorical',
        seed=2018)
valid_generator = datagen.flow_from_directory(
        directory='../input/valid',
        target_size=(224, 224),
        batch_size=8,
        class_mode='categorical',
        seed=2018)

# 테스트 데이터 예측용 데이터 생성기를 정의한다
test_generator = datagen.flow_from_directory(
    directory='../input/test',
    target_size=(224, 224),
    batch_size=1,
    class_mode=None,
    shuffle=False)
```

ImageDataGenerator()는 특정 폴더에 위치한 훈련/검증 데이터를 실시간으로 읽어오는 데이터 생성 함수이다. .flow_from_directory() 함수를 통해 데이터들이 위치해 있는 폴더 경로와, 모델의 입력값으로 들어가야 할 이미지 크기, 한 번의 학습 과정에서 사용할 훈련 데이터의 크기를 정하는 batch_size를 설정한다. 훈련 데이

터는 10개의 클래스로 분류가 가능하므로, class_mode='categorical' 로 설정한다. seed 값은 모델 학습 재현성을 위하여 2018로 고정한다.

테스트 데이터용 데이터 생성기를 정의할 때에는 모델 학습용 훈련/검증 데이터 생성기와는 조금 다른 설정값이 필요하다. 예측 결과값이 필요한 테스트 데이터에 대해서는 클래스 값이 별도로 필요하지 않기 때문에 class_mode=None으로 설정한다. 테스트 데이터는 예측하는 데이터의 순서가 매우 중요하기 때문에 batch_size=1, shuffle=False 로 설정한다. batch_size가 1보다 크거나, shuffle=True의 경우, 테스트 데이터 생성기가 읽어오는 테스트 데이터의 순서가 랜덤해진다.

.flow_from_directory() 함수는 특수한 폴더 구조를 요구한다. 디렉토리로 지정한 폴더 아래 클래스 개수만큼의 폴더가 존재해야 하며, 클래스 폴더 아래에는 해당 클래스에 속하는 이미지 데이터가 위치해야 한다. 그러므로, .flow_from_directory()를 사용하기 위해서는, 사전에 훈련 데이터를 훈련/검증 데이터로 분리하여 별도 폴더에 저장하는 과정을 수행해야 한다.

```
# .flow_from_directory() 함수를 사용하기 위한 폴더 구조
../input/train/c0/img_1.jpg
                 /img_2.jpg
                 ..
                 /c1/img_3.jpg
                     /img_4.jpg
                     ..
              /c2
              ..
              /c9
```

이미지 데이터 생성기 (ImageDataGenerator())를 테스트 데이터에 적용하기 위해서는 테스트 데이터 구조에 간단한 작업을 수행해야 한다. 테스트 데이터 79,726개가 위치한 '../input/test' 폴더 아래 imgs라는 새로운 폴더를 하나 더 생성한 후, imgs 폴더 아래 모든 테스트 이미지 데이터 (img_*.jpg)를 옮겨야 한다(아래 코드를 실행하면 된다).

[코드 5-22] ImageDataGenerator( )를 사용하기 위하여 테스트 데이터에 폴더를 한 계층 더 추가하기

```
cd ../input/test
mkdir imgs
mv img_* imgs
```

테스트 데이터용 ImageDataGenerator()에서 directory='../input/test'로 설정
된다. ImageDataGenerator() 함수는 지정된 디렉토리 경로 아래 모든 이미지 파
일을 포함하는 하나의 폴더가 필요하다. 위 코드로 데이터 전처리에 대한 준비가 되
었다.

③ 교차 검증 평가 준비

교차 검증에는 5-Fold StratifiedKFold 기법을 사용한다. 훈련 데이터 22,424개를
랜덤하게 5등분하여, 4/5의 데이터를 기반으로 학습을 수행하고, 1/5의 데이터를 기
반으로 모델을 평가한다. 이미지 생성기가 데이터를 읽어올 수 있도록, 임시 훈련/검
증 폴더 (temp_train_fold, temp_valid_fold)에 원본 훈련 데이터를 복사한다.

[코드 5-23] 교차 검증을 위하여 학습 데이터를 훈련/검증 데이터로 분리하는 함수

```
from glob import glob
import numpy as np
import subprocess
import os

def generate_split():
    # 이미지 생성기를 위하여 임시 훈련/검증 폴더를 생성한다
    def _generate_temp_folder(root_path):
        os.mkdir(root_path)
        for i in range(n_class):
            os.mkdir('{}/c{}'.format(root_path, i))
```

```
_generate_temp_folder(temp_train_fold)
_generate_temp_folder(temp_valid_fold)

# 임시 훈련/검증 폴더에 데이터를 랜덤하게 복사한다
train_samples = 0
valid_samples = 0
for label in labels:
    files = glob('{}/{}/*jpg'.format(train_path, label))
    for fl in files:
        cmd = 'cp {} {}/{}/{}'
        # 데이터의 4/5를 훈련 데이터에 추가한다
        if np.random.randint(nfolds) != 1:
            cmd = cmd.format(fl, temp_train_fold, label, os.path.
            basename(fl))
            train_samples += 1
        # 데이터의 1/5를 검증 데이터에 추가한다
        else:
            cmd = cmd.format(fl, temp_valid_fold, label, os.path.
            basename(fl))
            valid_samples += 1
        # 원본 훈련 데이터를 임시 훈련/검증 데이터에 복사한다
        subprocess.call(cmd, stderr=subprocess.STDOUT, shell=True)

# 훈련/검증 데이터 개수를 출력한다
print('# {} train samples | {} valid samples'.format(train_samples,
valid_samples))
return train_samples, valid_samples
```

....

④ 모델 학습

CNN 모델, 데이터 생성기 및 교차 검증 준비가 완료되었으면, 본격적인 모델 학습 과정을 진행한다. 과적합(over-fitting)을 방지하기 위하여 Early-Stopping 기법을 도입한 훈련 과정을 진행하다. Early-Stopping 기법에서는 훈련 데이터를 1 epoch 학습할 때마다, 검증 데이터에 대한 다중 클래스 로그 손실 값을 계산한다. 3 epoch 연속 로그 손실 값이 개악될 경우, 학습을 멈추고, 해당 모델 파라미터를 저장한다. Early-Stopping기법은 훈련 데이터에 대한 평가 점수가 아닌, 모델이 한 번도 학습에 사용하지 않은 검증 데이터의 평가 점수를 기반으로, 일반화 성능이 가장 좋은 지점에서의 모델 파라미터를 저장한다.

[코드 5-24] 실제 모델 학습을 수행하는 코드. 데이터를 불러오는 ImageDataGenerator( )를 생성하고, 5번의 Fold별로 새로운 모델을 생성하고, 훈련/검증 데이터를 분리하고 fit_generator( ) 함수로 모델을 학습한다.

```python
from keras.callbacks import EarlyStopping, ModelCheckpoint
import pandas as pd
import shutil

print('# Train Model')
# 이미지 데이터 전처리를 수행하는 함수를 정의한다
datagen = ImageDataGenerator()
# 테스트 데이터를 불러오는 ImageGenerator를 생성한다
test_generator = datagen.flow_from_directory(
        test_path,
        target_size=(img_row_size, img_col_size),
        batch_size=1,
        class_mode=None,
        shuffle=False)
test_id = [os.path.basename(fl) for fl in glob('{}/imgs/*.jpg'.
format(test_path))]

# 5-Fold 교차 검증을 진행한다
for fold in range(nfolds):
    # 새로운 모델을 정의한다
    model = get_model()
    # 훈련/검증 데이터를 생성한다
    train_samples, valid_samples = generate_split()

    # 훈련/검증 데이터 생성기를 정의한다
    train_generator = datagen.flow_from_directory(
            directory=temp_train_fold,
            target_size=(img_row_size, img_col_size),
            batch_size=batch_size,
            class_mode='categorical',
            seed=seed)
```

```
valid_generator = datagen.flow_from_directory(
        directory=temp_valid_fold,
        target_size=(img_row_size, img_col_size),
        batch_size=batch_size,
        class_mode='categorical',
        seed=seed)

weight_path = '../cache/{}/mini_weight.fold_{}.h5'.format(suffix, i)
callbacks = [EarlyStopping(monitor='val_loss', patience=3,
verbose=0), ModelCheckpoint(weight_path, monitor='val_loss', save_
best_only=True, verbose=0)]
# 모델을 학습한다. val_loss 값이 3 epoch 연속 개악되면, 학습을 멈추고 최적 weight
를 저장한다
model.fit_generator(
        train_generator,
        steps_per_epoch=train_samples/args.batch_size,
        epochs=500,
        validation_data=valid_generator,
        validation_steps=valid_samples/args.batch_size,
        shuffle=True,
        callbacks=callbacks,
        verbose=1)
```

모델 학습이 정상적으로 진행되면, 케라스 프레임워크는 모델 학습 과정을 실시간으로 로그에 기록해준다. 아래는 로그 예시이다.

```
Epoch 5/100
# 1 epoch 학습 중
443/2236 [====>..........] - ETA: 9:11 - loss: 3.0126 - acc: 0.1724
# 1 epoch 학습 완료 후
2236/2236 [=========] - 832s 372ms/step - loss: 1.4622 - acc: 0.5462
- val_loss: 0.7441 - val_acc: 0.7784
```

로그를 읽는 방법은 다음과 같다. 현재 모델은 총 100 epoch 중, 5번째 epoch이다. 현재 모델은 443번째 미니배치를 학습 중에 있으며, 1 epoch 학습하기 위해서는 총 2236번의 미니배치 학습을 수행해야 한다. 화살표와 점으로 표시되는 그림은 1 epoch 의 학습 진도를 시각적으로 표시한다. ETA는 1 epoch 학습이 완료되기 까지 소요되는 예상 시간이다. loss는 훈련 데이터에 대한 다중 클래스 로그 손실 값이며, acc는 훈련 데이터에 대한 정확률이다. loss 값은 낮을 수록 좋은 신호이며, acc 값은 1에 가까울수록 좋은 신호이다.

1 epoch에 대한 학습이 완료되면, 1 epoch 학습에 소요된 시간과 훈련/검증 데이터에 대한 평가 점수를 자동으로 계산한다. 이번 예시에서는 훈련 데이터의 loss는 1.46으로 높은 반면, 검증 데이터의 val_loss는 0.74 수준을 기록하고 있다. 훈련/검증 데이터의 평가 점수를 기반으로 학습의 진척 속도, 과적합 여부 등을 실시간으로 판단할 수 있다. 과적합을 방지하는 Early-Stopping 기법은 매 epoch마다 계산되는 검증 데이터의 val_loss 값을 기준으로 모델 학습 종료 지점을 정한다.

Baseline 모델의 학습 로그는 다음과 같다.

```
Using TensorFlow backend.
# Train Model
Found 79726 images belonging to 1 classes.
# 17834 train samples | 4590 valid samples
Found 17834 images belonging to 10 classes.
Found 4590 images belonging to 10 classes.

Epoch 1/500
2229/2229 [==============================] - 383s 172ms/step - loss: 2.0548 - acc: 0.2431 - val_loss: 1.1978 - val_acc: 0.5711
Epoch 2/500
2229/2229 [==============================] - 377s 169ms/step - loss: 0.9761 - acc: 0.6608 - val_loss: 0.4253 - val_acc: 0.8698
Epoch 3/500
2229/2229 [==============================] - 377s 169ms/step - loss: 0.5039 - acc: 0.8368 - val_loss: 0.2443 - val_acc: 0.9291
Epoch 4/500
2229/2229 [==============================] - 376s 169ms/step - loss: 0.3040 - acc: 0.9037 - val_loss: 0.2147 - val_acc: 0.9494
Epoch 5/500
2229/2229 [==============================] - 377s 169ms/step - loss: 0.2085 - acc: 0.9348 - val_loss: 0.1338 - val_acc: 0.9583
Epoch 6/500
2229/2229 [==============================] - 379s 170ms/step - loss: 0.1516 - acc: 0.9531 - val_loss: 0.0938 - val_acc: 0.9751
Epoch 7/500
2229/2229 [==============================] - 378s 170ms/step - loss: 0.1124 - acc: 0.9641 - val_loss: 0.0951 - val_acc: 0.9743
Epoch 8/500
2229/2229 [==============================] - 377s 169ms/step - loss: 0.0904 - acc: 0.9727 - val_loss: 0.0759 - val_acc: 0.9784
Epoch 9/500
2229/2229 [==============================] - 377s 169ms/step - loss: 0.0754 - acc: 0.9755 - val_loss: 0.0738 - val_acc: 0.9804
Epoch 10/500
2229/2229 [==============================] - 377s 169ms/step - loss: 0.0620 - acc: 0.9805 - val_loss: 0.0493 - val_acc: 0.9860
Epoch 11/500
2229/2229 [==============================] - 377s 169ms/step - loss: 0.0489 - acc: 0.9845 - val_loss: 0.0513 - val_acc: 0.9858
Epoch 12/500
2229/2229 [==============================] - 377s 169ms/step - loss: 0.0427 - acc: 0.9868 - val_loss: 0.0551 - val_acc: 0.9863
Epoch 13/500
2229/2229 [==============================] - 378s 170ms/step - loss: 0.0359 - acc: 0.9898 - val_loss: 0.0403 - val_acc: 0.9897
Epoch 14/500
2229/2229 [==============================] - 377s 169ms/step - loss: 0.0324 - acc: 0.9903 - val_loss: 0.0442 - val_acc: 0.9889
Epoch 15/500
2229/2229 [==============================] - 377s 169ms/step - loss: 0.0282 - acc: 0.9913 - val_loss: 0.0370 - val_acc: 0.9904
Epoch 16/500
2229/2229 [==============================] - 377s 169ms/step - loss: 0.0269 - acc: 0.9911 - val_loss: 0.0468 - val_acc: 0.9884
Epoch 17/500
2229/2229 [==============================] - 376s 169ms/step - loss: 0.0186 - acc: 0.9938 - val_loss: 0.0418 - val_acc: 0.9893
Epoch 18/500
2229/2229 [==============================] - 376s 169ms/step - loss: 0.0179 - acc: 0.9940 - val_loss: 0.0440 - val_acc: 0.9895

79726/79726 [==============================] - 886s 11ms/step
Warning: Looks like you're using an outdated API Version, please consider updating (server 1.4.2 / client 1.3.12)
Successfully submitted to State Farm Distracted Driver Detection
```

[그림 5-35] Baseline 모델의 첫 번째 Fold 학습 로그

Baseline 모델 첫 번째 Fold 학습는 총 17,834개의 훈련 데이터와 4,590개의 검증 데이터가 사용된다. epoch마다 380초 가량의 시간이 소요되었으며, 이는 step당 172ms를 의미한다. 첫 번째 epoch 학습이 완료된 시점에서 훈련 데이터에 대한 log-loss는 2.0548점, 검증 데이터에 대한 log-loss는 1.1978점이다. epoch을 거듭할수록, 훈련/검증 로그 손실 값이 줄어드는 것을 확인할 수 있다 – 훈련이 정상적으로 진행되고 있다는 신호이다. 만약에 훈련 데이터의 로그 손실 값이 너무 큰 값을 가지거나, 장기간 감소하지 않는다면 머신러닝 파이프라인에 문제가 있다는 뜻이다. loss 우측에 보이는 acc 값은 훈련/검증 데이터의 정확률을 의미한다. 10번째 epoch 학습이 완료된 시점에서는 이미 훈련/검증 데이터에 대하여 98% 수준의 높은 정확률을 보인다. 첫 번째 Fold 학습 과정에서는 15번째 epoch에서 val_loss 값이 0.0370으로 가장 낮은 값을 기록한다. 그 이후 3번의 epoch에 걸쳐, val_loss 값이 개선되지 않았기 때문에, 학습은 15번째 epoch의 모델 파라미터로 최종 저장이 된다. 79,726개의 테스트 데이터의 확률값을 예측한 후에, Kaggle API를 통해 캐글에 제출한다.

⑤ 캐글 업로드

Baseline 모델에서는 5-Fold 교차 검증의 매 Fold 마다 테스트 데이터에 대한 예측 결과물을 캐글에 업로드한다. model.fit_generator()를 통해 모델을 학습한 직후, model.predict_generator() 함수를 사용하여 테스트 데이터에 대한 확률값을 예측한다.

[코드 5-25] 모델 학습 이후, 테스트 데이터에 대한 예측값 생성 및 캐글에 제출하는 코드 [코드 5-24]와 연결된다)

```
(continue..)

# 테트스 테이터에 대한 예측값을 생성한다
preds = model.predict_generator(
```

```
        test_generator,
        steps=len(test_id),
        verbose=1)
result = pd.DataFrame(preds, columns=labels)
result.loc[:, 'img'] = pd.Series(test_id, index=result.index)
sub_file = '../subm/vgg16.baseline/f{}.csv'.format(fold)
result.to_csv(sub_file, index=False)

# 캐글에 제출한다
submit_cmd = 'kaggle competitions submit -c state-farm-distracted-
driver-detection -f {} -m vgg16.baseline.fold{}'.format(sub_file,
fold)
subprocess.call(submit_cmd, stderr=subprocess.STDOUT, shell=True)

# 5-Fold 교차 검증 과정에서 생성한 훈련/검증 데이터를 삭제한다
shutil.rmtree(temp_train_fold)
shutil.rmtree(temp_valid_fold)
```

데이터 전처리 과정에서 앞서 정의한 테스트 데이터용 이미지 생성기 (test_generator)를 활용하여 얻은 모델 예측값에 이미지 파일 이름 ("img") 데이터를 추가한 후, 파일에 저장하여 캐글에 제출한다.

Baseline 모델의 Fold 별 리더보드 점수는 다음과 같다.

[표 5-3] 5-Fold 교차 검증의 Fold별 리더보드 점수

분류	Public 리더보드	Private 리더보드
Fold #1	2.02438	2.27766
Fold #2	1.52923	1.66313
Fold #3	1.73899	1.92065
Fold #4	1.78335	1.77475
Fold #5	2.01297	2.00931

Baseline 모델의 Fold 별 리더보드 점수는 Private 리더보드 기준 1.66313~ 2.27766점을 기록한다. Fold #2의 Private 리더보드 1.66313점은 경진대회 참가자 전체 1,440팀 중 723등 (상위50%) 기록이다.

5-Fold 교차 검증의 앙상블 결과의 점수가 몇 점인지 확인해보자.

[앙상블]

교차 검증 과정에서 저장된 5개의 Fold별 모델 예측값을 기반으로 다음과 같이 단순 평균 앙상블을 구한다.

[코드 5-26] 5개 Fold별 예측값을 앙상블하는 코드[코드 5-25]와 연결된다)

```
print('# Ensemble')
# 5-Fold 교차 검증의 결과물을 단순 앙상블한다
ensemble = 0
for fold in range(nfolds):
    ensemble += pd.read_csv('../subm/vgg16.baseline/f{}.csv'.
format(fold), index_col=-1).values * 1. / nfolds
ensemble = pd.DataFrame(ensemble, columns=labels)
ensemble.loc[:, 'img'] = pd.Series(test_id, index=ensemble.index)
sub_file = '../subm/vgg16.baseline/ens.csv'
ensemble.to_csv(sub_file, index=False)

# 캐글에 제출한다
submit_cmd = 'kaggle competitions submit -c state-farm-distracted-
driver-detection -f {} -m vgg16.baseline.ensemble'.format(sub_file)
subprocess.call(submit_cmd, stderr=subprocess.STDOUT, shell=True)
```

[표 5-4] Baseline 모델 앙상블 리더보드 점수

분류	Public 리더보드	Private 리더보드
Baseline 앙상블	1.16054	1.20013

Baseline 앙상블은 Private 리더보드 1.20013점으로 경진대회 참가자 전체 1,440 팀 중 587등 (상위41%)을 기록한다.

[그림 5-35]에서 모델이 한 번도 학습에 사용하지 않은 검증 데이터의 로그 손실 값이 0.0370 수준임에도 불구하고, 앙상블 결과의 로그 손실 값이 1.20013점을 기록한다는 것은 **훈련 데이터와 테스트 데이터의 분포가 매우 다르며**, Baseline 모델은 심각한 과적합(overfitting)을 하고 있음을 의미한다.

검증 데이터의 평가 점수와 테스트 데이터의 평가 점수가 이와 같이 큰 격차를 보이는 모델은 일반화 성능이 떨어지며, 실제 서비스에 적용하기 어렵다. 왜 과적합이 일어났는지 고민해보자.

탐색적 데이터 분석 과정에서 확인하였듯이, 훈련 데이터는 26명의 운전자의 이미지 데이터로 구성되었으나, 테스트 데이터는 훈련 데이터에 존재하지 않는 새로운 운전자들의 데이터로 구성되어 있다. 그러나, Baseline 모델은 훈련 데이터를 랜덤하게 5-Fold 로 분리하여 학습하였기 때문에, 훈련/검증 데이터 모두 26명의 운전자 이미지를 공통으로 포함하고 있다. "동일한 운전자의 다른 자세"를 학습하는데는 유의미할 수 있지만, "새로운 운전자의 운전 자세"를 학습하기에는 적합한 교차 검증 전략이 아니다.

'5-8.성능 개선 실험'절 에서는 일반화 성능을 개선하기 위한 새로운 교차 검증 전략뿐만 아니라, 그 외 다양한 아이디어로 스테이트 팜 산만한 운전자 감지 경진대회에서 더 높은 순위를 기록하고자 한다.

[Tip 5-2] **캐글 업로드 결과를 손쉽게 확인하기**

캐글에 업로드된 결과물은 두 가지 방법으로 확인할 수 있다. 1) 코드 작업 중인 command line에서 kaggle API를 통하여 바로 확인하는 방법과 2) kaggle 홈페이지에 접속하여 확인하는 방법이다. 아래는 command line에서 바로 스테이트 팜 산만한 운전자 감지 경진대회에서의 내 캐글 업로드 파일들에 대한 점수를 확인할 수 있는 명령어이다.

```
kaggle competitions submissions -c state-farm-distracted-driver-
detection
```

요약

'5.7 Baseline 모델' 절에서는 Keras 프레임워크를 통하여 이미지 분류 모델을 구축하고 학습하는 일련의 과정을 완성한다. Baseline 모델의 결과는 다음 명령어로 재현할 수 있다.

```
cd kaggle_statefarm_distracted_driver_detection/02_Baseline/code
python main.py
```

Baseline 모델에서는 20줄 가량의 코드로 이미지 분류 모델의 대표격인 VGG16 모델을 정의한다. 비슷한 분량의 코드로 이미지 데이터를 실시간으로 로딩하여 미니배치 학습을 수행하는데 도움이 되는 이미지 생성기 함수를 정의한다. 5-Fold 교차 검증 학습 과정에서는 주어진 훈련 데이터를 훈련/검증 데이터로 분리하고, 4/5의 데이터로 학습을 진행하고 1/5의 데이터로 학습 경과를 모니터링한다. 검증 데이터의 로그 손실 값이 3번 개악되는 시점에서 학습을 멈추는 Early-Stopping 기법을 통하여 최적 학습 epoch을 자동으로 탐색하게끔 구축한다. 모델 학습 과정에서 기록되는 학습 로그를 확인한 바, 정상적인 학습이 진행되고 있다.

5번의 Fold 별 예측 결과물을 캐글에 업로드하고, 최종적으로는 가중 평균 앙상블 결과물 또한 캐글에 자동으로 업로드한다. Baseline 모델의 리더보드 점수 및 순위를 확인해보니, 검증 데이터의 로그 손실 값과는 동떨어진 높은 로그 손실 점수를 기록한다. Baseline 모델은 훈련 데이터에 과적합하고 있다.

탐색적 데이터 분석에서 얻은 정보를 활용하면, Baseline 모델이 과적합한 원인은, 훈련 데이터와 테스트 데이터 간의 운전자 분포의 차이를 랜덤 교차 검증 과정에서 반영하지 못했기 때문으로 추측된다. 모델이 보지 못한 새로운 운전자의 운전 자세를 올바르게 예측하는 모델 개발을 위하여, 새로운 교차 검증 전략과 다양한 아이디어를 동원하고자 한다.

5.8 성능 개선 실험

운전자별 교차 검증

Baseline 모델의 과적합의 원인은 잘못된 교차 검증 전략이다. 랜덤으로 훈련 데이터를 훈련/검증 데이터로 분리하면, 훈련/검증 데이터에 동일한 운전자의 이미지 데이터가 공통으로 포함된다. 이러한 교차 검증 전략은 모델이 새로운 운전자의 이미지를 입력값으로 받았을 때의 성능을 올바르게 반영하지 못한다.

첫 번째 성능 개선 아이디어로, 훈련/검증 데이터를 분리하는 기준을 운전자 ID로 한다. Baseline 모델 코드 대비 수정되는 부분만 집중적으로 설명하고자 한다.

이번 경진대회에서는 훈련 데이터에 대한 이미지 파일명, 운전자 ID와 클래스 정보를 담은 driver_imgs_list.csv 파일을 제공한다. 다음 코드를 통해 img_to_driver 디렉토리 안에 모든 이미지 파일명에 대하여 운전자 ID를 기록한다. 동시에, uniq_drivers 리스트에 운전자 ID 고유값을 저장한다.

[코드 5-27] 이미지별 운전자 ID 정보를 구하는 코드

```
import pandas as pd

# driver_imgs_list 파일을 읽어온다
```

```
drivers = pd.read_csv('../input/driver_imgs_list.csv')
img_to_driver = {}
uniq_drivers = []

# 모든 이미지 파일명에 대하여, 운전자 ID를 기록한다
for i, row in drivers.iterrows():
    label_n_driver = {}
    label_n_driver['label'] = row['classname']
    label_n_driver['driver'] = row['subject']
    img_to_driver[row['img']] = label_n_driver

    if row['subject'] not in uniq_drivers:
        uniq_drivers.append(row['subject'])
```

다음은 사이킷-런 라이브러리의 KFold 함수를 사용하여 운전자별 교차 검증을 진행한다. 총 26명의 운전자를 5개의 Fold 별로 분리하여, 훈련 데이터에는 20명의 운전자 데이터를, 검증 데이터에는 6명의 운전자 데이터를 분배한다.

[코드 5-28] 5-Fold 교차 검증에서 운전자의 정보를 기반으로 훈련/검증 데이터를 분리하는 코드

```
from sklearn.cross_validation import KFold

kf = KFold(len(uniq_drivers), n_folds=nfolds, shuffle=True, random_
state=20)
for fold, (train_drivers, valid_drivers) in enumerate(kf):
    # 새로운 모델을 정의한다
    model = get_model()

    # 훈련/검증 데이터를 생성한다
    train_drivers = [uniq_drivers[j] for j in train_drivers]
    train_samples, valid_samples = generate_driver_based_split(img_to_
    driver, train_drivers)
```

generate_driver_based_split()는 훈련/검증 데이터를 분배하는 작업을 수행한다. 이미지 파일명과 운전자 ID를 연결하는 img_to_driver와 훈련 데이터로 분류되어

야 할 운전자 ID 리스트 train_drivers를 입력값으로 받아, 임시 훈련/검증 데이터를
다음과 같이 생성한다.

[코드 5-29] 운전자별로 훈련/검증 데이터 분리를 수행하는 코드

```
def generate_driver_based_split(img_to_driver, train_drivers):
    # 이미지 생성기를 위하여 임시 훈련/검증 폴더를 생성한다
    def _generate_temp_folder(root_path):
        _clear_dir(root_path)
        for i in range(n_class):
            os.mkdir('{}/c{}'.format(root_path, i))
    _generate_temp_folder(temp_train_fold)
    _generate_temp_folder(temp_valid_fold)

    # 임시 훈련/검증 폴더에 데이터를 랜덤하게 복사한다
    train_samples = 0
    valid_samples = 0
    for img_path in img_to_driver.keys():
        cmd = 'cp {}/{}/{} {}/{}/{}'
        label = img_to_driver[img_path]['label']
        if not os.path.exists('{}/{}/{}'.format(train_path, label, img_
        path)):
            continue
        if img_to_driver[img_path]['driver'] in train_drivers:
            cmd = cmd.format(train_path, label, img_path, temp_train_
            fold, label, img_path)
            train_samples += 1
        else:
            cmd = cmd.format(train_path, label, img_path, temp_valid_
            fold, label, img_path)
            valid_samples += 1
        # copy image
        subprocess.call(cmd, stderr=subprocess.STDOUT, shell=True)

    # 훈련/검증 데이터 개수를 출력한다
    print('# {} train samples | {} valid samples'.format(train_samples,
    valid_samples))
    return train_samples, valid_samples
```

Baseline 모델에서 구축했던 머신러닝 파이프라인을 적극 활용하되, 중요한 일부 코드를 수정하여 운전자별 교차 검증 실험을 진행한다. 앞선 코드를 추가하면, CNN 모델 정의, 이미지 데이터 전처리 생성기 및 모델 학습 규칙은 Baseline 모델과 동일한 상태에서 교차 검증 전략이 "랜덤 분리"에서 "운전자별 분리"로 변경된다. 운전자별 교차 검증 모델의 학습을 실행하면, 아래와 같은 학습 로그를 기록한다.

```
Found 79726 images belonging to 1 classes.
# 17375 train samples | 5049 valid samples
Found 17375 images belonging to 10 classes.
Found 5049 images belonging to 10 classes.

Epoch 1/500
2171/2171 [==============================] - 270s 124ms/step - loss: 2.0578 - acc: 0.2356 - val_loss: 1.9305 - val_acc: 0.4418
Epoch 2/500
2171/2171 [==============================] - 263s 121ms/step - loss: 0.8520 - acc: 0.7064 - val_loss: 1.6941 - val_acc: 0.5158
Epoch 3/500
2171/2171 [==============================] - 263s 121ms/step - loss: 0.3913 - acc: 0.8715 - val_loss: 1.7929 - val_acc: 0.5557
Epoch 4/500
2171/2171 [==============================] - 263s 121ms/step - loss: 0.2435 - acc: 0.9267 - val_loss: 1.4759 - val_acc: 0.5967
Epoch 5/500
2171/2171 [==============================] - 263s 121ms/step - loss: 0.1575 - acc: 0.9513 - val_loss: 1.6871 - val_acc: 0.5979
Epoch 6/500
2171/2171 [==============================] - 262s 121ms/step - loss: 0.1165 - acc: 0.9653 - val_loss: 1.6761 - val_acc: 0.6145
Epoch 7/500
2171/2171 [==============================] - 263s 121ms/step - loss: 0.0842 - acc: 0.9739 - val_loss: 1.6472 - val_acc: 0.6266
79726/79726 [==============================] - 867s 11ms/step

Successfully submitted to State Farm Distracted Driver Detection
```

[그림 5-36] 운전자별 교차 검증 모델의 첫 번째 Fold 학습 로그

운전자별 교차 검증 모델의 첫 번째 Fold 학습 로그를 살펴보면, 훈련 데이터에 대한 손실 값은 Baseline 모델과 유사한 속도로 감소되며 7번째 epoch에서 0.0842점을 기록한다. 매우 빠른 시기에 학습이 완료된다. 그러나, 새로운 운전자의 데이터로 구성된 검증 데이터에 대한 val_loss 값은 4번째 epoch에서 비교적 높은 1.4759점을 기록한다. Baseline 모델에서 val_loss 값이 0.0370 수준으로 떨어진 것에 비해, 운전자별 교차 검증 모델은 검증 데이터의 val_loss 값이 매우 높다.

훈련 데이터의 정확률(acc)는 95% 이상을 기록하는 반면, 검증 데이터의 정확률을 60% 수준이 머무른다. 모델이 새로운 운전자의 이미지 데이터에 대하여 어느 수준의 성능을 보이는지 정확하게 확인할 수 있다. 테스트 데이터 또한 훈련 데이터에 존재하지 않는 새로운 운전자에 대한 이미지 많이 포함되어 있을테니, 검증 데이터의 val_loss 값이, 리더보드 로그 손실 값과 유사할 것으로 예상된다. 운전자별 교차 검증 모델의 리더보드 점수는 다음과 같다.

[표 5-5] 운전자별 교차 검증 모델 리더보드 점수

분류	Public 리더보드	Private 리더보드
Fold #1	1.64211	1.55621
Fold #2	1.44032	1.44838
Fold #3	1.26130	1.22052
Fold #4	1.50571	1.62803
Fold #5	1.55714	1.68938
가중 평균 앙상블	1.02967	1.02189

운전자별 교차 검증으로 학습한 결과, 최종 앙상블의 Private 리더보드 점수는
1.02189점으로 Baseline 대비 0.2점 가량 개선되고, 전체 순위는 587등 (상위 41%)
에서 545등 (상위 38%)로 변경된다. 기대한 만큼의 점수 차이는 크게 나지 않지만,
검증 데이터의 Fold별 val_loss 값과 Public/Private 리더보드 점수 간의 상관관계
가 높으며, 올바른 교차 검증 과정을 구축한 것으로 판단된다.

운전자별 교차 검증 모델의 결과물은 다음 명령어를 통해 재현이 가능하다.

```
cd kaggle_statefarm_distracted_driver_detection/03_Winners_Code/code
python main.py --weights None --random-split 0 --data-augment 0
--learning
-rate 1e-4
```

ImageNet 기학습 모델 파라미터

[Tip 5-1]에서 소개되었듯이, VGG16 모델은 ImageNet 2012년도 경진대회에
서 처음으로 딥러닝 모델을 기반으로 1등을 차지한 CNN 모델의 조상격인 AlexNet
모델보다 이미지 분류 성능이 좋을 뿐만 아니라, 분류에 사용된 모델 파라미터

(weight)를 공개하면서, 학계와 실무자들 사이에서 크게 인정을 받게 된다.

ImageNet 경진대회에서 학습된 VGG16 모델을 사용하여, 스테이트 팜 산만한 운전자 감지 경진대회에 최적화된 새로운 모델을 만들어, 학습 속도와 일반화 성능이 개선되기를 기대한다.

Keras 프레임워크에서는 단 한줄의 수정으로 ImageNet 기학습 모델 파라미터를 학습에 적용할 수 있다. CNN 모델을 정의하는 코드에서 weights='imagenet'으로 설정한다. 처음으로 다음 코드를 실행할 때에는 인터넷 연결을 통해 ImageNet 기학습 모델 파라미터 (크기 ~500MB)를 다운로드한다.

```
# ImageNet 기학습 모델 파라미터 사용하기
base_model = keras.applications.vgg16.VGG16(include_top=False,
weights='imagenet', input_shape=(224,224,3))
```

운전자별 교차 검증 모델에서 위 1줄을 수정하여 학습을 진행한다. ImageNet 기학습 모델 파라미터 모델은 다음과 같은 학습 로그를 기록한다.

```
Using TensorFlow backend.
# Train Model
Found 79726 images belonging to 1 classes.
# 17375 train samples | 5049 valid samples
Found 17375 images belonging to 10 classes.
Found 5049 images belonging to 10 classes.

Epoch 1/500
2171/2171 [==============================] - 383s 176ms/step - loss: 2.4123 - acc: 0.1508 - val_loss: 2.1567 - val_acc: 0.1846
Epoch 2/500
2171/2171 [==============================] - 378s 174ms/step - loss: 1.9962 - acc: 0.2537 - val_loss: 1.9665 - val_acc: 0.2347
Epoch 3/500
2171/2171 [==============================] - 379s 175ms/step - loss: 1.6397 - acc: 0.3993 - val_loss: 1.7428 - val_acc: 0.3623
Epoch 4/500
2171/2171 [==============================] - 378s 174ms/step - loss: 0.9717 - acc: 0.6409 - val_loss: 1.6306 - val_acc: 0.4958
Epoch 5/500
2171/2171 [==============================] - 378s 174ms/step - loss: 0.5432 - acc: 0.8013 - val_loss: 2.0213 - val_acc: 0.4847
Epoch 6/500
2171/2171 [==============================] - 378s 174ms/step - loss: 0.3200 - acc: 0.8844 - val_loss: 2.3918 - val_acc: 0.4679
Epoch 7/500
2171/2171 [==============================] - 377s 174ms/step - loss: 0.2076 - acc: 0.9291 - val_loss: 2.6703 - val_acc: 0.4635

79726/79726 [==============================] - 907s 11ms/step

Successfully submitted to State Farm Distracted Driver Detection
```

[그림 5-37] ImageNet 기학습 모델의 첫 번째 Fold 학습 로그

ImageNet 기학습 모델의 첫 번째 Fold 학습 로그와 모델을 처음부터 학습한 [그

림 5−32]의 로그를 비교해보자. [그림 5−32]에서는 VGG16 모델은 빠른 학습 수렴 속도를 보인다. 4번째 epoch에서 훈련 데이터에 대한 손실 값은 0.2435점, 정확률(acc)은 0.9267점의 높은 점수를 기록한다. ImageNet 기학습 모델은 상대적으로 더딘 학습 수렴 속도를 보인다. 4번째 epoch에서 훈련 데이터에 대한 loss 값은 0.9717점, 정확률(acc)은 0.6409점을 기록한다. 검증 데이터의 손실 값은 1.4759 vs 1.6306으로 ImageNet 기학습 모델의 val_loss 값이 조금 더 높다.

훈련 데이터의 loss값과 검증 데이터의 손실 값의 격차가 더 크게 벌어지는 그림 5−33의 VGG16 모델은 과적합을 하고 있다. ImageNet 기학습 모델을 학습에 사용하면, 위와 같이 모델 학습에서 정규화(Regularization) 효과를 얻어 훈련 데이터의 손실 값과 검증 데이터의 손실 값 격차가 줄어든다.

실제 리더보드 점수도 함께 확인해보자.

[표 5−6] ImageNet 기학습 모델 리더보드 점수

분류	Public 리더보드	Private 리더보드
Fold #1	2.32134	2.16853
Fold #2	1.75210	1.95434
Fold #3	1.88553	2.03233
Fold #4	1.47002	1.90153
Fold #5	1.49946	1.95450
가중 평균 앙상블	1.06476	1.05321

이번 실험 설정에서는 학습 속도(learning_rate)가 매우 중요한 변수로 작용한다. 기본 VGG16 모델은 학습 속도 1e−4 로 정상적으로 학습이 진행되었지만, ImageNet 기학습 모델은 학습 속도를 훨씬 더 작은 1e−5으로 설정해야 정상적인 학습이 진행된다. ImageNet 기학습 모델의 앙상블 결과는 Private 리더보드 점수 1.05321점으로 처음부터 학습한 VGG16 모델 대비 점수가 미세하게 개악된다. 점수는 미세하게

개악되지만, 정규화 효과를 얻은 ImageNet 기학습 모델을 바탕으로 성능 개선을 이루어 나가고자 한다.

ImageNet 기학습 모델의 결과물은 다음 명령어를 통해 재현이 가능하다.

```
cd kaggle_statefarm_distracted_driver_detection/03_Winners_Code/code
python main.py --weights imagenet --random-split 0 --data-augment 0
--learning-rate 1e-5
```

실시간 데이터 어그멘테이션

데이터 어그멘테이션이란 훈련 데이터의 입력값에 약간의 노이즈를 추가하여 모델이 학습할 수 있는 데이터의 양을 증가시키는 방법이다. 이미지 데이터의 경우, 데이터 본래의 클래스 정보를 해치지 않는 수준에서의 이미지 회전, 이미지 이동, 이미지 줌인/줌아웃 등을 실시간으로 수행한다. 데이터 어그멘테이션을 통해 다양한 형태의 노이즈를 학습한 모델은 과적합을 피하고, 높은 일반화 성능을 보인다.

케라스 프레임워크에서 실시간으로 미니배치 데이터를 생성하는 이미지 데이터 생성기 함수에 데이터 어그멘테이션 함수를 다음과 같이 추가한다.

[코드 5-30] 실시간 데이터 어그멘테이션을 수행하는 함수 preprocess( )를 정의하기

```
import cv2
from scipy.ndimage import rotate
import scipy.misc
import numpy as np

def crop_center(img, cropx, cropy):
    # 이미지 중간을 Crop하는 함수를 정의한다
    y,x = img.shape
    startx = x//2-(cropx//2)
    starty = y//2-(cropy//2)
```

```
        return img[starty:starty+cropy,startx:startx+cropx]

def preprocess(image):
    # 이미지 데이터를 0~1사이의 값으로 조정한다
    image /= 255.

    # 이미지를 최대 -20~20도 각도로 회전한다
    rotate_angle = np.random.randint(40) - 20
    image = rotate(image, rotate_angle)

    # 이미지를 최대 -30~30pixel 만큼 이동한다
    rows, cols, _ = image.shape
    width_translate = np.random.randint(60) - 30
    height_translate = np.random.randint(60) - 30
    M = np.float32([[1,0,width_translate],[0,1,height_translate]])
    image = cv2.warpAffine(image,M,(cols,rows))

    # 이미지를 최대 0.8~1.0 만큼 줌 인 한다
    width_zoom = int(img_row_size * (0.8 + 0.2 * (1 - np.random.
    random())))
    height_zoom = int(img_col_size * (0.8 + 0.2 * (1 - np.random.
    random())))
    final_image = np.zeros((height_zoom, width_zoom, 3))
    final_image[:,:,0] = crop_center(image[:,:,0], width_zoom, height_
    zoom)
    final_image[:,:,1] = crop_center(image[:,:,1], width_zoom, height_
    zoom)
    final_image[:,:,2] = crop_center(image[:,:,2], width_zoom, height_
    zoom)

    # (224, 224)의 크기로 이미지를 재조정한다
    image = cv2.resize(final_image, (img_row_size, img_col_size))
    return image

# 이미지 데이터 전처리를 수행하는 함수를 정의한다
# 실시간 전처리를 추가할 경우, 전처리 함수를 설정값에 넣어준다
datagen = ImageDataGenerator(preprocessing_function=preprocess)
```

preprocess()는 미니배치를 생성할 때마다, 입력되는 이미지 파일(img)에 대하여 이미지 회전, 이미지 이동 및 이미지 줌인 작업을 랜덤하게 수행한다. 매 epoch마다 동일한 이미지를 학습에 사용해왔던 기존 학습 방법과는 달리, 매 epoch 마다 모델은 조금씩 다른 이미지를 입력값을 받게 된다. 클래스 정보를 훼손하지 않는 수준의 데이터 어그멘테이션은 노이즈에 견고한 모델을 학습하게끔 도와주며, 일반화 성능이 개선되는 것을 기대한다.

이미지 회전은 최대 −20~20도, 이미지 이동은 최대 −30~30 픽셀 및 이미지 줌은 최대 0.8~1.0의 비율로 노이즈가 추가된다. 노이즈의 크기 및 종류에 정답은 존재하지 않는다. 좋은 성능을 얻기 위한 또 하나의 하이퍼파라미터이며, 필자도 다양한 조합의 노이즈 및 다양한 노이즈 크기를 실험해보았다. 이번 경진대회 데이터 특성 상, 노이즈가 너무 클 경우 클래스의 정보를 손실하기가 쉽다. 탐색적 데이터 분석에서 보았듯이, 운전자의 시선, 팔의 위치, 얼굴의 각도 등이 운전자의 자세를 감지하는데 중요한 역할을 하기 때문에 과도한 노이즈를 통해 운전자의 얼굴, 팔, 운전대 등이 잘릴 경우, 모델 학습이 잘 되지 않는다.

위와 같이 ImageDataGenerator() 함수 하나를 수정하여 학습한 결과, 실시간 데이터 어그멘테이션 모델은 다음과 같은 학습 로그를 기록한다.

```
Using TensorFlow backend.
# Train Model
Found 79726 images belonging to 1 classes.
# 17375 train samples | 5049 Valid samples
Found 17375 images belonging to 10 classes.
Found 5049 images belonging to 10 classes.

Epoch 1/500
2171/2171 [==============================] - 813s 375ms/step - loss: 2.3127 - acc: 0.1058 - val_loss: 2.2994 - val_acc: 0.1311
Epoch 2/500
2171/2171 [==============================] - 817s 376ms/step - loss: 2.2721 - acc: 0.1293 - val_loss: 2.1759 - val_acc: 0.1908
Epoch 3/500
2171/2171 [==============================] - 818s 377ms/step - loss: 1.8762 - acc: 0.2469 - val_loss: 1.8410 - val_acc: 0.3063
Epoch 4/500
2171/2171 [==============================] - 816s 376ms/step - loss: 1.4203 - acc: 0.4230 - val_loss: 1.7004 - val_acc: 0.4590
..

Epoch 14/500
2171/2171 [==============================] - 816s 376ms/step - loss: 0.0686 - acc: 0.9788 - val_loss: 0.7694 - val_acc: 0.7898
Epoch 15/500
2171/2171 [==============================] - 822s 378ms/step - loss: 0.0642 - acc: 0.9793 - val_loss: 0.6955 - val_acc: 0.8063
Epoch 16/500
2171/2171 [==============================] - 813s 374ms/step - loss: 0.0563 - acc: 0.9832 - val_loss: 0.8847 - val_acc: 0.8029
Epoch 17/500
2171/2171 [==============================] - 815s 376ms/step - loss: 0.0508 - acc: 0.9850 - val_loss: 0.9014 - val_acc: 0.7851
Epoch 18/500
2171/2171 [==============================] - 815s 375ms/step - loss: 0.0447 - acc: 0.9861 - val_loss: 1.0958 - val_acc: 0.7863
79726/79726 [==============================] - 2927s 37ms/step
Successfully submitted to State Farm Distracted Driver Detection
```

[그림 5-38] 실시간 데이터 어그멘테이션 모델의 첫 번째 Fold 학습 로그

실시간 데이터 어그멘테이션 모델의 첫 번째 Fold 학습 로그를 살펴보면, 훈련 데이터에 대한 손실 값은 이전과 비슷한 경향으로 감소되고, 검증 데이터에 대한 val_loss 값은 15번째 epoch에서 0.6955 수준을 기록한다. 기대한 바와 같이, 실시간 데이터 어그멘테이션을 통해 모델이 다양한 노이즈에 견고하게 학습되어 일반화 성능이 개선될 것으로 기대한다.

실시간 데이터 어그멘테이션은 훈련 데이터뿐만 아니라, 테스트 데이터 예측에도 활용할 수 있다. 클래스를 예측해야 하는 테스트 데이터에 실시간 전처리를 수행하여 동일한 이미지에 대하여 n번 예측한 확률값의 평균을 최종 예측값으로 사용한다. 이를 Test-time Augmentation이라고 부른다.

[표 5-7] 실시간 데이터 어그멘테이션 모델 리더보드 점수

분류	Public 리더보드	Private 리더보드
Fold #1	0.97787	0.81067
Fold #2	0.71650	0.60443
Fold #3	0.78153	0.71238
Fold #4	0.75399	0.84461
Fold #5	0.71780	0.67748
가중 평균 앙상블	0.50729	0.47071

최종 앙상블의 Private 리더보드 점수는 0.47071점으로 ImageNet 기학습 모델 [표 5-6] 대비 대폭 개선된다. 전체 순위는 1,440팀 중 304등 (상위 21%)을 기록한다.

실시간 데이터 어그멘테이션 모델의 결과물은 다음 명령어를 통해 재현이 가능하다.

```
cd kaggle_statefarm_distracted_driver_detection/03_Winners_Code/code
python main.py --weights imagenet --random-split 0 --data-augment 1
--learning-rate 1e-4
```

랜덤 교차 검증

앞선 실시간 데이터 어그멘테이션을 통하여 모델의 일반화 성능을 개선시킬 수 있다면, 굳이 운전자별 교차 검증을 수행하지 않을 경우 어떠한 성능이 나올지 궁금하다. 랜덤 교차 검증의 단점은 모든 운전자의 이미지가 훈련/검증 데이터에 포함되어 있어 검증 데이터의 평가 점수가 올바른 일반화 점수를 반영하지 못한다는 점에 있지만, 반대로 운전자별 교차 검증의 단점은 제공된 26명의 운전자 데이터를 모두 학습에 사용하지 못한다는 점이다. 이번에는 랜덤 교차 검증 전략에 실시간 데이터 어그멘테이션을 적용하여, 어떠한 결과가 나오는지 실험해보자. 필자는 운전자별 교차 검증과 유사한 수준의 리더보드 점수가 나올 것으로 예상한다.

```
Using TensorFlow backend.
# Train Model
Found 79726 images belonging to 1 classes.
# Define Model
# 18014 train samples | 4410 valid samples
Found 18014 images belonging to 10 classes.
Found 4410 images belonging to 10 classes.

Epoch 1/500
2251/2251 [==============================] - 809s 359ms/step - loss: 2.3060 - acc: 0.1152 - val_loss: 2.2467 - val_acc: 0.1912
Epoch 2/500
2251/2251 [==============================] - 805s 358ms/step - loss: 1.7657 - acc: 0.3457 - val_loss: 0.9972 - val_acc: 0.6581
Epoch 3/500
2251/2251 [==============================] - 804s 357ms/step - loss: 0.6401 - acc: 0.7799 - val_loss: 0.2759 - val_acc: 0.9095
Epoch 4/500
2251/2251 [==============================] - 801s 356ms/step - loss: 0.2980 - acc: 0.9075 - val_loss: 0.2161 - val_acc: 0.9365
Epoch 5/500
2251/2251 [==============================] - 802s 356ms/step - loss: 0.1874 - acc: 0.9431 - val_loss: 0.1545 - val_acc: 0.9476
Epoch 6/500
2251/2251 [==============================] - 802s 356ms/step - loss: 0.1405 - acc: 0.9585 - val_loss: 0.1075 - val_acc: 0.9676
Epoch 7/500
2251/2251 [==============================] - 807s 359ms/step - loss: 0.1074 - acc: 0.9678 - val_loss: 0.0899 - val_acc: 0.9755
Epoch 8/500
2251/2251 [==============================] - 808s 359ms/step - loss: 0.0898 - acc: 0.9733 - val_loss: 0.0839 - val_acc: 0.9764
Epoch 9/500
2251/2251 [==============================] - 806s 358ms/step - loss: 0.0712 - acc: 0.9790 - val_loss: 0.0655 - val_acc: 0.9830
Epoch 10/500
2251/2251 [==============================] - 810s 360ms/step - loss: 0.0588 - acc: 0.9819 - val_loss: 0.0654 - val_acc: 0.9814
Epoch 11/500
2251/2251 [==============================] - 804s 357ms/step - loss: 0.0462 - acc: 0.9866 - val_loss: 0.0518 - val_acc: 0.9853
Epoch 12/500
2251/2251 [==============================] - 801s 356ms/step - loss: 0.0445 - acc: 0.9875 - val_loss: 0.0414 - val_acc: 0.9902
Epoch 13/500
2251/2251 [==============================] - 801s 356ms/step - loss: 0.0406 - acc: 0.9883 - val_loss: 0.0530 - val_acc: 0.9868
Epoch 14/500
2251/2251 [==============================] - 795s 353ms/step - loss: 0.0345 - acc: 0.9898 - val_loss: 0.0573 - val_acc: 0.9848
Epoch 15/500
2251/2251 [==============================] - 804s 357ms/step - loss: 0.0310 - acc: 0.9913 - val_loss: 0.0500 - val_acc: 0.9873

79726/79726 [==============================] - 2865s 36ms/step
```

[그림 5-39] 랜덤 교차 검증 + 실시간 데이터 어그멘테이션 모델의 첫 번째 Fold 학습 로그

랜덤 교차 검증 + 실시간 데이터 어그멘테이션 모델의 첫 번째 Fold 학습 로그를 살펴보면, 훈련 데이터에 대한 손실 값은 이전과 비슷한 경향으로 감소되고, 검증 데이

터에 대한 val_loss 값도 12번째 epoch에서 매우 낮은 값 0.0414 를 기록한다. 랜덤 교차 검증에는 동일한 운전자의 이미지가 훈련/검증 데이터에 포함되어 있기에 검증 데이터에 대한 val_loss 값이 낮을 수 밖에 없다. val_loss 값이 새로운 운전자에 대한 일반화 성능을 대변해주지 못하지만, 이번 모델의 리더보드 점수를 확인해 보자.

[표 5-8] 랜덤 교차 검증 + 데이터 어그멘테이션 모델 리더보드 점수

분류	Public 리더보드	Private 리더보드
Fold #1	0.71223	0.63356
Fold #2	0.74664	0.66214
Fold #3	0.87100	0.62769
Fold #4	0.64181	0.67799
Fold #5	0.65965	0.57918
가중 평균 앙상블	0.46149	0.41948

최종 앙상블의 Private 리더보드 점수는 0.41948점으로 운전자별 교차 검증 + 실시간 데이터 어그멘테이션 모델 대비 점수가 개선된다. 역시, 26명의 운전자 모두의 데이터를 활용하여 모델을 학습하는 것이 일반화 성능에 도움이 된다는 것을 확인할 수 있다. 전체 순위는 1,440팀 중 272등 (상위 18%)을 기록한다.

랜덤 교차 검증 + 실시간 데이터 어그멘테이션 모델의 결과물은 다음 명령어를 통해 재현이 가능하다.

```
cd kaggle_statefarm_distracted_driver_detection/03_Winners_Code/code
python main.py --weights imagenet --random-split 1 --data-augment 1
--learning-rate 1e-4
```

다양한 CNN 모델

VGG16 모델 하나로 운전자별 교차 검증, ImageNet 기학습 모델, 실시간 데이터 어그멘테이션 등 다양한 아이디어로 조금씩 모델의 성능을 개선하여 전체 1,440팀 중 587등 (상위 41%)였던 순위를 272등 (상위 18%) 수준까지 끌어올렸다.

이번에는 VGG16 외 다양한 CNN 모델을 학습하여 점수 추이를 확인하고자 한다. 다양한 CNN 모델의 학습 결과를 기반으로 앙상블을 수행하여 일반화 점수를 조금 더 끌어올리기 위한 목적이다.

케라스 프레임워크에서는 VGG16 외에도 ImageNet에서 기학습된 모델 총 10 종류를 코드 한줄로 사용할 수 있도록 지원한다. 필자는 그 중에서 VGG16의 상위 모델인 VGG19와, ResNet50 모델 두 개를 추가로 학습하고자 한다. 이 책을 읽는 독자들은 다른 기학습 모델들을 직접 학습하여 학습 로그 및 리더보드 점수를 직접 확인해보길 권장한다.

필자는 새로운 모델별로 2개의 실험을 동시에 진행한다. VGG16 실험에서 확인한 바와 같이, ImageNet 기학습 모델과 실시간 데이터 어그멘테이션을 적용하되, 운전자별 교차 검증과 랜덤 교차 검증 전략을 모두 실험해보고자 한다.

운전자별 교차 검증을 수행할 경우, val_loss 값이 실제 일반화 성능을 잘 대변해주고 있으며, 리더보드 점수와도 상관관계가 매우 높다. 랜덤 교차 검증은 val_loss 값이 일반화 성능을 대변하지 못하지만, 모든 운전자의 이미지 데이터를 학습에 사용하기에 실질적인 일반화 성능이 조금 더 높은 것으로 확인되었다. 만약에 필자가 실제로 경진대회에 참가하고 있다면, 운전자별 교차 검증을 통해 일반화 성능을 로컬에서 확인한 후에, 최종 제출용으로는 랜덤 교차 검증을 사용할 것이다.

다음은 다양한 CNN 모델의 실험 결과를 정리한 결과이다.

[표 5-9] VGG19, ResNet50 모델별 리더보드 점수

분류	VGG19 +랜덤 Fold		VGG19 +운전자별 Fold		ResNet50 +랜덤 Fold		ResNet50 +운전자별 Fold	
	Public	Private	Public	Private	Public	Private	Public	Private
Fold #1	0.98232	0.86643	1.00426	0.82387	0.55571	0.49757	0.64100	0.54279
Fold #2	0.67377	0.60363	0.79148	0.71340	0.54646	0.46682	0.56811	0.49646
Fold #3	0.77013	0.77146	0.78628	0.70600	0.45885	0.45357	0.57789	0.49093
Fold #4	0.69883	0.58403	0.70618	0.69337	0.57896	0.47506	0.59628	0.52125
Fold #5	0.68932	0.70246	0.85688	0.73378	0.57008	0.49066	0.58381	0.51397
평균 앙상블	0.47195	0.44371	0.53975	0.47641	0.39280	0.34313	0.43956	0.37036

VGG19, ResNet50 모델을 각각 학습해본 결과, VGG19는 모델 파워가 더 높음에도 불구하고 VGG16보다 낮은 점수를 기록한다. 모델이 경진대회 훈련 데이터에 과적합한 것이다. VGG16으로도 모델 파워는 충분하며, 모델 과적합을 방지하는 정규화(Regularization)에 더 초점을 맞추면 추가적으로 성능 개선을 얻을 수 있다는 힌트로 보인다.

ResNet50 모델은 실제로 VGG16 보다 ImageNet에서 우수한 일반화 성능을 보였듯이, 이번 경진대회 데이터에 대해서도 동일한 학습 파이프라인에서 Private 리더보드 점수 0.34313점을 기록하며 VGG16 대비 0.07635점을 개선하여, 최종 순위 229등 (상위 16%)을 기록한다.

두 모델 모두 운전자별 교차 검증 보다 랜덤 교차 검증에서 더 좋은 Public/Private 리더보드 점수를 기록한다. 가능한 많은 운전자의 데이터를 학습과정에서 보는 것이 일반화 성능에 이어진다는 것을 의미한다.

VGG19, ResNet50 모델의 결과물은 다음 명령어를 통해 재현이 가능하다.

```
cd kaggle_statefarm_distracted_driver_detection/03_Winners_Code/code

# VGG19 + 랜덤 Fold 학습
python main.py --weights imagenet --random-split 1 --data-augment 1
--learning-rate 1e-4 --model vgg19
# VGG19 + 운전자별 Fold 학습
python main.py --weights imagenet --random-split 0 --data-augment 1
--learning-rate 1e-4 --model vgg19
# ResNet50 + 랜덤 Fold 학습
python main.py --weights imagenet --random-split 1 --data-augment 1
--learning-rate 1e-4 --model resnet50
# ResNet50 + 랜덤 Fold 학습
python main.py --weights imagenet --random-split 0 --data-augment 1
--learning-rate 1e-4 --model resnet50
```

앙상블

리더보드 점수를 조금이라도 더 개선하기 위하여 VGG16, VGG19 그리고 ResNet50 모델의 결과물을 앙상블한다. 앙상블은 서로 다른 모델의 다양성을 활용하여 일반화 성능을 더욱더 극대화시키는 방법이다. ResNet50 모델이 가장 좋은 리더보드 점수를 기록하고 있지만, ResNet50 모델이 잘못 분류한 이미지를 VGG16 혹은 VGG19가 올바르게 분류하여 앙상블의 결과가 단일 모델보다 더 좋은 일반화 성능을 보일 수 있다. 3개의 모델을 랜덤 교차 검증으로 학습한 결과물을 앙상블하면, 다음과 같은 결과가 나온다.

[표 5-10] VGG16, VGG19, ResNet50 앙상블 점수

분류	Public	Private
ResNet50 * 0.90 + VGG19 * 0.05 +VGG16 * 0.05	0.37382	0.32422

3개의 모델 결과물에 대한 다양한 비율의 앙상블을 시도해본 결과, ResNet50의 결

과물 90%에 VGG16/VGG19 모델의 결과물을 각각 5%씩 더한 최종 앙상블 결과물이 Private 리더보드 0.32422점을 기록하며 가장 좋은 일반화 성능을 보인다. ResNet50 모델의 비중이 70% 이하일 경우, ResNet50 단일 모델보다 낮은 리더보드 점수를 기록한다. ResNet50 모델이 압도적으로 좋은 성능을 보이고 있다는 근거이며, VGG16/VGG19 모델이 5%씩 공헌하므로 일부 테스트 데이터의 점수를 개선시켜주고 있음을 알 수 있다.

앙상블 모델의 Private 리더보드 점수 0.32422점은 전체 1,440팀 중 213등으로, 상위 14%를 기록하는 점수이다. 다음은 텐서플로 음성 인식 경진대회에서도 활용된 테스트 데이터를 추가적인 훈련 데이터로 사용하는 준 지도학습 기법을 사용해본다.

준 지도학습

준 지도학습이란, 부족한 훈련 데이터의 양을 보완하기 위하여 클래스 정보가 없는 테스트 데이터를 학습에 활용하는 방법이다. 우리는 [표 5-9]의 앙상블 모델로 리더보드 점수 0.32422를 받은 테스트 데이터 예측파일을 보유하고 있다. 훈련 데이터의 양을 추가함과 동시에 품질을 떨어뜨리지 않기 위하여, 해당 파일에서 클래스에 대한 예측값이 0.9 이상의 높은 확률값으로 분류된 테스트 데이터를 훈련 데이터로 포함한다. 기존의 22,424개 있었던 훈련 데이터는 준 지도학습 기법을 통해 74,759개로 대폭 증가한다.

준 지도학습을 위한 테스트 데이터 선별 및 복사 과정은 다음 코드에서 실행된다.

[코드 5-31] 앙상블 결과물을 기반으로 준 지도학습을 수행하기 위한 훈련 데이터를 생성하는 코드 (file: kaggle_statefarm_distracted_driver_detection/02_Baseline/tools/prepare_data_for_semi_supervised.py)

```
import pandas as pd
import numpy as np
import os
```

```python
# 표 5-10의 앙상블 결과를 얻은 csv 파일을 지정한다 (파일 이름은 독자마다 다를 수 있음)
test_pred_fname = 'subm/resnet50x0.9_vgg19x0.05_vgg16x0.05.csv'
test_pred = pd.read_csv(test_pred_fname)
test_pred_probs = test_pred.iloc[:, :-1]
test_pred_probs_max = np.max(test_pred_probs.values, axis=1)

# 확률값 구간별로 몇개의 파일이 존재하는지 출력한다
for thr in range(1,10):
  thr = thr / 10.
  count = sum(test_pred_probs_max > thr)
  print('# Thre : {} | count : {} ({}%)'.format(thr, count, 1. * count
  / len(test_pred_probs_max)))

# 확률값 기준치을 0.90으로 지정한다
print('=' * 50)
threshold = 0.90
count = {}
print('# Extracting data with threshold : {}'.format(threshold))

# 기존의 훈련 데이터를 semi_train_{} 디렉토리로 복사한다
cmd = 'cp -r input/train input/semi_train_{}'.format(os.path.
basename(test_pred_fname))
os.system(cmd)

# 확률값 0.9 이상의 테스트 데이터를 semi_train_{} 디렉토리에 복사한다
for i, row in test_pred.iterrows():
  img = row['img']
  row = row.iloc[:-1]
  if np.max(row) > threshold:
    label = row.values.argmax()
    cmd = 'cp input/test/imgs/{} input/semi_train_{}/c{}/{}'.
    format(img, os.path.basename(test_pred_fname), label, img)
    os.system(cmd)
    count[label] = count.get(label, 0) + 1

# 클래스별 추가된 테스트 데이터의 통계를 출력한다
print('# Added semi-supservised labels: \n{}'.format(count))
```

python tools/prepare_data_for_semi_supervised.py 명령어를 사용하면, 앞선

코드가 실행 가능하다. [그림 5-40]은 코드 실행 시 출력되는 결과 화면이다.

```
# Thre : 0.1  |  count : 79726 (1.0%)
# Thre : 0.2  |  count : 79724 (0.999974914081%)
# Thre : 0.3  |  count : 79563 (0.997955497579%)
# Thre : 0.4  |  count : 78598 (0.98585154153%)
# Thre : 0.5  |  count : 76354 (0.957705140105%)
# Thre : 0.6  |  count : 72895 (0.914319042721%)
# Thre : 0.7  |  count : 68639 (0.860936206507%)
# Thre : 0.8  |  count : 62661 (0.785954393799%)
# Thre : 0.9  |  count : 52335 (0.65643579259%)
==========================================
# Extracting data with threshold : 0.9
# Added semi-supsupervised labels:
{0: 2463, 1: 6691, 2: 6700, 3: 7455, 4: 7272, 5: 6307, 6: 5889, 7: 5418, 8: 2837, 9: 1303}
```

[그림 5-40] 준 지도학습을 위해 훈련 데이터에 추가하는 테스트 데이터 통계

총 79,726개의 테스트 데이터 중, 0.90 이상의 확률값을 가진 테스트 데이터는 52,335개로 전체 테스트 데이터의 65.64% 가량이다. 클래스별로 분류하면 클래스 1~7은 5,000개 이상의 이미지가 선택되었지만 클래스 0과 8은 2,500개 가량, 그리고 클래스 9는 가장 낮은 1,303개가 선택된다. 클래스 0은 "안전 운전", 클래스 8은 "얼굴, 머리 만지기" 그리고 클래스 9는 "조수석과 대화"에 해당된다.

탐색적 데이터 분석에서도 언급하였듯이, 안전 운전/얼굴, 머리 만지기/조수석과 대화 이미지는 모델이 가장 헷갈려 하는 클래스들이다. 특히 "조수석과 대화" 클래스에서는 다양한 Outlier와 잘못 분류된 데이터가 존재한다.

대량의 학습 데이터를 필요로 하는 딥러닝이지만, 실제 경진대회에서 데이터가 풍부하기는 어렵다. 그럴 경우, ImageNet 기학습 모델 (전이 학습) 및 준 지도학습과 같이 데이터의 부족을 보완하는 다양하고 실용적인 기법들이 활용된다. 일부 경진대회는 제공된 훈련 데이터 외 다른 데이터를 학습에 사용하는 것을 금지하고 있기에, 경진대회마다 룰을 잘 파악해야 한다.

아래 [표 5-11]에서는 74,759개의 훈련 데이터를 기반으로 3개의 모델 (VGG16, VGG19, ResNet50)을 학습하여 얻은 리더보드 점수이다.

[표 5-11] 준 지도학습 리더보드 점수

분류	VGG16		VGG19		ResNet50	
	Public	Private	Public	Private	Public	Private
Fold #1	0.37716	0.36295	0.42844	0.34902	0.40608	0.35467
Fold #2	0.39594	0.33090	0.41707	0.36353	0.39717	0.35864
Fold #3	0.41785	0.37533	0.42926	0.37406	0.40398	0.34354
Fold #4	0.37699	0.35622	0.41166	0.35760	0.37992	0.34768
Fold #5	0.41033	0.36260	0.36899	0.34155	0.39866	0.33950
평균 앙상블	**0.34153**	**0.31784**	**0.35271**	**0.31478**	**0.34770**	**0.30850**

VGG16 모델은 Private 리더보드 점수 0.31784점(+0.10164점 개선), VGG19모델은 리더보드 점수 0.31478점(+0.12893점 개선), 그리고 ResNet50 모델은 리더보드 점수 0.30850점(+0.03463점 개선)을 기록한다. ResNet50이 가장 좋은 리더보드 점수를 기록하지만, VGG16/VGG19 모델에서 +0.1점 수준의 큰 개선폭을 보인다. 준 지도학습을 통해 모델이 더욱 다양한 데이터를 학습에 활용해 일반화 성능이 크게 개선되었음을 의미한다.

준 지도학습 모델의 결과물은 다음 명령어를 통해 재현이 가능하다.

```
# 준 지도학습용 데이터를 생성한다
cd kaggle_statefarm_distracted_driver_detection/03_Winners_Code/
python tools/prepare_data_for_semi_supervised.py

# 학습을 실행한다
cd code
python main.py --weights imagenet --random-split 1 --data-augment 1
--learning-rate 1e-4 --semi-train ../input/semi_train_resnet50x0.9_
vgg19x0.05_vgg16x0.05.csv --model resnet50
```

최종 앙상블

준 지도학습으로 얻은 3개 모델의 결과물을 가중 평균 앙상블한다. VGG16, VGG19 그리고 ResNet50 모델 모두 근소한 차이로 0.30~0.31점을 기록하고 있기에, 같은 비율로 앙상블을 수행할 때 가장 좋은 성능을 보인다.

[표 5-12] 준 지도학습 기반 VGG16, VGG19, ResNet50 앙상블 점수

분류	Public	Private
(ResNet50 + VGG19 +VGG16) / 3.	0.33127	0.29083

Submission and Description	Private Score	Public Score	Use for Final Score
SemiTrue.resnet50x0.33_vgg19x0.33_vgg16x0.33.csv a few seconds ago by kweonwooj Semi-Supervised Learning : (ResNet50 + VGG19 + VGG16) / 3.	0.29083	0.33127	☐

[그림 5-41] 준 지도학습 기반 VGG16, VGG19, ResNet50 앙상블 점수

Baseline 모델 이후 총 7번의 개선을 통해 얻은 최종 Private 리더보드 점수는 0.29083점으로, 전체 1,440팀 중 184등으로 상위 12.7%를 기록한다.

경진대회 Top3 팀이 Private 리더보드 점수 0.10점 이하를 기록한 것으로 보아, 아직 보완할 수 있는 여지가 많이 남아있다.

요약

스테이트 팜 산만한 운전자 경진대회는 2016년 상반기에 개최된 이미지 분류 경진대회이다. 경진대회 커널에 공개된 코드들은 현재 2018년 하반기 기준 케라스, 텐서플로, 카페 프레임워크 등의 버전과 비교해 매우 낮은 버전을 사용한다. 이번 챕터의 목적은 독자 여러분과 함께 최신 프레임워크 버전에서 동작하는 코드로 Baseline 모델부터 꾸준히 리더보드 점수를 상위 10% 수준으로 개선하는 것이었다.

다음은 단계적 리더보드 점수 개선 내역을 정리한 표이다.

[표 5-13] 개선 실험 리더보드 점수 결과

분류	Public 리더보드	Private 리더보드	순위	%
Baseline 모델	1.16054	1.20013	587	41
운전자별 교차 검증	1.02967	1.02189	545	38
ImageNet 기학습 모델	1.06476	1.05321	550	38
실시간 데이터 어그멘테이션	0.50729	0.47071	304	21
랜덤 교차 검증	0.46149	0.41948	272	18
다양한 CNN 모델	0.39280	0.34313	229	16
앙상블	0.37382	0.32422	213	15
Semi-Supervised Learning	0.34770	0.30850	200	14
최종 앙상블	**0.33127**	**0.29083**	**184**	**12.7**

총 7번의 개선 실험을 통하여 587등을 기록한 Baseline 모델 점수 대비, 최종 앙상블 결과물은 403등 오른 184등의 점수를 기록한다.

가장 유의미한 성능 개선을 얻은 아이디어는 [실시간 데이터 어그멘테이션]이다. 리더보드 점수가 1.05321에서 0.47071점까지 개선되며, 딥러닝 기반 이미지 모델 학습에서 데이터 어그멘테이션이 얼마나 중요한지 확인할 수 있었다.

ImageNet 기학습 모델은 운전자별 교차 검증 대비 점수가 개선되지 않았지만, 이후 시도한 다양한 실험 아이디어를 적용할 수 있는 기반이 되었다. 실시간 데이터 어그멘테이션에 ImageNet 기학습 모델 파라미터 없이, 처음부터 모델을 학습할 경우 0.47071 수준의 리더보드 점수를 기록하지 못하며, 처음부터 모델을 학습할 경우 준 지도학습의 경우에도 올바른 학습조차 되지 않는 경우가 있다. 물론, 필자가 충분한 파라미터 검색을 수행하지 못하여 최적의 하이퍼파라미터를 찾지 못했기 때문일 수 있지만, 일반적으로 ImageNet 기학습 모델 파라미터를 사용할 경우 더욱 안정적이고 빠른 학습 속도를 기대할 수 있다.

경진대회 커널을 보면, 참가자들이 단일 VGG16 모델로 리더보드 점수 0.15~0.20 수준을 기록했다는 글들이 존재한다. 재현할 수 있는 코드가 없기에 증명할 수는 없지만, 단일 모델만으로도 충분히 리더보드 점수를 개선할 수 있는 방법들이 존재하는 것으로 보인다. 시간이 허락한다면, 저자는 더 다양한 아이디어와 실험을 통해 지속적으로 스테이트 팜 경진대회의 점수를 개선하여, 상위 10등 안에 드는 코드를 공개하고 싶다.

5.9 승자의 지혜

이번 장에서는 상위 20등 안에 입상한 캐글러들이 커널 혹은 토의 공간에 공유한 승자의 지혜를 모은 표이다. 2년 전에 개최된 경진대회이기에, 공유된 코드를 찾아 결과를 재현하기는 어렵지만, 상위 입상자들이 활용한 트릭들과 모델링 기법을 꼼꼼히 분석하여 다음 경진대회에 사용할 좋은 기술들을 습득하고자 한다. 상위 입상자들은 모두 자기만의 특별한 트릭을 기반으로 리더보드 점수를 올렸다.

[표 5-14] 1등 팀 승자의 지혜

분류	내용
순위	1등[1]
팀명	jacobkie
팀 구성원	jacobkie (Kaggle Master)
경진대회 특징	1. 훈련 데이터보다 테스트 데이터가 훨씬 많기 때문에, 훈련 데이터에 과적합할 우려가 있는 경진대회이다. 2. 이미지가 하나의 비디오클립의 이미지 캡쳐로 생성되었기 때문에, 이미지들이 서로 매우 유사하다.

---

1   https://www.kaggle.com/c/state-farm-distracted-driver-detection/discussion/22906#131467

분류	내용
모델	1. ImageNet 기학습 VGG16 모델. 리더보드 점수 0.30점 정도를 기록한다. 2. 과적합을 방지하기 기존 VGG16모델을 수정한 VGG16_3 모델. 이 모델은 원본 이미지외 운전자의 얼굴 부분과 운전자의 오른손이 위치하는 핸들 부분의 이미지를 추가 입력값으로 받는다. 운전자의 자세를 식별하는데 가장 중요한 부위가 얼굴과 오른손이기 때문이다. 3개의 이미지를 기학습된 VGG16모델에 적용하여, 콘볼루션 블록 마지막 층의 결과물 3개를 전결합층으로 연결하여 모델을 학습한다. VGG16_3 모델로 리더보드 점수가 0.05점 개선된다.
경진대회 관련 트릭	VGG16 모델의 마지막 MaxPool 층의 결과값($512 \times 7 \times 7$차원)으로 테스트 데이터의 최근접 이웃 데이터를 생성한다. 테스트 데이터 1개를 예측할 때에, 10개의 최근접 이웃 데이터의 예측값과 앙상블을 할 경우, 리더보드 점수가 0.10~0.12점 개선된다.
앙상블	단순 가중 평균 앙상블이 아닌, 카테고리별 앙상블을 통해 유의미한 점수 개선을 얻는다. 검증 데이터의 오류 결과표(Confusion Matrix)를 분석해보면, 모델마다 정확률이 높은 클래스가 조금씩 다르다. 10개 이상의 모델을 앙상블 할때에, 클래스별 모델의 로그 손실 값을 기반으로 상위 10개의 정확률을 보이는 모델들의 가중 평균 앙상블을 구한다. 기존 앙상블보다 더 좋은 점수를 기록한다.
결과	Public LB : 0.08867 Private LB : 0.08739
비고	경진대회 데이터의 구성 및 수집 방법에 특화된 기법들로 높은 점수를 얻은 것이 매우 인상적이다.

[표 5-15] 3등 팀 승자의 지혜

분류	내용
순위	3등[2]
팀명	BRAZIL POWER
팀 구성원	Giba (Kaggle GrandMaster), Luis Andre Dutra e Silva (Kaggle Master)
경진대회 특징	1. 이미지가 하나의 비디오클립의 이미지 캡쳐로 생성되었기 때문에, 이미지 간의 "시간" 데이터를 활용한다. 훈련 데이터는 시간 순서로 파일이 저장되어있지만, 테스트 데이터는 그렇지 않다.

---

2   https://www.kaggle.com/c/state-farm-distracted-driver-detection/discussion/22631

분류	내용
모델	ResNet152 모델 3개, VGG16 모델 1개 1) ResNet152 : Caffe로 학습, 데이터 어그멘테이션 없이 훈련 데이터 그대로 사용 시, 교차 검증 0.31점, 리더보드 0.27점을 기록한다. 2) ResNet152 : Caffe로 학습, 데이터 어그멘테이션을 수행하면, 교차 검증 0.36점, 리더보드 0.31점을 기록한다. (최적화 실패) 3) ResNet152 : Torch로 학습, 근접 이웃 기반 이미지 수정 1 기법 적용 시, 교차 검증 0.223, 리더보드 0.181점을 기록한다. 4) VGG16 : Keras로 학습, 근접 이웃 기반 이미지 수정 2 적용 및 데이터 어그멘테이션 수행하면, 교차 검증 0.30, 리더보드 0.28점을 기록한다.
경진대회 관련 트릭	2가지 최근접 이웃 기반 이미지 수정 기법으로 점수를 향상한다. 1) 현재 이미지와 최근접 이웃 5개 이미지를 불러와, 각각 RGB값에 대하여 아래와 같은 연산을 통해 새로운 이미지를 생성한다. 　R 채널 : (현재 이미지 + 최근접 1등 이미지) / 2 　G 채널 : (최근접 2등 + 최근접 3등) / 2 　B 채널 : (최근접 4등 + 최근접 5등) / 2 2) 현재 이미지와 최근접 이웃 5개 이미지에 대하여, 아래와 같은 연산을 수행한다. 　R 채널 : 현재 이미지 - 최근접 1등 　G 채널 : 최근접 2등 - 최근접 3등 　B 채널 : 최근접 4등 - 최근접 5등 이와 같이, 최근접 이미지들의 정보를 현재 이미지에 추가하면 모델이 하나의 이미지 데이터를 학습하는 것이 아니라, 최근접 이웃 5개와 조합된 데이터를 학습하게 된다. 훈련 데이터가 부족한 이번 경진대회에서 이와 같이 데이터의 양을 늘리고, 테스트 데이터 일부를 훈련 과정에 사용하므로 리더보드 점수가 개선된다.
앙상블	테스트 데이터 예측값을 계산할 때에는 현재 이미지와 최근접 이미지 20개의 예측값을 자체 구현한 가중 평균 함수를 사용해 앙상블을 구한다. 4개 모델의 결과값의 가중 평균을 최종 결과물로 제출한다.
결과	Public LB : 0.08876 Private LB : 0.09058
비고	Giba선수에 따르면 0.00001 이하의 **확률값**을 모두 0으로 치환할 경우, 교차 검증 점수와 리더보드 점수가 미세하게 개선되었다고 한다. 이 트릭을 최종 결과물에 적용했으면 1등 점수보다 좋은 리더보드를 기록할 수 있었다.

[표 5-16] 5등 팀 승자의 지혜

분류	내용
순위	5등[3]
팀명	DZS
팀 구성원	Shize Su (Kagge GrandMaster), DavidGbodiOdaibo (Kaggle Master), Zen Zen (Kaggle Master)
경진대회 특징	
모델	GoogleNet v3
경진대회 관련 트릭	훈련 데이터가 부족한 것에 착안하여, 500만개의 합성 데이터를 생성한다. 크기 480x640인 훈련 데이터에서 480x240만큼의 왼쪽 데이터와 480x400만큼의 오른쪽 데이터를 합성하여 새로운 이미지를 생성한다. 동일한 클래스의 이미지들을 합성하여 훈련 데이터를 대폭 늘린다. 500만개의 합성 이미지에 실시간 데이터 어그멘테이션을 적용하여 모델을 학습한다. 10개의 Titan X GPU장비로 빠른 학습이 가능했다. GoogleNet v3 단일 모델이 합성데이터로 학습하여 리더보드 0.15점을 기록한다.
앙상블	합성 데이터로 다른 모델을 학습하여 앙상블한다.
결과	Public LB : 0.10252 Private LB : 0.12144
비고	합성 데이터 외 다른 특별한 트릭이 없음에도 점수가 신기할 정도로 높다. 팀원들 추측으로는 합성 데이터로 인해 운전자의 피부 색깔, 옷 색깔, 촬영 각도 등에 과적합하지 않은 좋은 모델이 학습되었다고 주장한다.

[표 5-17] 6등 팀 승자의 지혜

분류	내용
순위	6등[4]
팀명	TitanX && 1080
팀 구성원	bobutis (Kaggle GrandMaster), DarthPotato (Kaggle Expert)
경진대회 특징	

---

3 https://www.kaggle.com/c/state-farm-distracted-driver-detection/discussion/22627

4 https://www.kaggle.com/c/state-farm-distracted-driver-detection/discussion/22627

분류	내용
모델	Faster R-CNN 모델 (VGG16 기반)
경진대회 관련 트릭	이미지 탐지 문제에 사용되는 Faster R-CNN 모델을 기반으로 이미지 분류 문제를 접근한다. 컨볼루션 블록은 기학습된 VGG16모델을 사용하고, 한 번 훈련 데이터로 학습한 모델을 기반으로 테스트 데이터를 예측하여 확률값이 높은 6,000~12,000개의 테스트 데이터를 훈련 데이터에 추가한다.(준 지도학습) Faster R-CNN 모델의 파라미터 튜닝과 모델 학습시 실시간 데이터 어그멘테이션을 통해 리더보드 0.175점을 기록한다.
앙상블	
결과	Public LB : 0.10050 Private LB : 0.12673
비고	승자의 지혜를 재현할 수 있을 만큼의 상세한 내용은 공개하지 않는다.

[표 5-18] 10등 팀 승자의 지혜

분류	내용
순위	10등[5]
팀명	toshi_k
팀 구성원	toshi_k (Kaggle Master)
경진대회 특징	운전자의 자세를 감지하기 위한 중요한 정보는 운전자의 얼굴부터 핸들 부위까지의 이미지에 담겨져 있다. 경진대회에서 제공된 이미지는 운전자의 위치와 카메라의 각도가 조금씩 다르다.
모델	운전자 위치 탐지에는 VGG16 모델을 사용한다. 운전자 자세 분류에는 ResNet200 모델을 사용한다.
경진대회 관련 트릭	훈련 데이터 520장에서 운전자의 얼굴부터 핸들까지의 위치를 직접 레이블링을 수행한다(경진대회 규칙상 훈련 데이터에 대한 레이블링은 허용된다). 이미지 탐지 모델을 학습하여 운전자의 얼굴부터 핸들까지의 영역을 자동으로 탐지하는 모델을 구현한다. 탐지 모델을 통해 추출된 운전자의 얼굴과 핸들까지의 영역 이미지로 분류 모델을 학습한다. 얼굴과 핸들의 위치가 통일되기 때문에 모델이 좋은 성능을 보인다.

---

5   https://www.kaggle.com/c/state-farm-distracted-driver-detection/discussion/22631

분류	내용
앙상블	20개 모델의 결과물을 앙상블한다.
결과	Public LB : 0.14354 Private LB : 0.14910
비고	경진대회 상위 입상자들이 모두 사용하는 Semi-Supervised Learning기법을 사용하지 않는다. R /Lua기반의 코드를 github에 공유한다.

[표 5-19] 15등 팀 승자의 지혜

분류	내용
순위	15등[6]
팀명	I'mpossible
팀 구성원	Guanshuo Xu (Kaggle Master), Hanzhou Wu (Kaggle Maser), kissnz (Kaggle Expert)
경진대회 특징	훈련 데이터에 운전자의 숫자가 적어서, 내부 교차 검증 평가 점수와 리더보드 점수의 차이가 크다.
모델	과적합을 방지하기 위해 150이상의 모델을 학습한다.
경진대회 관련 트릭	26-Fold 교차 검증을 사용하여 매 Fold마다 25명의 운전자 데이터로 학습하고 1명의 운전자 데이터를 검증 데이터로 사용한다. 극단적인 교차 검증 방법을 통하여 내부 교차 검증 평가 점수와 리더보드 점수의 차이를 줄인다.
앙상블	
결과	Public LB : 0.15592 Private LB : 0.15985
비고	학습시간이 많이 소요되는 딥러닝 경진대회에서 150개 이상의 모델을 학습을 진행한다.

---

6 https://www.kaggle.com/c/state-farm-distracted-driver-detection/forums/t/22614/how-to-do-cross-validation

[표 5-20] 18등 팀 승자의 지혜

분류	내용
순위	18등[7]
팀명	Balbesy
팀 구성원	VasiliyMorzhakov (Kaggle Novice), AntonMaltsev (Kaggle Contributor), NikolayAndrianov (Kaggle Contributor)
경진대회 특징	
모델	총 7개 모델을 사용한다. ResNet101 x 1개 ResNet100 x 4개 ResNet50 x 2개 단일 ResNet100 모델이 batch_size=12, 데이터 어그멘테이션을 적용하여 Private 리더보드 0.21점을 기록한다.
경진대회 관련 트릭	모델이 가장 어려워하는 3개의 클래스 (0, 8, 9)에 대해서 ResNet101 모델을 별도로 학습한다. 준 지도학습을 적용하면 단일 ResNet50 모델이 리더보드 점수 0.17점을 기록한다.
앙상블	
결과	Public LB : 0.15718 Private LB : 0.16421
비고	단일 모델로 매우 좋은 점수를 기록한다고 주장한다.

[표 5-21] 20등 팀 승자의 지혜

분류	내용
순위	20등[8]
팀명	King's Hand
팀 구성원	Heng CherKeng (Kaggle GrandMaster), weisheng (Kaggle Novice), Ellen Gao Jian (Kaggle Novice)

---

7 https://www.kaggle.com/c/state-farm-distracted-driver-detection/discussion/22627
8 https://www.kaggle.com/c/state-farm-distracted-driver-detection/discussion/21994

분류	내용
경진대회 특징	
모델	총 25개 모델을 사용한다. GoogleNetV1/V2, VGG16/VGG19, ResNet50
경진대회 관련 트릭	실시간 이미지 합성을 통해 데이터 어그멘테이션을 수행한다. 훈련 데이터에 다른 랜덤한 이미지의 일부를 덮어씌어 합성 데이터를 생성한다. 100% 지도학습 기법으로 모델을 학습한다.
앙상블	
결과	Public LB : 0.16820 Private LB : 0.16522
비고	독특한 합성 이미지 기반 데이터 어그멘테이션 기법을 통해 준 지도학습 기법 없이 20등을 기록한다.

상위 입상자들의 승자의 지혜를 모아보니, 이번 경진대회는 양적으로 부족한 훈련 데이터를 어떻게 대체하는가에 공통적인 이슈로 보인다. 1등, 3등 팀은 최근접 이웃 모델을 사용하여 단일 이미지가 아닌 근접한 이미지들과 함께 학습 및 예측을 하여 모델의 과적합을 방지한다. 5등 팀은 500만개의 합성 이미지를 생성하여 데이터 부족을 양으로 보완한다. 6등 팀은 이미지 분류 문제에서 이미지 탐지 모델을 사용하는 기발함을 보여, 높은 점수를 기록한다. 10등 팀은 운전자의 얼굴과 핸들까지의 영역을 탐지하는 별도의 파이프라인을 구축하여, 적은 훈련 데이터에서도 효과적으로 모델을 학습한다. 15등 팀은 극단적인 26-Fold 교차 검증 전략과 150개 이상의 모델 학습을 통해 부족한 훈련 데이터로 인해 발생하는 과적합을 방지한다. 18등 팀은 모델이 어려워하는 3개의 클래스를 별도로 학습하여 문제의 난이도를 조정한다. 마지막으로 20등 팀은 다른 클래스의 랜덤 이미지의 일부를 훈련 데이터에 덮어씌우는 방식으로 합성 데이터를 생성하여 모델 점수를 개선한다.

이미지 모델을 학습할 때, 실시간 데이터 어그멘테이션은 모든 상위 입상자가 활용하는 효과적인 기법이다. 실제로 필자의 개선실험에서도 데이터 어그멘테이션 기법이 가장 높은 개선 폭을 보인다.

상위 입상자들이 수행하는 앙상블 기법도 다양하다. 단순 가중 평균 앙상블이 아닌, 검증 데이터 기반 오류 결과표를 참고하여 모델별로 클래스마다 가중치를 다르게 주는 방법을 사용한다. 단일 이미지의 결과값이 아닌 최근접 이웃 n개 이미지의 예측값을 평균하여 최종 결과값을 산출한다. 때로는 15등 팀과 같이 무식하게 150개 이상의 모델을 학습하여 앙상블을 수행하는 경우도 있다.

이와 같이, 캐글 경진대회에서 상위에 입상하기 위한 한 가지의 정답은 존재하지 않는다. 문제에 따라, 데이터에 따라, 모델에 따라 결과가 다르게 나올 수 있는 것이 머신러닝의 묘미이다. 점수를 개선하기 위해 끊임없이 다양한 아이디어를 실험하고, 좋은 결과들이 꾸준히 쌓일 때에 비로소 캐글 상위에 입상한다.

[찾아보기]

Kaggle 우승작으로 배우는 **머신러닝 탐구생활**

파이썬을 활용한 머신러닝 실전 예제 분석

초판 1쇄 발행 | 2018년 8월 31일

지은이 | 정권우
펴낸이 | 김범준
기획/책임편집 | 이동원
교정교열 | 조서희
편집디자인 | 한지혜
표지디자인 | 김민정

발행처 | 비제이퍼블릭
출판신고 | 2009년 05월 01일 제300-2009-38호
주소 | 서울시 종로구 중학동 19 더케이트윈타워 B동 2층 WeWork 광화문점
주문/문의 | 02-739-0739   **팩스** | 02-6442-0739
홈페이지 | http://bjpublic.co.kr   **이메일** | bjpublic@bjpublic.co.kr

가격 | 27,000원
ISBN | 979-11-86697-69-6
한국어판 ⓒ 2018 비제이퍼블릭